GRAMMAIRE LAROUSSE

DU FRANÇAIS CONTEMPORAIN

GRAMMAIRE LAROUSSE
DU FRANÇAIS CONTEMPORAIN

Jean-Claude CHEVALIER

chargé d'une maîtrise de conférences
à l'Université de Lille

Michel ARRIVÉ

maître de conférences
à la Faculté des lettres de Tours

Claire BLANCHE-BENVENISTE

assistante à la Sorbonne

Jean PEYTARD

maître de conférences
à la Faculté des lettres de Besançon

LIBRAIRIE LAROUSSE

17, rue du Montparnasse, et boulevard Raspail, 114 — Paris - VIe

Préface

La *Grammaire Larousse du français contemporain* est destinée à succéder à l'ancienne *Grammaire Larousse du XXᵉ siècle*, qui datait de 1936. Ce livre a été pendant trente ans un admirable outil d'étude et de consultation, en sorte qu'on aurait pu envisager en 1964 une simple modernisation. Les éditeurs ont cependant estimé qu'il valait la peine de présenter un ouvrage qui, tout en bénéficiant de la tradition de sérieux et d'honnêteté des grammaires Larousse, fût cependant entièrement nouveau, et ce pour deux raisons surtout :

— une masse considérable de travaux et de recherches a été accumulée; de nouvelles méthodes d'investigation et d'enseignement, particulièrement depuis 1945, ont été répandues, expérimentées et mises au point, en France et dans le monde entier. C'est ainsi que ce qu'on est convenu d'appeler le structuralisme est aujourd'hui passé dans un domaine commun à tous les linguistes, sans être toujours pour autant tombé dans le domaine public ;

— les besoins des utilisateurs ont, eux aussi, évolué. A côté de la troupe des gens cultivés qui cherchaient dans une grammaire confirmation d'une nuance ou élucidation d'une menue difficulté — et nous n'avons eu garde de les oublier — s'est immensément augmentée la foule de tous ceux qui ont moins à vérifier qu'à s'enrichir; et nous ne voulons pas seulement parler des étrangers, chaque jour plus nombreux à apprendre le français, mais aussi de nos compatriotes, en particulier les jeunes, dont il est devenu banal de regretter la pauvreté de langue. Notre grammaire a donc pour ambition de répandre des méthodes d'apprentissage de la langue qui ont fait leurs preuves.

Ces considérations expliquent que la *Grammaire Larousse du français contemporain* soit, comme la précédente, le fruit d'un travail d'équipe; il fallait faire appel à des grammairiens dotés d'expériences variées. Certes, tous les auteurs enseignent aujourd'hui dans des facultés, certains plus spécialement consacrés aux laboratoires de langues et au français contemporain, d'autres plus spécialement à la grammaire historique, mais tous ont connu les problèmes de la diffusion du français, soit dans le premier degré à l'intérieur d'une école normale d'instituteurs, soit dans le second degré à l'intérieur d'un lycée, ou comme professeur dans une université à l'étranger.

Nous avons donc eu pour souci de proposer au public cultivé, aux professeurs — et aux étudiants —, aux étrangers apprentis en notre langue, une grammaire qui soit au courant des derniers résultats de la recherche linguistique, mais aussi un manuel directement utilisable pour l'enseignement.

Voici les principes que nous avons observés :

1º LA NOMENCLATURE. Nous avons soigneusement retenu les récentes instructions du Ministère français (*Documents pour la classe nº 98, 31 août 1961*), considérant que la nomenclature qu'elles imposaient, pour contestable qu'elle fût parfois, présentait du moins l'avantage d'introduire un ordre commun à tous. Les appellations ou divisions qu'il nous était impossible de conserver parce qu'elles réunissaient contre elles un trop grand nombre de linguistes (ainsi : le sujet apparent, le complément d'attribution, la séparation du futur et du conditionnel), nous les avons du moins toujours discutées en notes;

2° LE PLAN. Nous avons conservé celui de la précédente *Grammaire Larousse*, commençant par une étude des éléments constituants de la phrase, continuant par l'analyse des valeurs et emplois des *parties du discours*. Cette division, certes, entraîne des redites, mais, outre l'avantage de ne pas heurter des habitudes souvent justifiées, elle nous a permis d'insister davantage, dans la première partie, sur l'aspect structural, sur le jeu des éléments à l'intérieur de la phrase (nous nous sommes souvent inspirés pour ce faire des méthodes distributionnelles et génératives), et, dans la seconde partie, d'insister sur l'aspect sémantique;

3° LE MATÉRIEL. Le titre de cette grammaire indique que nous nous sommes avant tout attachés à la description du français contemporain. Cependant, on trouvera d'assez nombreuses références au français classique, et, en ce sens, notre livre pourra être utilisé pour la compréhension des textes du XVIIe et du XVIIIe siècle, mais elles seront toujours alléguées en fonction du français moderne.

Les difficultés qui s'attachent à la description des langues de culture contemporaines sont bien connues et l'on sait que la notion de « bon usage », dotée par les grammairiens du XVIIe siècle d'un statut précis, est aujourd'hui impossible à saisir. Nous avons donc rappelé soigneusement les prescriptions de la grammaire normative, mais, dans le même temps, nous avons cherché, aussi précisément que possible, à fixer les divers usages (langue écrite et langue parlée, usage familier et usage recherché, etc.). Pour cela, nous avons utilisé :

— le témoignage des grammairiens et des chroniqueurs;

— les œuvres des écrivains. Des romanciers comme Aragon ou Sartre permettent de fixer l'usage linguistique de certains groupes sociaux; d'autres, comme N. Sarraute, M. Duras ou Butor, expérimentent les finesses de la langue à divers niveaux; d'autres enfin, comme Apollinaire dans ses articles de journal, fixent une certaine langue commune;

— les enregistrements de la langue parlée (les dépouillements du Français élémentaire et nos propres enregistrements).

Cette analyse attentive des divers niveaux de langue nous a conduits à accorder une plus grande place à des faits parfois un peu négligés. Ainsi, nous avons consacré un chapitre aux constructions *segmentées*, si remarquables, quantitativement et qualitativement, dans le français contemporain. Et, de même, nous avons constamment souligné le rôle pertinent de l'intonation; ce domaine est encore, hélas! insuffisamment connu; du moins, nous avons pu utiliser, outre l'expérience due à nos propres recherches, les résultats de l'Institut de phonétique de Grenoble, que dirige le professeur R. Gsell.

Le matériel considérable qui s'offrait alors à nous imposait des choix draconiens. Nous avons été d'abord guidés par les recherches statistiques, qui nous ont fait donner le pas à tel tour sur tel autre, à rejeter en note — et parfois à éliminer — certains faux problèmes qui ne se posent plus depuis longtemps aux Français; guidés d'un autre côté par ces précieux instruments que sont les dictionnaires Larousse, le *Grand Larousse encyclopédique* ou le *Dictionnaire des difficultés de la langue française* d'A. V. Thomas. L'existence de ces ouvrages nous a permis d'éliminer de notre grammaire de longues et fastidieuses listes, comme celles des constructions des verbes ou du sens des prépositions, qui sont mieux à leur place dans un dictionnaire.

Nous étions d'autant plus contraints de choisir que nous avons désiré que l'ouvrage fût aussi complet que possible; on trouvera donc non seulement un important chapitre d'étude des sons, dont la justification n'est pas à faire dans un tel ouvrage, mais aussi des développements sur la lexicologie et la versification, qui se réclament d'une définition assez large de la grammaire. Notre intention a été de fournir un manuel d'étude aussi complet que possible;

4º LA MÉTHODE. Elle n'est pas une, puisqu'elle varie selon les sujets abordés et la personnalité des collaborateurs. Cependant, le lecteur reconnaîtra une ligne constante : on a cherché à concilier l'abondance des informations, l'emprunt aux méthodes les plus récentes, avec le souci de l'organisation et de la plus grande clarté. On a cherché à assurer la transition avec les méthodes éprouvées dans l'enseignement français depuis trois siècles et plus (nous pensons à 1660, date de parution de la fameuse *Grammaire* de Port-Royal) et à harmoniser les principes d'analyse des contenus avec les principes de base du structuralisme (étude des groupements par oppositions et contrastes).

Il nous reste à remercier ceux qui ont bien voulu s'associer à notre tâche; tout d'abord Mᵐᵉ C. Normand, professeur agrégée au lycée de Corbeil, qui est l'auteur des pages consacrées aux « Propositions hypothétiques », et M. C. Regnier, maître de conférences à la Sorbonne, qui a écrit le chapitre des « Sons », mais aussi MM. H. Bonnard, F. Deloffre, M. Glatigny, G. Gougenheim, R. Le Bidois, H. Meschonnic, H. Mitterand et R.-L. Wagner, qui ont bien voulu relire chacun une partie du manuscrit et nous faire bénéficier de précieuses observations.

LES AUTEURS.

PREMIÈRE PARTIE

LES ÉLÉMENTS
CONSTITUANTS
DU DISCOURS

I. LES DIVISIONS DU DISCOURS

talk, speech

1. Les éléments constituants du discours.

Que nous soyons auditeur ou lecteur, la langue se présente à nous comme une suite de signes dans laquelle nous découpons des éléments significatifs en nous aidant des *formes* et du *sens*.

2. La phrase.

Elle répond à des critères de *sens* (« [Elle] est apte à représenter pour l'auditeur l'énoncé complet d'une idée conçue par le sujet parlant » [MAROUZEAU]) et à des critères de *forme* : elle se termine par une ponctuation forte, généralement un point, et répond à une intonation déterminée.

Sauf exception, elle est constituée de plusieurs éléments qui remplissent des *fonctions* différentes. Nous analyserons quelques exemples, pour montrer le jeu de ces éléments, partant des moins nécessaires pour arriver aux plus nécessaires :

1. *D'ordinaire, ma vieille voisine caressait les chiens les plus repoussants.* 2. *Or, je vis, quand je sortis, qu'elle regardait un caniche qui boitait.*

Une fois mis à part l'élément de liaison *or,* on peut analyser ces deux phrases parallèlement. *D'ordinaire* et *quand je sortis* fixent une circonstance de l'action : ils remplissent une FONCTION CIRCONSTANCIELLE. *Les chiens les plus repoussants* et *qu'elle regardait un caniche qui boitait* complètent les éléments restants : *ma vieille voisine caressait* et *je vis;* ils désignent l'objet de l'action; on dit donc qu'ils remplissent une FONCTION OBJET. Quant aux deux groupes restants, ils comportent chacun un verbe, lequel « fixe un événement » (MARTINET) et s'appuie sur ce qu'on appelle le *sujet :* cette FONCTION SUJET est généralement remplie par un des acteurs de l'événement, ici *ma vieille voisine* et *je.* Sujet et verbe, à eux deux, constituent le nœud de la phrase.

Ce sont là des fonctions essentielles; il y a aussi des fonctions secondaires. Si nous reprenons l'analyse de chacun des éléments que nous avons découpés et qu'à leur tour nous les décomposions, nous trouvons par exemple que *les plus repoussants* et *qui boitait* qualifient de la même façon *chiens* et *caniche.*

9

Ainsi, nous avons apparié des éléments qui s'acquittent de fonctions identiques, en sorte — et c'est là un critère décisif — qu'on pourrait les échanger sans modifier la structure de la phrase ; car ils sont définis par des entourages de structure identique. Mais ils sont de nature *différente* : les éléments de la phrase 2 que nous avons découpés comportent tous ce que nous avons appelé le « nœud de la phrase », c'est-à-dire un sujet et un verbe : ce sont des PROPOSITIONS ; les éléments de la phrase 1 ne comprennent pas un tel nœud : ce sont des GROUPES DE MOTS.

3. La proposition. ~clause

Elle a, habituellement, au moins un verbe précédé d'un sujet : *Je me rappelais mon enfance. Il pleut. Il fait beau.* Plus rarement, d'autres mots peuvent, à eux seuls, fixer l'événement et devenir le centre de la proposition :

> *Je me rappelais mon enfance :* quelle histoire *pour aller de Paris à Uzerche !* (S. DE BEAUVOIR.)

a) Quand une proposition, à elle seule, constitue une phrase, on dit qu'elle est INDÉPENDANTE ou que c'est une PHRASE SIMPLE (ex. 1 du § 2).

b) Quand elle constitue une phrase avec une ou plusieurs autres propositions qui sont avec elle sur un plan d'égalité, c'est-à-dire que l'une quelconque d'entre elles peut être isolée et constituer une proposition indépendante, on dit que ces propositions sont JUXTAPOSÉES ou COORDONNÉES (sur cette distinction, cf. § 156) :

> *Il pleut, il vente. Il pleut et il vente.*

c) Mais on l'appelle PRINCIPALE quand on lui subordonne d'autres propositions, qui sont avec elle dans un rapport de *dépendance,* c'est-à-dire qui ne peuvent pas constituer une proposition indépendante :

> *Je sais* que tu es là. *J'aime* quand tu viens.

Les ensembles de propositions *b)* et *c)* constituent des PHRASES COMPLEXES.

REMARQUES. — 1. Une proposition peut être subordonnée à une principale et principale par rapport à une autre subordonnée. C'est le cas dans la phrase 2 (§ **2**) de la proposition *qu'elle regardait.*

2. On appelle PROPOSITION INCISE une proposition qui suspend le cours d'une phrase ou est rejetée à la fin ; elle marque qu'on rapporte les paroles ou la pensée de quelqu'un :
Vous êtes gai, monsieur, me dit l'autodidacte (SARTRE). *Tout est perdu,* pensa-t-il.
La PROPOSITION INCIDENTE occupe les mêmes places que la proposition incise ; mais elle s'intègre à la phrase dans laquelle elle s'insère ; elle souligne une considération accessoire :
Je soutiens que les idées sont des faits ; il est plus difficile d'intéresser avec, je le sais, *mais alors c'est la faute du style* (FLAUBERT).
La proposition incise est dite sur un ton uniformément bas, la proposition incidente admet des intonations très variées.

4. *Le groupe de mots.*

Un ensemble de plusieurs mots répondant à une seule fonction est dit « groupe de mots ». On peut lui substituer un mot simple dans la même fonction :

> *Dès les premiers temps de mon adolescence, j'aimai la mer et les tempêtes.*

On peut substituer à *Dès les premiers temps de mon adolescence* un mot comme *initialement,* ou à *la mer et les tempêtes* un mot comme *Pierre.*

Le groupe est décomposable d'après les mêmes principes qui permettent de découper la phrase :

a) *La mer / et les tempêtes.* Les deux éléments sont sur un pied d'égalité (coordination), car chacun des deux a la même fonction que l'ensemble et pourrait être employé sans l'autre ;

b) *Dès les premiers temps. Dès* et *les* dépendent tous les deux de *temps,* mais d'une façon très différente : *dès* relie *temps* au reste de la phrase, *les* marque sa détermination, lui donne une « assiette » (l'expression est de Damourette et Pichon). Il faut encore relever *premiers* et *de mon adolescence* (un sous-groupe), qui « qualifient » *temps.* Le nœud du groupe, c'est un mot qu'on appelle le « substantif ». On appelle donc ce groupe « groupe du substantif ».

5. *Le mot.*

C'est ce qu'on trouve au terme de l'analyse du sens, car le mot est la plus petite unité qui corresponde à un sens. Dans l'écriture, il est séparé des autres mots : *Le roi boit.* Le mot est donc l'unité libre minimale.

La tradition classe les mots en PARTIES DU DISCOURS, distinction fondée sur le sens de ces mots, donc sur une nature, mais aussi sur leur fonction syntaxique (par exemple, un substantif est ce qui peut se construire avec un article). Depuis les Grecs, le nombre des parties a sans cesse varié. On distingue couramment, en français : le SUBSTANTIF (*table*), dit aussi NOM (1) — l'ADJECTIF (*rouge*) — le PRONOM (*il*) — le VERBE (*part*) — l'ARTICLE (*le*) — l'ADVERBE (*bien*) — la PRÉPOSITION (*à*) — la CONJONCTION (*et*), et aussi, mais avec quelque réticence, l'INTERJECTION (*ah !*).

Ces parties du discours sont souvent groupées en MOTS PRINCIPAUX (substantif, adjectif, verbe, adverbe), qui ont un sens plein, et MOTS ACCESSOIRES, « qui expriment des notions secondaires et d'ordinaire des rapports grammaticaux » (MAROUZEAU). Le nombre des premiers est considérable et il s'en crée sans cesse de nouveaux ; le nombre des seconds est limité et ne se modifie que difficilement.

---

1. La terminologie officielle oppose : nom *(table)* et adjectif *(rouge).* Il nous a semblé préférable, sur le plan de la syntaxe, de reprendre l'ancienne opposition : substantif/adjectif (cf. TESNIÈRE et DAUZAT), et, quand on parlera de nom, il faudra entendre : substantif OU adjectif.

6. Le phonème.

C'est la plus petite unité de la chaîne parlée qui ait une valeur significative.

7. Validité de ces distinctions.

Ces distinctions soulèvent de nombreuses difficultés. Ainsi, la délimitation du *mot* est souvent délicate. Un ensemble de « mots » séparés par un espace blanc peut ne correspondre qu'à une seule unité de sens (*commis voyageur* ou *garde forestier*); l'institution du trait d'union n'a rien clarifié, tant s'en faut, car *sous-préfet* alterne avec *gouverneur général* et *eau-de-vie* avec *eau de rose;* le pluriel n'est pas non plus un critère satisfaisant, ou alors il faudrait considérer comme un seul mot *sac à main,* qui fait au pluriel [sakamɛ̃], et comme plusieurs mots *cheval de bois,* qui fait *chevaux de bois.* Inversement, un même « mot » graphique peut correspondre à plusieurs éléments : *au* (À LE), *travaill-ons,* etc.

REMARQUE. — Pour clarifier leurs exposés, de nombreux linguistes se sont mis aujourd'hui d'accord sur la terminologie suivante : ils appellent MORPHÈME l'élément à valeur grammaticale (par exemple : *à, de,* ou *-ons* dans *travaillons*) et LEXÈME l'élément à valeur lexicale *(table, travaill-).* L'un et l'autre sont des MONÈMES; il y a donc deux monèmes dans *travaill-ons.*

La classification en *parties du discours* est très approximative : *y* et *en* sont des adverbes et des pronoms personnels; *après, devant* adverbes et prépositions. D'une façon générale, le jeu des éléments de syntaxe permet de faire passer un mot d'une catégorie à une autre : la préposition *pour* est employée comme un substantif dans *le pour et le contre.* Enfin, l'articulation de ces parties pose aussi des problèmes : un pronom a le sens et les fonctions d'un substantif, mais appartient à une catégorie dont le nombre est limité, comme c'est le cas des mots accessoires. Les adjectifs dits *déterminatifs* (démonstratifs, possessifs) sont eux aussi limités en nombre, et certains fonctionnent comme des articles.

La distinction entre *groupe de mots* et *proposition* n'est guère aisée quand le verbe est à l'infinitif ou au participe, car, la plupart du temps, infinitif ou participe n'ont pas de sujet exprimé.

Enfin, la multiplication des ponctuations fortes par les écrivains modernes rend les limites formelles de la *phrase* assez indécises. Ainsi, les propositions à fonction circonstancielle sont très fréquemment séparées de leur « principale » par un point :

> *Des Chinois arrivèrent aussi. Si bien qu'au bout de quelques mois Cox-City comptait près de cinq mille habitants* (APOLLINAIRE).

Il faut dire que certains s'exagèrent l'importance de ces divisions et tranchent à tort et à travers. Le rôle du grammairien est moins de baptiser de force des membres arbitrairement découpés que d'étudier les mécanismes du fonctionnement de la langue.

II. LES SONS ET LES SIGNES

1 — Les sons

8. *Les sons, la phonétique.*

L'usage courant désigne par SONS DU LANGAGE les éléments irréductibles de la chaîne parlée (voyelles et consonnes). La PHONÉTIQUE est l'étude des sons; elle est dite DESCRIPTIVE ou STATIQUE quand elle définit les particularités du langage ou celles d'un parler donné à un moment donné; HISTORIQUE ou ÉVOLUTIVE quand elle étudie les changements subis par les sons.

9. *Les phonèmes, la phonologie.*

Le terme PHONÈME a été employé parfois comme synonyme de *son;* mais depuis les travaux de l'école linguistique de Prague (Troubetzkoï) cette dénomination est réservée aux unités de la chaîne parlée qui ont une fonction « différentielle », c'est-à-dire servent à des distinctions sémantiques; on ne tient pas compte des particularités phoniques, qui n'entraînent pas de différence de sens, si bien qu'en face des innombrables sons concrets les phonèmes apparaissent comme des concepts : types ou classes de sons. Ainsi, la phonétique nous apprend que [k] reçoit une articulation vélaire devant une voyelle vélaire et une articulation palatale devant [e], [i], [y], que [ʀ] dorsal est remplacé par [r] apical dans quelques régions; mais ces nuances sont négligeables, car aucun mot français ne diffère d'un autre par le seul fait qu'il contient un [k] palatal au lieu d'un [k] vélaire, un [r] apical au lieu d'un [ʀ] dorsal; au contraire, l'opposition entre la sourde [k] et la sonore [g] est « pertinente » ou « distinctive », puisqu'elle permet de distinguer *quant, gant; car, gare...* La science qui a pour but d'établir le système des phonèmes d'une langue est appelée PHONOLOGIE, ou PHONÉTIQUE FONCTIONNELLE; elle dresse la liste des OPPOSITIONS et distingue les phonèmes (par ex. [k]) de leurs variantes (ou « *réalisations* »), qui sont soit des variantes « *combinatoires* » dépendant de l'entourage (par ex. [k] vélaire, [k] palatal), soit des variantes *libres* dues à des habitudes individuelles (par ex. [ʀ] dorsal, [r] apical).

10. *Voyelles et consonnes.*

La répartition des sons entre VOYELLES et CONSONNES remonte aux Grecs, pour qui les voyelles étaient essentiellement une « émission de voix » (*phônêeis,* que les grammairiens latins ont rendu par *vocalis*) et les consonnes des articulations s'énonçant avec le secours d'une voyelle (*symphôna,* « qui se fait entendre avec », traduit par *consona*). De fait, cette distinction repose sur une réalité acoustique : les voyelles sont des sons musicaux presque purs, tandis que les consonnes sont des bruits (consonnes sourdes) ou des combinaisons de sons musicaux et de bruits (consonnes sonores) ; elle répond également à une différence dans l'intention articulatoire du sujet parlant qui, pour l'émission des voyelles, tend à donner une libre résonance à la voix et, pour la formation des consonnes, à constituer toutes sortes d'obstacles le long du canal buccal.

11. Mécanisme de formation des sons.

L'air chassé des poumons passe sur les *cordes vocales,* qui vibrent (*voyelles et consonnes sonores*) ou ne vibrent pas (*consonnes sourdes*), sort par les *fosses nasales* et la *cavité buccale* si le *voile du palais* est abaissé (*nasales*), ou uniquement par la cavité buccale si le voile du palais est relevé (*orales*). Enfin, l'articulation des sons dépend encore de la position de la langue et des lèvres, qui créent pour chaque son des résonateurs de forme et de dimensions particulières.

12. Les seize voyelles du français.

Le français est caractérisé par une grande richesse en voyelles (16) ; en voici le tableau (les voyelles sont rangées d'après leur point d'articulation dans la cavité buccale) :

	VOYELLES ANTÉRIEURES		VOYELLES POSTÉRIEURES
	NON ARRONDIES	ARRONDIES	ARRONDIES
VOYELLES ORALES	i e ɛ a	y ø ə œ	u o ɔ ɑ
VOYELLES NASALES	ɛ̃	œ̃	ɔ̃ ɑ̃

Le français a donc un seul [i] : *lit,* un seul [y] : *lu,* et un seul [u] : *loup;* mais il possède à la fois [e] fermé : *thé,* et [ɛ] ouvert : *taie, sel;* [ø] fermé : *peu,* et [œ] ouvert : *peur;* o fermé : *saute, rose,* et [ɔ] ouvert : *sotte, port;* [a] antérieur : (*il) bat* et [ɑ] postérieur : *bas;* le signe [ə] représente le *e* sourd de *chevron;* les nasales sont au nombre de quatre : [ɛ̃] de *brin,* [œ̃] de *brun,* [ɔ̃] de *bon* et [ɑ̃] de *banc.* Cette répartition des phonéticiens modernes est, en réalité, phonologique : toutes les voyelles énumérées sont opposables les unes aux autres (au moins dans certaines positions).

La notion de voyelle « moyenne », intermédiaire entre les voyelles ouvertes et les voyelles fermées, que l'on appliquait en particulier aux voyelles inaccentuées, est abandonnée. On peut seulement dire que [e], [ø], [o] sont sensiblement moins fermés et [ɛ], [œ], [ɔ] sensiblement moins ouverts en syllabe inaccentuée qu'en syllabe accentuée : [e] de *ébéniste* est moins fermé que [e] de *thé ;* [ɛ] de *ermite,* moins ouvert que [ɛ] de *fer.* Ces nuances n'ont aucune valeur fonctionnelle, et le terme « voyelle moyenne » cache inutilement la parenté des voyelles inaccentuées avec les voyelles accentuées, fermées ou ouvertes.

[ə] mis à part, le système vocalique du français est équilibré et relativement stable ; toutefois, le Midi et le Nord n'ont qu'un *o,* et la répartition des deux *a* est flottante ; de plus, la tendance à prononcer [œ̃] comme [ɛ̃], qui provient de la région parisienne, est en train de s'étendre et compromet la distinction entre *brun* et *brin.*

13. Mécanisme de formation des voyelles.

Si le voile du palais est relevé, l'air phonateur emprunte uniquement la cavité buccale ; les voyelles sont dites ORALES ; ce sont : [i], [e], [ɛ], [a], [y], [ø], [ə], [œ], [u], [o], [ɔ], [ɑ].

Si le voile du palais est abaissé, l'air emprunte à la fois la cavité buccale et les fosses nasales ; les voyelles sont dites « oralo-nasales » ou simplement NASALES ; ce sont [ɛ̃], [œ̃], [ɔ̃], [ɑ̃]. Ces voyelles, à l'exception de [ɔ̃], sont nettement plus ouvertes que les voyelles orales correspondantes ; dans le cas de *on,* quelques phonéticiens utilisent la notation [õ], qu'ils jugent plus neutre que [ɔ̃].

Dans la cavité buccale, la langue se soulève en direction de la voûte palatine, afin de délimiter deux résonateurs : à l'avant, le résonateur buccal proprement dit et, à l'arrière, le résonateur pharyngien. Le soulèvement peut avoir lieu en direction du palais dur ou du palais mou (ou voile du palais) ; dans le premier cas, les voyelles sont dites ANTÉRIEURES OU PALATALES, et, dans le second cas, POSTÉRIEURES OU VÉLAIRES. (Le terme « palais », non suivi d'adjectif, peut désigner le palais dur, et « voile » se dit en latin *velum.*)

La langue se soulève plus ou moins. Si l'on mesure l'aperture de la voyelle, c'est-à-dire la distance qui sépare du palais le point d'articulation (endroit où le canal buccal est le plus rétréci), on constate qu'elle devient de plus en plus grande à mesure qu'on va de [i] vers [a], de [y] vers [œ] et de [u] vers [ɑ]. De là vient la notion de voyelle OUVERTE et de voyelle FERMÉE (on transporte à la voyelle une qualification du canal buccal) : on dit, par exemple, que [i] est plus fermé que [a], ou que [a] est plus ouvert que [i].

L'effet du résonateur d'avant peut être amplifié par l'adjonction d'un résonateur labial (dû à la projection et à l'arrondissement des lèvres). Les voyelles ainsi articulées sont dites LABIALES OU ARRONDIES, et les autres NON LABIALES OU NON ARRONDIES. Le français a une série non arrondie : la série la plus antérieure [i], [e], [ɛ], [a], et deux séries arrondies : les deux autres séries.

15

COUPE SAGITTALE
d'une voyelle orale et d'une voyelle nasale

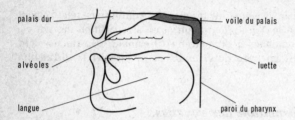

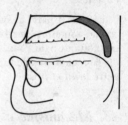

palais dur — voile du palais

alvéoles — luette

langue — paroi du pharynx

[α] dans *tas*
Le voile du palais est relevé.

[ᾶ] dans *tant*
Le voile du palais est abaissé.

N. B. — Un classement acoustique des voyelles françaises a été donné récemment par le phonéticien P. DELATTRE, à la suite de recherches effectuées sur un spectrographe (appareil inventé pendant la Seconde Guerre mondiale par la Compagnie des téléphones Bell); il recouvre exactement le classement articulatoire.

14. « E » sourd, dit « e » muet.

E sourd, qui était au Moyen Age une voyelle centrale non arrondie (articulée à la limite du palais dur et du voile du palais), prononcée en toutes positions, s'est affaibli à partir du XIVᵉ siècle, pour devenir une voyelle instable, intégrée d'une manière imparfaite à la série antérieure arrondie.

La prononciation de [ə] s'est conservée par archaïsme dans la versification traditionnelle, mais, semble-t-il, dès le milieu du XVIIᵉ siècle,[ə] était devenu muet dans la mesure où il l'est aujourd'hui. Les règles qui régissent le maintien et l'amuïssement de [ə] sont délicates; la loi des « trois consonnes » de MAURICE GRAMMONT rend compte de la plupart des cas : à l'intérieur d'un mot ou d'un groupe de mots, tout *e* muet devant consonne

— disparaît s'il est précédé d'une seule consonne prononcée;
— subsiste s'il est précédé de deux consonnes prononcées. Exemples :

ach(e)ter en face de *justement* : [aʃ(ə)te] / [ʒystəmᾶ];
ris d(e) veau en face de *os de poulet* : [rid(ə)vo] / [ɔsdəpulɛ];
on n(e) veut pas, tout l(e) monde, c'est lui qui l(e) dit, en face de : *il reste pâle.*

16

En syllabe accentuée, la prononciation la plus répandue est [ø] : *prends-le;* en position inaccentuée, il ne se confond ni avec [ø] ni avec [œ]; il s'en distingue par un timbre assourdi et plus grave, et par un arrondissement moins accusé; il est parfois articulé comme voyelle centrale.

15. La quantité vocalique.

Les voyelles peuvent être brèves ou longues; mais la quantité vocalique joue un rôle secondaire en français; elle n'a pas de valeur distinctive, sauf dans le cas de [ɛ], où elle permet d'opposer : *je tète* [ɛ] à *tête* [ɛ:], *faite* [ɛ] à *fête* [ɛ:]... Habituellement, la différence de longueur ne fait que renforcer l'opposition de timbre : *sotte* [ɔ], *saute* [o:]; *jeune* [œ], *jeûne* [ø:]; *patte* [a], *pâte* [ɑ:], la distinction qualitative demeurant essentielle.

La longueur des voyelles est déterminée en français par les lois combinatoires. Une voyelle accentuée est longue devant les quatre consonnes finales [ʀ], [z], [ʒ], [v] (et [vʀ] final); ainsi, on prononce [i:] dans *tire, grise, tige, vive, vivre.* Une nasale accentuée est longue devant consonne : *grande, rompre, humble, prince.* Toute voyelle inaccentuée est brève : *pâté* a un [ɑ] bref. Toute voyelle à la finale absolue est brève : *ami* et *amie* ont [i], *pot* et *peau* ont [o]. (L'opposition qui a servi à distinguer le masculin du féminin dans *ami* [i] — *amie* [i:], *bu* [y] — *bue* [y:], *aimé* [e] — *aimée* [e:] n'est conservée que régionalement.)

16. Les vingt consonnes du français.

Le système consonantique du français est plus simple, mais plus stable que le système vocalique. Le classement traditionnel comporte 20 consonnes : 18 consonnes simples et 2 consonnes composées; il ne tient pas compte de certaines nuances articulatoires, c'est-à-dire qu'il est influencé par des considérations fonctionnelles.

17. Tableau des consonnes.

La sourde est à gauche et la sonore à droite; les consonnes disparues sont entre parenthèses.

			Bilabiales	Labio-dentales	Dentales	Alvéolaires	Post-alvéolaires	Palatales	Vélaires
		LIEU D'ARTICULATION							
MODE D'ARTICULATION	OCCLUSIVES	ORALES	p b		t d				k g
		NASALES	m		n			ɲ	
	CONSTRICTIVES	MÉDIANES		f v		s z	ʃ ʒ	j	
		LATÉRALES				l		(λ)	
		MÉDIANES à BATTEMENTS				(r)			ʀ
CONSONNES COMPOSÉES			[ɥ] bilabio-palatale et [w] bilabio-vélaire.						

17

Si ce système est relativement pauvre (il ne comprend ni mi-occlusives, ni médianes bilabiales, dentales ou vélaires, ni nasale vélaire), il est solidement constitué.

Douze consonnes se répartissent en six couples, qui s'opposent en sourde-sonore en toutes positions, y compris la position finale : [p] *(pan)* et [b] *(banc)*; [t] *(rente)* et [d] *(rende)*; [k] *(oncle)* et [g] *(ongle)*; [f] *(faux)* et [v] *(veau)*; [s]*(coussin)* et [z] *(cousin)*, [ʃ] *(bouche)* et [ʒ] *(bouge)*.

Les huit autres consonnes sont des sonores isolées, qui ne correspondent pas à des phonèmes sourds : [m] *(mer)*, [n] *(nerf)*, [ɲ] *(agneau)*, [j] *(bien* [bjɛ̃], *œil* [œj]), [l] *(lire)*, [ʀ] *(rire)*, [ɥ] *(nuit* [nɥi]), [w] *(oui* [wi], *roi* [rwa]); ces consonnes peuvent s'assourdir dans le voisinage d'une sourde : [j] dans *pierre,* [ɥ] dans *puis,* [l] dans *peuple* sont sourds, mais les sujets parlants n'en ont pas conscience.

Cet agencement n'a guère qu'un point faible : la disparition d'[λ] mouillé a isolé *n* mouillé à l'intérieur du système, si bien que la mouillure tend à disparaître comme marque phonologique : beaucoup de Français, confondant *n* mouillé et [n + j], ne distinguent pas *l'agnelle* [laɲɛl] de *la nielle* [la njɛl].

18. Classement des consonnes selon le mode d'articulation.

Sourdes et sonores.

Lors de l'articulation d'une consonne, les cordes vocales peuvent rester passives ou entrer en vibration; dans le premier cas, les résonateurs constituent l'unique source acoustique, et les consonnes sont dites SOURDES; dans le second cas, il existe deux sources acoustiques (son laryngien et résonateurs), et les consonnes sont dites SONORES. On a six consonnes sourdes : [p], [t], [k], [f], [s], [ʃ]; les autres sont sonores.

Nasales et orales.

Si le voile du palais est abaissé, l'air passe par le nez et la cavité buccale, les consonnes sont NASALES; si le voile du palais est relevé, l'air s'échappe uniquement par la bouche, les consonnes sont ORALES. Le français a trois nasales : [m], [n], [ɲ].

Occlusives et constrictives.

On distingue également OCCLUSIVES et CONSTRICTIVES.

Pour les OCCLUSIVES, le canal buccal est d'abord fermé (occlusion); l'air s'accumule derrière le barrage constitué soit par les deux lèvres ([p], [b], [m]), soit par la langue et les incisives supérieures ([t], [d], [n]), soit par la langue et le palais dur ([ɲ]) ou mou ([k], [g]), puis il sort violemment de la bouche en produisant un bruit d'explosion; comme on ne peut en prolonger l'émission, on les appelle aussi MOMENTANÉES. Les occlusives orales sont [p], [t], [k], [b], [d], [g] et les occlusives nasales [m], [n], [ɲ]. (Ces dernières ne sont des occlusives que du point de vue buccal.)

Pour les CONSTRICTIVES, il se produit un simple resserrement (constriction) du canal buccal ; l'air s'échappe pendant toute la durée de l'émission ; comme on peut la prolonger, on les appelle aussi des CONTINUES.

Selon la manière dont se fait la constriction, on distingue les *médianes,* les *latérales* et les *médianes à battements.*

Pour les MÉDIANES, le resserrement est axé sur la ligne médiane de la face ([f], [v], [ɥ], [w]) ou sur la ligne médiane de la cavité buccale ([s], [z], [ʃ], [ʒ], [j]) ; l'air s'échappe soit par un canal produit par le rapprochement des deux lèvres ([ɥ], [w]), ou de la lèvre inférieure et des incisives supérieures ([f], [v]), soit par une gouttière formée par la langue ([s], [z], [ʃ], [ʒ], [j]).

Dans le cas d'une LATÉRALE (les différents *l*), la langue entre en contact avec le point d'articulation : alvéoles pour [l] alvéolaire, milieu du palais dur (pour [λ] mouillé ; mais l'occlusion est incomplète, et l'air s'échappe sur les deux côtés.

Les MÉDIANES À BATTEMENTS (les différents *r*) sont articulées de telle façon qu'un organe flexible, point de la langue pour [r] alvéolaire, luette *(uvula)* pour [ʀ] uvulaire, produise des vibrements ou battements. Pour [r] alvéolaire (dit « roulé »), la pointe de la langue forme une série de brèves occlusions contre les alvéoles ; pour [ʀ] uvulaire (dit « grasseyé »), la luette prend des contacts répétés avec le dos de la langue. [r] alvéolaire est employé, en français actuel, au théâtre et dans quelques régions (Bourgogne, Midi) ; [ʀ] uvulaire passe pour vulgaire. L'*r* officiel du français ([ʀ] parisien) constitue une troisième variété : il a une articulation voisine de [ʀ] uvulaire, mais la luette ne vibre pas ; quand on l'oppose à [r] alvéolaire, qui est *apical* (articulé avec la pointe — *apex* — de la langue), on l'appelle [ʀ] « dorsal » (lat. *dorsum,* dos). Le même signe [ʀ] désigne tout *r* dorsal (grasseyé ou *r* parisien).

Dans le cas de [ɥ] et de [w], il se produit une double constriction : au niveau des lèvres et du palais dur pour [ɥ], des lèvres et du voile du palais pour [w].

N. B. — Par une extension abusive, les phonéticiens désignent par ALVÉOLES le renflement du palais situé derrière les dents ; dans le langage courant, les alvéoles sont les cavités où se logent les dents.

19. *Classement des consonnes selon le lieu d'articulation.*

On classe aussi les consonnes d'après l'ENDROIT où se produit l'occlusion ou la constriction.

L'occlusion et la constriction peuvent être dues au rapprochement : des deux lèvres (BILABIALES [b], [p], [m], [ɥ], [w]), de la lèvre inférieure et des incisives supérieures (LABIO-DENTALES [f], [v]), de la langue et des incisives supérieures (DENTALES [t], [d], [n]), de la langue et des alvéoles antérieurs (ALVÉOLAIRES [s], [z], [r], [l]), de la langue et des alvéoles postérieurs (POSTALVÉOLAIRES ou PRÉPALATALES [ʃ], [ʒ]), de la langue et du palais dur (PALATALES [ɲ], [j], [λ]), de la langue et du voile du palais (VÉLAIRES [k], [g], [ʀ]).

COUPE SAGITTALE
d'une occlusive et d'une constrictive

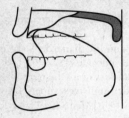
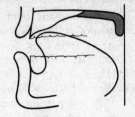

[t] dans *tas*
Le canal buccal est fermé.

[ʃ] dans *chat*
Le canal buccal est resserré.

N. B. — Certaines consonnes déplacent leur point d'articulation suivant la voyelle qui suit, en particulier [k], [g], dont l'articulation est vélaire devant une voyelle vélaire, mais palatale devant une voyelle palatale et intermédiaire devant *a*.

20. *Classement auditif des consonnes.*

Du point de vue auditif, les consonnes sont des bruits (consonnes sourdes) ou des combinaisons de sons et de bruits (consonnes sonores); elles ont reçu des appellations qui interprètent la nature du bruit : les occlusives sont, de ce point de vue, des EXPLOSIVES (bruit d'explosion); les médianes sont dites FRICATIVES (bruit de frottement [lat. *fricare,* frotter]) ou SPIRANTES (bruit de souffle [lat. *spirare,* souffler]); [s], [z] sont des SIFFLANTES; [ʃ], [ʒ] des CHUINTANTES et [r] une VIBRANTE. (On a classé également [l] parmi les vibrantes, mais à tort, car l'émission de [l] ne s'accompagne d'aucun vibrement.)

21. *Consonnes disparues.*

Parmi les consonnes disparues, il est utile de mentionner [r], [λ], [h].

L'*r* français a été un [r] apical au moins jusqu'au XVIIᵉ siècle, ainsi qu'en témoigne la description du *Bourgeois gentilhomme* (II, IV), puis il a été remplacé par [ʀ] dorsal à la suite d'un affaiblissement de l'articulation.

L'*l* mouillé [λ] a disparu au profit de [j], au cours du XIXᵉ siècle, malgré les efforts de Littré, qui recommande pour *bouteille* la prononciation [butελ], au lieu de [butεj]; on l'entend encore en Suisse romande et, régionalement, en France, chez de vieilles personnes.

Le signe [h] note la constrictive laryngale sourde dite *h* « aspiré » que connaissent l'allemand *(Haus)* et l'anglais *(house).* L'histoire de l'aspiration est complexe : connue du latin classique, éliminée par le latin vulgaire, elle a été réintroduite par les invasions germaniques et s'est maintenue au moins jusqu'au XVIᵉ siècle. En français moderne, *h* dit « aspiré » n'est qu'un signe indiquant l'absence d'élision ou de liaison. Il n'a plus de valeur phonétique (sauf parfois en Normandie et en Lorraine).

22. Semi-voyelles ou semi-consonnes.

Les termes SEMI-VOYELLES (ou SEMI-CONSONNES) ont été employés pour désigner les consonnes [j], [ɥ], [w], dont l'articulation est voisine de celle des voyelles [i], [y], [u]; on y voyait une catégorie intermédiaire entre les consonnes et les voyelles du point de vue de l'aperture. Mais il a été démontré que l'aperture de ces consonnes, variant suivant l'entourage vocalique, pouvait être plus grande que celle d'une voyelle; d'ailleurs, ce sont, pour l'oreille, des consonnes. On peut toutefois garder le terme de SEMI-VOYELLES qui les groupe commodément et rappelle qu'on passe facilement de [i], [y], [u] à [j], [ɥ], [w] et de [j], [ɥ], [w] à [i], [y], [u]. Ainsi les mots l̈ier (avec [i]), nüée (avec [y]), nouer (avec [u]) de l'ancien français sont devenus lier [lje], nuée [nɥe], nouer [nwe]; inversement liaison [ljɛzɔ̃] se prononce [liɛzɔ̃] dans une mauvaise liaison.

Mais on évitera de suivre certains phonéticiens qui appellent DIPHTONGUE le groupe semi-voyelle + voyelle (pieu [pjø]) ou voyelle + semi-voyelle (ail [aj]); une diphtongue est, en effet, une réunion de deux voyelles en une seule syllabe : anglais five [faiv] ou dear [diə]. L'ancienne langue était riche en diphtongues dont l'orthographe garde des traces : faire, faut, fleur, cueille, mou; mais elles ont toutes été éliminées entre le XIVᵉ et le XVIᵉ siècle; le caractère tendu de l'articulation du français moderne le rend rebelle à la diphtongaison.

23. Consonnes fortes et douces.

Les consonnes sourdes du français diffèrent des sonores non seulement par l'absence de vibrations laryngiennes, mais aussi par la force d'articulation : les sourdes sont FORTES, étant prononcées avec une grande énergie articulatoire; les sonores, articulées d'une manière plus relâchée, sont dites DOUCES (ou FAIBLES). L'étude des cas d'assimilation conduit à distinguer certaines variantes. Dans un mot comme obtenir [optənir], l'assimilation est totale : [b] est devenu une sourde forte [p]; mais, dans beaucoup de cas, il se produit uniquement une assimilation de sonorité, qui crée soit des SOURDES DOUCES, soit des SONORES FORTES. Ainsi, méd(e)cin se prononce [mɛd̮sɛ̃] et non [mɛtsɛ̃]; d assourdi garde l'articulation douce; c'est une sourde douce; inversement, paqu(e)bot se prononce [paɡ̭bo] et non [paɡbo]; k, devenu sonore, a gardé son caractère de forte; c'est une sonore forte (1).

24. Les accents du français.

L'accent dit d'INTENSITÉ consiste à mettre en relief, dans un mot de plusieurs syllabes, une syllabe par rapport aux autres, au moyen d'une dépense accrue d'énergie et d'une augmentation de la durée d'émission; en français, l'accent porte sur la dernière syllabe articulée : chalEUR, histOIR(e).

---

1. Le signe ıı indique le resserrement des cordes vocales propres aux sonores, et le signe ʌ l'écartement des cordes vocales propres aux sourdes.

Il faut noter une différence entre notre langue et des langues comme l'allemand et l'anglais : en français, ce qui compte, c'est l'accent de groupe. On prononce *eine alte Frau, an old woman* avec un accent sur l'adjectif et un accent sur le substantif ; mais le groupe *une vieille femme* a un accent uniquement sur le substantif ; l'adjectif est inaccentué.

A côté de cet accent normal frappant la voyelle finale, il existe un ACCENT D'INSISTANCE, dit ÉMOTIONNEL, qui frappe la première consonne : *c'est* TERRIBLE, *c'est* ÉPOUVANTABLE ou *c'est* TÉPOUVANTABLE; et un ACCENT D'INSISTANCE, dit LOGIQUE ou INTELLECTUEL, qui porte sur la syllabe différentielle : *j'ai parlé d'*INDUCTION *et non de* DÉDUCTION; *j'ai parlé du terme offi*CIEUX *et non pas d'offi*CIEL (MORIER).

25. L'intonation du français.

Les éléments mélodiques (variations de hauteur musicale) jouent également un rôle important.

Dans un groupe rythmique isolé et court, la mélodie monte, puis elle descend sur la dernière syllabe : la syllabe *-main* de *il vient d(e)main* est intonée sur une note plus basse que les autres. Si la ligne mélodique croît jusqu'à la fin, on attend une réponse par « oui » ou par « non » : *il vient d(e)main?* Veut-on ajouter à l'interrogation une nuance de doute? Il suffit de prononcer la dernière syllabe sur une note encore plus haute. La mélodie peut exprimer les valeurs affectives ou syntaxiques les plus diverses, pour lesquelles on consultera les ouvrages de P. FOUCHÉ, H. MORIER et H. STEN.

Signalons toutefois une particularité ; les phrases un peu longues se divisent en deux parties mélodiques : une partie montante, constituant une sorte de question que l'esprit se pose à lui-même, et une partie descendante, qui représente la réponse à cette question. Ainsi, selon P. Fouché, la phrase *ils sont venus tous les deux cet après-midi m'apporter de la musique et des livres* a le schéma mélodique suivant : la première partie *ils sont venus tous les deux cet après-midi,* qui correspond à une question, est dite sur un ton montant; la fin de la phrase, qui peut être considérée comme une réponse, est prononcée sur un ton descendant; chacune des deux parties se subdivise à son tour en trois groupes rythmiques et dans chaque groupe (sauf le groupe final) la voyelle accentuée est intonée sur une note plus haute que les précédentes : *ils sont ven*US / *tous les d*EUX / *cet après-mid*I / *m'apport*ER / *de la mus*IQUE / *et des livres.* Les sommets des divers groupes ont des différences de hauteur : elle croît jusqu'au centre et décroît du centre à la fin; et les sommets de plus grande hauteur coïncident avec les accents les plus forts. Le français possède donc une aptitude à constituer des groupes logiques auxquels il donne une unité par l'accord des éléments accentuels et des moyens musicaux.

26. La prononciation.

On considère comme type de la bonne prononciation celle du Parisien cultivé; mais cette norme n'a pas été codifiée, contrairement à la norme orthographique.

La répartition des timbres dans les couples de voyelles obéit à des lois générales, mais il existe nombre d'exceptions provenant de causes diverses : persistance d'un état phonétique antérieur, influence de l'analogie ou de l'entourage.

En SYLLABE INACCENTUÉE, A tend à devenir antérieur, E tend à se fermer, O et EU tendent à s'ouvrir; mais il faut préciser. A est antérieur : Paris, mais, orthographié â, il est postérieur : pâté. E est fermé : égal, cresson, effroi, les, des; il est ouvert devant un groupe de consonnes prononcées : lecture, exempt [ɛgzã]; ouvert également quand il est orthographié ai, ei, ê, è : raison, beignet, fêtard, pèlerin, ou devant rr : il verra. O est ouvert : forêt, corbeille, pot-au-feu; il est fermé devant z : groseille, quand il est orthographié au : aucun, et dans -otion : émotion. EU est ouvert : meurtrir, peut-être, Europe.

Ces tendances générales peuvent être troublées par deux facteurs particuliers : l'analogie et l'harmonisation vocalique. L'influence analogique du simple sur les dérivés, de certaines formes de conjugaison sur d'autres entraîne, par exemple, [ɛ] ouvert dans nettoyer (d'après : net), professer (d'après : il professe), [o] fermé dans dossier (d'après : dos), s'adosser (d'après : il s'adosse), [ø] fermé dans ameuter (d'après : il ameute). L'harmonisation vocalique se produit dans la conversation; elle consiste à fermer une voyelle inaccentuée pour adapter son timbre à celui d'un [i] final ou d'un [y] final; elle joue pour [ɛ] (ex. : aigu [egy], aigri [egri], y es-tu [i e ty]) et pour œ : (heureux [ørø], jeudi [ʒødi]).

Parmi les VOYELLES ACCENTUÉES, il convient de mettre à part les deux A : les divergences de prononciation sont ici très fréquentes; on peut négliger la différence des timbres, excepté lorsqu'elle a une valeur distinctive : ainsi bal, bat, Pathé, patte, rat, ta, avec [a] antérieur, s'opposent à Bâle, bas, pâté, pâte, ras, tas, qui ont [ɑ] postérieur.

Quant aux autres voyelles, elles présentent, sauf quelques exceptions, un timbre ouvert devant une consonne articulée et un timbre fermé à la finale absolue.

DEVANT UNE CONSONNE, E est toujours ouvert : bec, fer, laisse; O est ouvert : loge, porte, sauf devant [z] : rose, et quand il est orthographié au : saute, ou ô : hôte (devant [s], on a [ɔ] bosse ou [o] grosse); EU est ouvert : cœur, fleuve, neuf, sauf devant [t] (meute), [d] (leude), [k] (Polyeucte), [z] (heureuse), [ʒ] (Maubeuge).

23

A LA FINALE ABSOLUE, O est toujours fermé : *idiot, numéro, peau, pot;* de même, *EU* est fermé : *jeu, nœud, peu, veut.* Mais E a deux prononciations suivant les graphies : [e] fermé pour *é, er, ez, ied(s), ef(s)* : *chanté, chanter, chantez, pied, clef;* [ɛ] ouvert pour les autres graphies : *accès, forêt, paie, souhait, je fais, je chantais, je chanterais.* Ai final est ouvert dans les substantifs et adjectifs : *balai, essai, bai, vrai* (sauf *quai* et *gai*), mais fermé dans les formes verbales : *j'ai, je chantai, je chanterai;* le système de la conjugaison oppose le passé simple *chantai* [e] à l'imparfait *chantais* [ɛ], le futur *chanterai* [e] au conditionnel *chanterais* [ɛ]. Cette distinction n'est pas toujours observée : à Paris, les milieux de la bourgeoisie prononcent [ɛ] dans les deux cas et les milieux populaires [e]; comme le passé simple n'est pas un temps de la langue parlée, il peut sembler superflu d'opposer *chantais* à *chantai;* mais la différence entre *je chanterai* et *je chanterais* a une importance considérable : la confusion phonique des deux formes risque d'entraîner la confusion des valeurs.

Signalons encore deux points importants : on prononcera avec [e] et non avec [ø] les mots du type *œcuménique, Œdipe, œdème, œsophage;* on n'oubliera pas que *-ign-* peut être une graphie pour [ɲ] (cf. *se-ign-eur*) : la prononciation de *oignon* est [ɔɲɔ̃] et non [waɲɔ̃]; on hésite toutefois entre [ɔ] et [wa] pour *encoignure* et *moignon;* dans *poigne, poignée, poignet, empoigner,* l'ancienne prononciation avec [ɔ] a presque disparu.

27. La liaison.

La liaison consiste à faire entendre devant un mot commençant par une voyelle une consonne finale normalement muette : *il est* [ɛt] *étourdi.*

Certaines consonnes subissent des modifications; *s, z, x* se prononcent [z] : *les hommes* [le zɔm]; *d* devient [t] : *grand homme* [grɑ̃ tɔm]; *g* se prononce [k], mais la liaison ne se fait plus guère que dans *suer sang et eau* [sɑ̃ ke o]; *f* se prononce [v] dans *neuf ans* [nœ vɑ̃] et *neuf heures* [nœ vœːr] (face à : *neuf enfants* [nœf ɑ̃fɑ̃]). Les voyelles nasales [ɛ̃] et [ɔ̃] peuvent se dénasaliser; ce changement est fréquent pour [ɛ̃] : *moyen âge* se dit [mwajɛ naːʒ]; pour [ɔ̃], il apparaît surtout dans *bon* : exemple, *bon ami* [bɔ nami].

L'emploi de la liaison est délicat. Il existe des liaisons obligatoires : *les hommes;* des liaisons facultatives : *vous aussi* [vu osi ou vu zosi]; des liaisons pédantes : *vers elle* [vɛr zɛl]; des liaisons proscrites : *je vais aux eaux* ne peut se prononcer [vɛ zo zo]. Le nombre des liaisons varie suivant les niveaux de prononciation : on lie plus dans une conférence que dans la conversation familière.

Dans la langue contemporaine, la liaison est en régression : on lie seulement à l'intérieur d'un groupe; on distingue *avoir un pied-à-terre* [pje t a tɛr] de *avoir un pied / à terre;* en dehors de groupes consacrés : *Etats-Unis, cas échéant...,* on ne lie pas d'une syllabe accentuée à une syllabe inaccentuée,

24

on ne lie pas un adjectif au nom qui précède; on distinguera donc entre *savant aveugle* [savɑ̃ tavœgl], où *savant* est adjectif, et *savant aveugle* [savɑ̃ avœgl], où *savant* est substantif. La liaison permet aussi de distinguer le singulier du pluriel; ainsi : *vous êtes italien*, sans liaison, indique qu'il s'agit d'un seul Italien, mais [vu zɛt zitaljɛ̃] qu'il s'agit de plusieurs Italiens. On opposera de même : *quel cas intéressant* [kɛl kɑ ɛ̃terɛsɑ̃] à *quels cas intéressants* [kɛl kɑ zɛ̃terɛsɑ̃].

Remarquons enfin qu'en principe les noms propres n'admettent pas la liaison : on dit *Vincent Auriol* [vɛ̃sɑ̃ orjɔl].

Tableau des sons du français

(Notations de l'Association phonétique internationale)

28. Voyelles.

[i]		*il, lit, merci.*
[e]	(ou *é* fermé) :	*thé, j'ai, été.*
[ɛ]	(ou *è* ouvert) :	*sel, taie, forêt.*
[a]	(ou *a* antérieur) :	*il bat, papa, sac.*
[ɑ]	(ou *a* postérieur) :	*bas, vase, âne.*
[ɔ]	(ou *o* ouvert) :	*port, sotte, Paul.*
[o]	(ou *o* fermé) :	*pot, peau, saute.*
[u]	(ou *ou* français) :	*loup, fou, ouvrir.*
[y]	(ou *u* français) :	*tu, mûr, j'ai eu.*
[ø]	(ou *eu* fermé) :	*peu, creuse, Maubeuge.*
[œ]	(ou *eu* ouvert) :	*peur, jeune, œuvre.*
[ə]	(ou *e* sourd [*e* muet]) :	*le, chevron.*
[ɛ̃]		*brin, faim, sein.*
[œ̃]		*brun, humble, un.*
[ɑ̃]		*blanc, sentir, grande.*
[ɔ̃]		*blond, honte.*

29. Consonnes.

[p]	*pan, cap.*
[b]	*banc, robe.*
[t]	*temps, rente, mat.*
[d]	*dans, rude.*
[k]	*car, qui, kiosque.*
[g]	*gare, bague.*
[f]	*faux, phare.*
[v]	*veau, **W**agner.*
[s]	*sur, cire, coussin.*
[z]	*zéro, cousin.*
[ʃ]	*chou, bouche.*
[ʒ]	*jour, bouge.*
[m]	*mer, homme.*
[n]	*nerf, banal.*
[ɲ]	*agneau* [aɲo].
[l]	*lire, ville, bal.*
[ʀ]	*rire, finir.*

SEMI-VOYELLES.

[j]	(ou *yod* = [*i*] consonne) :	*yeux, lieu* [ljø], *œil* [œj], *bouteille* [butɛj].
[ɥ]	(ou *ué* = [*y*] consonne) :	*nuit* [nɥi], *lui* [lɥi], *puis* [pɥi].
[w]	(ou *oué* = [*u*] consonne) :	*oui* [wi], *ouest* [wɛst], *roi* [rwɑ], *loin* [lwɛ̃].

CONSONNES DISPARUES.

[r]	(ou *r* apical [roulé]) :	conservé régionalement.
[λ]	(ou *l* mouillé) :	ital. *figlia.*
[h]	(ou *h* aspiré) :	angl. *house;* allem. **H**aus.

2 | L'écriture

30. Les lettres.

L'alphabet moderne français est composé de 26 lettres : *a, b, c, d, e, f, g, h, i, j, k, l, m, n, o, p, q, r, s, t, u, v, w, x, y, z,* empruntées au latin (sauf le *w,* d'origine germanique).

Ces lettres sont divisées en VOYELLES (*a, e, i, o, u, y*) et CONSONNES. Elles correspondent très imparfaitement aux sons. Ainsi, un même et unique son peut être transcrit très différemment par une ou plusieurs lettres : *fil, philtre.* C'est surtout le cas pour les voyelles : *eau, auto, pot,* des *os,* les *bœufs* — graphie dite E *dans l'o* —, m*eu*glent. Inversement, une même lettre ou un même groupe de lettres peuvent correspondre à des sons très différents : les poules couv*ent* dans le couv*ent,* la v*ille* br*ille,* ou même ne correspondre à aucun son : scul*p*teur ; c'est le cas de beaucoup de consonnes finales : outi*l,* estoma*c,* por*c,* lou*p.*

L'apprentissage de l'orthographe, c'est-à-dire d'une graphie correcte, est par là un exercice long et redoutable.

31. L'orthographe.

L'orthographe moderne française est en grande partie arbitraire, incohérente, le résultat de huit siècles de transformations.

On est contraint, dès l'origine, de noter avec des signes latins des sons non latins ; c'est ainsi que *u* ([u] latin) transcrira le [y] roman, que le *e muet* sera en roman *o, a...* ou *e.* Néanmoins, aux XIe et XIIe siècles, sous l'influence des jongleurs, qui, pour leur métier, ont besoin d'une transcription simple et fidèle, la graphie, faite pour l'OREILLE, est presque phonétique. Mais, à partir du XIIIe siècle, les fonctionnaires et les praticiens, qui se mettent à rédiger des monceaux d'actes en français et en latin, bouleversent ce système :

a) Pour permettre de déchiffrer une écriture souvent médiocre, ils créent ou multiplient des lettres distinctives : le *y* final, de nombreux *h* initiaux ;

b) Pour distinguer les homonymes, ils introduisent de nouvelles graphies : ainsi, on ne possédait que *non, mes, set ;* on aura : *non* et *nom, mets, mais* et *mes, sept* et (il) *sçayt.* Cette distinction semblait si nécessaire qu'on maintiendra *sçavoir* très longtemps après qu'on en aura reconnu la véritable origine (*sapére*) ;

c) Pour réunir les mots de la même famille, ils alignent, par exemple, *grant* sur *grande,* d'où *grand ;*

d) Pour établir un pont avec le latin, on se livre à des calques systématiques : *ome* passe à *homme (homo)*, *lou* à *loup (lupus)*, *oscur* à *obscur (obscurus)*; *e*) Pour enfler les écritures, et donc les bénéfices des copistes, on multiplie les lettres adventices.

Cette graphie était *très commode* pour des scribes qui travaillaient vite et usaient d'une lecture *visuelle*; mais elle est l'œuvre de demi-ignorants; outre le grave inconvénient de s'éloigner rapidement de la prononciation, elle est souvent inconséquente : les étymologies sont fantaisistes (*sçavoir* rapproché de *scire*; *compter* différencié de *conter*, alors qu'ils ont même origine) ou irrégulièrement invoquées; on écrit *quatre* de *quattuor*, mais *caille*, qui vient pourtant de *quaccola*; malgré *hier* (*heri*) et *homme*, on n'ose pas écrire *havoir* (pourtant de *habere*). Les imprimeurs adopteront cette graphie et installeront le désordre.

C'est pourquoi, depuis le xvɪᵉ siècle, les projets de réforme se sont succédé; signalons, parmi tant d'autres, ceux de Meigret, de Ramus, de P. Corneille, des grammairiens philosophes. Des changements, très insuffisants, pas négligeables pourtant, ont été obtenus. Que l'on compare cette graphie de 1657 avec l'orthographe moderne : « *A Moy, comte, deux mots. — Parle. — Oste-moy d'un doute. Cognois-tu bien Don Diegue? — Ouy...* » Les 3ᵉ et 4ᵉ éditions du Dictionnaire de l'Académie (1740 et 1762) s'attaquent aux lettres parasites ou inutiles (*dethroner, advocat*), aux *y* finaux (*cecy, moy*), répandent l'accent circonflexe au lieu de l's d'allongement (*teste*) et adoptent l'accent grave. La 6ᵉ édition enfin (1835) remplace *oi* par *ai* partout où le son était [ɛ] (désinences des verbes).

Depuis un siècle, c'est l'immobilisme, malgré les efforts de réformateurs ardents. Certes, dans une langue comme la française, qui est surtout composée de mots brefs, et par là regorge d'homonymes, une orthographe compliquée a valeur différenciative. Qu'on songe à la fameuse phrase : *Cinq moines, sains de corps et d'esprit, portaient dans leur sein le seing du saint-père.* Mais, dans une culture de plus en plus orale, cet argument perd un peu de son prix. La diffusion de notre langage dans des milieux très étendus imposera une simplification et la suppression des abus les plus criants, parmi lesquels nous relevons :

a) Les lettres parasites (*dompter, compter*), l'anarchie des lettres doubles : *chariot / charrette, agrandir / aggraver*, ou des oppositions comme : *j'appelle / nous appelons*, qui n'avaient de sens qu'en l'absence d'un système régulier d'accents;

b) La graphie des mots composés. Chaque grammaire — et la nôtre n'y manque pas — s'évertue à trouver des règles; mais la grande règle est la contradiction.

REMARQUE. — Les utilisateurs ont cherché à régler autrement la discordance entre la graphie et la prononciation. Ils tendent à articuler toutes les lettres. C'est très frappant pour les noms propres (*Broglie, Talleyrand, Montaigne* ne se prononcent plus guère [brɔj], [tajərã], [mõtaɲe]), mais sensible aussi pour les noms communs ; *obscur, substance...* et même, malgré les protestations des puristes, *cheptel, signet, legs* se prononcent [ɔps-kyr], [sypstãs], [ʃεp-tεl], [siɲε], [lεg].

32. Les signes orthographiques.

Ils permettent de préciser soit la prononciation (accents), soit le sens (majuscules, traits d'union) de certains mots.

33. Les accents.

Empruntés, à la Renaissance, au grec, ils se sont développés à des dates différentes. « Introduits trop tardivement, alors que les scribes avaient déjà marqué l'ouverture ou la fermeture des voyelles par des procédés empiriques, les accents ne sont pas venus remplacer ces artifices : ils les ont simplement doublés. » (P. BURNEY).

34. Accent aigu.

Il note l'*e* fermé, non suivi de *d, r,* z ou *f* finaux : *ailé, blé,* mais *pied de nez.*

35. Accent grave.

Il note l'*e* ouvert et concurrence le redoublement de la consonne suivante : *je jette / j'achète.* On le trouve :

a) A la fin de nombreuses syllabes : *mère, j'achète;*

b) Dans les mots terminés par *s* (sauf *es,* de *être*), qui se distinguent ainsi des pluriels : *un procès / des poches.*

Il se place aussi sur : *çà* (adv.), *delà, déjà, voilà, holà* et, pour les distinguer des homonymes, sur *à, là, où, dès.*

REMARQUE. — L'accent grave, ayant été répandu beaucoup plus tard (Dict. de l'Académie, 1740) que l'accent aigu (XVIᵉ s.), n'a pas remplacé partout où il était nécessaire ; d'où d'étranges oppositions : *événement/avènement.*

36. Accent circonflexe.

Il combine les deux précédents : il a remplacé au XVIIIᵉ siècle le *s* (Dict. de l'Académie, 1740) non prononcé depuis le XIIᵉ siècle, dont le maintien notait, en principe, l'allongement de la voyelle précédente. Il marquait donc à la fois une étymologie (signe d'une consonne disparue) et une valeur phonétique (signe d'une voyelle longue) : *bâtir, fête.*

Mais la chute du *s* n'avait pas forcément entraîné un allongement de la voyelle, d'où les graphies de *hôpital* et *épître,* bien qu'ici *i* et *o* soient brefs. Par extension, l'accent circonflexe rappelle le souvenir de lettres disparues très variées ; c'est un accent *in memoriam* (BRUNOT) : *âge* (aage), *rôle* (roole), *âme* (anme).

Par extension aussi, il a été attribué à des voyelles longues, mais très irrégulièrement, en sorte que *cône* et *diplôme* s'opposent à *zone* (mot qu'Apollinaire avait coiffé d'un circonflexe dans le célèbre poème) et *axiome*.

Ces répartitions coupent les familles de mots : *bête, bétail* ou *âcre, acrimonie*. Ajoutons que la concurrence des accents grave et circonflexe a produit de curieuses anomalies comme *extrême* (de *extremus*) et *deuxième* (de *deuxiesme*).

37. Le tréma.

Le *tréma* indique, en théorie, que la voyelle (*i, u, e*) se détache de celle qui la précède ou la suit : *haïr, Saül*. Mais *inouï* et *aiguë* se prononcent [i-nwi] et [ɛ-gy] (le tréma distingue *aiguë* et *aigue; mais on prononce *arguer* [ar-gɥe]). Le français a conservé *h* comme équivalent du tréma : *cahier, trahir,* et il oppose *Bayonne* à *baïonnette*.

38. La cédille.

La *cédille* mise sous la lettre *c* devant *a, o, u* lui donne le son de *s* sourd : *façade, leçon, reçu*.

39. L'apostrophe.

L'*apostrophe* marque, devant un mot commençant par une voyelle ou un *h* muet, l'élision de *a* (dans *la*), de *e* (dans *je, me, te, se, le, ce, que, de, ne, jusque*), de *i* (noter que *s'il* est le reste de l'ancien « se il »). La voyelle finale de *lorsque, puisque, quoique, quelque* n'est supprimée que devant : *il(s), elle(s), on, en, un, une*.

Après un impératif, l'élision se marque pour *me* et *te* devant *en* : va-t'en. Avec *entre*, l'usage est flottant.

40. Le trait d'union.

Le *trait d'union* est un des signes les plus bizarres; en principe, il marque la soudure de deux ou plusieurs mots séparés, en particulier dans les noms composés. Mais « en opposant trente-neuf mots en *contre-* avec trait d'union à quarante-trois sans trait d'union, dans son édition de 1835, l'Académie a fabriqué à l'usage des typographes un casse-tête dont il serait temps de les délivrer » (A. DAUZAT).

41. Le trait d'union dans les composés.

Les « règles » sont des plus incertaines. Le désordre est d'autant plus grand qu'on n'est même pas d'accord sur la nature de certains composants (comme dans *porte-enseigne*); on trouve donc côte à côte : *portefeuille* et *porte-allumettes, garde forestier, garde-française* et *garde-côte* (ou *-côtes*).

Le trait d'union est fréquent dans les noms propres, sauf quand ils sont suivis d'un surnom : *Michel-Ange, Marie-Louise,* mais *Philippe Auguste* et *Jean le Bon.*

Si l'on ne veut pas profiter des tolérances accordées par l'arrêté de 1901, on se reportera à un bon dictionnaire. Un seul cas est clair : quand on rassemble en une seule formule des mots ordinairement séparés : « C'est l'éternel élève *qui-a-perdu-son-cahier* ».

42. Le trait d'union des groupements syntaxiques.

Les règles sont ici plus généralement observées. On emploie le trait d'union :
a) Après un pronom personnel, devant *même : eux-mêmes, lui-même;*
b) Devant le pronom personnel (plus *ce* et *on*) sujet postposé, seul ou précédé de la consonne d'appui : *Vient-il? Aime-t-il?;*
c) Après un verbe à l'impératif, devant les pronoms personnels, *en* et *y* (*dis-lui; allez-vous-en*), sauf si les pronoms sont rattachés à un infinitif suivant : *Laisse-la lui parler. Venez le voir;*
d) Entre *ci, là,* et un autre mot joint : *celui-ci, là-haut.* Notez cependant l'opposition de *par là* et *par-ci, par-là;*
e) Dans les nombres composés, pour les parties en dessous de cent : *cent dix-huit,* sauf quand elles sont reliées par *et : vingt et un.*
f) À la coupe d'une ligne (à la fin d'une syllabe ou entre deux consonnes doubles) : *gram-maire.*

43. Majuscules et minuscules.

Les mots français commencent normalement par des minuscules. L'emploi de majuscules, A, B, C, D, E..., autorise des distinctions précieuses.

La majuscule marque une coupe et s'emploie après un point final de phrase ou après des points d'interrogation ou d'exclamation qui jouent le même rôle, enfin au début de chaque vers.

On l'emploie aussi au début :
a) D'un NOM PROPRE : *Hugo, monsieur Durand,* et de tous les équivalents d'un nom propre : *Dieu, le Créateur;* des grandes abstractions : *le Temps;* des noms de pays, de peuples ou de nationaux : *la France, la Nouvelle-Calédonie* (on peut ainsi opposer le *Français,* qui est un homme, au *français,* qui est une langue); des constellations : *la Grande Ourse;* des noms de rue : *rue du Général-Leclerc;* des titres honorifiques : *Sa Sainteté.*

Si le nom propre est un adjectif, cet adjectif prend seul la majuscule : *la mer Méditerranée, le mont Blanc;* mais on écrira inversement : le *second Empire,* l'*Ecole polytechnique.*

b) D'un TITRE (ouvrage littéraire, pictural). La majuscule se place devant le premier nom : *la Terre, la Guerre et la paix,* et, quand l'adjectif vient en tête, le substantif reçoit aussi une majuscule : *les Verts Pâturages.*

Si le titre est une phrase, le premier mot seul commence par une majuscule :
A quoi rêvent les jeunes filles ?

Devant certains noms communs, dans les ouvrages spécialisés, on a le choix entre majuscules et minuscules : noms de genres et d'espèces, titres honorifiques, par exemple.

3 | Les signes de ponctuation

Les signes de ponctuation sont des marques typographiques qui donnent des indications nécessaires à la lecture d'un texte écrit. C'est un équivalent — approximatif — des arrêts, des accents, des intonations, des mélodies, et même des gestes dont s'accompagne le langage parlé.

44. Généralités.

Il existe une ponctuation LOGIQUE, indispensable au déchiffrage d'un texte, soumise à certaines règles : elle a principalement pour but d'indiquer le groupement des mots. Même dans la rédaction d'un télégramme, où l'on économise les signes, on est tenu d'employer le signe « stop » pour éviter les confusions de lecture. Ainsi, je télégraphie : *Confirme achat chiens envoyez-en deux mille baisers ;* si je ne veux pas risquer de recevoir deux mille chiens, je ponctuerai : *envoyez-en deux **stop** mille baisers.*

Il existe aussi une ponctuation EXPRESSIVE, qui n'est pas soumise à des règles fixes, mais aux intentions stylistiques.

45. Historique.

La ponctuation s'est développée en France au XVIᵉ siècle, avec l'usage de l'imprimerie ; on utilise alors le POINT, la VIRGULE, les DEUX POINTS, le POINT D'INTERROGATION. Auparavant, dans les manuscrits, on utilisait, depuis le IXᵉ siècle, des points pour signaler des arrêts de la voix, mais de façon un peu incohérente. Au XVIIᵉ siècle, on répand l'usage du POINT-VIRGULE et du POINT D'EXCLAMATION, celui des POINTS DE SUSPENSION au XVIIIᵉ siècle, des TIRETS et des CROCHETS au XIXᵉ.

Les grammairiens se sont efforcés de faire coïncider les signes de ponctuation avec les données de l'analyse LOGIQUE de la phrase. Les textes antérieurs au XIXᵉ siècle avaient souvent une ponctuation moins logique, parfois fantaisiste, qui reflétait plus naturellement les particularités de chaque diction. (Mais nous lisons ces textes dans des éditions modernes, où la ponctuation a été normalisée.) Voici, par exemple, deux phrases de Diderot dont la ponctuation est différente de la norme moderne :

> *Mille plats intrigants, sont bien vêtus, et tu irois tout nu ?*
> (Une virgule sépare le sujet du verbe.)
> *J'aurai à mes gages, toute la troupe vilmorienne.*
> (Une virgule sépare le verbe de son complément d'objet direct.)

Cette ponctuation « en liberté » a été reprise par quelques auteurs modernes (v. § 57).

a | ## Les trois signes essentiels de la pause

46. Le point.

Le point marque la fin d'une phrase et indique que l'on doit faire descendre l'intonation et marquer un arrêt : une unité de discours est terminée. Le point est donc en accord avec l'analyse logique, puisqu'il sert de critère à la limite formelle de la phrase. (Cf. définition, § **2**.) Exemple :

> *Bella me regarda. Je soutins son regard. Elle salua en baissant les yeux*
> (GIRAUDOUX).

Ici, trois points, trois phrases.

Mais les points peuvent être employés en discordance avec l'analyse logique. Utilisés à l'intérieur d'une séquence que la construction grammaticale inviterait à lire d'une seule traite, ils imposent des arrêts brusques, correspondant aux pauses du débit parlé. C'est un procédé expressif assez courant :

> *Le bon mari sérieux, la famille, la carrière. Et tout ça représenté par*
> *les solides fauteuils de cuir. Un symbole magnifique. De chez Maple.*
> *Inusables. Economiques* (SARRAUTE).

REMARQUE. — Le point est un simple signe typographique lorsqu'il sert à signaler une abréviation. Exemples : *Cf. Introd. p. 4. M. Dubois = Monsieur Dubois. U.N.E.S.C.O.*

47. Le point-virgule.

Il se trouve à l'intérieur de la phrase ; il indique une pause moyenne ; la voix doit redescendre, sans toutefois s'arrêter. Il est utilisé, en général, pour séparer des propositions de moyenne étendue, qui font partie d'un même ensemble. Exemple :

> *J'ai dormi dans l'herbe, au soleil; dans les greniers à foin, la nuit* (GIDE).

Alors que le point marque un arrêt dans l'enchaînement de la phrase, le point-virgule indique que l'enchaînement continue, après une légère pause.

48. *La virgule.*

C'est le signe de la pause la plus légère. La virgule permet, d'une part, d'isoler un terme par la pause légère et, d'autre part, de l'enchaîner dans la phrase.

A. Entre des termes de même fonction, la pause suspensive de la virgule a un RÔLE COORDINATEUR.

a) Dans une énumération à plusieurs termes, les deux derniers sont ordinairement reliés par une conjonction, les autres par une virgule.

> *Je garde de mon enfance le souvenir d'années tranquilles, de calme et de plénitude* (GRACQ).

b) La virgule peut seule, sans conjonction, marquer la liaison des termes.

> *L'après-midi, j'allais à Chatou, à Joinville* (GIRAUDOUX).

c) Il est rare que l'on marque l'enchaînement à la fois à l'aide de la conjonction et de la virgule, lorsqu'il n'y a que deux termes reliés; on dira, sans virgule : *J'ai faim et soif. Je n'ai ni faim ni soif.*

La virgule peut servir à isoler deux groupes de termes reliés par une conjonction.

> *Ils n'étaient précisément ni jeunes ni vieux, ni beaux ni laids* (BAUDELAIRE).

d) A la fin d'une énumération, si la liaison est assurée à la fois par une conjonction et une virgule, le terme relié est mis en relief, par un effet de RENCHÉRISSEMENT :

> *Et ils mangeraient les poules de leur basse-cour, les légumes de leur jardin, et dîneraient en gardant leurs sabots* (FLAUBERT);

ou par un effet d'OPPOSITION :

> *Deux cuisiniers en retard, ivres, suivaient le môle en faisant des signes et des grimaces au navire. Des enfants les imitaient, et titubaient* (GIRAUDOUX).

B. Entre deux termes de fonction différente, la virgule *isole* les termes et permet de délimiter les groupes fonctionnels.

a) La virgule isole les termes « détachés » :

— une APPOSITION :

> *Moi, Frédéric, seigneur du mont où je suis né* (HUGO);

— une PROPOSITION INCISE :

Je viendrai, lui dit-elle, dès demain;

— un ADJECTIF DÉTACHÉ :

Près de lui, grande et souple, se tenait une jeune femme brune, aux yeux cernés (APOLLINAIRE);

— une PROPOSITION RELATIVE DÉTACHÉE :

Les éléphants, qui s'étaient enfuis, vagabondaient à l'horizon (FLAUBERT);

— un COMPLÉMENT CIRCONSTANCIEL :

Le poilu se hâte, vers Verdun (DELTEIL);

— une PROPOSITION CIRCONSTANCIELLE ou COMPLÉMENT D'OBJET DIRECT placée en tête de phrase :

Qu'il soit intelligent, cela ne fait aucun doute.

Dans tous ces cas, la virgule est essentielle à la construction de la phrase. Mal placée, elle peut rendre incompréhensible le groupement des termes.

Il est interdit de jouer au ballon, avec les pieds sur la plage. (Une pancarte, à Nice.)

b) On ne doit pas mettre de virgule entre deux éléments dont la succession immédiate indique le rapport syntaxique :

— entre le sujet et le verbe : *Le chat mange;*

— entre le verbe et l'attribut : *Le chat est gris;*

— entre le verbe et le complément d'objet : *Le chat voit la souris. Je vous annonce que je pars.*

C. La virgule peut indiquer des pauses d'intensité très variable. Certains auteurs l'utilisent comme un signe « passe-partout ».

Mon père avait cinq frères, tous de l'Institut, deux sœurs, mariées à des conseillers d'Etat (GIRAUDOUX).

(On attendrait ici un point-virgule à la place de la deuxième virgule.) D'autres l'utilisent pour produire un effet de « nivellement » : tous les termes étant reliés par une virgule sont placés sur le même plan, et l'on ne sent plus de hiérarchie.

Il faudra de l'eau à ce chien, donner de l'eau à ce chien, marquer, ici, d'un réconfort, ses longues marches à travers la forêt, de village en village, dans la mesure du possible faciliter son existence difficile (DURAS).

b | Les autres signes

49. Le point d'interrogation.

Il se trouve à la fin d'une proposition interrogative directe ; il indique que la voix doit suivre l'intonation caractéristique de l'INTERROGATION.

> *Quel est le plus caché de tous les avenirs?* (VALÉRY.)

Il se place avant le verbe en incise qui présente des paroles rapportées.

> *Qu'est-ce donc qu'il regarde? demanda-t-il* (MAURIAC).

On ne doit pas l'utiliser dans les INTERROGATIONS INDIRECTES :

> *Alors ils se demandèrent en quoi consiste précisément le style* (FLAUBERT).

Employé entre parenthèses **(?)**, il indique le DOUTE sur une citation.

50. Le point d'exclamation.

Il indique une suspension de la voix (sur une note haute ou basse) ; il s'utilise comme marque ou comme complément de la TOURNURE EXCLAMATIVE : après une phrase exclamative, une interjection, une apostrophe, un impératif. Ses valeurs sont infinies ; on le trouve souvent redoublé ou même triplé.

> *Nathanael! Quand aurons-nous brûlé tous les livres!!* (GIDE.)
>
> *Bois! dit-il, pour que la force des serpents pénètre dans la moelle de tes os* (FLAUBERT).
>
> *Le paraître est la manifestation immédiate de l'être. Puis qu'est-ce que cela fait!!?* (GIDE.)

REMARQUE. — Les points d'interrogation et d'exclamation sont parfois utilisés seuls, dans les dialogues, pour suggérer une mimique : « — !! — ?? ».

51. Les deux points.

Ils s'emploient entre deux termes d'une phrase, dont l'un est présenté comme le développement logique de l'autre. Ils présentent :

— des PAROLES RAPPORTÉES :

> *Elle disait : « Si je pouvais savoir ce qu'il y a dans cette tête-là! »* (PROUST) ;

— une ÉNUMÉRATION ANNONCÉE : *J'ai trois amis : Pierre, Paul et toi;*

— une EXPLICATION, une CONSÉQUENCE :

> *A Florence, on vendait des roses : certains jours, la ville entière embaumait* (GIDE).

52. Les guillemets.

Ils indiquent un changement de registre dans la voix, et sont utilisés surtout pour présenter des paroles que l'auteur ne veut pas prendre à son compte.

Les guillemets encadrent des PAROLES RAPPORTÉES (cf. ci-dessus), ou bien un mot, ou un groupe, doté d'une VALEUR PARTICULIÈRE :

> Odette fit à Swann « son » thé, lui demanda : « Citron ou crème? », et comme il répondit « crème », lui dit en riant : « Un nuage! » (PROUST). [« Son » doit être souligné dans la diction.]

L'expression *entre guillemets* fait partie du vocabulaire, comme en témoigne cette phrase de Queneau :

> On dirait que vous êtes en train de découvrir ses différentes qualités. Elle roula le mot qualités entre des guillemets.

REMARQUE. — Dans l'écriture manuscrite, on doit obligatoirement signaler le titre d'une œuvre par des guillemets (ou un trait soulignant) : *J'ai revu «Polyeucte» cette semaine.*

53. Les points de suspension.

Ils sont au nombre de trois. Ils indiquent que la phrase reste en suspens, inachevée. Ils suggèrent :

— une INTERRUPTION RÉELLE dans un propos. Exemple :

> « Misérable! une fois déjà... » Stipendius l'interrompit (FLAUBERT).

— ou une INTERRUPTION ARTIFICIELLE, un prolongement flou :

> Et saint Pierre prit son gros livre, l'ouvrit, mit ses besicles : « Voyons un peu : Cucugnan, disons-nous, Cu..., Cu... Cucugnan, nous y sommes, Cucugnan... (DAUDET).

Ils prolongent très souvent la portée expressive d'un point d'interrogation ou d'exclamation.

Placés entre crochets [...], ils indiquent qu'une citation est incomplète.

On ne doit pas écrire de points de suspension après *etc.*, qui indique déjà par lui-même un prolongement.

54. Les parenthèses.

Elles encadrent à l'intérieur de la phrase un élément isolé, qui se prononce sur une tonalité plus basse. Les parenthèses donnent souvent au terme encadré une importance secondaire, accessoire dans la phrase ; elles peuvent aussi le souligner. *Si vous n'avez pitié / Il viendra (sans rancune)*
> *Vous tirer par les pieds / Une nuit de grande lune! (LAFORGUE.)*

Exemple d'un détail souligné, dans le style journalistique :

Farah (habillée par Dior) se marie demain.

<small>REMARQUE.</small> — On place entre parenthèses les références d'une citation, les indications scéniques, les notes adventices : (*sic*).

Les crochets [ ] s'utilisent pour encadrer un groupe qui suit immédiatement un autre groupe mis entre parenthèses. On les emploie aussi pour délimiter un texte ou un groupe de lettres, qu'on rétablit ou restitue, par exemple dans la transcription d'un manuscrit.

55. *Les tirets.*

Ce sont de simples signes typographiques quand ils signalent, dans un dialogue, le <small>CHANGEMENT D'INTERLOCUTEUR</small>. Ils ont un rôle de ponctuation proche de celui des parenthèses quand ils servent à <small>ISOLER UN ÉLÉMENT</small> dans une phrase :

Dès l'aube, sortir — jaillir — dans l'air tout renouvelé (<small>GIDE</small>).

A la différence des parenthèses, ils n'entraînent pas une baisse d'intonation ; ils peuvent présenter deux éléments sur le même plan, comme dans une <small>JUXTAPOSITION</small>. Ils marquent un silence :

Deux hommes — ils l'ont vue après moi — se sont arrêtés pour la regarder passer (<small>DURAS</small>).

Lorsqu'on ouvre une parenthèse devant un terme, on est tenu de la fermer ensuite ; un tiret peut ne pas être répété, si la fin du groupe isolé correspond à la fin de la phrase :

Il est enfermé dans la forêt par Valérie — son enfant (<small>ID</small>.).

Les tirets peuvent être multipliés dans une phrase, et provoquer des sortes d'encerclements successifs :

On ne sait guère plus, à Orsenna, du Farghestan — et on ne souhaite guère en savoir davantage —, sinon que les deux pays — on l'apprend sur les bancs de l'école — sont en état officiel d'hostilité (<small>GRACQ</small>).

<small>REMARQUE.</small> — Dans les nomenclatures, les dictionnaires, le tiret est un signe représentant un mot déjà exprimé. *Romances : le chanteur de — plaît aux dames* (<small>FLAUBERT</small>).

56. *Artifices typographiques comme ponctuation.*

L'<small>ALINÉA</small> consiste à isoler un paragraphe, conçu comme une unité, en allant à la ligne. L'arrêt imposé par un alinéa est plus fort que l'arrêt donné par un point.

Les <small>LETTRES ITALIQUES</small> (qui correspondent, dans l'écriture manuscrite, à un trait soulignant) sont employées pour mettre en relief un élément, que l'on doit dire sur un ton différent :

« Si l'homme parfois ne fermait pas *souverainement* les yeux, il finirait par ne plus voir ce qui vaut la peine d'être regardé. » (<small>CHAR</small>.)

Les LETTRES CAPITALES invitent à marquer un accent d'intensité :

> *Me comprendras-tu si je dis que ce n'était là que la simple exaltation*
> *de la LUMIÈRE ?* (GIDE.)

Les « BLANCS » sont un procédé moderne, utilisé surtout dans les écrits poétiques : il s'agit de suggérer visuellement une séparation entre des groupes de mots, même (et surtout) lorsque la syntaxe inviterait plutôt à les lier. Ce peut être un blanc dans le cours de la ligne imprimée, comme un vide soudain ; Claudel s'est beaucoup servi de ce procédé :

> *Poète, tu nous trahis !*
> *Porte-parole, où portes-tu   cette parole que nous t'avons confiée ?*

Ce peut être un blanc dans la disposition des lignes imprimées, sans rapport avec la fin d'un paragraphe :

> *Je préfère, devant l'agression, rétorquer que des*
> *contemporains ne savent pas lire —*
> *Sinon dans le journal ; il dispense, certes, l'avantage de*
> *n'interrompre le chœur des préoccupations* (MALLARMÉ).

57. Les tentatives modernes de ponctuation libre.

Au début du xxᵉ siècle, certains poètes ont supprimé la ponctuation de leurs œuvres, estimant que ces repères de l'analyse grammaticale ne correspondaient plus à la nouvelle forme de diction poétique. Apollinaire fut l'un des premiers : « Le rythme même et la coupe des vers, voilà la véritable ponctuation, et il n'en est point d'autre. » (*Lettre à Martineau*, 1913.)

Dans les textes en prose, la ponctuation « libérée » et l'absence de ponctuation ont été utilisées comme instruments de rythme. Les signes de ponctuation correspondent plus au DÉBIT DE PAROLE que l'on veut restituer qu'à l'analyse grammaticale. Cela peut aboutir à supprimer toute ponctuation, pour refléter un rythme d'événements non « ponctués » dans leur déroulement.

Voici un exemple tiré de *la Route des Flandres*, de Claude Simon ; l'épisode retrace un accident survenu à deux cavaliers, en pleine nuit :

> [...] *Je pensais Pauvre Wack il a toujours eu l'air d'un idiot mais*
> *maintenant plus que jamais il, puis je ne pensais plus quelque chose*
> *comme une montagne ou un cheval s'abattant sur moi me jetant à terre*
> *me piétinant tandis que des milliers de chevaux galopants continuaient*
> *à me passer sur le corps puis je ne sentis même plus les chevaux*
> *seulement comme une odeur d'éther et le noir des oreilles bourdon-*
> *nantes et* [...].

Ce genre de tentative est évidemment limité, mais permet d'entrevoir les possibilités stylistiques d'une ponctuation « en liberté » (et les dangers qu'elle représente pour la compréhension immédiate d'un texte).

ANNEXE

Nous donnerons ici quelques exemples de transcription phonétique ; nous en rappelons les principes :

— on transcrit les sons et non les signes : *champ, champs, chant, chants* ont la même transcription : [ʃɑ̃] ;

— un son unique est représenté par un seul signe : [k] note à la fois *k* dans *képi* [kepi], *c* dans *car* [kaʀ], *qu* dans *qui* [ki] ;

— le même signe n'a qu'une valeur. Ainsi ʃ est toujours postalvéolaire : *choix* s'écrit [ʃwɑ], mais *chœur* s'écrit [kœʀ].

Nous accompagnons ces transcriptions de tracés d'intonation que nous devons à l'obligeance de R. Gsell, directeur de l'Institut de phonétique de Grenoble.

1. « Vous êtes des cochons ! cria Jean, furieux. Jeter du manger, quand il y a tant de pauvres bougres qui ont le ventre vide. » C'était comme pour les trois pains attachés sur les sacs ; on ne l'avait pas écouté, les averses venaient de les détremper à tel point qu'ils étaient fondus, une vraie bouillie, impossible à se mettre sous la dent. « Nous sommes propres », répétait-il (Zola, *la Débâcle*).

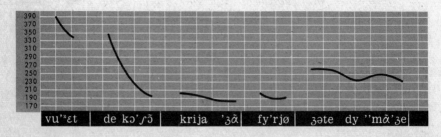

kɑ̃'il j a "tɑ̃ də "povrə 'bugr | ki ɔ̃ lə vɑ̃:tr 'vid

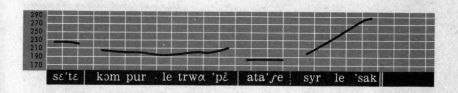

sɛ'tɛ kɔm pur le trwɑ 'pɛ̃ | ata'ʃe syr le 'sak

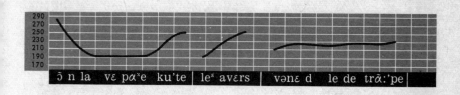

ɔ̃ n la vɛ pɑˣe ku'te | leˣ avɛrs | vənɛ d le de trɑ̃:'pe

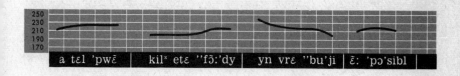

a tɛl 'pwɛ̃ | kilˣ etɛ "fɔ̃:'dy | yn vrɛ "bu'ji | ɛ̃: 'pɔ'sibl

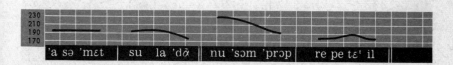

'a sə 'mɛt | su la 'dɑ̃ | nu 'sɔm 'prɔp | re pe tɛ' il

2. Car, au fond permanent d'œufs, de côtelettes, de pommes de terre, de confiture, de biscuits, qu'elle ne nous annonçait même plus, Françoise ajoutait — selon les travaux des champs — : une barbue, parce que la marchande lui en avait garanti la fraîcheur, une dinde, parce qu'elle en avait vu une belle au marché de Roussainville-le-Pin..., un gigot rôti, parce que le grand air creuse et qu'il avait bien le temps de descendre d'ici sept heures... (PROUST, *Du côté de chez Swann*).

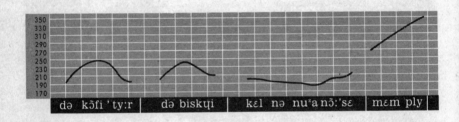

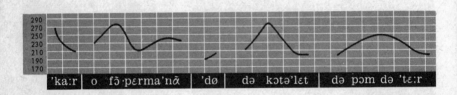

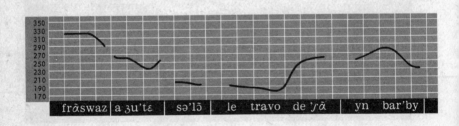

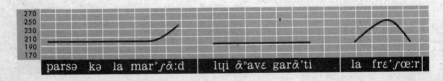

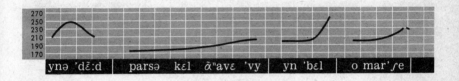

270 250 230 210 190 170					

ynə 'dɛ̃:d | parsə kɛl ɑ̃ⁿavɛ 'vy | yn 'bɛl | o mar'ʃe

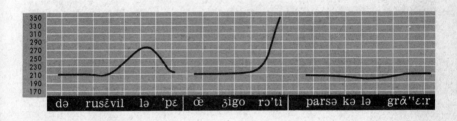

350 330 310 290 270 250 230 190 170

də rusɛ̃vil lə 'pɛ | œ̃ ʒigo rɔ'ti | parsə kə lə grɑ̃'ʼɛ:r

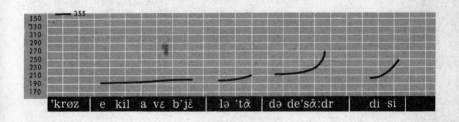

— 355

350 330 310 290 270 250 230 210 190 170

'krøz | e kil a vɛ b'jɛ̃ | lə 'tɑ̃ | də de'sɑ̃:dr | di si

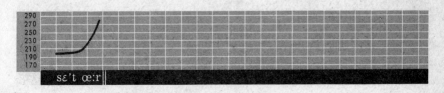

290 270 250 230 210 190 170

sɛ't œ:r‖

43

3. Ainsi, quand le soir il rentra au bal, son cœur battait, à l'espoir certain de la voir avec son bouquet; il l'aperçut de loin; elle dansait; elle n'avait pas de bouquet; mais sans doute elle l'avait laissé à sa place (A. KARR, *Voyage*).

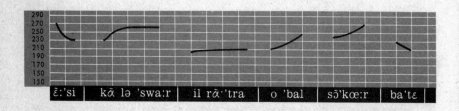

ɛ̃ː'si │ kɑ̃ lə 'swaːr │ il rɑ̃·'tra │ o 'bal │ sɔ̃'kœːr │ ba'tɛ

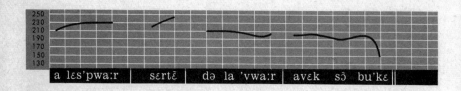

a lɛs'pwaːr │ sɛrtɛ̃ │ də la 'vwaːr │ avɛk sɔ̃ bu'kɛ ‖

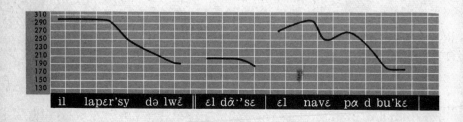

il lapɛr'sy də lwɛ̃ ‖ ɛl dɑ̃·'sɛ │ ɛl navɛ pɑ d bu'kɛ

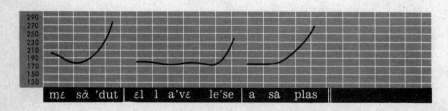

m̥ɛ sɑ̃ 'dut │ ɛl l a'vɛ le'se │ a sɑ̃ plas ‖

III. LE VOCABULAIRE FRANÇAIS

58. Introduction.

La LEXICOLOGIE est l'étude scientifique du vocabulaire considéré sous le double aspect du SIGNIFIANT et du SIGNIFIÉ. Elle constitue donc une discipline linguistique qui doit être placée sur le même plan que la phonétique, la morphologie, la syntaxe et — peut-être — la stylistique. Le développement particulier accordé dans cet ouvrage à la morphologie et à la syntaxe (c'est-à-dire à la grammaire) impose de ne consacrer que peu de pages aux autres disciplines : on se contentera donc de donner quelques indications sur la composition du vocabulaire d'aujourd'hui.

La SÉMANTIQUE est l'étude scientifique du seul SIGNIFIÉ, c'est-à-dire du sens des mots : la notion de sens du mot sera définie au § **77** ; on trouvera ensuite quelques indications sur les changements de sens.

REMARQUE. — Distincte de la lexicologie et de la sémantique, la *lexicographie* dépend de l'une et de l'autre : elle est en effet constituée par l'ensemble des connaissances et des techniques nécessaires à l'élaboration des dictionnaires.

59. Le fonds latin du vocabulaire français.

Les très nombreux mots français d'origine latine peuvent être répartis en deux groupes.

a) Les uns ont eu une vie continue depuis l'introduction du latin sur le territoire. Ce sont fréquemment des mots courants, qui font partie du fonds usuel de la langue ; ainsi, pour les initiales AB- à AD- du lexique latin, on trouve dans le lexique français les mots suivants : *avant (abante), avancer (*abantiare), abattre (*abbatere), abréger (abbreviare), avorter (abortare), acheter (*accaptare ou *accapitare), accorder (*accordare), aiguille (acucula), abreuver (*adbiberare), aisance (adjacentia), aider (adjutare), arrière (*ad retro), arriver (adripare), assez (*adsatis), aventure (adventura)*. Seuls, dans cette liste, *abréger, avorter, abreuver* et *aisance* ne prennent pas place dans les listes de mots du « français fondamental » ;

b) Les autres ont été empruntés au latin à des époques diverses ; ce mouvement de RELATINISATION du vocabulaire, amorcé dès la renaissance carolingienne, s'est poursuivi jusqu'au XIXᵉ siècle, plus ou moins rapide suivant les époques. Les mots ainsi empruntés au latin appartiennent principalement à certains vocabulaires techniques : termes propres à la vie de l'Eglise, à la philosophie, aux sciences, etc. Mais beaucoup d'entre eux se sont répandus dans l'usage courant : *âme, moine, correspondre, calculer,* etc. Fréquemment aussi, des mots héréditaires ont été éliminés au profit d'un emprunt : *adorer* s'est substitué à *aorer, avare* à *aver,* etc.

1 | La formation du vocabulaire : les emprunts

60. *Une conséquence de la relatinisation : les doublets.*

Certains mots latins ont subi les deux traitements qui viennent d'être décrits : aussi sont-ils présents en français sous deux formes et, le plus souvent, avec deux sens différents. Citons, par exemple : *frêle / fragile (fragilem), grêle / gracile (gracilem), mâcher / mastiquer (masticare), naïf / natif (nativum), nager / naviguer (navigare), poison / potion (potionem), rançon / rédemption (redemptionem),* etc.

REMARQUE. — La relatinisation n'est pas à l'origine de tous les doublets : d'autres s'expliquent par l'emprunt à un dialecte ou à une langue romane (le plus souvent) d'un mot déjà présent sous une autre forme dans le vocabulaire français : ainsi *châsse* et *caisse* représentent tous deux le latin *capsam ;* mais le premier est d'origine française, le second a été emprunté au provençal ; de même *noir* (français) et *nègre* (emprunté à l'espagnol ou au portugais). Quelques doublets s'expliquent par la survivance des formes de cas sujet et de cas régime *(pâtre / pasteur),* naturellement privées de leur fonction grammaticale originelle, ou par l'évolution phonétique différente de formes accentuées et inaccentuées : *moi / me, mien / mon.*

61. *Les emprunts de civilisations.*

Lorsque deux langues sont en contact, même par l'intermédiaire de milieux sociaux limités, elles s'empruntent réciproquement des mots plus ou moins nombreux. Parmi les innombrables emprunts qui ont laissé leur trace dans le vocabulaire d'aujourd'hui, on notera à titre d'exemples, et sans prétendre à l'exhaustivité :

a) Quelques ÉLÉMENTS GAULOIS. Les uns ont été, à date ancienne, empruntés au gaulois par le latin, et se retrouvent dans les autres langues romanes : *braie, saie, char, lieue, savon,* etc. Les autres n'ont subsisté qu'en Gaule (et, parfois, en Italie du Nord) : *benne, charrue, chêne, claie, dartre, grève, jante, lande, marne, ruche, vautre,* etc. On remarquera l'abondance des termes de la vie rurale et de la technique de la voiture ;

b) Des MOTS D'ORIGINE GERMANIQUE. Après s'être infiltrés en Gaule par le canal des soldats auxiliaires des armées romaines, ils s'introduisirent brutalement, à la faveur des invasions. On reconnaît facilement plusieurs groupes sémantiques particulièrement caractéristiques :

des mots du vocabulaire militaire : *bannière, brandir, éperon, épier, épieu, étrier, fourbir, fourreau, garde, gonfanon, guerre, guetter, hache, haubert, heaume, maréchal, sénéchal, trappe,* etc. ;

des mots relatifs aux institutions sociales : *bannir, bedeau, carcan, échanson, échevin, gage, gagner, harangue, honnir,* etc. ;

des mots de la technique de l'agriculture et de la vie rurale : *cresson, freux, gazon, gerbe, grappe, groseille, gruau, haie, hallier, hameau, hanneton, héron, hêtre, hotte, houe, houx, jardin, marais, mulot, roseau, troène,* etc. ;

des adjectifs de couleur : *blanc, bleu, brun, fauve, gris.*

Les dialectes germaniques ont aussi fourni au français les adverbes de quantité *guère* et, sans doute, *trop,* les suffixes -ARD et -AUD *(richard, noiraud),* et les préfixes — il est vrai aujourd'hui à peu près improductifs — FOR- (représentant la contamination du germanique **fir-* par le latin *foris)* et ME(S)- : *forfait, médire,* etc.

62. Emprunts aux langues modernes.

Parmi les plus importants, on notera les emprunts faits aux langues suivantes :

— ANGLAIS : Mots de la vie politique et économique (empruntés aux XVIIIe et XIXe s.) : *blackbouler, budget, chèque, comité* (XVIIe s.), *importer* (des marchandises), *meeting* (parfois *métingue,* voir § suivant), *vote* et *voter,* etc. ;

Vocabulaire des sports : *boxe, catch, football* (et *hand-ball, basket-ball, baseball, moto-, vélo-* et même *auto-ball;* l'élément *-ball* a tendance à se comporter comme un suffixe, voir § 76), *golf, tennis,* etc. ; voir aussi les lexiques internes de ces sports... et de quelques autres;

Vocabulaire des techniques (XIXe et XXe s. surtout). Industrie : *bulldozer* (vers 1945), *Celluloïd* (1878), *coke* (1827), *macadam* (1830), *rail, wagon,* etc. ; tout récents (vers 1960) : *crash, jumbo, tramping,* etc. Agriculture : *arrow-root* (1808), *boulingrin* (1663), *cow-pox, malt, ray-grass* (parfois *regras),* etc. ; tout récents : *corn-picker, pick up baler,* etc. Habillement : *carrick* (1805), *châle* (fin du XVIIIe s.), *flanelle* (1650), *macfarlane* (1859), *redingote,* etc. ; récents : *pull-over* (vers 1920), *short* (1933), *slip* (vers 1925), etc. Photographie et cinéma : *film, flash, script-girl, star* et *starlet* (parfois *starlette), travelling,* etc.

— ALLEMAND : *bière* (boisson), *bivouac, blinde* (d'où *blinder, blindage), calèche, cible, coche* (voiture), *espiègle, halte, képi, loustic, nouille, obus, sabre, vampire, vasistas, zigzag, zinc,* etc.

— ITALIEN : un bon millier de mots sont d'origine italienne; ils appartiennent surtout aux vocabulaires de la musique (*allégro, andante,* etc., *ariette, arpège, barcarolle, cantate, cantatrice,* etc.), de l'architecture (*antichambre, appartement, arcade, architrave, balcon, balustrade, corniche,* etc.), de la vie militaire (*bastion, bataillon, caporal, colonel, embuscade, escadre, escadron,* escarmouche, estafette, estafier, estafilade, etc.), de la mode (basque [d'un habit], capuchon, costume, escarpin, etc.).

Les suffixes -ESQUE et -ISSIME (aujourd'hui improductifs) sont aussi d'origine italienne ; quant au suffixe -ADE, il est difficile de préciser la part de l'italien, de l'espagnol et du provençal dans son introduction.

— ESPAGNOL : *adjudant, bandoulière, camarade, castagnette, cédille, duègne, embarcadère,* etc. De même que le portugais, l'espagnol a servi de relais pour l'introduction en français de mots arabes (*alcade, alcôve, alfange, algarade, alguazil, mosquée,* etc.), ou empruntés à des langues exotiques : *cacao* et *chocolat* sont des mots aztèques introduits en français par l'intermédiaire de l'espagnol ; *bambou* et *mandarin* sont des mots malais passés en portugais, puis en français.

— ARABE. Vocabulaire des anciennes sciences : *alambic, alcali, alchimie, alcool, algèbre, azimut, nadir* et *zénith,* etc. Vocabulaire militaire : *amiral, goum* et *goumier, zouave.* Vocabulaires argotiques : *bézef, bled, clébard, fissa, gourbi, guitoune, maboul, sidi, toubib,* etc.

— Mots empruntés au GREC : le latin avait emprunté au grec de nombreux mots ; beaucoup d'entre eux sont passés en français : *aimant, amande, beurre, église, parole, prêtre,* etc. Plus tard, d'autres mots ont été empruntés directement au grec, à la faveur des croisades ou des relations commerciales ; d'autres sont passés par l'intermédiaire du provençal ou de l'italien : *boutique, émeri, galère, moustache, riz, timbre,* etc.

On se gardera de confondre ces mots empruntés au grec avec ceux qui sont formés à partir d'éléments d'origine grecque suivant le procédé décrit au § **75.**

63. Problèmes posés par l'emprunt.

On aurait pu allonger interminablement les quelques listes de mots qui viennent d'être données ; on aurait pu aussi ajouter les emprunts faits par le français à d'autres langues : néerlandais, langues scandinaves, russe (*Spoutnik,* 1957), autres langues slaves, finnois, hongrois, persan, turc, langues d'Afrique, de l'Inde et de l'Extrême-Orient, etc., et, sur le territoire même de la France, provençal, basque, breton, alsacien, patois divers. C'est que le phénomène de l'emprunt constitue l'un des aspects les plus importants de l'enrichissement du vocabulaire, et, par là même, de la civilisation. Certains emprunts cependant inquiètent périodiquement ceux des observateurs qui se soucient le plus de l'« esthétique de la langue ». En réalité, la langue se défend d'elle-même en éliminant plus ou moins rapidement ceux des emprunts qu'elle ne peut assimiler, et en intégrant les autres dans les différents systèmes dont elle est constituée.

Système phonologique.

On a pu parler d'une sorte de « phonostatisme » par lequel la langue réglerait la masse des emprunts réalisés d'après la saturation plus ou moins complète des phonèmes initiaux : ainsi, le français a emprunté un nombre anormalement important de mots étrangers commençant par *b-* et par *ka-*, pour compenser une insuffisance quantitative de ces phonèmes initiaux en ancien français. De façon plus évidente, on remarque que les phonèmes ou groupes de phonèmes inexistants en français font place aux phonèmes français qui leur ressemblent le plus : *riding-coat* devient *redingote, bowling-green, boulingrin,* et *comfort* (encore constant sous cette forme chez Balzac) fait place à *confort*.

REMARQUE. — On constate toutefois que la langue contemporaine — pour des raisons nombreuses et variées, mais qui tiennent plutôt de la sociologie que de la linguistique — éprouve une certaine peine à intégrer les emprunts (surtout d'origine anglaise) dans son système phonologique et, par suite, dans son système graphique. Des graphies telles que *biftèque, vicande, travellingue, pineupe, défeulcote, bloudjinnzes,* trouvées chez M. Aymé et R. Queneau, sentent leur fantaisie d'auteur ; certaines d'entre elles, d'ailleurs, sont à peine plus satisfaisantes que l'original anglais. Même *coquetêle,* plus ancien, ne parvient pas à se répandre. C'est par là que sont justifiées — mais partiellement — les sourcilleuses inquiétudes des défenseurs de la langue française.

Système morphologique.

Les mots appartenant à des catégories morphologiques non représentées en français sont intégrés dans celles qui existent : ainsi, les substantifs de genre neutre empruntés à l'allemand deviennent en français masculins ou, plus rarement, féminins.

Système lexicologique

Le mot *truchement* est le plus souvent employé avec le sens abstrait qu'ont généralement les dérivés en *-ment;* il représente pourtant, au même titre que son doublet *drogman,* un mot d'origine orientale qui signifiait « interprète ».

2 | Les procédés de formation

Pour former des mots nouveaux à partir d'éléments déjà existants, la langue utilise les procédés suivants :

DÉRIVATION ; COMPOSITION ; FORMATION DE MOTS TECHNIQUES à partir d'éléments de statut particulier, surtout d'origine grecque.

64. La dérivation.

Elle présente les trois aspects suivants :

SUFFIXATION : adjonction d'un élément à la fin d'une base fournie par un mot (*accident, accidentel*).

REMARQUE. — Certains dérivés sont caractérisés par l'absence de suffixe (ce que les linguistes appellent le suffixe *zéro*). Dans ce cas, la base fournie par un mot est fixée en qualité de mot nouveau (*cumuler, cumul*). On désigne fréquemment ce procédé par le terme de *dérivation inverse.*

PRÉFIXATION : adjonction d'un élément au commencement d'un mot (*fermer, refermer*).

TRANSFERT DE CLASSE GRAMMATICALE : *beau, le beau*. Ce procédé reçoit souvent le nom de *dérivation impropre*.

65. La suffixation en français contemporain.

C'est devenu un lieu commun de prétendre que le français éprouve à l'égard de la suffixation « quelques difficultés », voire « quelques répugnances » : ce sont les termes du prudent Albert Dauzat. Pour voir exactement ce qu'il en était, quelques lexicologues ont eu l'idée de comparer deux états successifs (1948 et 1960) du vocabulaire tel qu'il est présenté par le *Petit Larousse*. Ils ont observé que si certains suffixes sont en train de mourir (marqués du signe ° dans la liste du § **67**), d'autres connaissent d'importants développements (ils sont marqués du signe +). Ainsi, les suffixes **-isme** et **-iste** ont servi à former 174 mots nouveaux ; le suffixe **-el** a fourni 30 adjectifs nouveaux, etc. Les suffixes peuvent s'ajouter à des abréviations (*C. G. T., cégétiste; T. C. F., técéfiste; O. N. U., onusien,* etc.), ou même se transformer en substantifs : « le terme ASES, nom pluriel, désigne d'une manière générique les diastases » (*loc. cit.*); les différentes attitudes ou doctrines désignées par des dérivés en -ISME reçoivent le nom — un peu méprisant — d'**ismes**, etc. Il semble donc que la suffixation prenne de l'importance dans la constitution du vocabulaire.

66. Classement des suffixes.

On pourrait classer les suffixes suivant leur aptitude à transférer la classe grammaticale du mot d'où est tirée la base à laquelle ils s'ajoutent. On distinguerait alors les trois groupes suivants :

a) suffixes *qui n'opèrent jamais le transfert de classe* : c'est le cas, par exemple, des suffixes verbaux expressifs du type **-ass-, -ot-, -aill-,** etc.;

b) suffixes *qui opèrent parfois le transfert de classe* sans le faire dans tous les cas : ainsi, le suffixe **-age** sert à former des substantifs à partir de verbes (*arracher, arrachage*) ou à partir d'autres substantifs (*feuille, feuillage*);

c) suffixes *qui opèrent toujours le transfert de classe* : ainsi, le suffixe **-able** sert toujours à former des adjectifs à partir de verbes ou de substantifs.

La complexité de ce classement interdit de le faire figurer ici. On se contentera donc de la répartition traditionnelle en suffixes nominaux (c'est-à-dire servant à former des substantifs ou des adjectifs), verbaux et adverbiaux, et on se bornera à énumérer les suffixes encore vivants (à des degrés, on vient de le voir, fort divers).

67. Suffixes nominaux.

-able : adjectifs à partir de substantifs et — beaucoup plus fréquemment — de verbes : *vérité, véritable; manger, mangeable; dénombrer, dénombrable.*

Les adjectifs formés avec ce suffixe (comme avec le suffixe **-ible**) sont souvent omis par les dictionnaires : c'est qu'ils sont fréquemment sentis comme des formes verbales, au même titre que les participes.

-ade : substantifs à partir de verbes ou de substantifs : *glisser, glissade; colonne, colonnade;* (fam.) : *rigoler, rigolade; marrer, marrade.*

-age : substantifs à partir de substantifs et — surtout — de verbes : *pays, paysage; accrocher, accrochage; polir, polissage.*

Ce suffixe semble aujourd'hui perdre de sa productivité, et se limite à la formation de substantifs désignant des opérations concrètes.

-aille : substantifs à partir de verbes et de substantifs : *trouver, trouvaille; manger, mangeaille; pierre, pierraille.*

-aire : adjectifs et substantifs à partir de substantifs : *milliard, milliardaire; lune, lunaire.*

-al : adjectifs à partir de substantifs ou d'adjectifs : *caricature, caricatural; gouvernement, gouvernemental; commun, communal.*

-ance : substantifs à partir de verbes : *obliger, obligeance.*

-⁺ard : substantifs et adjectifs, de sens souvent péjoratif, à partir de verbes, de substantifs et d'adjectifs : *grogner, grognard; montagne, montagnard; moto, motard; riche, richard.*

-at : substantifs à partir de substantifs : *protecteur, protectorat; gouverneur, gouvernorat.*

-âtre : adjectifs à partir d'adjectifs : *rouge, rougeâtre.*

-aud et **-aut** : adjectifs et substantifs à partir d'adjectifs et de substantifs : *noir, noiraud; rust(r)e, rustaud.*

-bus : substantifs désignant des véhicules de transport en commun : *autobus, trolleybus, électrobus, bibliobus,* etc.

Ce suffixe est étymologiquement la syllabe finale du substantif *omnibus,* datif pluriel du latin *omnis,* tout.

-ée : substantifs à partir de verbes et, surtout, de substantifs : *cuiller, cuillerée.*

⁺el (et **-iel**) : adjectifs à partir de substantifs : *carence, carentiel; concept, conceptuel; direction, directionnel;* etc.

-°ence (et **-escence**) : substantifs sur adjectifs : *adhérent, adhérence; turgescent, turgescence.*

Ce suffixe tend à se spécialiser dans la formation des mots techniques de sens inchoatif.

-°erie : substantifs à partir de verbes, de substantifs et d'adjectifs : *ciment, cimenterie; cajoler, cajolerie.*

51

Le suffixe **-erie** a servi à former des noms désignant des industries artisanales : *amidonnerie, damasquinerie, éperonnerie, ficellerie,* etc. La disparition de ces industries a entraîné l'affaiblissement du suffixe.

-esque : adjectifs à partir de substantifs et de noms propres : *clown, clownesque; funambule, funambulesque; Molière, moliéresque; Courteline, courtelinesque.*

Dans la plupart des cas, ce suffixe est limité au domaine de la fantaisie, de l'originalité et de la démesure.

-et, -ette et **-elet, -elette** : substantifs et adjectifs à partir de substantifs, d'adjectifs et de verbes : *maison, maisonnette; sonner, sonnette; côte, côtelette.*

-eur : substantifs à partir d'adjectifs : *blanc, blancheur.*

-⁺eur, -euse et **-ateur, -trice** : substantifs à partir de verbes et de substantifs : *attendrir, attendrisseur; perforer, perforateur, perforatrice.*

-°eux : adjectifs à partir de verbes et de substantifs : *boiter, boiteux; paresse, paresseux.*

-°ible : adjectifs à partir de verbes et de substantifs : *élire, éligible.*

-ien : adjectifs et substantifs à partir de substantifs et de noms propres : *musique, musicien; Baudelaire, baudelairien; Mars, martien.*

-ier, ière : substantifs et adjectifs à partir de verbes, de substantifs et d'adjectifs : *chaudron, chaudronnier; saison, saisonnier; lait, laitier.*

-°if : adjectifs à partir de verbes et de substantifs : *exploser, explosif; compétition, compétitif.*

Ce suffixe se limite aujourd'hui à la formation de certains vocabulaires techniques : linguistique *(factitif),* économie *(revendicatif, dépréciatif).*

-in : adjectifs à partir de verbes, de substantifs et d'adjectifs : *cheval, chevalin; plaisant, plaisantin.*

-ique : adjectifs à partir de substantifs ou de noms propres : *méthode, méthodique; Marot, marotique.*

-°ise : substantifs à partir d'adjectifs : *débrouillard, débrouillardise.*

-⁺isme : substantifs à partir de noms propres, de substantifs et d'adjectifs : *Lénine, léninisme; réforme, réformisme; chauvin, chauvinisme.*

-⁺iste : substantifs et adjectifs à partir de noms propres, de substantifs et d'adjectifs : *Lénine, léniniste; réforme, réformiste; immoral, immoraliste.*

Il est fréquent de constater l'apparition simultanée d'un dérivé en *-isme* (désignant la doctrine ou l'attitude) et d'un dérivé en *-iste* (désignant le partisan de la doctrine).

-ité : substantifs à partir d'adjectifs : *sonore, sonorité.*

Suffixe assez peu productif dans la langue d'aujourd'hui, en dehors des vocabulaires techniques.

-ment, -ement : substantifs à partir de verbes : *blanchir, blanchiment; achever, achèvement; raidir, raidissement.*

De même que **-age, -ment** perd de sa productivité; il se spécialise dans la formation de termes abstraits : ainsi *barrement* (d'un chèque) s'oppose à *barrage* (sur une route, une rivière, etc.).

-°oir (et **-oire**) : substantifs à partir de verbes ou de substantifs : *arroser, arrosoir; rôtir, rôtissoire.*

-ure : substantifs à partir de verbes et de substantifs : *ciseler, ciselure; cheveu, chevelure.*

-tion (et **-ation, -ification, -isation, -ition, -sion, -xion, -son**) : substantifs à partir de verbes et de substantifs : *bifurquer, bifurcation; titulaire, titularisation; dent, dentition,* etc.

Le suffixe ancien **-son** (*guérison, fenaison, pâmoison*) tend à disparaître. Les autres sont, à des degrés divers, productifs, mais fournissent des formations assez instables.

A cette liste, il convient d'ajouter les désinences de participes **-ant** (et **-sant**), **-é, -i** et **-u** : en effet, ces formations ont tendance, dans la langue d'aujourd'hui, à prendre une existence indépendante de celle du verbe dont elles sont issues : *arrivant, anarchisant, fréquenté, méconnu,* etc.

Enfin, la dérivation inverse permet de former des substantifs à partir de verbes qu'elle prive de leur marque (on parle alors de DÉVERBAUX ou de POSTVERBAUX : *galoper, galop; rechercher, recherche; casser, casse*), ou, beaucoup plus rarement, à partir de substantifs : *médecine, médecin.*

68. *Suffixes verbaux.*

-⁺er (et **-iser, ifier,** spécialisés dans la formation de dérivés techniques) : ces suffixes servent à former des verbes à partir de substantifs et d'adjectifs : *béton, bétonner; fourrage, fourrager; fraise, fraiser; bavard, bavarder; libéral, libéraliser; code, codifier.*

Le suffixe **-er** s'associe souvent avec des suffixes expressifs de sens divers, et constitue avec eux les suffixes complexes *-ailler* (*rimailler*), *-iller* (*mordiller*), *-ouiller* (*chatouiller*), *-asser* (*finasser*), *-eler* (*bosseler*), *-eter* et *-oter* (*voleter, vivoter*), *-onner* (*chantonner*), *-oyer* (*coudoyer*), etc.

-ir : ce suffixe a servi récemment à former les verbes *atterrir, amerrir* et *alunir.* En dehors de ce secteur lexical (où il peut trouver des développements inattendus : *avénusir* s'est déjà [1962] employé), il semble être aujourd'hui improductif. Mais on le trouve en abondance, par exemple, dans les verbes formés à partir d'adjectifs de couleur : *blanc, blanchir; noir, noircir; roux, roussir,* etc.

69. Suffixe adverbial.

Le seul suffixe vivant est le suffixe **-ment,** qui sert à former des adverbes à partir d'adjectifs qualificatifs (*riche,* rich**ement;** *petit,* petit**ement;** *puissant,* puissam**ment**), mais aussi à partir du substantif (*diable,* diable**ment**), et même à partir d'un adverbe dépourvu de marque : *quasi, quasi***ment** (il est vrai que les puristes condamnent ce dernier).

70. La préfixation.

La préfixation n'a jamais pour résultat de faire changer un mot de classe grammaticale. On se contentera d'énumérer les préfixes les plus productifs de la langue d'aujourd'hui, en éliminant ceux d'entre eux qui n'apparaissent que dans les lexiques techniques ; on éliminera aussi les éléments qui, tels *moins, plus, sur,* etc., existent ailleurs que dans des dérivés :

a- (et **af-, al-, at-,** etc.) : *mer,* a*merrir; tiède* at*tiédir.*

archi-, extra-, hyper- (en opposition avec **hypo-**), **per-, super-, ultra** (en opposition avec **infra**). Formation d'intensifs sur des adjectifs et même des substantifs : *fou,* archi*fou; millionnaire,* archi*millionnaire; fin,* extra-*fin; fort,* extra-*fort* (substantif); *critique,* hyper*critique;* balai, **hyper**-*balai* (publicité); *tension,* hyper*tension* (opposé à hypo*tension*); *fin,* **super***fin; carburant,* super*carburant* (substantivation fréquente du préfixe avec le sens du dérivé : *du super*); *royaliste,* **ultra***royaliste; colonialiste,* **ultra***colonialiste* (dans l'un et l'autre cas : *des ultras*); **ultra***violet* opposé à **infra***rouge.* (V. aussi le chapitre des degrés de l'adjectif.)

dé- (dés-) : *bloquer,* dé*bloquer; honneur,* dés*honneur.*

en- (em-) : *cadrer,* en*cadrer.*

mi- : *nuit,* **mi***nuit; août,* **mi**-*août.*

in- (im-) : sens « dans » : *filtrer,* (*s'*)**in***filtrer;* sens négatif : *élégant,* **in***élégant.*

pré : *histoire,* **pré***histoire.*

re- (r-, ré-, res-) : *prendre,* **re***prendre; entrer,* **r***entrer; ajuster,* **ré***ajuster* qui se substitue (à **r***ajuster*).

Un grand nombre de dérivés en RE- prennent la place des mots simples : *accourcir, apetisser,* etc., disparaissent devant *raccourcir, rapetisser;* dans l'usage familier, *rentrer* se substitue à *entrer.*

71. Les parasynthétiques.

On donne ce nom aux mots qui sont formés à la fois par préfixation et par suffixation. Ce sont surtout des verbes : *herbe,* dés*herb*er; *beau,* em*bell*ir; mais on trouve aussi quelques substantifs : *branche,* em*branche*ment. Ces parasynthétiques peuvent, à leur tour, servir de base à de nouvelles formations préfixales ou suffixales : *redésherber, désherbement,* etc.

72. La dérivation impropre.

Ce procédé consiste à transférer un mot de sa classe grammaticale d'origine dans une autre classe. On constate les transferts suivants :
— nom propre → substantif (voir § **245**) ;
— substantif → adjectif (voir § **244**) ;
— substantif → interjection : *diable;*
— pronom → substantif : *le moi, le je, le ça, un petit rien,* etc. ;
— adjectif → substantif : *le beau, le rouge et le noir;*
— adjectif → adverbe : *parler haut;*
— adjectif → interjection : *bon!;*
— verbe (à l'infinitif) → substantif : *le boire, le manger.* Ce moyen de dérivation n'est plus vivant, sauf dans les langages spécialisés.
— verbe (au participe) → adjectif (ou substantif) : *un être charmant, un inconnu;*
— adverbe → adjectif : *un homme très bien;*
— adverbe ou préposition → substantif : *le bien, le pour et le contre.*

HISTORIQUE. — L'histoire de la langue présente de nombreux exemples d'autres transferts, dont certains sont encore possibles dans la langue d'aujourd'hui : participes et adjectifs devenus prépositions *(pendant, durant, sauf, excepté, vu, attendu,* etc.), substantifs devenus pronoms nominaux *(personne, rien),* ou bien outils de négation *(pas, point),* verbes devenus interjections ou présentatifs *(vive les vacances, voilà une triste histoire),* etc.

73. L'abréviation.

Un procédé fort productif dans un secteur limité de la langue est constitué par l'abréviation : *Société Nationale des Chemins de fer Français* est abrégé en S. N. C. F. [ɛsɛnseɛf]; *Confédération Générale du Travail* (de même que *Compagnie Générale Transatlantique*), en C. G. T. (voir § **65**). La tendance, aujourd'hui, semble être à rendre immédiatement prononçables les abréviations : un Comité Parisien adopte le sigle *Copar* plutôt que les initiales C. P., plus rebelles à la dérivation.

74. La composition.

La composition se distingue de la dérivation sur le point suivant : les éléments qui sont unis par le procédé de la composition ont chacun une existence indépendante dans le lexique, alors que les AFFIXES (préfixes et suffixes) ne se manifestent que dans les mots dérivés : les deux éléments du composé *chou-fleur* existent séparément, alors que *-iste* (dans *fleuriste*) et *re-* (dans *refleurir*) ne peuvent pas s'utiliser seuls.

On reconnaît le mot composé d'après la règle suivante : il est impossible de déterminer séparément l'un ou l'autre des éléments qui le constituent; ainsi, on peut parler d'une *bonne pomme de terre* (la qualification porte sur l'ensemble), mais non d'une* *pomme jaune de terre* ni d'une* *pomme de bonne terre.*

On classe les composés d'après la nature grammaticale des éléments qui les constituent.

A. SUBSTANTIFS.

— Substantif + substantif : *voiture-restaurant; timbre-poste; pomme de terre; station-service.*

On voit que les différentes fonctions qui sont réalisées dans le groupe substantival (voir § **109**) se retrouvent dans ces composés.

— Substantif + adjectif : *pied-noir;*
— adverbe ou préposition + substantif : *contre-amiral, avant-propos;*
— verbe + substantif : *abat-jour, chasse-neige, réveille-matin, meurt-de-faim, boit-sans-soif;*
— verbe + verbe : *laissez-passer;*
— verbe + adverbe : *passe-partout;*
— propositions figées : *un sot-l'y-laisse, le qu'en-dira-t-on.*

B. ADJECTIFS.

— Adjectif + adjectif : *sourd-muet, aigre-doux;*
— adverbe ou préposition + adjectif : *contre-révolutionnaire, avant-coureur;*
— propositions figées : *comme il faut.*

C. VERBES.

— Les verbes présentent le cas particulier d'être rarement sentis comme des composés par ceux qui parlent : en effet, ou bien les deux éléments ne peuvent être distingués que par l'historien de la langue (*saupoudrer* : « poudrer de sel »), ou bien ils semblent constituer un groupe verbal normalement analysable : *avoir peur, prendre la fuite.* Il convient alors d'appliquer la règle proposée au début de ce paragraphe : on ne peut dire* *avoir terrible peur,* ni **prendre son manteau et la fuite;* il s'agit donc de verbes composés.

D. Pour la même raison, on doit considérer comme des mots composés les LOCUTIONS ADVERBIALES (*tout à coup, petit à petit, sur-le-champ,* etc.), PRÉPOSITIVES (*à cause de, grâce à, au-dessus de,* etc.) ou CONJONCTIVES (*à mesure que, à supposer que,* etc.).

REMARQUE. — Il n'existe pas de conjonctions de coordination composées : des locutions telles que *en revanche, en conséquence* présentent les caractères syntaxiques des adverbes, puisqu'elles peuvent occuper diverses places dans la proposition.

75. *La formation des mots techniques.*

Examinons le mot *pithécanthrope* : aucun des éléments qui le constituent n'a une existence à part dans le lexique. On ne peut donc parler ni de composition ni de dérivation; il serait d'ailleurs fort difficile de considérer *pithéc-* comme un préfixe et *-anthrope* comme un suffixe, puisque dans le synonyme *anthropopithèque* leur ordre est inversé. Il s'agit d'un mode de formation particulier, où les éléments, d'origine latine et surtout grecque, ne se manifestent qu'en union les uns avec les autres.

Toutefois, il est fréquent que cette formation spéciale prenne les aspects de la dérivation : *bi-, centi-* (d'origine latine), *di-, hecto-, télé-, dys-* (d'origine grecque) fonctionnent exactement comme des préfixes ; *-cide, -fère, -vore* (d'origine latine), *-crate, -logie, -scope, -tomie* (d'origine grecque) se comportent comme des suffixes.

Enfin, certains de ces éléments peuvent prendre une existence autonome dans le lexique : l'élément *algie* est enregistré comme mot par les dictionnaires d'aujourd'hui. Les mots qu'il permet de constituer sont donc tout proches des composés.

On trouvera des tableaux de ces éléments grecs et latins dans la gamme des dictionnaires Larousse.

76. Cas limites.

Les définitions qui ont été utilisées ici pour opposer DÉRIVATION, COMPOSITION et FORMATION des MOTS TECHNIQUES rendent compte de la plupart des faits. Cependant, on a déjà pu remarquer au passage (voir particulièrement § **62** [l'élément *-ball*], **70** [critère de définition du préfixe], **74** [verbes composés] et **75**) que quelques faits sont à la limite des divers procédés : il est évident, par exemple, que le préfixe *super-,* l'élément de composition *sur-* et même l'adverbe *très* fonctionnent exactement de la même façon dans *superfin, surfin* et *très fin* (*très-fin* jusqu'à l'édition de 1878 du Dictionnaire de l'Académie). De même, les éléments *clef* ou *fleuve* présentent, dans des formations telles que *problème clef, mot clef, discours-fleuve, roman-fleuve,* etc., les caractères formels et sémantiques des suffixes, bien qu'ils aient une existence autonome (mais fort différente) dans le lexique.

3 | Les changements de sens

77. Qu'est-ce que le sens d'un mot ?

Signe linguistique, le mot « est une association de deux images mentales, une forme acoustique signifiante ou *nom* et un concept signifié ou *sens* » (P. GUIRAUD).

Les linguistes ont souvent besoin de préciser celui des deux aspects du mot qu'ils ont en vue : ils utilisent alors les caractères italiques (*table*) pour désigner le signifiant (ou **nom**) et les guillemets (« table ») pour désigner le signifié (ou **sens**).

Chacun des deux éléments qui constituent le mot s'intègre dans un système extrêmement complexe de relations et d'oppositions. Ainsi, le mot *enseignement* fait partie d'un double système, où apparaissent, d'un côté, *apprentissage, éducation, enseigner, enseignons,* etc. (système des sens), et, de l'autre côté, *changement, armement, clément, justement,* etc. (système des noms). Une interprétation schématique de ce système a été proposée par F. de Saussure :

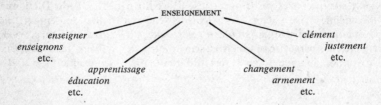

On verra au § **80** l'importance de ces systèmes dans la genèse des changements de sens.

78. Caractères généraux des changements de sens.

a) Le changement de sens peut être complet ou partiel. Dans le premier cas, le mot perd son ancien sens pour en acquérir un nouveau : ainsi, le mot *pantalon,* originellement nom propre d'un personnage de la Comédie-Italienne, ne désigne plus aujourd'hui qu'une pièce d'habillement. Dans le second cas, le mot acquiert un sens nouveau, sans perdre celui — ou ceux — qu'il possédait auparavant : ainsi, le mot *canard* acquit vers 1860 la signification de « journal », puis de « fausse nouvelle », sans cesser de désigner le volatile que l'on sait.

b) Le changement de sens, à la différence du changement phonétique, n'est pas réglé par des lois rigoureuses ; tout au plus peut-on établir un certain nombre de tendances générales.

c) Le changement de sens comporte deux phases successives :
— la première, l'*innovation,* est individuelle, soit qu'elle vienne d'un seul individu (écrivain, inventeur, etc.), soit qu'elle se produise spontanément et simultanément chez un grand nombre de sujets parlants.

Ce caractère, originellement individuel, du changement de sens explique que les descriptions qui en ont été faites dans l'Antiquité par les théoriciens de la rhétorique (principalement Aristote et Quintilien) soient encore utilisées aujourd'hui par la plupart des spécialistes de la sémantique (voir § **80**).

— la seconde, la *propagation,* est de nature sociale : par un accord tacite, l'innovation s'impose à la collectivité linguistique jusqu'au moment où le dictionnaire l'adopte.

79. Conditions des changements de sens.

a) Conditions INTERNES de la langue : le mot subit l'influence des mots qui sont en contact fréquent avec lui ; on parle alors de *contagion.* Ainsi, les différents auxiliaires de négation (*pas, point, plus, personne, rien, aucun, jamais*) n'ont acquis leur sens négatif qu'à force de se trouver employés dans des contextes négatifs ;

b) Conditions EXTERNES d'évolution : on peut les répartir en trois groupes.

1° CONDITIONS HISTORIQUES. — Les objets changent sans changer de nom : ainsi, le *papier* que nous utilisons n'est plus — depuis longtemps ! — fait d'une tige de roseau, mais son nom conserve le souvenir du *papyrus.*

— La connaissance que nous avons de l'objet évolue sans que le besoin de lui trouver un autre nom se fasse sentir : l'*atome* (en grec : « qui ne se coupe pas ») n'est plus insécable ; le soleil continue à *se lever* et à *se coucher.*

2° CONDITIONS SOCIOLOGIQUES. — En passant d'un groupe social à un autre, le mot change de sens. On peut distinguer trois cas :
— Le mot passe de l'usage commun à l'usage d'un groupe : son sens se spécialise. L'exemple classique est celui des verbes *ponere* (« placer »), *trahere* (« tirer »), *mutare* (« changer »), etc., qui, à force d'être utilisés dans le monde rural, se sont spécialisés dans les sens de « déposer un œuf » (*pondre*), « tirer le pis de la vache » (*traire*), « changer de plumage, de peau » (*muer*).
— Le mot passe de l'usage d'un groupe à l'usage commun : son sens se généralise ; ainsi, un grand nombre de termes ou de locutions de l'usage commun viennent du vocabulaire des chasseurs : *niais* signifiait originellement « pris au nid », et *hagard,* « mal dressé », en parlant d'oiseaux de chasse.

— Le mot passe de l'usage d'un groupe à l'usage d'un autre groupe : le vocabulaire technique de l'aviation emprunte un grand nombre de termes à celui de la marine (*abattée*, « mouvement d'inclinaison », *balisage, gouvernail,* etc.); celui de la télévision vient en grande partie de la radio et du cinéma, etc.

3° CONDITIONS PSYCHOLOGIQUES. — Plus récemment étudiées que les précédentes, elles sont aussi plus difficiles à classer; on citera ici :

Le *tabou* et l'*euphémisme* : certaines notions, considérées comme dangereuses ou désagréables à envisager, poussent ceux qui parlent à leur trouver sans cesse de nouvelles désignations, moins énergiquement évocatrices : *benêt* (*benedictum*, « béni »), *crétin* (*christianum*, « chrétien »), *innocent, imbécile* (« faible ») désignent de façon originellement euphémique les simples d'esprit; les expressions *le Mauvais, le Malin, le Boiteux, l'Autre* permettent de désigner le diable sans le rendre présent dans le discours en employant son nom.

La *force émotive* : certains sujets provoquent chez ceux qui parlent un intérêt particulier; ils constituent alors des centres d'expansion sémantique, en suggérant, pour les objets les plus divers, des comparaisons avec les notions qu'ils comportent. Ces centres d'expansion sont variables suivant les époques : vie religieuse au XVIᵉ siècle, progrès des sciences à la fin du XVIIIᵉ, etc.

80. Classification des changements sémantiques.

Dans le système des *sens* (c'est-à-dire des « signifiés ») comme dans le système des *noms* (c'est-à-dire des « signifiants ») se produisent des *transferts* d'un sens à un autre sens ou d'un nom à un autre nom : ce sont ces transferts qui constituent les changements de sens (mis à part, toutefois, ceux qui s'expliquent par un changement historique, et qui n'intéressent la linguistique que par leur résultat).

a) TRANSFERT DU SENS. On distinguera les deux cas suivants :

1° Les deux sens se ressemblent : par exemple, les pointes d'un peigne ressemblent aux dents humaines : elles en adoptent le nom. Dans ce cas, la ressemblance est objective. Elle peut aussi être affective : ainsi, quand on parle de la *chaleur* d'une réception.

On reconnaît là le « trope » décrit par les théoriciens de la rhétorique sous le nom de *métaphore* (en lat. *translatio*, « transfert ») : « Le substantif ou le verbe est transféré du point où il a son sens propre à un point auquel manque le mot propre, ou pour lequel il est préférable au mot propre » (Quintilien, *Institution oratoire,* VIII, VI, 5);

2° Les deux sens sont contigus : ainsi quand on donne le nom du *bureau* (« tapis de table en bure » [XIIIᵉ s.]) à la table qu'il recouvre (XVIᵉ s.), puis à la pièce où se trouve ce meuble (XVIIᵉ s.), etc.

On reconnaît la *métonymie* des théoriciens anciens, et sa variante, la *synecdoque.*

b) Transfert du nom :

1° Les deux noms se ressemblent : ils sont alors rapprochés, dans l'esprit de ceux qui parlent, par un phénomène d'*étymologie populaire;* le résultat en est souvent un changement de sens (*jours ouvrables,* étymologiquement « jours où l'on travaille », compris aujourd'hui comme « jours où les magasins sont ouverts »), parfois accompagné d'un changement dans la graphie (*plantureux,* étymologiquement dérivé de l'ancien français *plenté,* de *plenitatem,* « abondance », rapproché de *plante*), ou même dans la prononciation (*courtepointe* substitué, à la suite d'un rapprochement avec l'adjectif *court,* à *coute-pointe,* « couverture piquée »). Dans l'usage populaire, il est fréquent d'entendre parler d'une *tête,* et non d'une *taie,* d'oreiller.

2° Les deux noms sont souvent en contact dans le discours.

Deux cas peuvent se produire :

— contagion syntaxique : voir § précédent;

— ellipse : l'un des mots prend à lui seul le sens du groupe dans lequel il est fréquemment employé : ainsi *capitale* prend, suivant le contexte, le sens de « ville » ou de « lettre capitale »; *correctionnelle,* le sens de « police correctionnelle ».

Sur le plan grammatical, l'ellipse, on le voit, fait intervenir de graves bouleversements : substantivation d'adjectifs (*une fine, une seconde*), transformation de la construction habituelle des verbes (*le vin dépose*), modification insolite du genre et du nombre : *un Action française, le 3ᵉ cuirassiers.*

IV. LA PHRASE SIMPLE

Toute phrase simple, qu'elle soit affirmative, négative, interrogative ou excla-mative, peut être constituée de plusieurs éléments ou d'un seul.

81. Phrase simple à un seul élément.

Elle peut être réduite à un seul élément. Ainsi dans : *Il pleut,* le *Il* n'est qu'un simple support grammatical, qui disparaît dans l'usage familier : « Pleu-vra, pleuvra pas ? »

Elle peut être réduite à un seul mot :

a) Dans un ordre : *Attention! Ici! Sortez;*
b) Dans une interpellation : *Sot! Valet!;*
c) Dans une exclamation : *Curieux! Bizarre! Comédien!;*
d) Dans une réponse ou une question : *Qui? Moi?   C'est absurde? — Complètement.   Venez-vous? — Non.*

1 | La phrase simple à plusieurs éléments

82. Les fonctions.

Au terme de l'analyse des éléments constituants de la phrase, nous avons énuméré les fonctions fondamentales, dites **essentielles,** de la phrase : les fonctions sujet, objet et circonstancielle. Ajoutons la fonction attribut :

> **Dans cette maison** (circonstance), **Mathilde** (sujet) *connut* **des moments de terreur folle** (objet).
> *Elle était* **la gardienne du collège** (attribut).

Ces fonctions essentielles se déterminent par rapport à un verbe : elles forment le GROUPE VERBAL.

Chacune de ces fonctions peut être remplie par un mot simple ou par un groupe de mots. A l'intérieur de ces groupes, on distingue aussi des fonctions : ce sont les **fonctions accessoires;** telles sont les fonctions épithète ou complé-ment de nom :

> Le / **jeune** (épithète) / *chien* / **de mes enfants** (compl. de nom) / *jappait.*

Le présent chapitre analysera ces fonctions :

— fonctions essentielles dans la phrase verbale ;

— fonctions accessoires dans les groupes NOMINAL, PRONOMINAL et ADVER-
BIAL d'un point de vue structural ; dans une deuxième partie seront précisées les données sémantiques et morphologiques.

83. La substitution.

Chacune de ces fonctions possède un titulaire habituel : telle ou telle partie
du discours. Ainsi, dans les fonctions de sujet et d'objet, on rencontre ordinairement un substantif (ou un pronom) ; mais on peut rencontrer aussi un
verbe à l'infinitif ou une proposition. En ce cas, bien souvent, un élément
grammatical (préposition, conjonction...) adapte ces mots ou groupements à
leur fonction :

> Je vois Pierre — Je vois **qu'**il est là.

Autre exemple : après un substantif, on rencontre très souvent un adjectif
qui s'accorde avec lui. A cet adjectif, on peut parfois substituer un substantif ;
en ce cas, une préposition l'adapte à sa fonction :

> La maison paternelle. La maison **de** mon père.

Aussi, en ce chapitre, étudierons-nous, pour chaque fonction, les possibilités de substitution.

Sur ce mécanisme, cf. L. TESNIÈRE, Eléments de syntaxe structurale. La
translation.

84. Coordination et juxtaposition.

Chaque terme remplissant une fonction peut se voir ajouter un ou plusieurs
termes, qui sont sur le même plan que lui, en sorte qu'on peut les enlever sans
modifier en rien la structure de la phrase. Sur ce mécanisme, voir § 4.

85. La transformation.

L'usager de la langue peut, sous certaines conditions, partir d'un groupe
pour en engendrer un autre :

— soit par ADDITION (ou inclusion) d'un élément nouveau :

> Ta robe bleue. C'est ta robe bleue. Ta robe est bleue.
> La robe est noire. La jolie robe est noire. La jolie robe d'Anne est noire.

— soit par RETOURNEMENT. Tel est le passage bien connu de la construction
active à la construction passive :

> Un agent lui a infligé une contravention. Une contravention lui a été
> infligée par un agent. Il s'est vu infliger une contravention par un
> agent.

L'usager se sert continuellement de cette procédure pour construire ses phrases. Le grammairien y a fréquemment recours pour identifier ou délimiter les éléments de structure.

86. L'ordre des mots.

Pour identifier les fonctions, l'ordre des mots en français est, dans certains cas, décisif. C'est un fait bien connu. Dans une phrase, comme :

> Le professeur poursuit l'élève,

la place seule des mots indique que *professeur* est sujet et *élève* objet.

Il est de tradition d'affirmer que l'ordre des mots en français représente, mieux qu'en aucune autre langue, la logique : « Le français est seul resté fidèle à l'ordre direct, comme s'il était tout raison » (RIVAROL).

D'autres, il est vrai, ont rétorqué que la logique européenne s'était formée à l'image des langues qu'elle employait, que c'était en particulier le cas de la logique française, et qu'il n'était donc pas étonnant qu'on découvrît un parallélisme entre l'une et l'autre. Querelle vaine, assez éloignée de nos préoccupations !

Il est assuré, pourtant, que l'ordre des mots, en français, répond à un certain nombre de principes :

— LE GROUPEMENT : « La topique se place au XVIIe siècle sous le signe des rapprochements. Les membres objectivement dépendants tendent à être réunis : l'adverbe est transporté dans le voisinage immédiat du verbe. Le terme régi tend à se rapprocher du terme recteur, le déterminant du déterminé, le complément du complété » (VOSSLER) :

> Je t'en remercie / et je réponds sur-le-champ / à l'honneur que tu me fais (MARIVAUX).

Vossler voit dans cette tendance un principe psychologique. Mais il est certain que des causes purement linguistiques, comme l'existence, en français, d'un accent de groupe, ont puissamment contribué à imposer ces groupements au français moderne.

— L'ORDRE : MOT RÉGISSANT - MOT RÉGI. Cet ordre descendant, dit « séquence progressive », a été souligné et étudié par Ch. Bally ; il oppose la langue française à la langue allemande, par exemple, dont la séquence est souvent régressive : *Le loup* (1) *du bois* (2). *Il boit* (1) *fébrilement* (2).

— L'ORDRE DES GROUPES. Le français, pour des raisons rythmiques, tend à disposer les groupements par ordre de taille croissant :

> DORANTE (déguisé en valet). — *Monsieur* [...], *j'appartiens à Monsieur Dorante / qui me suit, et qui m'envoie toujours devant, / vous*

assurer de ses respects, / en attendant qu'il vous en assure lui-même.
— M. Orgon. — *Tu fais ta commission de fort bonne grâce*
(Marivaux).

— La suite des idées. Dans certains cas (par ex., § **103**), le français
dispose d'une relative liberté pour fixer plus étroitement le déroulement de
la pensée ou du récit.

Compte tenu de ces divers principes, nous nous attacherons surtout, dans
les chapitres suivants, à souligner l'ordre le plus fréquemment employé, les
autres dispositions tirant tout naturellement leur valeur de leur opposition à cet
ordre-étalon.

87. L'intonation.

L'accent, la hauteur de la note initiale ou finale, la courbe de la mélodie
sont des facteurs d'identification qu'il ne faut pas négliger. Ainsi, l'accent,
opposant dans la phrase mots inaccentués et accentués, permet de
regrouper les mots. De même, la mélodie de la phrase étant généralement
d'abord montante, puis descendante, les infractions à cette habitude sont indi-
catives, avant même toute étude de contenu. Nous y aurons fréquemment
recours.

Conclusions.

Les mécanismes qui régissent une phrase française sont en petit nombre.
C'est par leur combinaison que l'usager de la langue peut arriver à une très
grande richesse de tours.

2 | Structure de la phrase simple affirmative

Nous analyserons ici le type le plus simple : la phrase affirmative ; les phrases interrogative et négative (voir § **132** et **133**) ne sont, en effet, que des variantes de la phrase affirmative.

Nous analyserons d'abord les *fonctions essentielles* à l'intérieur du groupe verbal, puis les *fonctions accessoires* dans les groupes du nom, du pronom et de l'adverbe. Nous terminerons par l'étude de quelques cas particuliers de la phrase simple : la *phrase à verbe « être »,* la *phrase à présentatif,* la *phrase nominale.*

A | Les fonctions essentielles

a — Le sujet

88. Le sujet : son identification.

Le sujet est le support grammatical du verbe ; en règle générale, le verbe suit le sujet et s'accorde avec lui (voir § **552**) : *La foule se précipita. Paris vaut bien une messe. Il pleut.*

REMARQUE. — Nous avons éliminé de ces chapitres de structure tous les problèmes de l'accord. Sans aller jusqu'à dire, avec P. Guiraud, que « c'est un des traits fondamentaux du français que l'accord n'y est qu'une survivance, maintenue par l'action arbitraire des grammairiens. Il survit et sévit surtout dans l'orthographe et n'existe qu'à l'état de vestiges dans la langue parlée » (cf. une rédaction plus nuancée dans A. Martinet, *E. L. G.,* p. 121, et une position très différente dans J. Dubois, *G. S.*), il nous a semblé qu'une telle étude pouvait être renvoyée à la deuxième partie.

89. Place du sujet.

« L'inversion du sujet est le grand fait qui domine la construction médiévale » (FOULET).

Cependant, dès le XIIe siècle, pour de nombreuses raisons (disparition de la déclinaison, éviction du verbe de la place initiale pour des causes rythmiques), le français s'est acheminé vers un ordre contraignant : sujet-verbe : *Le roi boit !*

On peut dire que dans le parler familier cet ordre ne souffre pas d'exceptions; la langue plus soutenue présente encore des cas d'ordre inverse (verbe-sujet), qui sont généralement des reliques de l'état ancien.

90. Inversion du sujet en proposition incise.

C'est un reste de la construction des verbes DIRE et PARLER en ancien français :

> *Faites donner la garde,* cria-t-il (HUGO).

Cette construction est limitée à quelques verbes (*dire, penser, répondre, affirmer...*). Le parler populaire rétablit partout l'ordre direct, en faisant généralement précéder le sujet de QUE, si bien que ce discours est scandé : [imdi], [kimdi], [kɔjɥidi]...

REMARQUE. — La proposition incidente répond toujours à l'ordre : sujet-verbe (voir § 3).

91. Inversion du sujet après un adverbe initial.

Après *à peine, ainsi, aussi, aussi bien, du moins, encore, en vain, tout au plus, à plus forte raison...*, l'inversion est obligatoirement pratiquée quand l'adverbe détermine le verbe, facultativement dans les autres cas :

> *Ainsi colligeait-il avec application des apophtegmes de toutes provenances* (MAURIAC).
> *Ainsi un pays était suspendu à un visage* (PROUST).

Les pronoms personnels (et CE) se placent directement derrière le verbe ou l'auxiliaire (inversion dite « simple »); les substantifs restent devant le verbe, mais se font rappeler par un pronom personnel postposé (inversion dite « complexe ») :

> *Octave resta chez sa mère. Vainement l'avait-elle pressé d'aller dans le monde* (STENDHAL).
> *C'était en effet le seul moment bien connu de sa vie, et encore l'hérésiarque en avait-il emprunté le récit aux évangiles synoptiques* (APOLLINAIRE).

REMARQUE. — 1. Ce tour par inversion passe pour une élégance. Aussi est-il librement étendu, en français moderne écrit, après toutes sortes d'adverbes : SURTOUT, DE MÊME, etc.
2. *Ainsi* peut être suivi de l'inversion simple du substantif : *Ainsi parlait Zarathoustra.*

Après les adverbes de lieu et de temps (*là, de là, ici,* mais aussi, en français moderne, *alors, aussitôt, bientôt, enfin...*), on rencontre souvent l'inversion simple du sujet substantif :

> *Là semblaient exposés tous les biens de la terre* (SAINT-EXUPÉRY).

Après *peut-être* et *sans doute,* on rencontre des inversions simples ou complexes, rarement l'ordre sujet-verbe :

> *Peut-être aussi ce visage était-il suspendu à un pays* (PROUST).
> *Peut-être Sanson et Simon étaient spectateurs des joies de la famille royale* (CHATEAUBRIAND).

La langue, depuis le XVIIᵉ siècle, rétablit généralement l'ordre sujet-verbe en insérant QUE :

> *S'il est permis de faire entre eux quelque comparaison* [entre Corneille et Racine], *peut-être qu'on pourrait parler ainsi* (LA BRUYÈRE).
> *Peut-être qu'elle va refuser de me recevoir* (SARTRE).

Après certains compléments, indirects ou circonstanciels, on peut, en l'absence d'objet direct, pratiquer l'inversion quand le complément reprend la phrase précédente :

> *A cela s'ajoute que...*
> *En tête venait le maire ; derrière lui suivait le conseil.*
> *Ainsi un pays était suspendu à un visage. Ainsi au fond d'un paysage palpitait le charme d'un être* (PROUST).

92. *Le sujet après un verbe initial.*

Le verbe peut être placé directement en tête. La raison en est essentiellement logique : c'est que ce verbe assure la liaison avec la phrase précédente :

> *Tout à coup une porte s'ouvre ; entre silencieusement le vice appuyé sur le bras du crime : M. de Talleyrand marchant soutenu par M. Fouché* (CHATEAUBRIAND).

Certains verbes se prêtent particulièrement bien à cet emploi, comme VENIR, SUIVRE, SURVENIR, RESTER :

> *Suivirent quelques jours de détente* [...].
> *Vint la saison où* [...] *on hésite devant le premier feu* (MAURIAC).

On retrouve le même mécanisme dans les indications scéniques, dans le style administratif... :

> *Entre le comte.   Sont reçus les candidats suivants.*

REMARQUE. — Les cas d'inversion d'un verbe au subjonctif sont des archaïsmes :

> Soit *un cercle.*   Vienne *la nuit* sonne *l'heure* (APOLLINAIRE).

93. *Nature du sujet.*

a) Un SUBSTANTIF ou un NOM PROPRE :

> *Les Rois mages défilaient devant lui. Le Beau m'obsède.*

b) Un PRONOM (personnel, démonstratif...) :

> *Elle a des yeux limpides. C'est beau.*

c) Un GROUPEMENT NOMINAL introduit par une préposition :

> *De six cent mille à un million de bénéficiaires seront atteints par ces mesures.*

d) Les PRONOMS *ce, celui, celle, ceux, celles,* suivis d'une proposition relative. L'ensemble peut être appelé « proposition relative substantivée » :

> Ceux *qui restaient partirent par la ruelle* (MALRAUX).
> *Ce qu'il ne surmonte pas risque de l'accabler* (GIDE).

REMARQUE. — Le tour archaïque sans *ce, celui...* ne se rencontre que dans les phrases d'aspect sentencieux : *S'en fâche* qui *voudra* (JACOB).

e) Un INFINITIF, généralement précédé de *de* quand le groupe infinitif est assez étendu : *Passer n'est pas jouer.*

> *D'avoir connu la joie tout un long jour ne me lassait pas du bonheur* (CAMUS).

Pour les propositions introduites par la conjonction *que,* voir § **161.**

REMARQUE. — Le verbe au mode impératif n'est jamais accompagné d'un sujet explicite.

b | Les compléments

94. Historique.

Les anciens grammairiens parlaient de *régime,* entendant par ce terme « la forme particulière que doit prendre un complément grammatical d'un mot ». La disparition de la déclinaison en français a conduit les grammairiens-philosophes à élaborer, autour de 1750, la notion de COMPLÉMENT : c'est « *ce qu'on ajoute à un mot pour en déterminer la signification* ». Ainsi, un verbe peut admettre « autant de compléments différents qu'il peut y avoir de manières possibles de déterminer la signification du mot ». Comme le prévoyait le rédacteur de l'*Encyclopédie* que nous venons de citer, la liste des compléments ainsi conçue peut être étendue à l'infini, au gré du système logique du grammairien ou de son imagination, de ses soucis pédagogiques ou de ses préoccupations de traducteur. (Cf. *Encyclopédie,* article « Régime ».)

Avec quelques correctifs morphologiques, c'est, en gros, cette conception qui régit de nombreuses grammaires scolaires actuelles. Nous chercherons seulement ici à dégager les structures, renvoyant pour le reste aux § 270 et suiv.

c | Les compléments d'objet

95. Préambule.

Le groupe verbal peut se réduire à un verbe accompagné de son sujet : la construction est dite alors INTRANSITIVE : *Il dort. Il mange. Il ment comme il respire.*

Mais si le groupe verbal est accompagné d'un complément sur lequel passe (c'est le sens du mot transition) l'action verbale, la construction est dite TRAN-SITIVE (« directe » si le complément est construit directement, « indirecte » s'il est lié au verbe par une préposition).

REMARQUE. — C'est bien à regret, et seulement pour expliciter la terminologie officielle, que nous avons gardé cette définition sémantique. Dès l'Antiquité, les grammairiens avaient noté qu'elle ne s'appliquait à certains cas qu'au prix de raisonnements sophistiques. En quoi peut-on dire que l'action passe sur *rose* ou *coup* dans : *Elle respire une rose. Il reçoit des coups?*
Et que dire de tours comme : *Ses mains sentent l'oignon,* ou : *Il a dormi une nuit paisible?*
On proposera ci-dessous d'autres critères pour identifier et distinguer ces compléments.

96. La construction intransitive (sans objet).

On distingue souvent les verbes intransitifs, qui ne peuvent pas avoir de complément d'objet, des verbes transitifs, qui en appellent un. Certains verbes ne se rencontrent en effet *que* dans des constructions intransitives. Ce sont surtout des verbes de mouvement comme : *venir, circuler, gesticuler...* (ou, inversement : *rester, stationner...*) ou d'existence : *subsister, abonder...* (ou, inversement, *mourir...*). De plus en plus rares, pourtant, sont les verbes qui ne peuvent pas être utilisés dans l'une et l'autre construction. Ainsi, un verbe de mouvement comme *descendre* possède, à côté de la construction intransitive, une construction transitive : *Il descend l'escalier,* qui peut prendre une valeur factitive[1] : *Il descend son adversaire.*

---

1. *Valeur factitive* : « Un verbe qui normalement constitue un sens concret, le plus souvent un verbe de mouvement, peut se rapporter dans une situation donnée à deux « choses » à la fois, dont l'une produit et l'autre subit l'action en question » (BLINKENBERG).

Les écrivains jouent de cette alternance :

> *Les fontaines chantaient. Que disaient les fontaines?*
> *Les chênes murmuraient. Que murmuraient les chênes?* (HUGO).

Que l'on note :

> *Le bruit cessa* face à : *Il cessa le commerce des vins.*
> *La gouttière a cédé* face à : *Il cède son fonds.*
> *Des flots de sang viennent battre à mes tempes* (CAMUS) face à : *Il a*
> *battu son adversaire.*
> *Leur amour grandit* face à : *Il grandit les difficultés.*

On a remarqué que ou bien le sens du verbe persiste inchangé dans les deux constructions, ou bien le changement de construction entraîne un changement de sens; ainsi, dans la série précédente, les verbes, en construction transitive, sont factitifs, et non en construction intransitive.

97. *La construction transitive à un objet (objet direct).*

Le verbe engage l'objet directement, sans préposition et sans pause :

> *L'enfant regardait les troupes d'oiseaux.*

L'ensemble peut être retourné : on obtient alors la construction dite PAS-SIVE : le verbe est le participe auxilié par « être »; l'objet prend la place de sujet; le sujet devient un complément d'*agent,* introduit par une préposition, généralement *par* ou *de :*

> *La voie qu'il a tracée a été aussitôt suivie par un grand nombre de*
> *peintres* (APOLLINAIRE).

REMARQUES. — 1. Quand le nouveau sujet peut participer comme agent (actif ou passif) à l'action, le français emploie volontiers, au lieu de l'auxiliaire « être » suivi du participe, les auxiliaires « se (me, te) faire », « se (me, te) laisser », « se (me, te) voir », « s' (m', t') entendre », suivis de l'infinitif. *Se faire* souligne la participation volontaire du sujet à l'action, *se laisser* sa participation résignée ; les autres sont neutres. *Ce n'est pas le docteur qui* se laisserait fasciner *par un vieux toqué* (SARTRE). *Carlotta* s'était fait *épouser par Quesnel* (ARAGON).

2. La phrase : *Il a couru le cent mètres en dix secondes,* passant sans difficulté à : *Les cent mètres ont été courus en dix secondes,* sera donc rattachée aux constructions transitives directes.

3. Inversement, le verbe AVOIR ne se retourne pas au passif (sauf en argot : *Je suis eu*). AVOIR, en effet, « est le siège d'un état, dans une construction syntaxique qui imite seulement l'énoncé d'un procès. Tout s'éclaire quand on reconnaît AVOIR pour ce qu'il est, un *verbe d'état.* [...] AVOIR n'est qu'un *être* à retourné » (BENVENISTE). Cette pénétrante remarque explique l'emploi conjoint d'ÊTRE et AVOIR comme auxiliaires et montre que l'insertion d'AVOIR dans les listes des verbes à construction transitive directe n'est qu'une solution de facilité. .

4. Certains tours répondent à tous les critères de l'objet direct (construction directe, sans pause, possibilité de représentation par un pronom...), sauf à un : ils ne souffrent pas le retournement au passif :

(1) *Tout ici respire l'horreur de mourir* (Camus).
Dormez le chaste hymen du sépulcre! dormez (Hugo).
(2) *Le rôti pèse deux kilos et coûte vingt-cinq francs.*

On range souvent les tours (2) dans les compléments circonstanciels, parce qu'on peut leur substituer des adverbes. Il semble plus juste d'étudier ensemble les tours (1) et (2). Le sens en sera précisé au § **271** *(objet interne)* et au § **272** *(compléments de prix...)*.

98. La construction transitive à un objet (objet indirect).

Le lien qui unit le verbe à l'objet a la même valeur de sens que dans la construction transitive directe, au point que les deux constructions peuvent parfois s'échanger :

> *Il croit tout ce que je lui dis.*
> *La mère de François ne croyait à la solidité des sentiments que conjugaux* (Radiguet).

Mais l'objet est précédé d'une préposition (pour les pronoms, voir § **349**) et la construction ne peut être transférée au passif :

> *Je doute de sa franchise.   Il plaît à tout le monde.*

Remarque. — *Obéir à, pardonner à*, qui peuvent se retourner au passif, semblent des exceptions. Mais ce sont des restes du temps classique où *obéir* et *pardonner* étaient suivis d'un objet direct.

99. Cas particuliers.

— Certains verbes se construisent *seulement* avec un objet indirect :
acquiescer à, accéder à, adhérer à, attenter à, bénéficier de, collaborer à, compatir à, contrevenir à, coopérer à, douter de, équivaloir à, jouir de, nuire à, opter pour, parvenir à, plaire à, recourir à, regorger de, remédier à, renchérir sur, résister à, ressembler à, subvenir à, succéder à, succomber à, survivre à, triompher de, vaquer à...

— D'autres se construisent avec un objet direct *ou* avec un objet indirect (dans la plupart des cas, le sens change avec la construction) :
regarder (à), goûter (à), connaître (de), juger (de), croire (en) (à), renoncer (à), souscrire (à), décider (de), témoigner (de), répondre (de), discuter (de), atteindre (à), applaudir (à)...

Remarque. — Quelques verbes, peu nombreux, se construisent avec l'un *et* l'autre ou avec deux objets indirects. L'objet indirect est alors souvent un infinitif (qu'une complétive peut suppléer) : *J'aide mon père à finir notre devoir. Il m'a convaincu d'abandonner.*
Tels sont : *commander (à, de), décider (à), prier (de), inviter (à).*

100. L'objet direct premier et indirect second.

Après des verbes traduisant l'idée de *dire* et *donner,* l'action *passe* non plus sur un seul objet, mais sur deux ; l'objet direct premier est construit directement ; l'objet indirect second est introduit par *à* (pour les pronoms, voir § **356**) :

> *La nature, autour de Marseille, offre au plus modeste marcheur des secrets étincelants* (S. DE BEAUVOIR).

STRUCTURE. La caractéristique de cette construction, c'est qu'elle peut être transférée au passif selon deux modes différents :

— Le transfert se fait selon le mécanisme décrit au § **97,** le groupe prépositionnel restant au-dehors :

> *Rodin a légué ses œuvres à la France. On conservera à l'hôtel Biron les œuvres qui ont été léguées à la France par le grand sculpteur.*

Quand l'objet prépositionnel incarne un personnage qui peut participer à l'action, on recourt volontiers aux périphrases énumérées au § **97,** Rem. 1. Ce sont alors le sujet et l'objet indirect qui permutent, l'objet direct premier restant objet :

> *Le ministre a donné un tableau à son conseiller.*
> *Le conseiller s'est fait donner un tableau par le ministre.*

REMARQUES. — 1. La terminologie officielle affuble cet objet second de la dénomination indéfendable de *complément d'attribution.*

2. Sur le mécanisme de *faire,* voir § **463.**

101. Nature des compléments d'objet.

a) Un SUBSTANTIF : *Je vois le soleil. Je mords au fruit ;*

b) Un PRONOM : *Il me regarde. Il me plaît. Je doute de lui. Il s'est moqué de moi. Je ne dirai pas lequel.* Pour le cas : *Il te l'a dit à toi,* voir § **356** et suiv.

c) Une PROPOSITION « relative substantivée » (voir § **93**) :

> *Il approuvait de ses yeux mouillés et bons ce que disait la grand-mère* (ALAIN-FOURNIER).

d) Un INFINITIF, construit directement ou avec une préposition :

> *Il aime rire. Je le pousse à partir.*

Pour la construction de ces infinitifs et pour les propositions complétives, introduites par *que...,* voir § **163** et **174.**

REMARQUE. — Le tour *de quoi* suivi d'un infinitif peut être objet ou compléter un verbe impersonnel, ou un outil de présentation (voir § **120**). Il indique le motif ou la matière : *On avait disposé de quoi transformer en muscadin tel garçon qui eût passé la nuit précédente dans une bergerie* (ALAIN-FOURNIER). — *Voilà de quoi occuper ma soirée!* (BUTOR). — *Il reste de quoi boire.*

102. Place des compléments d'objet (directs et indirects).

L'objet suit le verbe, mais peut en être séparé par des adjectifs en apposition, des éléments circonstanciels... :

Mais je vois là-bas au fond quelqu'un qui me fait signe... (CÉLINE).
Je sors de la serviette que je viens de poser la liste alphabétique des élèves (BUTOR).

Lorsque l'objet direct complète plusieurs verbes coordonnés, on peut : soit placer l'objet après le dernier verbe : *Lire et relire un livre* (liaison forte); soit le placer après le premier et le reprendre devant l'autre par un représentant : *Prendre une pomme et la manger.*

REMARQUES. — En ancien français, l'objet direct pouvait se placer devant le verbe. Au XVIIᵉ siècle, c'était déjà une licence poétique. Il en reste des traces : *sans coup férir; sans mot dire; grand bien te fasse.*
2. Les indéfinis RIEN et TOUT se placent devant le participe passé d'un temps composé ; avec l'infinitif, on est plus libre : *Le brouillard allait monter lentement et noyer tout* (SARTRE) ou *tout noyer.* On opposera donc : *Je n'ai vu personne / Je n'ai rien vu.*

103. Place des compléments d'objet (directs premiers et indirects seconds).

L'objet indirect second suit l'objet direct. Cependant, le français :

1° Rapproche les termes qui constituent une suite de sens :

C'était un ancien cadet de Whampoo; à son équipe de jeunes bourgeois, Tchen eût préféré l'un des groupes de Katow (MALRAUX).

L'emploi d'un possessif, en particulier, impose un ordre, qui respecte la séquence : déterminé / déterminant : *Elle indique au docteur son voisin* (SARTRE). [Il s'agit du voisin du docteur];

2° Respecte l'ordre progressif : le groupe objet le plus long tend à suivre le plus bref :

C'est ce qui a donné à ma vie cet aspect heurté, incohérent (SARTRE).

L'ordre inverse étant expressif, un groupe final bref prend beaucoup de force :

Hélas! un coup, une chute, une peine morale raviront à Homère, à Newton, à Bossuet leur génie (CHATEAUBRIAND).

104. Les fonctions sujet et objet dans le groupe verbal.

Pour identifier les fonctions d'objet et de sujet, nous avons donné une grande place aux opérations de retournement. Cette démarche permet de dégager une idée très importante sur la structure de la phrase verbale en français.

Le verbe est un PIVOT : c'est sur lui que s'appuient sujets et objets pour fixer leurs rapports réciproques ; le verbe les *met en rapport*. Cette notion de pivot sera encore bien plus évidente quand nous étudierons les phrases à verbe ÊTRE (ou équivalent) et surtout les phrases segmentées qui reposent sur C'EST (ou équivalent) ; nous étudierons les premières dans le même chapitre aux § **115** et suivants, les secondes aux § **145** et suivants.

d | Les compléments circonstanciels

105. Les différents compléments circonstanciels.

On appelle COMPLÉMENTS CIRCONSTANCIELS les compléments du verbe qui ne se prêtent à aucune procédure de retournement, ce qui les distingue des compléments d'objet directs et des compléments d'objet indirects seconds.

Ils sont généralement précédés d'une préposition ; on exceptera quelques expressions de temps, de lieu et de manière : *La nuit, il dort. Il travaille les bras ballants, les yeux au ciel.*

On a, à peu près toujours, le choix entre diverses prépositions : *La foudre entra par,* ou *à travers,* ou *le long de la fenêtre.*

Enfin, dans une proposition, le nombre des compléments circonstanciels est illimité :

> *La foudre entra, comme par hasard, avec un hideux éclair, par la fenêtre ouverte, dans l'appartement, à l'instant même* (VILLIERS DE L'ISLE-ADAM).

Ces deux derniers critères enlèvent tout risque de confusion avec les compléments d'objet indirects :

— Un complément d'objet indirect offre, au plus, le choix de deux prépositions (ex. : *répondre de* ou *à*) ;

— Dans une même proposition, on rencontre, au plus, deux objets (sauf cas de coordination).

De nombreux grammairiens retiennent comme critère du complément circonstanciel sa liberté de déplacement dans la phrase :

> *A Paris, tout est gris. Tout, à Paris, est gris. Tout est gris, à Paris.*

Ce critère, intéressant, n'est pourtant pas pertinent. Certains compléments circonstanciels sont si nécessairement liés au verbe que des grammairiens comme M. de Boer les ont rapprochés des compléments d'objet. Ainsi dans : *Je vais à Paris,* ou : *Je pars pour Paris,* « aller, par sa valeur de direction, appelle, pour ainsi dire, le régime : à Paris » (*Syntaxe du français moderne,* § 40). Cette analyse n'est pas acceptable d'après les critères que nous avons fixés ; mais elle souligne bien que certains compléments circonstanciels disposent d'une grande liberté de mouvement, d'autres non. La distinction de sens entre les uns et les autres est examinée au § **279**.

106. Nature des compléments circonstanciels.

a) Des SUBSTANTIFS ou équivalents : *A Paris, tout court.   Il rêve d'un air éteint.*

b) Des ADVERBES ou locutions adverbiales :

> *Il court vite.   Il roule à grande allure.*

REMARQUE. — A l'intérieur de cette catégorie, on peut — et même on doit, nous semble-t-il — proposer le même partage que celui qu'a avancé M. de Boer pour les substantifs. Certains adverbes sont inséparables du verbe (*quantité, manière, intensité, modalité affirmative ou négative de l'action*) : *Il joue bien. Il manque beaucoup...* Sur ce modèle, le français a construit de nombreuses locutions : *Achetez français,* etc., que les puristes alarmés traitent, bien à tort, d'anglicismes.

D'autres adverbes marquent proprement une circonstance et jouissent d'une grande liberté de construction : *Hier, il est parti. Longtemps, il écouta la nuit.*

c) Des PROPOSITIONS RELATIVES SUBSTANTIVÉES : *En ce qui concerne ton avenir, j'aviserai. De là où nous sommes, on peut voir le mont Blanc.*
Pour les infinitifs prépositionnels, propositions participes, etc., voir § **191**.

107. Les modes du verbe dans la phrase simple.

On peut dire que le verbe de la phrase simple est à peu près toujours à l'indicatif (ou au conditionnel).

Le subjonctif est isolé avec l'impératif dans le domaine très limité de l'ordre et de la volonté. Infinitif et participe ont un rôle encore plus restreint.

Nous renvoyons donc au chapitre du verbe.

B | Les fonctions accessoires

108. Le groupe substantif.

En français, comme dans toutes les langues occidentales, le substantif prend dans la proposition une part chaque siècle plus importante. Il peut être le centre d'une constellation syntaxique dans toutes les positions qu'il occupe dans la phrase verbale.

109. Structure du groupe substantif.

A. Devant le substantif :

— En tête, presque toujours, se trouve un déterminant (article, adjectif possessif, démonstratif, indéfini, interrogatif, numéral) qui donne au substantif son « assiette » dans la phrase : *Le (mon, ce, quel) fauteuil. Un (aucun, chaque, n'importe quel) outil. Du beurre. Des (quelques, plusieurs) outils.*

REMARQUE. — MÊME (voir § 422) et SEUL peuvent précéder ou suivre le groupe substantif tout entier ; l'adjectif TOUT peut le précéder :
Même mon frère était là. Mon frère même était là. Tous les hommes sont là.

— Entre l'un des déterminants : *le, mon, ce, quel,* et le substantif peuvent s'intercaler :

soit des adjectifs indéfinis : *les quelques hommes ; un certain (tel) sourire.*

soit des adjectifs qualificatifs, au choix assez limité, qui ont surtout pour rôle de fixer une valeur intensive : *grand/petit, bon/mauvais, long/large, jeune/ vieux, premier/dernier, haut/bas, rare/nombreux, ancien/nouveau...* Sur ce modèle, la langue populaire crée constamment de nouvelles expressions : *un fameux lapin, une fine gaule, un rude chasseur, un méchant film...* En cette place, la langue scientifique et celle de la réclame préfèrent les préfixes : *un ultrason, un supermarché, un superchampion...*

REMARQUE. — La valeur de ces adjectifs est étroitement liée à leur place devant le substantif. Or, d'autres adjectifs, par exemple des adjectifs d'appréciation, se mettent soit devant, soit derrière le substantif, sans changer de valeur. Mais ils ne peuvent séparer l'adjectif intensif de son substantif. On dira donc :
Un remarquable grand homme ou *un grand homme remarquable. Une nouvelle petite table* ou *une petite table nouvelle.* (Voir § 317.)

soit les uns et les autres : *les quelques grands hommes.*

Un *non,* outil de négation, apparaît devant le substantif auquel il est lié par un trait d'union :

> *la non-coexistence; les principes de non-intervention.*

B. Derrière le substantif :

On rencontre :

— Des constructions directes avec des adjectifs ou équivalents (adverbes, participes et même substantifs). Ils remplissent la fonction **épithète** :

> *La maison paternelle. Un homme bien. Le frémissement de la neige tombant sur les arbres. Le genre décoration et prétentieux* (Sarraute).

— Des constructions prépositionnelles (la préposition est généralement *de,* mais on trouve aussi *à, en...*).
Le complément est :

— Un substantif : *Le marchand de sable. La maison du père.* C'est ce type qui est généralement analysé comme un **complément de nom.**

— Un adverbe : *Les gens d'ici. Les autres nègres, garçons paisibles et de peu de mots* (Larbaud).

— Un groupe prépositionnel : *Les gens d'en face. Un homme de chez nous.*

Des propositions introduites par un pronom relatif.
Pour les propositions introduites par *que,* voir § **185.**

110. Remarques.

1. Les différents termes postposés peuvent être juxtaposés ou coordonnés les uns aux autres. Dans certains cas, pourtant, la coordination est impossible. On ne dira pas : *Une maison paternelle et charmante; un homme d'ici et exquis,* mais seulement : *une maison paternelle charmante; un homme d'ici, exquis.* Mais on peut dire : *Une robe bleue à ramages; une maison exquise qui sent l'anis,* aussi bien que : *une robe bleue et à ramages; une maison exquise et qui sent l'anis.*

Cette division structurale correspond à la division sémantique des déterminants et des caractérisants, qui sera analysée aux chapitres de l'adjectif et des propositions relatives (v. § **129, 240** et § **311**).

2. Le qualifiant postposé peut se détacher par une pause, notée par une virgule. Cette construction appartient à la fonction nommée officiellement **apposition.** On rencontre en cet emploi :

— Des adjectifs : *Perrette, toute drue, courait.*

— Des substantifs : *Louis, roi de France. Mon frère, médecin à Paris. Le Dr X, le médecin du village.*

La présence ou l'absence de l'article devant le substantif est un critère très important, qui permet de distinguer la qualité (absence d'article) de l'identité (présence d'article). Le même problème sera repris au § **146** Rem. (alternance : *c'est / il est*).

— Des propositions relatives substantivées : *Petite fille dans une mai-son basse du boulevard de Caudéran — ce qui à Bordeaux s'appelle une échoppe — déjà avec Jean, son jeune frère, ils riaient sous cape de leur père* (MAURIAC).

3. Alternance : DE, plus le PARTICIPE PASSÉ/À, plus l'INFINITIF.

Après un substantif généralement quantifié, le participe passé ou un adjectif équivalent, précédé de *de*, envisage l'action dans son résultat (cette relation est souvent analysée comme une relation de type attributif) :

> *Encore un carreau de cassé! Encore deux places de libres.*

Il s'oppose en cet emploi à l'infinitif précédé de *à*, qui envisage l'action comme un but et une conséquence possible : *Un carreau à remplacer!*

Cette dernière construction est très répandue en français moderne :

> *Toute route à suivre nous ennuie* (CLAUDEL). *P. Denis faisait la jeune fille de la maison avec des assiettes à crouler* (ARAGON). *Un gris à douter des beaux jours* (ARAGON).

Il ne faut pas confondre cet infinitif, élément du groupe du nom, avec l'infinitif circonstanciel (décrit au § **191**).

111. Le groupe de l'adjectif.

L'adjectif peut être :

— PRÉCÉDÉ D'UN ADVERBE *(très, tout, presque...)*, auquel les usages scienti-fiques, politiques, etc., substituent souvent un préfixe : hyper*émotif*, ultra*violet*, ultra-*royaliste...* Comme nous l'avons montré pour l'adjectif devant le substantif (v. *supra* § **109**), l'adverbe qui vient se préposer à un adjectif prend générale-ment une valeur d'intensité : *Elle chante admirablement* (manière). *Une chanteuse admirablement belle* (intensité).

Les adverbes spécifiques de l'INTENSITÉ se disposent en séries. Le schéma suivant donnera une idée des principales :

> *beaucoup moins, beaucoup plus, beaucoup trop peu;*
> *bien trop peu, bien peu, trop peu, bien trop;*
> *très peu, si peu, assez peu;*

— PRÉCÉDÉ D'UNE DES PARTICULES de négation NON (pas de trait d'union) ou PAS : *Un exposé non exhaustif. Un enfant pas laid.*

— SUIVI DE COMPLÉMENTS introduits par *à, de, par* :

> *Des juifs reconnaissables à leurs habits déchirés* (APOLLINAIRE). *Elle était encore tout silence avec les épaules hautes d'avoir à peine quitté un manteau si nécessaire* (ARAGON). *Des condisciples qui parlaient une langue inconnue de lui* (LARBAUD).

Ces compléments peuvent être des substantifs, des pronoms *(amoureux de soi)*, des infinitifs *(aisé à tromper)*, des relatives substantivées *(amoureux de qui lui en imposait)*.

Pour les propositions, voir § **185**.

112. *Le groupe de l'adverbe.*

L'adverbe peut être précédé d'un autre ou de plusieurs autres adverbes :
Il marche extrêmement vite, admirablement bien.

Et suivi de compléments prépositionnels :
Heureusement pour lui.

Pour les propositions, voir § **185**.

113. *Le groupe du pronom.*

Certains pronoms peuvent être suivis de compléments prépositionnels :
Qui d'entre vous le lui a dit? Il n'y a rien à en dire. Le premier nom fut celui de Rude. Prends ceux de devant.

Pour le cas des adjectifs et participes postposés : *Il ne fait aucun bruit sinon celui pareil à du vent* (Duras), v. § **376**.

114. *Conclusion.*

La phrase simple française se présente donc comme très structurée et très diversifiée : l'insertion des fonctions accessoires dans les fonctions essentielles offre une riche gamme de possibilités, trop riche parfois. Ainsi Apollinaire ayant écrit : *M. Sabatté, ayant peint un aspect de la rue que j'habite pendant l'inondation, je n'y trouve pas, hélas! la maison où je demeure,* le lecteur a quelque peine à se retrouver dans la construction, ignorant s'il doit rapporter *pendant l'inondation* à *ayant peint,* à *aspect* ou à *habite.* La clarté, première exigence de la rhétorique française, ne doit pas être sacrifiée à l'abondance.

C | Cas particuliers

a — La phrase dite « attributive »

115. L'attribut du sujet. Identification.

La phrase attributive comporte un sujet et — éventuellement — des compléments circonstanciels. Mais elle diffère du cas général (§ 88 et suiv.) en ceci : elle ne comporte pas d'objet (pour les rapports objet/attribut, voir § 276); le sujet est lié à un substantif, à un adjectif... par l'intermédiaire d'un verbe attributif.

C'est la présence de ce verbe attributif qui la distingue du groupe du substantif (§ 127); grâce à lui, elle constitue une *phrase,* grâce à lui elle exprime le *temps,* deux caractères qui manquent au groupe du substantif :

Un homme brave. L'homme était (ou *est* ou *sera*) *brave.*

Ces verbes attributifs sont :

— Le verbe *être;*

— Des verbes marquant une apparence (*tomber, paraître, avoir l'air, passer pour, faire* [*elle fait très jeune*]...);

— Des verbes marquant une persistance ou un changement dans l'état (*devenir, rester, demeurer, vivre, mourir, tomber...; se trouver, se faire, se nommer, s'affirmer comme...*).

REMARQUE. — *a*) Le verbe ÊTRE peut être suppléé par une pause et une intonation spécifique : *Magnifique, la luxure!* (attaque du 2ᵉ terme sur une note très différente).
b) Le sujet peut être indéterminé et n'être pas exprimé (aux formes nominales du verbe) :
Est-ce être poète *que de ne pas savoir ce que c'est qu'un beau vers?* (JACOB.)

Les mots (ou groupes de mots) qui sont reliés au sujet par l'intermédiaire de tels verbes remplissent la fonction d'attributs du sujet.

116. Nature des attributs du sujet.

Ce sont : Des ADJECTIFS : *Il devint sot. Il est assis. Il est debout...*

— Des SUBSTANTIFS : *Il passe pour le maître du pays. Il est d'une sottise désarmante. Elle était de mes amis.* — Des PRONOMS : *Qui es-tu?*

— Des INFINITIFS : *Souffler n'est pas jouer. Le mieux serait d'écrire les événements au jour le jour* (SARTRE).

— Des PROPOSITIONS RELATIVES (ou INTERROGATIVES) prépositionnelles : *Le jeu était à qui courberait l'arbre.*

117. *L'attribut du sujet. Ordre des termes.*

Il suit régulièrement le verbe attributif. Cependant :

— Il passe en tête dans les tours de comparaison et d'exclamation :

> *Egoïste comme elle est. Friponne que tu es!* (MARIVAUX).

— Et quand l'attribut est *tel* :

> *Une mode à peine détruit une autre mode qu'elle est abolie par une plus nouvelle : telle est notre légèreté* (LA BRUYÈRE).

— Quand le verbe attributif est remplacé par une PAUSE, l'ordre des termes est libre :

> *Magnifique, la luxure!* ou *La luxure, magnifique!*

Si l'attribut est un substantif ou équivalent et s'il est en tête, la pause peut alterner avec QUE (ou *que de* devant un infinitif) :

> *Admirable époque que celle où l'on décore les photographes et où l'on exile les poètes* (FLAUBERT). *Quelle blague que la géométrie!* (ID.) *Quelle malédiction que d'être le fils d'un cabaretier!* (ID.).

Ce mécanisme est exactement le même que celui qui est décrit au § **147**. (La phrase segmentée.)

118. *L'attribut du complément d'objet. Identification.*

C'est une fonction particulière à l'adjectif ou au substantif; ceux-ci sont rapportés à un complément d'objet par l'intermédiaire de verbes comme : *élire, nommer, proclamer, appeler, rendre, faire, avoir pour* ou *comme, traiter de, prendre pour, regarder comme, considérer comme...*

On reconnaît aisément cet attribut du complément d'objet à ce que, quand le verbe est tourné au passif, l'attribut est postposé au verbe et séparé du sujet dont il est devenu attribut :

> *On traite le député de fou. Le député est traité de fou.*
> *On l'a mis nu. Pour la première fois depuis deux mille ans, le corps a été mis nu sur des plages* (CAMUS).

119. *L'attribut de l'objet. Ordre des termes.*

Il suit généralement l'objet quand il est plus long que celui-ci, le précède dans le cas contraire. Ce dernier ordre est obligatoire quand l'objet est un infinitif précédé de DE ou une complétive introduite par QUE :

> *Elles trouvent légitime que nous dépensions sans compter* (MAURIAC). *J'avais cru prudent de n'en pas souffler mot* (JACOB). *Elle a pour premier objectif d'écarter les importuns* (JOURNAUX).

b | La phrase à construction impersonnelle

120. Le problème du sujet dit apparent.

Cette phrase a en commun avec le cas général la présence éventuelle de compléments circonstanciels, mais elle en est séparée par une différence essentielle : *le verbe à la 3ᵉ personne du singulier* est précédé d'un IL invariable et sans contenu sémantique. On distinguera :

a) Des constructions dans lesquelles le verbe n'est pas suivi d'un groupe lié directement à lui. Ce sont essentiellement des verbes météorologiques : *il pleut, il vente, il tonne...* On ajoutera des locutions composées avec *faire : il fait froid, beau, chaud ;*

b) Des constructions dont le groupe consécutif est SUBSTANTIF. On emploie des verbes ordinairement personnels, actifs, de construction uniquement intransitive (*il vient, il arrive, il reste, il tombe, il manque, il vaut mieux...*), des pronominaux (*il se fait, il se forme, il se produit...*) ; on ajoutera : *il faut.*

Le substantif est presque toujours introduit par un ARTICLE INDÉFINI (ou partitif) ou par un ADJECTIF INDÉFINI (ou numéral) :

> *Il vient des étrangers. Il manque dix francs. Il passe quelques soldats.*

On rencontre cependant :

> *Ici il ne roule que le feu jailli de la mélinite* (APOLLINAIRE). *Il me reste le vague sentiment qu'elle était charmante, et ces cinq mots indissolublement liés, une place charmante de Meknès* (SARTRE).

C'est que l'écran interposé par le verbe de construction impersonnelle gêne l'introduction des articles définis, qui tendent à relier le substantif à ce qui précède. Leur présence dans les exemples d'Apollinaire et de Sartre ne se justifie que parce que la détermination des substantifs est explicite dans la proposition même.

Ajoutons que le substantif peut :

— Etre remplacé par le tour DE QUOI suivi de l'infinitif (voir § 101) : *Il reste de quoi boire ;*

— Etre représenté par le pronom adverbe EN ou le pronom relatif QUE :

> *Les femmes... il en venait de toutes parts* (APOLLINAIRE). *Ce qu'il nous faut, c'est le bonheur.*

Cette analyse des structures montre que le substantif (ou son équivalent) ne saurait en aucune façon être assimilé à un sujet même dit **réel**.

Pour l'analyse sémantique, voir § **265.**

Pour les constructions avec un infinitif complétif ou une proposition introduite par QUE, voir § **163** et suivants.

121. Les présentatifs.

On rattachera à la construction impersonnelle certains groupes verbaux dont le seul rôle est de présenter des noms, ou leurs équivalents, des infinitifs, des propositions introduites par QUE. Ce sont : *il y a; il est; c'est; voici, voilà.*

On les appelle généralement des PRÉSENTATIFS. Sauf C'EST dans quelques cas limités (voir § **554**), ils varient en temps et modes (personnels), mais non en nombre. VOICI et VOILÀ sont figés.

Ils sont souvent utilisés en français moderne en raison de la commodité de leur emploi : placés devant un nom ou un groupe du nom, ils en font une phrase indépendante.

122. C'est.

De tous les présentatifs, il est celui qui a la plus faible valeur démonstrative ; mais il est, de loin, le plus employé, parce qu'il reprend un autre élément ; il est donc à la fois présentatif et représentatif. Cet autre élément peut être plus ou moins clairement suggéré dans la phrase qui précède. Exemple :

> *Vraiment une belle soie à cinq francs soixante! dit Mme Bourdelais. C'est à ne pas croire* (ZOLA). *Avec Chateaubriand et Lamartine, le sentiment religieux resurgit magnifiquement. C'est le grand flot du romantisme* (GIDE).

Ou très explicitement exprimé avant ou après le groupe constitué par C'EST :

> *Une première, c'est toujours un spectacle. C'est mon seul plaisir de bâiller devant les autres, dit Vallagnosc* (ZOLA).

Ce tour à reprise de terme explicite sera étudié aux § **145** et suivants.

On rencontre après C'EST :

— Un ADJECTIF : *C'est bien possible. C'est beau à voir;*

— Un SUBSTANTIF ou un PRONOM (les pronoms personnels sous la forme disjointe) : *C'est quelqu'un d'autre. C'est lui.*

> *C'est Henri. C'est la chambre où elle est morte. C'est dix francs.*

REMARQUE. — 1. C'EST et les autres présentatifs peuvent introduire toutes les sortes de groupes substantifs, et en particulier ceux qui ont été analysés au § **110**, Rem. 3 :
C'est dix francs de perdus. C'est l'homme à abattre.
2. Le substantif (ou le pronom) peut être prépositionnel : *C'est pour toi. C'est à toi de jouer.*

— Un adverbe : *C'est ici;*

— Une proposition relative substantivée : *C'est ce que tu veux.*

— Dans la syntaxe affective, le présentatif peut être remplacé par un accent d'insistance : *Magnifique! A toi!*

123. Il y a.

Le caractère démonstratif de ce présentatif est plus accusé, surtout quand il est souligné par LÀ; il affirme l'existence d'un fait inconnu de l'auditeur ou du lecteur :

> *Il y a quelque chose de plus fort que la foi, c'est la charité.*
> *Il y a là le chant de tout l'amour du monde* (APOLLINAIRE).

Il est le plus généralement suivi d'un substantif — ou d'un groupe substantif — ou d'un pronom non précédé de préposition :

> *Il y a l'opposition, sire. Il n'y a rien de tel.*
> *De tous les gens de lettres décorés, il n'y en a qu'un seul de comman-deur, c'est M. Scribe!* (FLAUBERT.)

A la forme négative, il peut être suivi de À et de l'infinitif, et indiquer une éventualité : *Il n'y a pas à s'y tromper* (SARTRE).

124. Il est.

Hormis les locutions : *il est temps, il est dur,* etc., ce présentatif n'est couramment employé que pour marquer l'heure : *Il est minuit, deux heures.*

La langue des contes l'emploie généralement à l'imparfait, la langue des journaux et de la littérature au présent, comme substitut de *il y a :*

> *Il était une vieille ayant deux chambrières* (LA FONTAINE). *Il est des territoires où les hommes, s'ils vous rencontrent, épaulent une carabine* (SAINT-EXUPÉRY).

125. Voilà, voici.

C'est lui qui a le caractère démonstratif le plus accusé. De son origine (ancien français : VOI, impératif suivi de CI ou LA), il a longtemps gardé une certaine valeur verbale, de sorte qu'il est construit avec un pronom conjoint antérieur ou un substantif postérieur et peut posséder un attribut :

> *Me voilà penaud. Voilà mon père. La voici en territoire ennemi* (MAURIAC); et même : *La jolie fille que voilà* (voir § 141). Encadré de EN et d'un substantif, il a valeur fortement exclamative : *En voilà une découverte!* Et, avec un attribut : *En voilà dix de disparus! En voilà deux de commandeurs.*

Il peut aussi se construire avec une proposition relative substantivée, avec antécédent (valeur définie) ou sans antécédent (valeur indéfinie) : *Voilà ce que tu voulais. Voilà qui est à voir* (APOLLINAIRE).

Il peut enfin présenter une proposition indépendante (après une pause ou deux points :) :

> Et puis voilà : toute l'angoisse ramassée en elle se fixe là, sur cet éclat, ces trous dans le bois (SARRAUTE).

REMARQUE. — La distinction entre VOILÀ (ce qui précède) et VOICI (ce qui suit) semble aujourd'hui à ranger dans les distinctions périmées :
> Mon sillon, le voilà! Ma gerbe, la voici (HUGO).

Les constructions formées à l'aide de présentatifs se subordonnent sans difficulté : *Tavernier, est-ce un pseudonyme de Charles Guérin dont voici le modèle, dont voici la peinture?* (APOLLINAIRE.)

c | La phrase purement nominale

126. Le nom ou le groupe du nom.

Le nom ou le groupe du nom constitue à lui tout seul la phrase; ce type est assez répandu dans le français moderne :

— Dans la langue littéraire, car le substantif, seul, rend plus sensible une impression ou une sensation :

> Des souterrains murés : partout silence, obscurité et visage de pierre : voilà le château de Combourg (CHATEAUBRIAND). Embrassades par rang d'âge. Commentaires de la semaine. Remarques vivement enfilées sur la pointe de la langue (H. BAZIN);

— Dans la langue du journalisme (cf. les titres), dans celle du théâtre, de l'Administration à cause de sa brièveté et de la souplesse de construction du groupe du nom :

> Signe particulier, comme disent les journaux quotidiens : il adore le canotage (JACOB). « Silence ». « Attention ». Bureau d'attente luxueux et moderne. Escalier de marbre blanc, avec tapis rouge, à droite de la baie. Vue sur Gotha couverte de neige (GIRAUDOUX, en tête de Siegfried, acte premier).

Parfois, on introduit à l'intérieur du groupe nominal une structure relative qui détache les deux éléments (voir § 130, Rem. 2) :

> Cette façon brutale qu'elle a de vous saisir par la peau du cou et de vous jeter là, au milieu de la piste, en spectacle aux gens (SARRAUTE).

127. *Du groupe de mots à la phrase simple.*

Un groupe de mots ne forme à lui seul une phrase indépendante que dans le cas de la phrase nominale :

> *Et l'unique cordeau des trompettes marines* (APOLLINAIRE).

Dans les autres cas (phrases verbales, attributives, à présentatifs), il faut ajouter au moins un terme au groupe pour engendrer une phrase indépendante ; ce terme est un auxiliaire. Parfois, il suffit de transformer en verbe auxiliaire l'un des termes du groupe.

Nous allons étudier ce processus en partant du groupe du substantif décrit aux § 109-110. Ce faisant, nous montrerons quelle richesse de liaisons se cache sous les structures relativement peu nombreuses du groupe du substantif. Ce phénomène assez remarquable explique pourquoi le groupe nominal est un outil si commode — et si employé — pour le parleur moderne, lequel cherche à exprimer un grand nombre de relations à l'aide d'un petit nombre de tours.

On peut donc :

— Recourir à un présentatif :

> *Un amour d'enfant. C'est* (ou *voilà* ou *il y a*) *un amour d'enfant;*

— Recourir aux verbes auxiliaires *avoir* ou *être* :

> *Deux hommes d'un naturel exquis. Deux hommes étaient d'un naturel exquis,* ou : *Deux hommes avaient un naturel exquis;*

— Recourir à un verbe autre qu'un auxiliaire par transformation :

> *La crainte des ennemis. Les ennemis craignaient ou étaient craints.*

Les adjectifs ou équivalents se détachent du substantif par l'insertion du verbe ÊTRE. Cette opération, en français moderne, est à peu près toujours possible, même quand l'adjectif a une valeur déterminative (voir § 311) :

> *La crise (est) ministérielle. Le régiment (est) anglais jusqu'au bout des ongles.*

L'opération est plus délicate lorsque le complément du substantif est un groupe prépositionnel. Nous l'étudierons donc plus en détail.

128. *Groupes introduits par des prépositions autres que* à *et* de.

L'insertion du verbe ÊTRE n'offre, en général, aucune difficulté : *Le café (est) sur la gauche. La chose (est) sans rapport. L'homme (est) en imperméable.*

Une des exceptions : comme le verbe ÊTRE est à la fois un verbe attributif et un verbe qui marque l'existence, l'emploi en est toujours ambigu. On ne peut l'introduire dans les groupes nominaux qui incluent une relation de mouvement. On dira donc : *La douleur est dans les côtes,* mais pas : *Le coup de poing est dans les côtes.*

129. Groupes introduits par la préposition à.

L'insertion du verbe ÊTRE ne fait généralement pas de difficulté. On remarquera néanmoins que le sujet est précédé d'un article défini, d'un adjectif démonstratif... et que l'article indéfini est le plus souvent exclu :

> Le moteur (est) à deux cylindres. Les carottes (sont) à un franc.
> Ce livre (est) à moi. La route (est) à recommencer.

On remarquera que :

— Quand le complément marque une CARACTÉRISATION et non une DÉTERMINATION (voir § 110), comme dans les exemples précédents, on doit recourir à AVOIR. On opposera donc :

> Une poupée à ressort. La poupée est à ressort.
> Une poupée à grands cheveux. La poupée a de grands cheveux;

— Quand le substantif complété correspond à un verbe, il faut employer ce verbe : Le manquement au devoir. On manque au `devoir.

On relèvera cependant, chez Apollinaire :

> La tendance des jeunes peintres est à la composition;

— Les mots composés, par définition, sont exclus de ces opérations : moulin à café, armoire à glace, poudre à canon...

130. Groupes introduits par la préposition de.

Une grande quantité de compléments excluent toute construction de phrase verbale : instruments d'optique, coup de canon, troupes de choc...

Mais, dans le cas contraire, on observera les possibilités suivantes :

— Le substantif se transforme en verbe; le complément devient alors sujet, objet direct ou indirect :

> Le rassemblement des corneilles sur la prairie de l'étang passe à :
> Les corneilles se rassemblaient sur la prairie.
> Le mépris des hommes passe à : Il méprisait les hommes.
> La subordination de la sensibilité à la vérité passe à : Il subordonne la sensibilité à la vérité;

— Le verbe ÊTRE s'insère, mais un retournement est nécessaire, attestant que cette relation est de type attributif :

> Un amour d'enfant. Cet enfant est un amour;

— Le verbe ÊTRE s'insère sans retournement. Le complément introduit par DE a la valeur d'un adjectif avec lequel on peut l'échanger :

> L'erreur (est) de taille. La tenue de soirée (est) de rigueur. Le poisson (est) de ce matin. Ces gens (sont) du quartier.

Quand on ne peut pas l'échanger contre un adjectif, c'est qu'il a une valeur d'origine : *Une comédie de Molière.* *Cette comédie est de Molière;*

— Le verbe ÊTRE peut s'insérer concurremment avec le verbe AVOIR : *Un homme d'un naturel exquis* passe à : *Il est d'un naturel exquis,* ou : *Il a un naturel exquis;*

— L'insertion de ÊTRE peut nécessiter un changement de préposition : *La mode des petits chapeaux* passe à : *La mode est aux petits chapeaux.*

Ces traitements très différents expliquent qu'un même groupe substantif peut donner lieu à des résultats très différents selon la relation envisagée : *Le portrait de Sartre* passe à : *Le portrait est de Sartre* (notion d'origine) ou à : *Le portrait est à Sartre* (notion d'appartenance), ou exclut tout passage (notion de contenu).

De même, l'expression *le train de Paris,* dont on a souvent montré le double sens, se sépare devant le passage à la phrase verbale; quand on envisage la direction, on peut dire : *le train est pour Paris;* quand on envisage l'origine, tout passage est exclu. Inversement, à l'alternance : *pont de bois / pont en bois* ne correspond qu'une phrase verbale : *Le pont est en bois.* (La préposition DE n'est possible qu'en emploi figuré : *Le directeur était de glace,* ou dans un usage littéraire : *Le piège est de bon acier* [GIONO]).

REMARQUES. — 1. Après les substantifs marquant une action, un sentiment..., le complément à l'infinitif se prête au même procédé :
Mon désir le plus vif est de lui parler. Mon devoir (ou *ma mission*) *est d'appliquer les instructions.*
Quand le sens l'exige (voir § 128), le verbe ÊTRE est remplacé par un verbe de mouvement : *Cette herbe ironique vient voir si l'heure n'est pas venue de bousculer un peu toutes ces pierres* (SAINT-EXUPÉRY).
2. Cette construction intervient parfois sous la forme d'une proposition relative dont le rôle est de détacher deux éléments du groupe substantif :
La maladie appuie l'homme dans son grand effort qui est de se dérober à la certitude de mourir (CAMUS). *C'est en vain que sa tante avait cherché à la corriger de l'impossibilité où elle était de faire attention aux gens qu'elle n'aimait pas* (STENDHAL).

131. Souplesse de la phrase française.

Cette étude permet de voir la très grande souplesse de la phrase française. La hiérarchie qui régit les divers termes d'une phrase verbale, la plus élaborée de toutes les phrases simples, n'est pas une hiérarchie fixée. D'une part, ces divers termes sont en grande partie interchangeables. D'autre part, les groupes subordonnés, comme le groupe du nom, peuvent eux-mêmes engendrer des phrases indépendantes, au prix de transformations minimes, particulièrement minimes quand l'élément de transformation est un présentatif.

Tel est le schéma du type le plus simple : la phrase affirmative. Les trois derniers types de phrase (négative, interrogative et exclamative) ne sont que des variantes de la phrase affirmative.

3 | Structures des phrases négatives, interrogatives, exclamatives

132. La phrase négative.

La phrase négative ne se différencie de la phrase affirmative que par la présence de particules négatives. Nous renvoyons donc au chapitre qui leur est consacré.

Il en va tout autrement des phrases interrogative et exclamative. Non seulement elles sont marquées par des pronoms et adverbes spécifiques, mais elles répondent à des dispositions originales dans l'*ordre des mots* et dans la *modulation de l'intonation,* qui entraînent des conséquences assez importantes dans la construction de ces phrases. Nous leur consacrons donc ici un chapitre particulier.

133. La phrase interrogative.

L'interrogation directe, c'est-à-dire celle qui constitue une phrase indépendante, se marque, dans l'usage oral, par des intonations particulières, qui sont essentiellement de deux types : une courbe DESCENDANTE, une courbe ASCENDANTE.

Ces deux types de modulation correspondent respectivement aux deux classes fondamentales de l'interrogation directe, laquelle :

— ou bien est PARTIELLE et ne porte que sur un mot de la phrase (sauf cas de juxtaposition ou coordination) :

    Qui est là? Comment et quand pars-tu? Quel homme es-tu?

— ou bien est TOTALE et porte sur la phrase entière ou sur un segment de la phrase (réponse par *oui* ou *non*) :

    As-tu travaillé? Est-ce qu'il est parti?

Outre l'intonation, l'interrogation se marque par des moyens divers : mots interrogatifs, ordre des termes, enfin, dans l'usage écrit, par l'emploi du point d'interrogation (?).

134. Historique.

En ancien français, les marques principales de l'interrogation étaient le TON, l'INVERSION verbe-sujet et les MOTS INTERROGATIFS :

    Ke dit chele feme? Est morte m'amie?

Ce système simple a été notablement modifié, au cours des siècles, par deux tendances constantes : 1° la recherche de l'ordre sujet-verbe ; 2° le renforcement des mots interrogatifs.

Ainsi des types de phrases rares en ancien français comme :

L'aveir Carlon est il appareilliet? (*Chanson de Roland,* 643.)

ou :

Qui est ce, Diex, qui m'aparole? (*Roman de Renart,* branche IV.)

se répandent peu à peu. Cette évolution sera précipitée par l'évolution phonétique de CE en moyen français : le tour de renforcement *qui est-ce* [ki ɛs] et le tour analogique *est-ce que* [ɛskə] deviendront courants. Au XVIIᵉ siècle, on ne dira plus : *Vient mon père?* mais : *Mon père vient-il?* ou *Est-ce que mon père vient?*

Cette diffusion ne va pas sans résistance ; témoin ce texte de Vaugelas : « *Quand est-ce qu'il viendra?* [...] Les uns la condamnent [cette façon de parler], et soutiennent qu'il faut dire *quand viendra-t-il?* et les autres disent qu'elle est fort bonne, et pour moy ie suis de cet auis. » C'est sans doute par ironie que Molière met les phrases suivantes dans la bouche du bourgeois gentilhomme :

Qu'est-ce que c'est donc que cette logique?
Qu'est-ce qu'elle chante cette physique?

Mais Racine fait dire à Hippolyte dans une scène dramatique :

Dieux, qu'est-ce que j'entends?

Ce flottement est encore très sensible en français moderne (v. *infra,* § **136**), où la disparate du système est évidente ; du moins la grande abondance des constructions offre-t-elle à l'utilisateur une riche gamme de nuances.

135. *L'interrogation ne porte que sur un mot de la phrase.*

La courbe de l'intonation est généralement DESCENDANTE.

REMARQUE. — Ce qui est ici remarquable, c'est moins la forme de la courbe que son niveau d'attaque — une note élevée —, très différent du niveau d'attaque de la phrase affirmative.

L'ancien ordre verbe-sujet est fortement battu en brèche ; dans de très nombreux cas, le français, parfois avec l'aide de marques supplémentaires, emploie l'ordre sujet-verbe, et évite donc l'inversion.

Ordre : sujet-verbe.

Les PRONOMS (et adjectifs) interrogatifs ou les ADVERBES (*où* et *d'où, quand, comment, pourquoi, combien*) peuvent toujours être suivis du groupe soudé *est-ce qui* (quand on interroge sur un sujet), *est-ce que* dans les autres cas : cette construction entraîne l'ordre dit « normal » : sujet-verbe.

— Pronoms désignant des personnes :

Qui est-ce qui vient? De qui est-ce que tu parles?

— Pronoms désignant des choses :

Qu'est-ce qui fait ce bruit? Qu'est-ce qu'Andromaque t'a dit? (GIRAUDOUX.)

— Adverbes : *Où est-ce que j'interviens?* (GIRAUDOUX.)

QUEL adjectif accolé à un sujet ne s'emploie qu'à la forme simple : *Quelle femme m'aimerait?*

Inversement, le pronom sujet désignant une chose s'emploie seulement à la forme composée : *Qu'est-ce qui...?*

Ordre : verbe-sujet.

Si on n'emploie pas *est-ce qui (que)*, il faut recourir à l'*inversion*.

Quand le sujet de la phrase simple interrogative est un substantif ou un pronom (à l'exception de *on*, de *ce* et des pronoms personnels), on peut recourir à l'INVERSION COMPLEXE : substantif ou pronom, placés devant le verbe, sont repris immédiatement derrière celui-ci par le pronom personnel de 3ᵉ personne aux genre et nombre convenables :

Quand ton père vient-il? Où chacun doit-il se placer?

— Quelle que soit la nature du sujet, on peut recourir à L'INVERSION SIMPLE :

Où vas-tu? Que fais-tu? De qui parlent ces gens? Que viendrait faire l'amour dans ces cœurs? (CAMUS.) *Qu'a-t-il?*

sauf quand l'interrogation porte sur le sujet :

Qui te parle de Bérénice? (ARAGON.)

Cas d'obligation.

a) L'inversion simple est obligatoire quand le terme interrogatif est QUE employé seul : *Que fait Maria?;* l'inversion complexe est ici impossible. De même après QUI, QUEL ou LEQUEL attributs :

Quelle est cette histoire d'Hélène? (GIRAUDOUX.)
Eva, qui donc es-tu?;

b) On ne trouve pas l'inversion simple, mais seulement l'inversion complexe, après POURQUOI — quand le sujet est un substantif :

Pourquoi mon cœur bat-il si vite? (MUSSET);

c) Et de même chaque fois que le verbe est accompagné d'un attribut ou d'un complément d'objet qui n'est pas visé par l'interrogation :

Mais à qui l'électeur donnera-t-il sa voix?

On disait encore au XVIᵉ siècle : *Mais à qui donnera sa voix Longarine?* (M. DE NAVARRE), et, au XVIIᵉ siècle : *En quoi blesse le ciel une visite honnête?* (MOLIÈRE.)

Les particules -t- et -ti.

L'ancien français écrivait : *Comment a ele a non ?* Mais, par analogie avec les cas où la forme verbale se terminait par un *t (Voit-il ?),* un *t* de liaison a été étendu, à partir du XVI⁰ siècle, aux 3⁰ˢ personnes du singulier terminées par une voyelle dans tous les cas d'inversion : verbe + *il* ou *elle* : *Aima-t-il ? Ainsi a-t-il fait.*

La grande fréquence de ce phénomène dans l'interrogation a entraîné la création d'une particule à valeur interrogative *ti* : *C'est ti toi ou c'est ti pas toi ?* Cette particule, pourtant, n'a jamais dépassé les limites du parler campagnard ou d'une littérature faussement populaire. Elle a eu plus de succès comme élément de renforcement d'un *voilà* nié ; elle n'est pas rare en ce cas dans la langue familière : SYLVIA. — *J'aurais à vous parler, Madame.* ARLEQUIN. — *Ne voilà-t-il pas ! Eh m'amie, revenez...* (MARIVAUX.)

136. Répartition des emplois.

Les tours avec EST-CE QUI (QUE) jouissent incontestablement, en français moderne, d'une large diffusion ; certes, le succès du présentatif *c'est* n'y est pas étranger, mais il faut ajouter ces raisons :

— L'emploi de l'inversion est soit délicat, comme on vient de le voir, soit bizarre, quand il s'agit de la 1ʳᵉ personne du pronom. *Où cours-je ?* sonne cocassement ; mais, même les tours réputés plus fréquents : *que fais-je, dis-je, puis-je, suis-je,* avec leur pronom postposé atone, sont étranges et servent plus aux jeux de mots qu'à un emploi courant :

> *Les brebis s'en vont dans la neige... et que n'ai-je un cœur à moi...*
> (APOLLINAIRE.)

Quant à *chanté-je ?, aimé-je ?,* ils ne sont employés qu'ironiquement (cf. un barbarisme plaisant chez Giraudoux : *voulé-je ?*).

— L'emploi du pronom seul peut prêter à équivoque : *Qui voit Pierre ?* signifie aussi bien : *Qui est-ce que voit Pierre ?* que *Qui est-ce qui voit Pierre ?*

— Enfin, l'emploi de *est-ce* entraîne l'ordre sujet-verbe.

Cet ordre est devenu si habituel au parler courant que, dans une langue relâchée, il s'introduit partout, non seulement dans le groupe verbal *où tu vas ?,* mais même dans le groupe « figé » *est-ce que (qui)* :

> *Qui c'est qui crie ? Où c'est qu'ils peuvent être ?* (conversation populaire dans un roman de Sartre).

On doit néanmoins remarquer que cette diffusion est très disparate :

— QUI, forme simple, est plus fréquemment employé que le tour renforcé *qui est-ce qui,* même dans la langue parlée ;

— Inversement, la langue parlée n'emploie guère que la forme renforcée *qu'est-ce que* (objet et attribut), et plus rarement la forme simple *que ;*

— Quand le sujet de la phrase est un pronom personnel (sauf à la 1re personne du singulier), l'inversion simple est plus fréquente que le tour avec *est-ce que,* et surtout quand l'interrogatif est un adverbe dissyllabique : *Comment vas-tu ? Combien pèses-tu ?*

D'une façon générale, le tour avec *est-ce* est un des traits de l'usage parlé, qui, pour reprendre l'expression de G. Gougenheim, « bourre » volontiers. L'usage écrit, par un souci de concision qui, depuis le xviie siècle, fait partie de l'esthétique de la langue, l'évite.

137. *L'interrogation porte sur la phrase entière ou sur un groupement.*

L'intonation est généralement ASCENDANTE ; elle peut marquer à elle seule l'interrogation (ordre : sujet-verbe) ; ce tour est courant dans le français parlé :

> *J'aurais le tyran devant moi et j'hésiterais ?* (CAMUS.) *Vous aimez ça ? demanda Bérénice* (ARAGON).

Elle peut porter sur une partie seulement de la phrase :

> *Des appels arrivent de l'extérieur, de la rue ?, de la cour ? De très près* (DURAS).

Ou même sur un seul mot qui n'est pas interrogatif :

> *Alors, je vois Pierre. — Pierre ? — Mais oui.*

REMARQUE. — Il faut rattacher à ce schéma (intonation ascendante appliquée à un type de phrase affirmative, comme dans : *Vous aimez ça ?*), ces cas où l'interrogation pourtant ne porte que sur un mot : *Vous aimez quoi ? Vous partez quand ?* C'est un tour que l'intonation rend expressif : le mot interrogatif final reçoit l'accent (*que* passe à *quoi*) et il est dit sur une note élevée. Tenu pour familier, il est surtout fréquent dans les dialogues, car il permet de garder parallèles phrases affirmatives et phrases interrogatives :
Ils réclament quoi ? — Que vous aimiez Pâris (GIRAUDOUX). *Vous doutez-vous que vous insultez l'humanité ou est-ce inconscient ? — J'insulte quoi ?* (ID.)

D'autres moyens grammaticaux s'ajoutent à cette intonation ascendante pour marquer l'interrogation de la phrase :

— L'INVERSION SIMPLE. Elle est possible quand le sujet est un pronom personnel, ON ou CE (sur l'emploi de la 1re personne du singulier, voir § **136**) :

> *M'aimerais-tu, légère et insouciante ?* (CAMUS.) *Est-ce toi Cœlio ?*

— L'INVERSION COMPLEXE dans les autres cas :

> *Quelqu'un vient-il ? Votre père est-il là ?*

— EST-CE QUE, mis en tête de la proposition et suivi de l'ordre « normal » :

> *Est-ce que tu viens ?*

Est-ce et *que* peuvent être séparés :

> *Est-ce sur ses yeux qu'il l'aura d'abord embrassée ?* (DURAS.)

Ce tour avec *est-ce que* est particulièrement fréquent dans l'usage parlé, sans avoir, pour autant, éliminé les autres tours.

138. De la phrase interrogative simple à la phrase complexe.

La phrase simple interrogative peut s'insérer dans un ensemble plus vaste :
REPRISE. Dans une conversation, une phrase interrogative est parfois reprise, totalement ou partiellement, par l'interlocuteur. Dans la reprise, l'intonation change (tonalité plus élevée), et parfois aussi la construction (passage du type direct au type indirect, voir § 176) :

> *Tu ne vas pas être jalouse de moi? — Jalouse de toi? Ah! par exemple* (ARAGON). *Est-ce que tu t'amuses, toi? — Comment! si je m'amuse! Ah! çà, que chantes-tu?* (ZOLA.) *Je ne te dérange pas? — Me déranger? Tu es fou* (ARAGON).

INTERROGATION HYPOTHÉTIQUE. L'hypothèse comme l'interrogation ont en commun l'idée de doute. Aussi passe-t-on facilement de l'une à l'autre. Un système hypothétique comme :

> *Si nous ouvrions une bouteille, qu'en dirais-tu?* peut passer à :
> *Si nous ouvrions une bouteille de champagne? Qu'est-ce que tu en dis?* (ARAGON.)

REMARQUE. — Il ne faut confondre ce SI, fréquent dans la conversation familière, ni avec le SI de « reprise », ni avec le SI dépendant de la construction appelée « interrogation double », qu'on relève dès l'ancien français : *Rendez-vous la justice ou si vous la vendez?* (D'AUBIGNÉ.)

INTERROGATION ET PHRASE COMPLEXE. Le pronom ou adverbe interrogatif est toujours, sauf exception, placé en tête; mais il peut être complément d'une proposition subordonnée, dont il est séparé par la principale :

> « *Qui veux-tu que ce soit?* » *avait demandé Darras* (MALRAUX).

REMARQUE. — Pour l'utilisation d'une proposition interrogative dans une phrase hypothétique, voir § **213**.

139. Renforcements.

Les tours interrogatifs sont souvent renforcés :

— soit par des PARTICULES (*diable, donc, n'est-ce pas*) invariables :
> *Avec qui est-elle donc ce soir?* (ARAGON.) *Vous êtes arrivée vers cinq heures, n'est-ce pas?* (DURAS.)

— soit par des VARIATIONS DE L'INTONATION, qui peuvent être considérables;

— soit par une NÉGATION qui, jointe à une élévation de la voix sur la finale, rapproche l'interrogation de l'affirmation :
> *Vous ne venez pas?* Réponse attendue : *Si.*

140. Conclusion.

« L'expression de l'interrogation, écrit G. Gougenheim, est extrêmement complexe. » Certes, deux grandes tendances s'affirment, surtout dans la langue parlée : la recherche de l'ordre sujet-verbe, le renforcement de l'expressivité, qui assurent le succès des tours fondés sur EST-CE. Mais elles se heurtent à des tendances contraires, qui gardent vie à des tours anciens : d'abord, une tradition toujours vivante dans l'enseignement, qui pourchasse les QUI et les QUE, et donc les QUI EST-CE QUI, EST-CE QUE, etc.; mais encore bien plus, un sens de l'équilibre de la phrase, qui garde le verbe au centre dans son rôle de pivot (voir § 104), un sens aussi de l'attaque de la phrase, qui fait qu'on éprouve le besoin de renforcer un *où* initial et beaucoup moins un *comment*.

Ce sont ces soucis très subtils de répartition, d'accent, de mélodie qui rendent l'exposé des tours interrogatifs plus semblable à un buisson touffu qu'à l'arbre dépouillé dont rêvent les syntacticiens structuralistes.

141. La phrase exclamative.

Elle est très proche de la phrase interrogative, à qui elle emprunte plusieurs de ses marques. Elle possède une INTONATION montante ou descendante, dont l'attaque — ou la conclusion — se fait très souvent sur une note élevée. Dans un texte écrit, elle se termine par un point d'exclamation (!).

1° Toute phrase de type affirmatif peut devenir exclamative par le jeu de l'intonation : la mélodie de cette intonation est très fortement contrastée, pour ne pas être confondue avec celle de l'interrogation :

> *Tant pis! Tant pis! mais voilà une pensée bien hétéroclite!* (MARIVAUX.) *Elle est jolie!*

REMARQUE. — On utilise souvent à des fins exclamatives des tours rendus expressifs par le jeu des articles ou des démonstratifs : *Il est d'un noir! L'imbécile! Ce sot!*

2° On peut recourir à l'INVERSION : *Est-elle jolie!*

3° On peut aussi employer des PRONOMS ou ADJECTIFS INTERROGATIFS, placés en tête de la phrase.

— Quand l'exclamation porte sur un attribut, l'ordre est verbe-sujet : *Dans l'effarante multitude qui pourrait sortir d'un seul couple humain, quelle n'est pas la dissemblance et l'inégalité!* (J. ROSTAND), sauf dans le cas du pronom sujet : *Quel sot tu es!*

— Quand elle porte sur un objet ou un circonstanciel, l'ordre est assez libre si le sujet est un substantif; mais il est à peu près toujours sujet-verbe, si le sujet est un pronom :

> *Quels progrès ont faits les chars et les avions! Quelle mine vous avez!*

Lorsque l'exclamation porte sur l'attribut d'un verbe ÊTRE ou l'objet d'un verbe AVOIR (ou équivalents), on peut, pour plus d'expressivité, remplacer le pronom exclamatif par une construction relative immédiatement postposée :

— Avec AVOIR : *Quel sot projet tu as!*

> *Le sot projet qu'il a de se peindre!* (PASCAL.)

— Avec ÊTRE (sujets pronominaux de la 1ʳᵉ et de la 2ᵉ personne) : *Friponne que tu es!* (MARIVAUX.) *Incapable que je suis!*

REMARQUE. — Ces tours exclamatifs peuvent être intégrés dans une phrase affirmative : *Le destin jouait ce jeu étrange d'éveiller dans ce vieil homme des eaux enfouies à quelles profondeurs* (MAURIAC).

4° On peut aussi employer :

— Des ADVERBES : *Oh! comme l'herbe est odorante!* (HUGO.) *Oh! que de soirs d'hiver radieux et charmants passés à raisonner...* (HUGO.) *Que tu es sot! Que n'est-il parti!* (idée de regret très soulignée).

— Des PARTICULES : *Ô les deux sommets d'ici-bas* (HUGO).

— Des VERBES FIGÉS : *Vive la France! Et dire qu'elle est morte!* (HUGO.)

5° On utilise souvent à des fins exclamatives les divers types de phrase segmentée (voir § 151) :

— Soit en utilisant la branche montante, introduite par CE QUE :

L'âme de Mathilde! Ce qu'il s'en moquait de son âme! Ce qu'il voulait qu'on lui rendît vivant, c'était son corps (MAURIAC).

— Soit en utilisant la branche descendante :

Mais c'est qu'il me ferait tomber, ce petit sot!

— Soit en utilisant le tour : C'EST ... QUI (QUE) :

avec C'EST : *C'est Pierre qui va être content!*
sans C'EST : *Madame, votre broche qui se décroche!*

Ce dernier type est souvent renforcé par ET : *Et Pierre qui n'est pas là!*

142. Les modes dans les propositions interrogative et exclamative.

Le mode est généralement l'indicatif (donc aussi le conditionnel) :

Et je me démentirais, moi! Refuserais-tu?

Mais aussi le subjonctif :

Puisses-tu rêver un peu!

Et l'infinitif, qui, n'ayant ni sujet ni temps explicite, se prête bien à l'expression du doute, de l'émotion... :

Oh! s'immoler, sortir avec l'ange qui sort (HUGO).
Que faire et quoi faire? Moi, partir?
Qu'est-ce que le bleu et que penser du bleu? (CAMUS.)

V. DE LA PHRASE SIMPLE A LA PHRASE COMPLEXE

1 — La représentation et l'ellipse

Le français est très sensible aux répétitions de mots. Il n'écrit pas, sauf pour un effet déterminé : *Le fils mange une pomme. Le fils mange la pomme lentement*, mais : *Le fils mange une pomme, il le fait lentement* ou *il la mange lentement*.

Pour éviter ces répétitions, il recourt soit à la REPRÉSENTATION, soit à l'ELLIPSE.

143. La représentation.

Ce mécanisme consiste à reprendre un mot plein par un terme qui le désigne. Le plus connu de ces termes est le *pronom* (voir § 320). TESNIÈRE cite un exemple lumineux de LAVEDAN :

> SAL. — *Je me suis dit : Si je montais la voir, je ne la vois pas assez.*
> ALICE. — *La, c'est moi?* SAL. — *La, c'est vous.*

Un pronom peut représenter exactement un mot précis : *Ma mère, je la vois.* Mais il peut ajouter une détermination supplémentaire : *Ce professeur, c'est le mien.*

Les pronoms et les adjectifs correspondants renvoient à un substantif ou à une proposition. Il existe aussi un *pro-verbe* : **faire.**

Il peut remplacer tous les verbes d'activité déjà exprimés, sauf les auxiliaires *pouvoir, vouloir...* :

— EN PRINCIPALE :

> *Lorsque vous parlerez français, ceux qui sauront vous répondre le feront avec joie* (APOLLINAIRE).

— EN SUBORDONNÉE :

> *Qui me défendra si je ne le fais* (MAURIAC).

Il est toujours construit avec LE, sauf dans le cas, très fréquent, où il est employé dans une PROPOSITION COMPARATIVE.

LE est alors facultatif, et FAIRE se rencontre :

soit seul :

> Nous détestons les Allemands bien plus que ne font les Français (APOLLINAIRE) ;

soit avec un substantif complément d'objet :

— construit directement (construction archaïsante) :

> Je ne sache pas qu'on se tue en se tranchant le pli du coude comme on fait le poignet quand on est philosophe et qu'on a une baignoire (ARAGON).

— précédé de de :

> Elle l'appelle sans fin, avec douceur, comme elle ferait d'une bête (M. DURAS).

HISTORIQUE. — Ces constructions de FAIRE sont très anciennes dans la langue, mais la construction avec DE date du XIX⁰ siècle.

144. L'ellipse.

A la limite, le représentant peut disparaître ; on a alors affaire à l'ELLIPSE, c'est-à-dire à l'omission d'un terme qu'il serait aisé de suppléer, grâce à la construction de la phrase. C'est le verbe qui est éliminé le plus souvent :

> Je sais que le fruit tombe au vent qui le secoue,
> Que l'oiseau perd sa plume et la fleur son parfum (HUGO).

mais aussi un pan entier de proposition :

> M'aimerais-tu si j'étais injuste... M'aimerais-tu légère et insouciante (CAMUS).

L'ellipse ainsi définie est une figure de style. En grammaire, elle doit être invoquée avec une extrême prudence.

Elle conduit aux pires insanités, comme le montre l'exemple des grammairiens philosophes du XVIII⁰ siècle, acharnés à tout aligner sur certaines constructions de pensée. Ainsi, chez Beauzée, Il sortit de derrière l'autel est interprété par : Il sortit de le derrière de l'autel, et Combien coûte ce livre ? par : Dites-moi le prix à l'égal duquel prix coûte ce livre (Grammaire générale, III, 8, 401 et 415).

Même utilisé avec tact, le recours à l'ellipse, en grammaire, est souvent inutile et, plus généralement, nuisible. Ainsi, les propositions nominales (Peur horrible !) ou les propositions comparatives (Il est plus âgé que moi) ne sont pas des phrases dont le verbe est sous-entendu, mais des types particuliers qu'il convient d'analyser comme tels.

2 | Les constructions segmentées

145. Rôle des pronoms représentants.

Un pronom personnel (ou les adverbes EN et Y) peut venir représenter un substantif, ou équivalent, dans toutes ses fonctions, lui permettant ainsi de *se détacher*. Cette construction est appelée souvent *segmentée*, parce qu'elle découpe une proposition en segments :

> *Ils sont étonnants, les hommes* (VILLIERS DE L'ISLE-ADAM).
> *Je les compare, ces sentiments, à des étais* (GIDE).
> *O Roi, de ta suite — J'en suis* (HUGO).
> *Qui souffre, je le comprends* (SUARÈS).
> *Tout ce que je sais de ma vie, il me semble que je l'ai appris dans les livres* (SARTRE).

Le pronom est le TERME REPRÉSENTANT (ex. : *ils, les...*).

Le substantif, ou équivalent, est le TERME REPRÉSENTÉ (*les hommes - ces sentiments*).

Nous étudierons uniquement dans ce chapitre les cas où le pronom représente un SUJET, cas particulièrement fréquents dans la langue parlée.

146. Le pronom, terme représentant.

1° Quand le pronom représente un SUBSTANTIF, on a le choix entre :
— le pronom personnel IL(S) ou ELLE(S) ;
— le pronom démonstratif CE devant le verbe *être* ; CELA, ou familièrement ÇA, devant les autres verbes.

On emploie IL(S) ou ELLE(S) quand on envisage le substantif sous sa forme particulière, individuelle :

> *Ce pauvre garçon ! Il en est resté tout stupéfait.*
> *La table, elle est très lourde.*
> *Les élèves ? Ils seront ce que nous les ferons.*

Mais dès qu'intervient une nuance de généralisation, on recourt à C(E), CELA ou ÇA :

> *Les élèves ? C'est difficile à tenir.*
> *Mon frère c'est le médecin du pays.*
> *Femmes, amis, cela passe ensuite ; mais gîte et pensée, c'est une trop grande fatigue* (GIDE).
> *C'est fragile, vous savez, les vieilles gens* (N. SARRAUTE).
> *Célimène, c'est une coquette de répertoire.*

Remarque. — Il est difficile de donner des critères formels pour assurer la répartition IL(S), ELLE(S), C(E), CELA, ÇA. Cependant, l'article permet dans deux cas une distinction assez sûre :

    — Quand le terme qui suit le verbe ÊTRE est un substantif non déterminé par un article, le représentant est IL(S), ELLE(S) ; dans le cas contraire, il est très généralement C(E) :

    Mon frère? C'est un médecin des hôpitaux et il est médecin à Dakar.

    — Quand le substantif, terme représenté, est déterminé par un article indéfini, le représentant est presque obligatoirement *c(e), cela* ou *ça* :

    Un vieillard, c'est difficile à tenir.

2° Dans tous les autres cas, c'est-à-dire quand le pronom représente un ADJECTIF, un INFINITIF, une PROPOSITION, etc., on ne peut employer que *ce, cela* ou *ça : Exquis, c'est le mot.*

    Ce qu'on aime le moins changer avec son gîte, c'est sa pensée (GIDE).
    Boire un chocolat espagnol, c'est tenir dans sa bouche toute l'Espagne, disait Gide dans « Prétextes » (S. DE BEAUVOIR).

    CE, CELA ou ÇA offrent donc une gamme beaucoup plus grande de constructions que IL(S) ou ELLE(S). De ces trois pronoms, le plus répandu est CE devant le verbe ÊTRE. Il autorise toutes sortes de phrases sur le modèle : *Partir, c'est mourir un peu.*

    Le pronom représentant CE est toujours collé au verbe *être,* avec lequel il constitue un groupe : C'EST (pour les variations d'accord, voir § 554) ; l'attribut du verbe être (ici *mourir*) est obligatoirement placé derrière *être. C'est la partie fixe de la phrase. Reste le terme représenté par C' (ici : *partir*) : celui-là seul est mobile.

    A la suite de C'EST, on trouve des noms, des infinitifs, des propositions ; cette construction ne se sépare en rien de celle du présentatif seul, qui a été décrite au § 122. Nous analyserons ici le terme représenté, étudiant sa place, puis sa nature.

147. Place du terme représenté.

I. IL EST PLACÉ DEVANT « C'EST ». L'intonation de la phrase est généralement normale. Le TERME REPRÉSENTÉ s'inscrit dans la branche montante ; C'EST introduit la branche descendante. Une pause très sensible sépare les deux branches :

    Une des beautés que j'admire dans la foi, c'est que tout y a sa place (SUARÈS). *L'Etat, c'est moi.*

    La valeur de ces deux segments répond d'une façon particulièrement nette à l'analyse que donne P. FOUCHÉ de l'intonation montante / descendante de la phrase affirmative : « La phrase mentale est une sorte de synthèse où question et réponse sont intimement liées. Ainsi donc la partie montante sera celle qui suscite une attente, tandis que la partie descendante sera celle qui y satisfera. »

    La branche introduite par C'EST répond à la question implicitement posée dans la branche montante.

II. IL EST PLACÉ DERRIÈRE LE GROUPE DU PRÉSENTATIF « C'EST ». C'est un tour essentiellement oral, puisque son intelligibilité repose sur une intonation très particulière : après une forte pause, le terme représenté est attaqué sur une note nettement différente de la note finale de la branche précédente et poursuivi sur cette même note :

> *C'est une folie, cette aventure en Orient.*

Cette intonation particulière montre qu'il s'agit d'une démarche très particulière de style émotionnel : le parleur commence par la réponse, puis explicite ce qui est en question :

> *C'est moi, l'Etat.*

Cependant, on peut trouver, au lieu de la pause, des éléments de jonction : DE, QUE, QUE DE, ou même des ÉLÉMENTS RELATIFS. La pause se réduit à une « pausette » et l'intonation tend à redevenir normale : montante / descendante. C'est qu'on a tendance à retrouver la démarche normale de la pensée discursive : attente / réponse à l'attente. Dans un grand nombre d'exemples, en particulier avec des relatifs, cet ordre est nettement fixé, en sorte que la présentation est exactement inverse de celle que propose le tour I :

> *L'Etat, c'est moi. C'est moi qui suis l'Etat.*

Ainsi donc le français peut présenter une même relation d'identité sous trois aspects différents. Cette souplesse explique le succès du tour.

REMARQUE. — Les intonations décrites en ce paragraphe sont des intonations moyennes : la présence d'une pause offre toujours au parleur une grande variété de combinaisons.

148. Nature du terme représenté.

Nous passerons en revue les divers mots ou groupes qui peuvent servir de termes représentés ; nous examinerons les variations de formes qui interviennent quand le terme représenté est antéposé ou postposé au pivot C'EST.

149. Le représenté est un substantif.

— Quand il est ANTÉPOSÉ, il est souvent construit directement, ou, quand il est en tête de la phrase, précédé de QUANT À (ou de POUR lorsqu'il n'y a pas d'équivoque) :

> *Vis-à-vis des auteurs hardis, la grande occupation des pédagogues, c'est de les rendre inoffensifs* (GIDE).
>
> *Quant au comédien, c'était le corps le plus lamentable qu'on puisse imaginer* (ALAIN-FOURNIER).

On peut ranger dans la même catégorie les adjectifs substantivés, construits directement :

> *Le bleu, c'est ce qui me va le mieux.*
>
> *Le mieux, c'est d'éplucher les annonces de l'« Evening News »* (BUTOR).

— Quand il est POSTPOSÉ, la pause peut être remplacée par *que*, quand ce qui suit directement C'EST est un substantif :

> *C'est un grand malheur pour ce pauvre Malivert que ces deux millions qui lui tombent sur la tête.*

REMARQUE. — Il n'est pas toujours possible d'insérer ainsi un QUE : *Le départ, c'est une merveille*. *C'est une merveille (que) le départ.*
Ce vieux, c'est le concierge. C'est le concierge, ce vieux. (La présence de QUE est exclue dans ce dernier exemple.)
Cette différence de traitement révèle une différence de sens. Le premier tour est un jugement de valeur, le second un jugement d'identité, sans appréciation.

— Dans les autres cas, on peut recourir à un élément relatif (sur ce recours, voir § 147) : *L'Etat, c'est moi. C'est moi qui suis l'Etat.*

150. Le représenté est un infinitif.

— ANTÉPOSÉ. Il est construit directement, parfois précédé de QUANT À, ou, quand le groupe infinitif est assez long, de DE :
> *Penser, c'est dire non* (ALAIN).
> *Mais quant à chercher à être ministre, c'est une idée que je repousse.*

— POSTPOSÉ. La pause est généralement remplacée par QUE, DE ou QUE DE :
> *C'est une chose effrayante que de voir les Indiens s'aventurer dans des nacelles d'écorce* (CHATEAUBRIAND).

REMARQUE. — On dira donc :
Partir, c'est impossible. C'est impossible de partir ainsi.
Cet exemple ne contredit pas la règle bien connue qui répartit : IL et CE devant ÊTRE suivi d'un adjectif, et qu'on trouve généralement ainsi formulée :
« On emploie IL quand l'adjectif est suivi d'un complément, CE, dans les autres cas » :
Il est impossible de partir. C'est impossible.
En réalité, les deux phrases : *C'est / Il est impossible de partir* ne se ressemblent que dans l'écriture. La seconde est dite sur une intonation normale (syntaxe discursive) et l'infinitif *partir* est complément de l'adjectif. La première voit l'intonation tomber brusquement devant *de*. Il s'agit d'un tour segmenté (syntaxe émotionnelle).

151. Le représenté est une proposition relative substantivée.

— ANTÉPOSÉE :
> *Ce qui m'intéresse, ce n'est pas l'œuvre, c'est la recette* (VALÉRY).
> *Ce qui m'a frappé le plus au monde, c'est que personne n'allait jamais jusqu'au bout* (ID.).
> *Ce que j'aime, c'est ce qui diffère le plus de moi* (GIDE).
> *Ce que nous y gagnons, c'est de donner au serment du riz une valeur absolue* (MALRAUX).

— POSTPOSÉE. Ou bien on fait une pause, ou bien on a recours à une proposition relative.
> *Ce n'est pas l'œuvre qui m'intéresse. C'est que personne n'allait jusqu'au bout qui m'a frappé.*

C'est de danser ainsi sur la pointe des pieds qui les rend sensibles, méfiants (N. Sarraute).

Ce tour postposé grâce à la proposition relative connaît en français moderne un succès considérable, parce qu'il divise une phrase en deux parties, séparées par une très légère pause et surtout une forte attaque sur le phonème [к] : la première partie, branche montante de l'intonation, laisse tomber l'accent sur le mot important ; la seconde, branche descendante de l'intonation, contient obligatoirement le verbe qui donne les coordonnées de l'action :

> *L'infini ne me manque pas.*
> *Ce n'est pas l'infini qui me manque* (Suarès).
> *Il ne demandait pas d'argent.*
> *Ce n'était pas de l'argent qu'il demandait* (Zola).

On peut, par commodité, énoncer cette règle.

Règle. Toute phrase, simple ou complexe, peut être scindée en deux selon le processus suivant :

1° C'est, en tête, est suivi du sujet ou de l'objet direct de la phrase initiale ; le second segment, en queue, est introduit par qui (exemple de Suarès) ou que (exemple de Zola), pronoms relatifs ;

2° C'est, en tête, est suivi de n'importe quel élément de cette phrase (sauf le verbe nœud) ; le second segment est introduit par un que :

> *Il ne l'a pas isolé pour rien.* Ce n'est pas *pour rien* qu'il vous a réduit à cet isolement (Claudel).
> *J'ai peur parce qu'il est de toi.* C'est *parce qu'il est de toi* que j'ai peur (Giraudoux).

Remarque. — Pour l'objet indirect, on recourt généralement à la seconde construction : *Montaigne est mort lorsque Pascal commence à parler ; mais* c'est *pourtant à lui* qu'*il s'adresse* (Gide).
Aux siècles classiques, ce tour était fréquent : *Je cherche Monsieur Orgon ; n'*est-ce pas à lui que j'ai l'honneur de faire la révérence? (Marivaux.) Mais on rencontre aussi la forme prépositionnelle du relatif : C'est à vous, mon esprit, à qui je veux parler, ce célèbre vers de Boileau étant, à tort, pris par Chateaubriand (*Mémoires d'outre-tombe*, I, 34) pour une faute de français.
On rencontrera parfois, dans le français littéraire moderne, un tour intermédiaire : C'est *vous* à qui *je veux parler.*

152. *Le représenté est une complétive introduite par* que; *une proposition introduite par* si.

Une complétive introduite par que :

> *Que Kyo se fît tuer,* c'était *son rôle* (Malraux);

ou en postposition :

> *C'était le rôle de Kyo* qu'il se fît tuer.

Une proposition introduite par SI, PUISQUE, ou une construction équivalente :

> S'il compte, c'est à peine.

On rencontre essentiellement ici les tours suivants :

a) La proposition est introduite par SI (ou un tour équivalent par inversion ; voir § 213) ; C'EST est suivi de *parce que* (relation nettement causale), de *que* (la relation causale peut être plus floue), de *pour* (quand *pour* est suivi de l'infinitif passé, la relation est causale ; quand il est suivi de l'infinitif présent, la relation est finale) :

> Si *déjà vous* [Suarès] *ne possédez pas la vérité pour laquelle vous êtes fait,* c'est que *vous n'avez pas voulu la chercher* (CLAUDEL).
>
> *Ecrit-il* [Malraux] *la Tentation de l'Occident,* c'est pour *avoir saisi sur les lieux mêmes le conflit de la passion occidentale et du détachement cosmique de l'Orient* (PICON) ;

b) La proposition est introduite par PUISQUE. C'EST QUE introduit alors soit une cause, soit une conséquence, selon le contenu de la phrase :

> Puisqu'*il a des disputes,* c'est que *tout n'est pas perdu* (FEUILLET cité par F. Brunot).

153. *Valeur de la construction segmentée avec* c'est.

C'EST est un pivot qui met en relation deux aspects différents d'un même phénomène ; on peut en tirer de nombreux effets de mise en relief :

> *Toi,* c'est *moi. Pour de l'audace,* c'est *de l'audace.*

C'est donc un lien très abstrait, comme DE. Il se prête très souvent à exprimer les multiples affirmations d'IDENTITÉ qui sont à la base de nos raisonnements. Cette abstraction en fait un outil très commode ; on ne s'étonnera pas de la très grande fréquence de cette construction, dans les usages parlé et écrit :

> C'est *de savoir qu'ils sont là,* ces jeunes gens, c'est là précisément ce qui *nous maintient, nous, les aînés, en confiance* (GIDE).
>
> Ce que *l'on veut et exige,* c'est *une approbation de tout ce qui se fait en U. R. S. S. ;* ce que *l'on cherche à obtenir,* c'est *que cette approbation ne soit pas résignée, mais sincère. Le plus étonnant,* c'est *qu'on y parvient* (ID.).

On oppose parfois les cas où c' est un représentant (*Cet homme,* c'est *mon père*) de ceux où c' est « vide » (*C'est demain que je pars*). C'est ne pas voir que C'EST a avant tout un rôle syntaxique de *pivot :* selon la place du terme représenté, la représentation sera plus ou moins claire ; mais le lien syntaxique reste le même.

154. *Le pivot des phrases segmentées.*

Les autres présentatifs, n'étant pas des représentants, jouent dans la construction des phrases segmentées un rôle limité.

1. Le type à retournement est seulement représenté par VOILÀ suivi d'une proposition relative substantivée :

> *Un bouleau, voilà ce que c'est. Voilà ce que c'est, un bouleau. Voilà ce que c'est qu'un bouleau* (GIRAUDOUX);

2. Les autres cas se rattachent au procédé de mise en relief décrit au § 151. Mais la construction qui suit les présentatifs est presque toujours directe, rarement prépositionnelle :

IL Y A (ou IL EST) :

> *Il y a là un homme qui vous attend.*
> *J'ai poussé, j'ai contraint d'autres au voyage; il en est qui n'avaient jamais navigué; il en est que j'ai mis en wagon* (GIDE).

Ou avec une négation :

> *Sauveur est très chère, mais il n'y a qu'elle qui sache faire un corsage* (ZOLA). Et pourtant : *Il est à remarquer que la situation a changé.*

REMARQUE. — IL Y A ou IL EST introduisant seulement des constructions directes, le type : *C'est à toi que je m'adresse* ne peut être utilisé. On dira seulement : Il n'est *rien à quoi Montaigne répugne davantage* (GIDE).

VOILÀ :

> Voilà *un homme qui vous attend.*
> Le voilà *qui se scandalise de votre refus* (MOLIÈRE). [Sur l'origine de ce tour, voir § 125.]

Il s'emploie surtout avec des expressions de temps, fixant une date quand le verbe est au passé, une durée quand il est au présent :

> *Je suis content d'avoir retrouvé ces notes. Voilà dix ans que je ne les avais pas relues* (SARTRE). *Voilà cinquante ans que je te tiens tête, moi, ta mère* (MAURIAC).

REMARQUE. — Ces tours segmentés sont si familiers au français qu'on les retrouve partout (EXCLAMATION, § 141). Nous relèverons pour finir un exemple typique d'analogie : l'évolution de la construction de JUSQU'À et MÊME. Jusqu'au XVIIIe siècle, on écrivait : Jusqu'aux *chevaux du roi vivaient de feuilles* (SAINT-SIMON). On ne dirait couramment, aujourd'hui, que : Jusqu'aux *chevaux qui vivaient de feuilles.* On dit fréquemment aussi, avec un présentatif négatif, qui entraîne le subjonctif : *Il n'était pas* jusqu'*aux représentants de tous les régimes antérieurs qui ne voulussent marquer leur adhésion* (DE GAULLE).

CONCLUSION. — Nous avons retrouvé dans les paragraphes précédents des structures analysées déjà dans le chapitre de la phrase simple attributive (§ 115 et suiv.). Mais grâce aux présentatifs, et surtout à C'EST, le français dispose d'un outil aux possibilités particulièrement vastes, apte à construire toutes sortes de phrases marquant l'identité : ces phrases sont soit simples, soit complexes. Ainsi, il n'y a aucune solution de continuité entre ces deux grands types. Ce fait méritait d'être longuement souligné, avant que soit abordé le chapitre de la phrase complexe.

Sur le plan de la forme, phrases et propositions sont soit juxtaposées purement et simplement, soit reliées par des conjonctions de coordination ou de subordination. Mais il n'est pas rare que le plan des formes ne corresponde pas au plan du sens, et que les notions de juxtaposition, coordination et subordination ne soient pas exprimées par les constructions du même nom. Aussi commencerons-nous chaque exposé par l'étude d'un cas type, dans lequel la forme correspondra strictement à la notion, pour exposer ensuite, s'il y a lieu, les cas où cette concordance n'existe pas.

155. La juxtaposition.

1. CAS TYPE. *J'entends une voix. Lueurs à travers ma paupière. Une cloche est en branle à l'église Saint-Pierre. Cris des baigneurs... Grincement d'une faux qui coupe le gazon. Cris. Rumeurs* (HUGO).

C'est ici un cas rare de phrases simples juxtaposées, qui correspondent à des notations purement juxtaposées, sans autre rapport que de contiguïté.

2. Plus généralement, entre phrases ou propositions formellement juxtaposées s'établissent des relations de COORDINATION ou de SUBORDINATION. Voici, par exemple :

— Un rapport de SUCCESSION : *Attention! L'équilibre! Il va le trouver. Il le trouve. Il l'a trouvé* (DUHAMEL);

— Un rapport d'OPPOSITION : *Néron m'aimait tantôt, il jurait votre perte; | Il me fuit, il vous cherche* (RACINE).

Souvent divers indices marquent, de façon plus ou moins explicite, ces relations qui s'établissent entre deux propositions juxtaposées formellement. Ainsi, dans les phrases suivantes, la dépendance d'une des propositions à l'autre (sens d'hypothèse) est marquée par le mode du verbe :

— L'IMPÉRATIF : *Epargnez l'animal, il vous tuera;*

— Le SUBJONCTIF : *Je me complairais encore à rappeler les mœurs de mes parents, ne me fussent-elles qu'un touchant souvenir* (CHATEAUBRIAND);

— Le CONDITIONNEL : *Ils auraient beau posséder toutes les grâces, il ne leur donnerait qu'une admiration froide* (SARRAUTE).

Remarquons ici que, grâce à AVOIR BEAU, la notion d'hypothèse se renforce d'une valeur d'opposition (= même si). Dans d'autres cas, un auxiliaire de verbe, à lui seul, peut marquer la dépendance :

> *Les gens peuvent essayer de les attaquer,* [...] *il ne daignera même pas discuter avec eux* (ID.).

Un tour interrogatif peut remplir le même office :

> *Ai-je la puissance de me venger, j'en perds l'envie* (CHATEAUBRIAND).

On pourrait souvent exprimer ces relations par une conjonction de coordination ou de subordination (par exemple SI ou MÊME SI, suivis du mode convenable, dans les exemples précédents; voir § 212); et, certes, il n'y a pas loin de :

> *Vous n'êtes pas gentilhomme, vous n'aurez pas ma fille* à : *Puisque vous n'êtes pas gentilhomme, vous n'aurez pas ma fille,* et : *Vous n'aurez pas ma fille, car vous n'êtes pas gentilhomme.*

Mais une telle substitution trahirait l'intention de l'écrivain qui, en employant la juxtaposition, recherche un effet déterminé. Ajoutons que, sur le plan des structures, ces constructions ne sont pas interchangeables. CAR ne peut venir en tête du système, et nous avons dû retourner la phrase; en outre, si nous avions employé la forme interrogative : *Pourquoi n'aurai-je pas votre fille ?,* on n'aurait pas pu donner comme réponse : *Car vous n'êtes pas gentilhomme.*

Il faut donc mettre en garde contre des assimilations abusives qui ne sont souvent qu'une *illusion du sens.*

156. La coordination.

1. CAS TYPE. *Les enfants, après déjeuner, sortirent avec Gertrude, que tout à la fois ils conduisent et qui les conduit* (GIDE).

Les deux éléments : *ils conduisent* et *qui les conduit* gardent leur AUTO-NOMIE, mais sont associés par ET dans une unité. C'est la définition même de la coordination (cf. § 3).

2. MARQUES. Les conjonctions dites « de coordination », par leur sens propre, ajoutent généralement des nuances variées au pur rapport de coordination :

> ADDITION : *Ils s'avancèrent* et *dévastèrent le pays;*
> EXCLUSION : *Il n'était pas beau,* mais *laid.*
> OPPOSITION : *Il était exquis,* mais *frappait par sa laideur;*
> EXPLICATION ou CONCLUSION : *Je pense,* donc *je suis.*

Les conjonctions ne sont pas les seules marques possibles de la coordination. Beaucoup d'adverbes remplissent la même fonction (*puis, ensuite, ainsi...*).

REMARQUE. — Les grammairiens se demandent où classer le groupement dit « corrélatif » : Plus *je le connais,* plus *je l'aime.* Certains n'y voient qu'un système juxtaposé renforcé, d'autres y retrouvent un système coordonné de deux membres AUTONOMES, dont la répétition de PLUS souligne l'unité.
Ajoutons que le français marque souvent explicitement la relation de coordination : Plus *il avait le cafard* et plus *il était sans défense contre la sympathie* (ARAGON).

157. La subordination.

1. CAS TYPE. *Le conseil se demande s'il ne mettra pas la ville en jeu pour l'une d'entre vous* (GIRAUDOUX).

La proposition introduite par la conjonction SI est placée sous la DÉPENDANCE de la proposition qui, ici, la précède (principale). Elle est soumise par là à un certain nombre de servitudes, comme celles du mode, puisqu'elle n'est pas autonome ; mais aussi elle jouit d'une plus grande souplesse (par exemple, sa place est souvent variable), puisque la conjonction de subordination établit suffisamment la nature du lien qui réunit la subordonnée à la principale.

Ces conjonctions établissent des rapports de cause, conséquence, etc.

2. Certaines propositions, de forme subordonnée, entrent cependant dans une relation nettement coordinative. C'est surtout le cas de propositions introduites par SI (notion d'opposition) et QUE (hypothétique) :

S'il contenait peu d'œuvres de premier ordre, le Salon d'Automne contenait un certain nombre de tableaux intéressants (APOLLINAIRE).

Les deux propositions sont si nettement autonomes que le SI peut être suivi d'un indicatif futur ou d'un conditionnel, ce qui est absolument exclu des systèmes de dépendance correspondants (voir aussi § **215**) :

J'ai à vous dire que si vous auriez de la répugnance à me voir votre belle-mère, je n'en aurais pas moins, sans doute, à vous voir mon beau-fils (MOLIÈRE).

On les trouve même liées par les conjonctions de coordination *mais* ou *et* :

Que Perken parlât de lui-même, et il faisait surgir en Claude l'impériale blanche du grand-père (MALRAUX).

REMARQUE. — La construction de certaines propositions liées par QUE est très délicate à analyser. Il s'agit surtout de propositions exprimant le temps et la condition.
Il eût aperçu une troupe de gens en fête qu'il n'eût pas été surpris davantage (ALAIN-FOURNIER).
A peine le doux souffle d'un vent favorable avait rempli nos voiles que la terre de Phénicie disparut à nos yeux (FÉNELON).
A peine nous sortions des portes de Trézène, Il était sur son char... (RACINE).

Ce QUE, comme on le voit, est facultatif : les rapports de cause, de conséquence, de condition, de temps établis par cette construction ont ceci de curieux que c'est la proposition introduite par QUE qui tient l'autre sous sa dépendance et semble donc la principale. Aussi certains grammairiens, comme M. Gougenheim, ont-ils parlé de « subordination inversée », ce qui est exact logiquement parlant, mais non psychologiquement : la première proposition marque le fait qui est premier pour celui qui parle. On la trouve d'ailleurs retournée dans cette phrase de Saint-Simon :
Il était mort qu'à peine s'écriait-on qu'il se trouvait mal.

Nous avons donc voulu nettement marquer, dans ce chapitre de transition, la distance qui sépare les formes des relations logiques. Il n'empêche que les conjonctions de subordination forment un système relativement cohérent et qu'elles seront l'armature de notre exposé de la phrase complexe.

VI. LA PHRASE COMPLEXE

1 — Généralités

Nous étudierons ici des phrases qui comportent au moins une proposition subordonnée. Rappelons qu'une proposition subordonnée est placée sous la dépendance grammaticale d'un mot, généralement un verbe ou un substantif, qui appartient à une proposition dite « principale », ou sous la dépendance de cette principale tout entière.

158. Classement des propositions subordonnées.

Nous avons montré en tête de cet ouvrage que les constructions de la phrase simple et de la phrase complexe sont parallèles. Le plan de ce chapitre sera donc assez semblable au plan du chapitre IV. On étudiera successivement :

— Les propositions SUJET et ATTRIBUT ;

— Les propositions OBJET (introduites par *que* — infinitives — interrogatives indirectes) ;

— Les propositions COMPLÉMENT DE NOM ;

— Les propositions CIRCONSTANCIELLES ;

— Un cas particulier : les propositions RELATIVES.

Les deux plans sont donc proches, mais non identiques ; c'est que les propositions subordonnées possèdent une certaine originalité. Par exemple, on à mis à part les propositions relatives, auxquelles on donne souvent la fonction d'épithète du substantif : s'il est exact que ces propositions fonctionnent souvent comme des épithètes de leur antécédent, il n'en reste pas moins que, dans nombre de cas, elles ont un tout autre rôle (voir § 240). Leurs fonctions ne peuvent donc être ramenées purement et simplement aux fonctions de l'adjectif.

REMARQUE. — En principe, nous ne traiterons ici que des propositions subordonnées, non des groupes de mots, qui ont été étudiés au chapitre IV. Néanmoins, comme certaines propositions subordonnées fonctionnent en opposition ou couplées à ces groupes, nous serons, plusieurs fois, conduits à les analyser plus en détail.

159. Ordre des mots à l'intérieur d'une subordonnée.

Il répond aux principes qui ont été exposés au § 86. Cependant, il faut noter quelques servitudes :

a) L'inversion dite « complexe » est exclue :

> *Quand déjà pétillait et flambait le bûcher...* (VERLAINE) ;

b) On ne peut envisager une inversion simple :
— Si la construction du verbe est transitive, sauf quand l'objet est un pronom, relatif ou interrogatif :
> *Ces deux infinis qu'imaginait en frémissant Blaise Pascal* (J. ROSTAND);
— Si le sujet est un pronom monosyllabique (pronom personnel, ou ON, CE) :
> *Quand il est parti, quelle tristesse!*
— Si le terme introducteur est SI ou POURQUOI;
c) Le pronom ou adverbe interrogatif est toujours en tête de la proposition :
> *Je sais quel homme il était.* (V. aussi § **135.**)

2 | Les propositions sujet, attribut et objet

160. Les propositions sujet, attribut et objet.

Quand leur verbe est à un mode personnel, elles sont introduites par une conjonction, qui est généralement QUE (propositions conjonctives); quand leur verbe est à l'infinitif, elles sont reliées au verbe principal par le moyen de la modalité.

161. Sujet, attribut.

Les propositions introduites par QUE invariable sont (rarement) sujet ou attribut : *Qu'il fût plus utile que Katow n'était pas douteux* (MALRAUX).
> *Bizarre qu'il se sentît si peu un vainqueur* (ARAGON).
Le verbe est à l'indicatif ou au subjonctif (voir § 164). Néanmoins, quand la proposition est placée en tête, c'est généralement le SUBJONCTIF.

162. Objet.

Le cas le plus général est celui des *propositions complétives introduites par* QUE et celui des *propositions infinitives.* On peut leur substituer un substantif objet. Un cas plus spécial est celui de *l'interrogation indirecte,* qui ne se prête pas à cette substitution et sera donc étudiée à part.

REMARQUE. — Les propositions qui suivent les constructions impersonnelles et les présentatifs seront étudiées dans les propositions objet, dont elles partagent le sort.

163. Les propositions d'objet introduites par que.

C'est une construction très productive. On la rencontre après des verbes DÉCLARATIFS (*dire, raconter, penser, croire...*), de SENTIMENT (*craindre, admirer...*), d'ORDRE ou de VOLONTÉ (*souhaiter, vouloir, tolérer...*), après des

EXPRESSIONS IMPERSONNELLES (*il faut, il est nécessaire, il convient...*), après les PRÉSENTATIFS *c'est, il y a, voilà* (ou *voici*) :

> *On comprenait mal qu'elle laissât dans l'oisiveté un garçon de vingt ans* (RADIGUET). *Voici qu'il se relâchait enfin* (MAURIAC).

164. Mode du verbe dans ces propositions.

Ce mode est soit l'INDICATIF (ou le CONDITIONNEL), soit le SUBJONCTIF. La répartition est claire :

— L'INDICATIF est employé quand la principale affirme l'existence du fait qui est signalé par la subordonnée (domaine du PROBABLE et du CERTAIN); par là même, la subordonnée garde une relative INDÉPENDANCE et passe facilement à une construction juxtaposée : *Je dis qu'il ment.* — *Je dis : il ment;*

— Le SUBJONCTIF s'utilise quand la principale ne va pas jusqu'à une telle affirmation (domaine de ce qui n'est que POSSIBLE) ou, s'il est évident que le fait existe, quand la principale met au premier plan les réactions du sujet (domaine de l'APPRÉCIATION); par là même, la subordonnée est étroitement DÉPENDANTE de la principale. Donc :

a) L'INDICATIF après les verbes ou les locutions d'affirmation à la forme positive : *entendre, dire, croire, il me semble, il est clair, il est probable.*

b) Le SUBJONCTIF après les verbes ou les locutions qui marquent une incertitude plus ou moins accusée :

— Verbes de doute : *douter, nier, il est possible;*

— Verbes de souhait et de volonté : *désirer, craindre, permettre, tolérer, défendre...* Envisageant l'avenir, ils comportent nécessairement une marge d'incertitude; on opposera *espérer,* dont la marge est très restreinte (donc suivi de l'indicatif), et *souhaiter,* dont la marge est plus vaste (donc suivi du subjonctif);

— Verbes dits de « sentiment » : *se réjouir, souffrir, s'étonner, être las, surpris...*

En principe, donc, l'emploi d'un de ces verbes dans la principale entraîne l'emploi du mode correspondant pour la subordonnée.

165. Cas particuliers.

Cependant :

a) Après une principale NÉGATIVE ou INTERROGATIVE,

— Comportant un verbe *dire, penser,* le verbe de la subordonnée peut être au subjonctif : *Croyez-vous qu'il soit parti?*

> *Je ne dis pas que je n'aie pas une certaine expérience du pays* (MALRAUX);

— Comportant un verbe de DOUTE, la double négation est une affirmation renforcée qui entraîne l'indicatif : *Je ne doute pas que tu vas travailler.*

Maintenir le subjonctif laisse flotter une nuance de doute, souvent utilisée à des fins ironiques :

> *Je ne les reconnus pas avec certitude* [les personnages d'un tableau], *mais je ne doute point que ce fussent ou des aviateurs* [à cause du costume] *ou les anges de M. A. France* (APOLLINAIRE).

b) Des verbes d'AFFIRMATION (*entendre, admettre, dire, croire, il me semble...*) peuvent prendre des valeurs de doute ou d'appréciation et être alors suivis du subjonctif : *J'admets que vous soyez trompé* (= il est possible); *J'entends que vous partiez* (= je veux que);

et le fameux exemple de HUGO :

> *Il semblait que cette masse était devenue monstre et n'eût qu'une âme.*

166. Vitalité du subjonctif dans ces propositions.

La langue du XVIIᵉ siècle disposait d'une assez grande liberté dans le choix des deux modes. Il suffisait, par exemple, d'un contexte de doute ou de réticence pour qu'un verbe *dire* ou *croire* fût suivi du subjonctif ; ainsi Corneille :

> *Chacun diversement soupçonne quelque chose.*
> *Tous présument qu'il* [Auguste] *ait un grand sujet d'ennui.*

La langue contemporaine semble avoir retrouvé cette liberté : toute nuance d'appréciation entraîne le subjonctif, toute nuance d'affirmation l'indicatif. Cette nuance est parfois suggérée par le contexte, parfois par un auxiliaire... :

> *Avant de connaître B. Rabier, je pensais qu'il fût bossu comme Esope* (APOLLINAIRE).
> *On peut penser que la passion du Christ ait servi à racheter les péchés, non seulement des hommes, mais encore d'autres créatures* (P. DANIÉLOU).

Inversement :

> *Je ne crois pas que les Russes veulent vraiment la guerre* (attribué par un magazine à DE GAULLE).

REMARQUE. — L'indicatif futur, surtout après les verbes de volonté, autorise une nuance intermédiaire : on insiste sur le caractère probable de l'action et, par là, sur sa représentation temporelle : *Il y a de fortes chances que M. K. reprendra du service actif* (le Monde, cité par M. COHEN). *Il ordonne qu'on partira tôt.* Ce tour est assez rare (cf. § **205**, Rem.).

Les puristes protestent contre cette alternative offerte aux verbes. Elle a certes l'inconvénient, avec des verbes de la première conjugaison, de rendre certaines constructions équivoques (cf. ce mot de Mara, dans CLAUDEL : *Va, et dis-lui qu'elle ne l'épouse pas;* on ne sait si la mère doit transmettre une volonté ou une constatation. Il vaut mieux alors recourir à l'infinitif; voir § **174**). La possibilité de choix entre les modes indicatif et subjonctif n'est pas, cependant, une « servitude grammaticale » (F. Brunot), mais un moyen de distinction de la pensée.

Ces règles concernent aussi la CONSTRUCTION SEGMENTÉE : *Ce qu'il ne comprenait pas, c'était que Tchen semblât si loin d'eux* (MALRAUX).

167. Mode du verbe et place de ces propositions.

En règle générale, en fonction d'objet (ou dépendantes d'un tour impersonnel ou d'un présentatif), elles suivent le verbe principal. Quand la proposition en fonction d'objet est placée en tête, elle est rappelée dans la principale par un pronom « neutre » :

> *Que cette attitude fût douloureuse à Kyo, il le savait* (MALRAUX).

Dans ce cas, le mode est nécessairement le SUBJONCTIF.

REMARQUE. — L'indicatif, nous l'avons vu, affirme qu'un fait est jugé comme certain par le sujet de la phrase. En début de phrase, un tel jugement n'a pu encore intervenir ; parleur et auditeur en sont encore au stade de l'appréciation, du possible.

168. Alternance de que avec à ce que, de ce que.

La langue contemporaine tend à aligner les propositions objet sur le même rang que les substantifs ou infinitifs objet, d'où un système instable et sujet à contestations.

La langue classique construisait couramment avec QUE des verbes dont l'objet, infinitif ou substantif, était précédé de À ou DE :

> *Je me passerai bien que vous les approuviez* (MOLIÈRE). [Cf. *se passer de votre approbation.*]
> *Je m'attends qu'à mon retour je trouverai votre satire des femmes entièrement achevée* (RACINE). [Cf. *s'attendre à une fin.*]

Ce cas n'est pas rare en français moderne après *consentir, s'attendre, se plaindre, s'apercevoir...,* et est souvent tenu pour seul correct :

> *Je consens qu'il soit bon parfois que l'art se remette au vert* (GIDE).
> *Elle ne s'était pas étonnée qu'il passât à l'ennemi* (MAURIAC).

Mais, dans un usage de plus en plus courant, on trouve ces verbes suivis de À CE QUE ou DE CE QUE :

> *Je consentis avec empressement à ce qu'il* [Sartre] *réduisît en poudre Murillo* (S. DE BEAUVOIR).

Cette construction est constante pour : *contribuer, tenir, travailler, veiller, voir...,* et s'est même étendue, sous les cris des puristes, à des verbes comme *demander* et *aimer.*

Ces groupes À CE QUE, DE CE QUE sont aisément scindés :

> *Pour lui, la peinture se réduit à cela : qu'une main soit un moignon ou qu'elle ne le soit pas* (APOLLINAIRE).

MODES : la répartition de l'indicatif et du subjonctif correspond aux principes exposés *supra* § **164** :

> *On est obligé de se féliciter que les grands écrivains aient été tenus à distance* (PROUST).
>
> *F. Léger s'est félicité de ce que Paris est devenu le centre artistique du monde* (APOLLINAIRE).

169. Les propositions infinitives.

On range dans cette catégorie des propositions :

— dont le verbe est à l'INFINITIF ;

— qui dépendent d'un VERBE PRINCIPAL ;

— qui possèdent un SUJET EXPRIMÉ, lequel s'identifie aisément : si la proposition infinitive est isolée et son verbe mis implicitement à un mode personnel, ce « sujet » sera le sujet de l'infinitif, selon la définition donnée au § **88** :

> *Je vois vos enfants s'amuser.* — *Vos enfants s'amusent.*

Ou, de façon plus développée :

> *Je vois vos enfants, ils s'amusent...*

Les verbes FAIRE et LAISSER, les verbes dits de SENSATION (VOIR, ENTENDRE, [REGARDER, ÉCOUTER], SENTIR) peuvent être suivis d'une proposition infinitive : *Le Tibre entend venir la nef* (CLAUDEL).

170. Forme et ordre des termes dans cette construction.

Nous avons souligné au § **104** que le verbe d'une proposition devait être considéré comme un pivot ; l'infinitif, qui marque de façon particulièrement faible l'opposition des voix active et passive, est un pivot d'une souplesse remarquable.

CAS GÉNÉRAL : le « sujet » est un substantif.

— Si l'infinitif n'a pas d'objet, le substantif sujet se met devant ou derrière l'infinitif :

> *Le monde aujourd'hui laisse son orgueil suinter de toutes parts* (CAMUS).
>
> *Un grenadier laissait pendre les boutons de ses fleurs* (ID.).

Cet ordre est assez libre, fonction du rythme et de l'expressivité (voir § **86**) :

> *Il sent l'hydravion, seconde par seconde, se charger de pouvoir. Il sent se préparer dans ces quinze tonnes de matière cette maturité qui permet le vol* (SAINT-EXUPÉRY).

Néanmoins, beaucoup de verbes (voir § **96**) admettant concurremment les constructions intransitive et transitive, la postposition du sujet peut prêter à équivoque.

— FAIRE n'admet aucun « sujet » entre lui et son infinitif complément. On dit donc seulement :

> *La violence du choc avait fait s'évanouir Isabelle* (GAUTIER).
> *La douceur, la promesse de la joie feraient fondre en amour tout mon être* (SUARÈS).
> Sur la possibilité de supprimer la marque du pronominal, voir § **463**.

— Si l'infinitif a un objet, il se prête alors soit à une construction de type sujet-verbe, soit à une construction de type verbe-complément d'agent (sur l'alternance *à-par*, voir § **267**) :

> *C'est un vieux ragtime. Je l'ai entendu siffler en 1917 par des soldats américains* (SARTRE).
> On pourrait dire : *J'ai entendu des soldats le siffler...*

REMARQUE. — FAIRE autorise seulement cette seconde construction :

> *M. Bailly en train, à l'étage supérieur, de faire lire à ses philosophes le sonnet de Keats* (BUTOR).
> *Il n'est même pas besoin de nuit semblable pour faire découvrir par le pilote de ligne un sens nouveau aux vieux spectacles* (SAINT-EXUPÉRY).

CAS PARTICULIER : le sujet est un pronom personnel.

— Si l'infinitif n'a pas d'objet, le « sujet » est à la forme *me, te, le,* etc. :

> *Une conversation qui le fit rapidement s'enfuir* (ARAGON).
> *Faites-le entrer.*

— Si l'infinitif a un objet substantif (ou équivalent), le « sujet » est à la forme *me, te, le,* sauf à la 3ᵉ personne, où on a le choix entre les formes *le, la, les* et les formes *lui, leur,* etc. :

> *Je l'ai laissé* (ou : *Je lui ai laissé*) *faire son devoir.*

REMARQUE. — Dans les emplois pronominaux, la marque de la 3ᵉ personne est toujours SE :

> *Sainte-Beuve avait redemandé cette lettre, probablement pour voir s'il ne s'était pas laissé aller à trop d'éloges* (PROUST).

— Si l'infinitif a un objet pronominal, les deux pronoms peuvent être joints devant le verbe principal :

> *A quinze ans de là, je me l'entends encore dire.*

A la 3ᵉ personne, le « sujet » a la forme *lui, leur* :

> *Jamais je ne retournerai en Grèce. — Je ne le lui fais pas dire* (GIRAUDOUX).
> *Le Roi doit les lui entendre chanter* [des cantiques] (RACINE).

Les deux pronoms peuvent être séparés ; ils sont alors à la forme *le, la* :

> *Elle le voit la détester.*

REMARQUE. — *Regarder* et *écouter* n'admettent pas l'emploi des formes *lui, leur.*

171. Conclusions sur cette construction.

1. Seuls VOIR, ENTENDRE, SENTIR et LAISSER disposent de toute la latitude de construction d'une proposition infinitive. REGARDER et ÉCOUTER n'adoptent

que certaines constructions. Quant à FAIRE, obligatoirement suivi de son infinitif, il a en définitive le statut d'un auxiliaire.

2. Nous avons retrouvé ici deux traits structuraux de la phrase française :

— le jeu des formes conjointes et disjointes (voir § 356);
— les possibilités d'échange entre le sujet et le complément d'agent (voir § 97).

172. Substitutions.

Le substantif (ou pronom) construit directement se présente comme un objet du verbe principal. Cette identité de construction autorise de nombreuses substitutions. L'infinitif est fréquemment remplacé par :

— un participe présent, qui souligne le DÉROULEMENT de l'action :

> Je me vois épiant avec anxiété quelqu'un qui va descendre la grand-rue (ALAIN-FOURNIER);

— un participe passé, qui souligne le RÉSULTAT de l'action :

> Jamais vous ne me verrez retournée contre vous ni vous faire un reproche (MONTHERLANT);

— une proposition relative, qui offre la gamme des possibilités des modes et temps personnels :

> Elle l'entendit qui demandait à Marie de Lados si c'était servi (MAURIAC).

173. Quelques cas particuliers.

1. Aux XVIᵉ et XVIIᵉ siècles, les verbes de type DIRE et PENSER... étaient parfois suivis d'une proposition infinitive, comme en latin: *Estimions leur nombre n'estre moindre de quarante et deux mille* (RABELAIS).

Il en reste une relique en français moderne, dans la langue recherchée : le cas où le « sujet » est le relatif QUE :

> Cette âme du monde que Speusippe d'Athènes a le premier cru gouverner l'univers (APOLLINAIRE). Cette odeur [des automobiles] que trouvent nous gâter la campagne de nouveaux penseurs (PROUST).

2. Les présentatifs VOICI et VOILÀ avaient une construction identique à celle de voir :

> Voici venir le préfet sur la pointe des pieds (CHATEAUBRIAND).

On disait aussi :

> Voilà Saint-Riveul et moi à rire comme Limoëlan (ID.).

En français moderne, on emploie soit cette dernière construction, soit une proposition relative : *Nous voilà à rire. Le voici qui vient.*

3. Les VERBES DE MOUVEMENT se font suivre d'infinitifs soit seuls, soit accompagnés d'un « sujet » qui est complément d'objet du verbe principal :

> *Je vais prendre mon bain.*
>
> *Des bateaux et des trains spéciaux amèneront les insulaires chanter au Grand-Palais le « God save the King »* (APOLLINAIRE).
>
> *Le second cortège était celui d'un juif qu'on menait pendre* (ID.).

Il est difficile de faire de ces tours des propositions infinitives : on ne peut les remplacer par un substantif complément d'objet, et, d'autre part, les actions marquées par le verbe principal et le verbe à l'infinitif ne sont pas concomitantes. Mais, par ailleurs, il est excessif de les assimiler aux tours : POUR + INFINITIF marquant le but, car il est très souvent impossible d'introduire un POUR devant ces infinitifs, pour marquer seulement une intention. Avec l'infinitif seul, on ne doute pas de la réalisation. Il s'agit d'un tour particulier, peu à peu attiré dans l'orbite de la proposition infinitive.

4. Les VERBES D'ACTIVITÉ se construisent avec un infinitif introduit par la préposition DE (*ordonner, défendre, permettre, dire, empêcher, prier...*) ou par la préposition À (*inviter, engager...*).

Selon les verbes, le substantif « sujet » est construit directement ou précédé de À ; le pronom sujet est, respectivement au cas, conjoint ou disjoint :

> *Je presse mon fils* (ou : *je le presse*) *de venir.*
>
> *Je permets à mon fils* (ou : *je lui permets*) *de venir.*

Cette construction, à cause de la présence de la préposition, n'autorise pas les substitutions qui ont été signalées au § **172.**

174. Cas où l'infinitif a le même sujet que le verbe principal.

On appelle parfois « proposition infinitive » — et non sans abus — un INFINITIF objet du verbe (construit directement ou précédé de À ou DE) qui a le même sujet que le verbe principal.

Nous signalons ici cet infinitif souvent couplé avec des propositions-objets introduites par QUE. On emploie celles-ci quand les sujets sont différents, et l'infinitif quand il n'y a qu'un même sujet. Malgré la répugnance du français pour la coordination de deux groupes ou propositions de nature différente, on en rencontre, en ce cas, d'assez nombreux exemples :

> *Je ne veux pas mentir ni qu'on me mente* (CAMUS). *Il comprit que François était gêné de n'avoir pas été reconnu et que la partie se jouât inégale* (RADIGUET).

REMARQUES. — 1. L'emploi de l'infinitif est strictement obligatoire après tous les verbes de volonté : *Je veux, je désire partir...*, quand le sujet de l'infinitif et celui du verbe principal sont une seule et même personne, et aussi après les verbes d'obligation, de possibilité : *je peux, je dois...* Ces constructions sont parmi les plus employées du français tant parlé qu'écrit.

2. Lorsqu'un verbe peut se construire avec une complétive par QUE, que les deux sujets sont différents et qu'on veut pourtant employer un infinitif, il faut recourir à un auxiliaire : *Je souhaite qu'il soit heureux. Je souhaite le faire* (ou *le voir* ou *le rendre*) *heureux.*

Jeu des prépositions avant l'infinitif.

Le jeu des prépositions (À, DE, absence de préposition) a beaucoup changé au cours des siècles. La Bruyère écrit : *Elles désirent de plaire. Ils n'hésitent pas de critiquer.*

Le système contemporain est confus et instable.

— Ou bien le verbe n'a qu'une construction possible : DIRECTE (*avouer, croire, espérer* — ce dernier verbe souvent suivi de DE quand il est lui-même à l'infinitif), avec À (*chercher, hésiter, songer...*), avec DE (*accepter, craindre, promettre, refuser...*).

— Ou bien il en a plusieurs :

a) l'OPPOSITION peut être purement STYLISTIQUE. Ainsi AIMER en construction directe est le tour le plus courant, AIMER À est recherché, AIMER DE est à la fois affecté et vulgaire ;

b) ou elle peut incarner une OPPOSITION DE SENS.

Elle m'avait dit ne pas souffrir (MAURIAC) est une constatation. *Elle m'avait dit de ne pas souffrir* aurait été un ordre.

REMARQUE. — *Commencer* oppose les constructions avec *de* et surtout *à*, qui indiquent le début de l'action, aux constructions avec *par*, qui indiquent la première d'une suite d'actions. *Finir* oppose respectivement *de* et *par*.

175. Conclusion sur les « propositions infinitives ».

Si le terme est entre guillemets, c'est pour marquer qu'il s'agit d'une catégorie délicate à délimiter. Il semble cependant, comme le montrent divers indices, que le français moderne a le sentiment de posséder une structure commode :

VERBE + SUBSTANTIF (ou équivalent) + INFINITIF

à laquelle il peut ramener par analogie des structures voisines.

176. Les propositions marquant l'interrogation indirecte.

On range sous ce titre des propositions complétives de verbes de sens interrogatif ; elles peuvent même compléter des verbes qui se font suivre de propositions introduites par QUE :

Je sais quel souci il [le Douanier Rousseau] *avait de tous les détails et aussi qu'il n'abandonnait rien au hasard* (APOLLINAIRE).

On trouve ces propositions après des verbes qui posent implicitement une question : *ignorer, ne pas savoir, (se) demander, chercher, examiner,* et aussi après des verbes déclaratifs dont le mode ou le contexte supposent une question ou une exclamation.

177. Marques de l'interrogation.

Quand l'interrogation est partielle, on recourt aux marques de l'interrogation directe :

> *Tu me demandes où je vais et pourquoi je pars* (Hugo).
> *Je me rappelle encore de quel accent ma mère vous disait : Bonjour* (Id.).

On notera cependant ceci :

— A la liste des adverbes, il faut ajouter COMME :

> *Vous savez comme sont les gens* (Aragon).

— On remplace QU'EST-CE QUI par CE QUI et QU'EST-CE QUE et QUE par CE QUE. C'est dire que le français utilise le même système de pronoms dans les propositions relatives substantivées et dans les propositions interrogatives indirectes :

> *On ne sait ce que c'est* (Hugo).

Quand l'interrogation est totale, le mot introducteur est SI :

> *Le conseil se demande s'il ne mettra pas la ville en jeu pour l'une d'entre vous* (Giraudoux).

178. Ordre des mots dans la proposition.

En principe, il répond à l'ordre des mots dans la proposition subordonnée (voir § **159**). L'inversion spécifique de l'interrogation n'est maintenue que dans le cas où le pronom ou l'adjectif est attribut :

> *Je ne vois pas pourquoi vous vous défendez d'être un apôtre* (Suarès).

Mais :

> *Saint-Jean voulut savoir quel était un homme que plusieurs fois Madame de Malivert avait amené chez elle* (Stendhal).

179. Ordre des propositions dans la phrase.

La proposition interrogative suit généralement la principale. Quand elle la précède, elle est reprise par un pronom ; elle prend parfois tant d'indépendance qu'elle peut retrouver les tours de l'interrogation directe :

> *Ses projets commerciaux se mêlaient-ils à ses repentirs de bedeau, je n'en sais rien* (Jacob).

180. Alternance avec d'autres subordonnées.

a) Avec des propositions relatives.

Quand le terme sur lequel porte l'interrogation est objet — ou dépendance de présentatif — dans la proposition interrogative, on peut assez aisément glisser, surtout dans le style familier, au tour par proposition relative décrit § **141** :

> *Il suffit de voir la tête qu'ils font* [pour : *quelle tête ils font*] *quand passe au milieu d'eux un de ces hommes aux yeux de poisson* (SARTRE). *On se demandait dans quel appartement se donnerait le dîner; on rêvait à la quantité de plats qu'il faudrait et quelles seraient les entrées* (FLAUBERT).

Comme le montre bien le dernier exemple, cette alternance permet de jouer sur les valeurs de l'objet et de l'interrogation indirecte.

b) Avec des complétives introduites par QUE.

COMME, QUE : *Puis il connut comme il est facile d'avoir dans une banque un compte ouvert, et que les pins poussent tout seuls* (MAURIAC). L'interrogative souligne le degré.

SI, QUE (quand cette alternance est possible) : avec SI, la principale ne constate plus seulement, elle laisse à l'interlocuteur le soin de répondre positivement ou négativement :

> *Octave regardait sa mère avec tendresse, elle savait si cette âme était glacée* (STENDHAL). [Mme de Malivert sait que l'âme de son fils est brûlante.]

181. Modes.

On emploie les mêmes modes que dans l'interrogation directe. — Pour les temps, voir § **562**.

182. Propositions, objets et coordination.

Le français classique coordonnait volontiers des objets de nature différente :

> *J'en suis persuadé, / Et que de votre appui je serai secondé* (MOLIÈRE).
> *Je le souhaite fort et de remettre en train mon commerce de la poste* (SÉVIGNÉ).

Sauf les cas que nous avons signalés aux § **174** et **180**, le français courant répugne à ces alliances et on doit considérer comme des effets des phrases comme :

> *Félicité avait prévu la rancune du fils bien-aimé, sa haine, et même que serait décuplé ce besoin de la faire souffrir* (MAURIAC). *Elle aimait les voyages, le bruit du vent dans les bois et à se promener tête nue sous la pluie* (FLAUBERT).

C'est aussi, dans le français relâché, une construction assez répandue.

183. Le discours indirect.

Grâce aux constructions que nous avons décrites, un discours direct peut être TRANSPOSÉ et subordonné à une proposition ; par là, il devient indirect. Ainsi : *Il pensa : « Je suis un lâche », et me demanda : « Dois-je partir ? »* devient : *Il pensa qu'il était un lâche et me demanda s'il devait partir.*

Cette transposition est marquée par l'emploi de conjonctions spécifiques (QUE, COMME, SI...), par le changement éventuel des modes et des temps, par le rétablissement de l'ordre dit « normal » (sujet-verbe) quand celui-ci était inverse (passage de l'interrogation directe à l'indirecte), par le jeu subtil des pronoms, adjectifs possessifs... *Il lui dit : « J'ai mangé ton chien »* passe à : *Il lui dit qu'il a mangé son chien.*

184. Le discours indirect libre.

Entre le discours direct et le discours indirect existe un cas intermédiaire : le DISCOURS INDIRECT LIBRE. Il consiste à effectuer seulement certaines transpositions, c'est-à-dire à garder la vie du discours direct et à introduire en partie la subordination du discours indirect. (Le QUE du discours indirect n'est jamais exprimé.)

Dans cette phrase de Flaubert : *La domestique revint : « Madame allait recevoir Monsieur »*, l'emploi de Madame et Monsieur, les guillemets indiquent qu'on reproduit les paroles de la bonne ; par l'imparfait *allait,* cependant, ces paroles sont subordonnées au contexte. Des écrivains emploient ainsi, concurremment, les trois styles (direct, indirect, indirect libre) :

> [...] *je me mis à plaindre ce pauvre homme.*
> *Comment pouvait-il vivre ainsi ? Qu'il était dur*
> *De n'avoir pas même un volet à son mur ;*
> *L'hiver doit être affreux dans ce lieu solitaire ;*
> *Et pas même un grabat ! Il couchait donc à terre ?*
> *Là, sur ce tas de paille, vous devez avoir froid,*
> *Bon père, et c'est un sort bien triste que le vôtre !* (HUGO).

HISTORIQUE. — Ce tour, si répandu dans la littérature moderne, existe dès les plus anciens monuments de la langue et a toujours été vivant.

122

3 | Les propositions compléments de nom et d'adverbe

Le substantif et l'adjectif admettent un grand nombre des constructions qui viennent d'être décrites.

a) Des propositions introduites par QUE.

> *Un contentement extraordinaire le soulevait, la certitude* que *son but était atteint* (ALAIN-FOURNIER). *On n'en fait plus sur ce patron-là, disait le docteur, stupéfait* que *la vieille femme survécût* (MAURIAC). *Encore heureux* que *vous soyez là.*

REMARQUE. — On peut ranger ici ou au § **163** la construction qui suit les locutions verbales : *Tchen avait l'impression de tenir* [le corps] *fixé au lit... Il eut soudain la certitude* que *cet homme était mort* (MALRAUX).

CONSTRUCTION. Cette proposition suit ordinairement le mot qu'elle complète, mais elle peut être détachée en tête (voir § **167**) :

> *Qu'il y eût en tout être, et en lui d'abord, un paranoïaque, il en était assuré depuis longtemps* (MALRAUX).

Ou, en queue, après une pause, souvent soulignée par À SAVOIR :

> *Et il n'osait pas s'avouer sa pensée la plus inquiétante, à savoir* que *peut-être il s'était trompé de chemin* (ALAIN-FOURNIER).

b) Des INFINITIFS.

L'infinitif peut être postposé, sans préposition :

> *Je n'avais plus qu'une idée en tête : recommencer* (S. DE BEAUVOIR).

REMARQUE. — Les adverbes de jugement : *heureusement, sûrement, naturellement...* (auxquels on ajoutera : *peut-être* et *sans doute*), se font suivre d'une proposition complétive introduite par QUE : *Heureusement* qu'*il est parti.*

185. *Modes dans ce cas particulier.*

Quand le complément est une proposition introduite par QUE, l'alternance de l'indicatif et du subjonctif répond aux règles qui ont été exposées *supra*.

Ou l'un des modes est obligatoire :

> *La crainte* qu'*il soit parti le tenaillait.*
> *La certitude* que *son but était atteint le rassurait.*

Ou l'usager a le choix entre l'INDICATIF (jugement assuré et définitif) et le SUBJONCTIF (l'usager en est encore au stade de l'appréciation); ainsi, un avocat se déclare prêt à défendre un accusé : « *favorablement impressionné par le fait* qu'*il se soit constitué prisonnier* ».

4 | Les propositions circonstancielles

A — Préambule

Les propositions subordonnées circonstancielles jouent, en principe, le même rôle que les compléments circonstanciels décrits au § **105**.

186. Forme des circonstancielles.

Elles sont introduites par une conjonction, soit une conjonction simple (SI, QUAND, COMME, QUE), soit une locution composée dont l'un des éléments est QUE (*après que, pour que, sans que...*), SI (*même si, comme si, que si*), QUAND (*même quand, quand même*), COMME (*comme si*) et l'autre une préposition (*dès que, sans que*), un adverbe (*ainsi que, lorsque*), un substantif (*du moment que, depuis le temps que*).

Pour le cas de la proposition participe, v. *infra*, § **189**.

187. Coordination des circonstancielles.

Lorsque deux propositions circonstancielles de même nature sont coordonnées, ou bien on répète la conjonction et on obtient des effets d'insistance ou de variété, ou bien on introduit la seconde proposition par le seul QUE, suivi du mode de la première proposition (pour l'exception des hypothétiques, voir § **216**). Les deux procédés alternent dans cet exemple de Giraudoux :

> Voyons! *Quand vous venez d'aimer Pâris, qu'il s'assoupit dans vos bras, quand vous êtes encore ceinturée par Pâris, comblée par Pâris, vous n'avez aucune pensée?*

Une ou plusieurs propositions circonstancielles peuvent être coordonnées à un groupe substantival ou infinitival de même fonction. Ce tour est moins affecté en français que celui qui a été signalé au § **182** pour les propositions complétives :

> *Elle n'avait droit à une chaise que pendant la veillée et à condition qu'elle filât* (MAURIAC).

REMARQUE. — On peut aussi ne pas répéter la conjonction quand les deux propositions sont étroitement unies par le sens : *Quand toute la ville est morte sous le soleil et rayonne de chaleur humide, ils* [les boulevards] *sont encore tout froids...* (SARTRE).

188. *Classement des circonstancielles.*

Le classement traditionnel est un classement par catégories LOGIQUES : *cause, but, hypothèse, temps...* Comme le montre cette énumération, le terme de « circonstancielles » est fâcheusement impropre. C'est dire que les séparations entre propositions ne sont pas toujours aisées ; car la *condition* est proche de la *concession*, le *but* de la *conséquence...*

Si l'on se retourne vers la FORME, on éprouve les mêmes difficultés. Une conjonction de contenu indéterminé comme QUE autorise toutes sortes de liens : l'alternance de l'*indicatif* et du *subjonctif*, l'*ordre* ne sont que des présomptions ; c'est le contexte qui indique la nature de la relation logique. Voici quelques exemples de nuances différentes.

Valeur d'HYPOTHÈSE :

> *Qu'un homme vienne à aimer une femme, il n'y a rien à faire ; il l'aura* (APOLLINAIRE).

Valeur de BUT :

> *Attendez ! Elle vient ! Laissez-moi que j'écoute !* (HUGO.)

Valeur de TEMPS (antériorité) :

> *Et elle me reconnaît : c'est ma main qui l'a attirée et qui ne l'a plus lâchée que le baiser n'eût été reçu* (LARBAUD).

Valeur de TEMPS (succession immédiate) :

> *Il n'avait pas fait deux cents pas qu'il fut arrêté.*

Valeur de CONSÉQUENCE :

> *Est-ce que mon père m'oublie*
> *Et n'est plus là que j'ai si froid ?* (HUGO.)

Valeur de CAUSE (exprimée en langue parlée) :

> *Est-ce que vais me toquer de vous, que je vous passe vos sottises* (ARAGON).

Même une conjonction au sens apparemment plus déterminé peut avoir des valeurs très différentes. Ainsi QUAND exprime très souvent le temps, mais aussi la cause, l'opposition ou l'hypothèse :

> *Que devaient être les greniers* quand *on y devinait déjà que, du moindre placard entrouvert, crouleraient des liasses de lettres jaunes ?* (SAINT-EXUPÉRY.)
> *Pourquoi faites-vous des prêtres* quand *vous en avez parmi vous ?* (HUGO.)
> *Car tu ne peux rendre au père ce qu'il t'a donné* quand *tu le voudrais* (CLAUDEL).

189. *Un cas particulier : la proposition participe.*

Cette proposition n'est introduite par aucun terme de subordination, car le mode du verbe suffit à marquer la subordination. Elle comporte obligatoirement un sujet propre, sauf quand il s'agit d'une construction impersonnelle ou d'un présentatif :

> *Il contemplait les clochers* [...] *et bientôt, Paris disparaissant, il poussa un grand soupir* (FLAUBERT).

> *C'est en ne bougeant pas de chez soi qu'on l'obtient* [le bien-être du plus grand nombre] *avec le moindre effort, n'y ayant là qu'à poursuivre un peu d'élan hérité* (GIDE).

Les valeurs de cette proposition sont inhérentes à sa construction dénuée de terme subordonnant et au mode du verbe : temps, cause, condition... Ces valeurs peuvent être exceptionnellement soulignées par un adverbe (*une fois, aussitôt...*) ou une préposition :

> *Château de légende qui offrait, dès le porche franchi, un abri aussi paisible, aussi sûr, aussi protégé qu'un monastère* (SAINT-EXUPÉRY).

190. *Le participe détaché.*
Le gérondif.
L'infinitif prépositionnel.

Bien que ces groupes n'aient pas droit au titre de proposition, puisqu'ils ne comportent pas de sujet exprimé, on les étudiera conjointement avec les propositions circonstancielles, parce que les uns et les autres fonctionnent en parallèle.

191. *Syntaxe.*

Ces groupes sont fondés chacun sur un verbe qui peut recevoir toutes sortes de compléments, selon sa nature. Mais comme ces verbes sont à un mode impersonnel (infinitif et participe), ils n'ont pas de sujet exprimé : le sujet de leur action est obligatoirement le même que celui du verbe principal sauf pour le participe, qui peut se rapporter à un autre mot, quand aucune équivoque n'est possible.

PARTICIPE : *Et lui, rendant l'âme, s'écroula.* — *Il aperçut madame Arnoux, ruinée, pleurant, vendant ses meubles* (FLAUBERT).

GÉRONDIF : *Il tomba en me regardant.*

INFINITIF PRÉPOSITIONNEL : *A te voir, on te croirait heureux.*

HISTORIQUE. — L'exigence d'un sujet identique pour la principale et le groupe subordonné ne date que du XVIIIᵉ s. On usait auparavant d'une bien plus grande liberté : le sujet du groupe pouvait remplir une fonction quelconque dans la proposition principale (sujet, mais aussi objet, circonstanciel, déterminatif...) ou même dans une autre proposition du contexte.

PARTICIPE :

> *Et je me dis toujours* qu'étant fille de roi
> *Tout autre qu'un monarque est indigne de moi* (CORNEILLE).

GÉRONDIF : *Mes crimes, en vivant, me la pourraient ôter* (CORNEILLE).

INFINITIF PRÉPOSITIONNEL : *Ma tristesse redouble* à la tenir secrète (CORNEILLE).

Certains écrivains aiment à garder cette liberté des siècles classiques :

> *Avant de me retirer, elles* [ma mère et ma sœur] *me faisaient regarder sous les lits* (CHATEAUBRIAND).
> *A midi, le camp fut levé* pour examiner des chevaux *que les Creeks voulaient vendre* (ID.).
> *La première fois que,* en s'habillant, *les mailles d'acier avaient brillé sur ses membres blancs...* (VILLIERS DE L'ISLE-ADAM).
> *Un jeudi,* arrivant vers midi à la Sainte-Baume, *la fièvre la prit* (S. DE BEAUVOIR).

Cette licence, en français moderne, passe généralement pour une grave incorrection : *La ville te paie* sans travailler. (Cette phrase est prêtée ironiquement par Max Jacob à un être fruste.)

Elle n'est autorisée que quand le sujet du groupe n'est pas déterminé et vaut ON :

> *Il est bien reconnu que la patrie se reconnaît toujours* au moment de la perdre (CAMUS).
> *Car l'allocution du Préfet des études, à en bien considérer les termes, était beaucoup plus subtile* (LARBAUD).
> *Là où on est,* c'est bien en attendant, *mais c'est trop petit* (N. SARRAUTE).

192. *Place du groupe dans la phrase.*

Elle dépend du sens de ce groupe et suit les habitudes qui seront exposées pour les propositions subordonnées. Ainsi, un groupe infinitif exprimant une cause ou une hypothèse sera généralement antéposé :

> *Et à vivre ainsi près des corps et par le corps, on s'aperçoit qu'il a ses nuances* (CAMUS).

S'il exprime la conséquence ou la concomitance, il sera plutôt postposé :

> *Qu'est-ce que vous faites* à perdre votre soirée avec ce grand cheval ? (ARAGON.)
> *Il* (Sartre) *aurait volontiers passé l'après-midi sur la place Zocodover* à fumer sa pipe (S. DE BEAUVOIR).

193. *Termes introducteurs.*

PARTICIPES ET GÉRONDIFS. Les premiers sont construits directement, les seconds introduits par EN (ou TOUT EN) :

> *Comment l'as-tu enlevée? A cheval?* En laissant *sous ses fenêtres cet amas de crottin qui est la trace des séducteurs* (GIRAUDOUX).
> *C'est* en forgeant *qu'on devient forgeron.*

HISTORIQUE. — L'obligation de EN ne date que du XVIIIe s. La construction en ancien français était beaucoup plus libre, faisant alterner l'absence de préposition (il nous en reste : chemin faisant, argent comptant...) et la présence de prépositions variées (il nous en reste : *à son corps défendant*).

INFINITIFS PRÉPOSITIONNELS. — Le nombre des prépositions est assez limité. Ce sont :

— Soit des prépositions polyvalentes comme À (parfois DE, surtout dans le tour RIEN QUE DE);

— Soit des prépositions qui établissent des liens moins nombreux : la plus fréquente est, de loin, POUR; on rencontre aussi AVANT DE, APRÈS, SANS, etc.

HISTORIQUE. — Jusqu'aux siècles classiques, on pouvait construire l'infinitif circonstanciel avec de très nombreuses prépositions, interdites aujourd'hui à cette place (PAR, DEPUIS...) :

> *Mon père, éperdu de douleur, ne put répondre au Roi que par* se jeter *sur ses mains et les inonder de larmes* (SAINT-SIMON).

194. *Formes et valeurs.*

Les alternances de formes permettent de préciser les valeurs en opposition.

MODES. — A l'opposition fondamentale INDICATIF — SUBJONCTIF des propositions subordonnées répond ici l'opposition INFINITIF — PARTICIPE. Ce dernier marque une action verbale vue dans son développement; le premier ne se réfère pas à ce développement :

> *La vieille gouvernante trottait comme un rat, s'écriant : « Ah! mon Dieu! quel malheur! » à chaque signe d'une usure qui menaçait l'éternité de la maison, aussitôt courant se brûler les yeux sous quelque lampe, à réparer la trame de ces nappes d'autel* (SAINT-EXUPÉRY).

PRÉPOSITIONS.

EN — absence de EN (gérondif — participe).

Le gérondif et le participe marquent tous les deux une action concomitante de celle de la principale (sur les valeurs d'aspect du participe passé, voir § 551) : l'un et l'autre, par là, répondent volontiers à des effets de sens secondaires de moyen, de condition ou de cause :

> *Il rentrerait fort tard,* ayant *un rendez-vous avec M. Oudry* (FLAUBERT).

Cependant, la présence de EN (et surtout de TOUT EN) rend plus étroit le lien des deux actions et souligne plus nettement la concomitance :

> *A ce moment, le peuple ayant crié : « Place »*, en s'écartant, *Philippe vit venir Pierre lui-même* (APOLLINAIRE).

Ainsi le gérondif est exclu de l'exemple de Flaubert cité *supra*.

REMARQUE. — On ajoutera à cette distinction d'ordre structural une distinction d'ordre stylistique. L'emploi du participe détaché, au présent surtout, relève à peu près exclusivement du style littéraire, la langue quotidienne recourant en ce cas aux propositions relatives.

L'opposition se place alors sur un autre plan : l'écrivain emploie le participe au lieu de la proposition relative, parce qu'il lui permet d'éviter les QUI et les QUE, et l'autorise à jouer sur l'opposition des modes personnels et impersonnels :

> *Son patron à lui* [Dussardier], *ayant été aux informations sur Arnoux près du banquier Oscar Lefèvre, celui-ci avait répondu qu'il le jugeait peu solide, connaissant quelques-uns de ses renouvellements* (FLAUBERT).

À — DE, POUR (+ INFINITIF).

À marque seulement qu'un lien s'établit entre verbe principal et infinitif ; DE (surtout dans le tour RIEN QUE DE) souligne la cause ; les autres ont un contenu plus déterminé (cf. à l'Index) :

> *T'es-tu dit que l'homme, vaine ombre, | Hélas ! perd son humanité | À trop voir cette splendeur sombre | Qu'on appelle la vérité* (HUGO).
> *Vous aurez des bleus rien que de parler avec elle* (ARAGON).

195. Conclusion.

Ces groupes fonctionnent en parallèle avec les propositions subordonnées ; on peut déterminer le champ de leurs emplois d'après leurs caractéristiques.

a) L'obligation syntaxique du sujet unique dans le cas de groupes prépositionnels permet d'économiser l'expression d'un sujet ; du même coup sont favorisées deux grandes tendances de la rhétorique française : la concision et la clarté ;

b) Le petit nombre des combinaisons possibles, en même temps que la grande abstraction des rapports établis (en particulier avec le participe et avec les groupes introduits par à et EN), est à la fois pratique, puisqu'il permet d'exprimer plusieurs relations logiques à l'aide d'une seule structure, et dangereux, puisqu'il permet à l'usager de laisser sa pensée dans l'indécision.

Sauf dans le cas du participe, supplanté par la proposition relative, qui offre le même jeu de valeurs logiques (voir § **240**), la langue parlée assure un grand succès à ces tours économiques.

B | Les propositions circonstancielles de temps

La notion de temps informant la pensée moderne, il semble juste de commencer par les propositions de temps : d'autres notions, en effet, empruntent, pour s'exprimer, le matériel des propositions temporelles.

Le *mode* employé, sauf les exceptions qui seront indiquées, est l'*indicatif*.

196. Quand.

La conjonction dominante est QUAND (LORSQUE relève de la langue littéraire). Elle est le plus souvent placée en tête de la phrase, parfois après un adverbe ou un complément circonstanciel. Elle sert à noter un événement. Quand elle est suivie d'un temps identique à celui de la principale, elle marque la SIMULTANÉITÉ :

> Quand *elles se mirent à table, le roi témoigna une joie qui parut* - *vouloir être imitée* (SAINT-SIMON).

Quand elle est suivie d'une forme verbale composée (actif ou passif de résultat), qui correspond à une forme simple dans la principale, elle marque l'ANTÉRIORITÉ :

> Quand *les Andes furent explorées, Mermoz confia ce tronçon à son camarade Guillaumet* (SAINT-EXUPÉRY).

Elle se prête à souligner un contraste, surtout quand elle est suivie d'un passé simple (ou d'un passé composé) : *Il parlait encore* quand *il mourut,* ou dans des constructions plus libres :

> *Je dînais d'une orange à l'ombre d'un oranger* quand, *tout à coup, Feux Chocs Rebondissements* (CENDRARS).

197. Les autres conjonctions.

Les autres conjonctions précisent soigneusement le déroulement des actions dans l'échelle du temps. Elles marquent ainsi : la simultanéité, la succession rapide, l'antériorité et la postériorité.

198. La simultanéité.

COMME souligne la simultanéité généralement avec l'imparfait et se construit comme QUAND :

> *Tout à l'heure,* comme j'allais entrer dans ma chambre, *je me suis arrêté net* (SARTRE).

Avec cette même valeur, on emploie PENDANT QUE, TANDIS QUE et, dans un style affecté, CEPENDANT QUE.

En outre, pour marquer :

— que deux actions sont de durée égale : TANT QUE, AUSSI LONGTEMPS QUE ;
— qu'elles évoluent conjointement : À MESURE QUE ;
— une répétition concomitante : TOUTES LES FOIS QUE, CHAQUE FOIS QUE.

199. La succession rapide.

Elle se marque dans la principale par : À PEINE, NE ... PAS, NE PAS ... ENCORE, NE ... MÊME PAS, NE ... PAS PLUTÔT. La subordonnée qui suit est soit introduite par QUE, soit — rarement — juxtaposée :

> *Mais à peine Meaulnes avait-il pu jeter un coup d'œil* qu'il entendit sur le palier un bruit de pas... (ALAIN-FOURNIER).

> A peine *avons-nous décollé* nous lâchons ces chemins *qui s'inclinent vers les abreuvoirs* (SAINT-EXUPÉRY).

REMARQUE. — Pour la discussion posée par ce problème de « subordination », voir § **157**.

200. Antériorité et postériorité.

AVANT QUE et APRÈS QUE (ou AVANT DE et APRÈS, suivis de l'infinitif, APRÈS seulement avec l'infinitif passé) répondent à ces notions. On les place généralement en fin de phrase. On enseigne que AVANT QUE est suivi du subjonctif et APRÈS QUE de l'indicatif, le subjonctif passant pour une faute grossière. Néanmoins, le subjonctif est ici un des laxismes les plus répandus :

> *Il est pourtant vrai qu'en 1953,* quatre ans après que les communistes aient pris le pouvoir, *l'évêque attendait toujours* (ETIEMBLE).

REMARQUE. — Tout au long des siècles, on trouve des exemples de ce subjonctif, APRÈS QUE étant entraîné dans le sillage de AVANT QUE. Il faut ajouter qu'aujourd'hui le passé antérieur, temps réclamé généralement dans le récit par APRÈS QUE (la principale étant au passé simple), est sorti de l'usage et que le passé surcomposé (attendu lorsque la principale est au passé composé) est suspect à beaucoup ; le recours au subjonctif est donc tout naturel.

On emploie aussi :

— Pour marquer qu'une action dure jusqu'au commencement de celle de la subordonnée temporelle : JUSQU'À CE QUE, D'ICI À CE QUE, suivis du subjonctif (aux siècles classiques, JUSQU'À CE QUE peut être suivi de l'indicatif ou du conditionnel) ;

— Pour marquer la postériorité immédiate : DÈS QUE, AUSSITÔT QUE, SITÔT QUE, DU PLUS LOIN QUE, UNE FOIS QUE ;

— Pour marquer le point de départ : DEPUIS QUE, DEPUIS LE TEMPS QUE, MAINTENANT QUE :

> *A la lueur de la veilleuse, il corrigeait des devoirs,* jusqu'à ce que ce fût l'heure de la potion (MAURIAC).
> Depuis qu'il avait fait la paix avec sa cousine, *il n'était plus retombé dans des moments de désespoir* (STENDHAL).

201. Alternance où - que.

La langue utilise l'alternance OÙ - QUE pour marquer plusieurs oppositions :

— Soit sur le plan des *modes* et de la *modalité* : JUSQU'À CE QUE et EN ATTENDANT QUE sont suivis du subjonctif ; JUSQU'AU MOMENT OÙ et EN ATTENDANT LE MOMENT OÙ, de l'indicatif :

— Soit sur le plan des *sens* : AU MOMENT OÙ a un sens temporel ; DU MOMENT QUE, un sens causal ;

— EN CE JOUR OÙ a un sens purement temporel ; MAINTENANT QUE ajoute à ce sens temporel une valeur causale :

> Maintenant que Tchen avait tué, *il avait le droit d'avoir envie de n'importe quoi* (MALRAUX).

Quant à l'exemple d'Aragon :

> *Il y avait des jours* qu'on attendait l'armistice,

il s'oppose à :

> *Il y avait des jours* où l'on attendait l'armistice,
> comme la durée s'oppose à la date.

202. Construction.

FONCTION. — Dans tous les exemples que nous avons cités, la proposition est subordonnée comme un adverbe au groupe verbal d'une proposition principale à laquelle elle est jointe directement. Mais elle peut être reprise dans cette principale par un CELA ou, familièrement, ÇA, qui la représentent, en sorte qu'elle remplit dans la principale une fonction de sujet, attribut... :

> *Quand je bois,* cela me rend fou (ZOLA).
> Cela lui parut naturel, *lorsque Félicien arriva* (ID., *in* Sandfeld).

ORDRE. — Nous avons précisé les dispositions les plus remarquables ; les autres propositions se mettent soit en tête, soit en queue, selon le sens et le rythme (voir § 86).

C | Les propositions circonstancielles d'opposition

203. Propositions d'opposition.

Une opposition peut se placer dans l'esprit à divers niveaux :
— ou bien on envisage deux faits qui existent ou pourraient exister simultanément ; le parleur recourt le plus souvent aux constructions de temps ; c'est une opposition simple ;
— ou bien on constate que deux faits coexistent ou peuvent coexister, mais que l'un des deux aurait dû — ou devrait — empêcher la réalisation de l'autre. Ces propositions seules ont droit au titre de PROPOSITIONS DE CONCESSION. Le matériel linguistique est spécifique, mais fait intervenir des notions de cause et d'hypothèse.

Ces remarques expliquent pourquoi nous avons placé cette étude entre celle des propositions temporelles et celle des propositions hypothétiques et causales.

204. L'opposition.

On oppose la coexistence de deux faits.
On utilise QUAND et ALORS QUE (pour SI, voir § 215) :
> Je ne sais pas ce qui se passe en moi. Cette pesanteur lie au sol quand tant d'étoiles sont aimantées (SAINT-EXUPÉRY).

Lorsque principale et subordonnée sont au conditionnel, QUAND oppose bien deux possibilités :
> Quand je n'aimerais pas cette excellente loi d'indemnité parce qu'elle est si juste envers nos pauvres émigrés, je l'aimerais pour l'âme nouvelle qu'elle donne à mon cousin (STENDHAL).

On utilise aussi : PENDANT QUE et TANDIS QUE — souvent en tête de phrase, précédés de AUSSI —, et, dans une langue affectée : LORS MÊME QUE.

Quand on remarque que, de deux faits qui pourraient avoir lieu concurremment, l'un existe, mais l'autre n'existe pas, on recourt à SANS QUE, suivi du subjonctif, mais bien plus fréquemment à SANS, suivi de l'infinitif :
> Les uns mouraient sans parler, les autres parlaient sans mourir.
> Son cœur seul battait un peu follement sans qu'elle en souffrît (MAURIAC).
> Il aurait dû mourir sans savoir ce que c'est aimer (ID.).

REMARQUE. — On relève encore au XVIIᵉ siècle, dans la langue familière, des exemples de la construction médiévale de SANS QUE (OU SANS CE QUE) avec l'indicatif :
> Je vous le dirois plus souvent sans que je crains d'être fade (SÉVIGNÉ).

Quand on remarque que, de deux termes d'une alternative, dont on s'attendait que l'un se produise, c'est l'autre qui existe, on emploie AU LIEU QUE (suivi du subjonctif) et plus fréquemment AU LIEU DE avec l'infinitif, ou, si l'on veut insister, LOIN QUE (suivi du subjonctif) et plus fréquemment LOIN DE :

> Bien loin que la philosophie supplée la religion, *où la religion manque, la métaphysique est sans objet* (SUARÈS).

AU LIEU QUE suivi de l'indicatif marque une simple opposition.

REMARQUE. — ENCORE QUE marque, dans une langue cultivée, une forte opposition : *Dostoïewski fait habiter le diable non point dans la région basse de l'homme* — encore que l'homme entier puisse devenir son gîte et sa proie — *tant que dans la région la plus haute* (GIDE).

205. La concession.

Les conjonctions de concession sont QUOIQUE (plus fréquent dans la langue parlée) et BIEN QUE. MALGRÉ QUE — il faut mettre à part le tour figé : *malgré que j'en aie, malgré qu'il(s) en ai(en)t* — est populaire ; dans la langue littéraire (Aragon, Apollinaire, Gide, qui l'a défendue dans son *Journal*), c'est un effet le plus souvent :

> *Ses dents claquaient,* bien que déjà elle fût chaude (MAURIAC).
> *Je compris que jamais Noé ne put si bien voir le monde que de l'arche,* malgré qu'elle fût close (PROUST).

MODE. — C'est le subjonctif obligatoire depuis la fin du XVIIᵉ siècle. Quand on rencontre l'indicatif futur ou le conditionnel, c'est presque toujours parce que QUOIQUE ou BIEN QUE sont employés avec une valeur de conjonctions de coordination, comme en témoignent la pause et l'intonation spéciale :

> *Quoique j'en donnerai d'autres exemples* (CHATEAUBRIAND).

REMARQUE. — On a tenté de justifier certains futurs de l'indicatif ou conditionnels en alléguant que le subjonctif ne pouvait exprimer le futur. Le conditionnel suivant, pourtant très prudemment introduit, montrera combien ce tour est forcé : *On ne pensera sans doute pas à noter pour « tourner » un sens factitif dans des emplois tels que « tourner la clef », bien qu'on puisse dire très naturellement « faire tourner la clef dans la serrure », et qu'*il serait *donc possible de ranger « tourner la clef » sous la rubrique des factitifs* (BLINKENBERG). Les autres cas d'indicatif sont tout simplement des incorrections ou du moins des familiarismes.

CONSTRUCTION. — QUOIQUE et BIEN QUE s'emploient suivis d'un adjectif, d'un participe ou d'un complément de manière :

> *Pour la pièce, elle était fort bonne* quoique ancienne (HUGO).

LE CAS DE « POUR ».

L'ancien français confondait souvent les valeurs de PAR et POUR suivis de l'infinitif. Depuis le moyen français, une répartition assez curieuse s'est établie. Avec l'infinitif présent, POUR exprime non seulement le but, mais l'opposition :

> Mme de Clèves y venait souvent et pour être affligée, elle n'en paraissait pas moins belle à M. de Nemours (Mme DE LA FAYETTE).

Dans les descriptions, POUR marque deux actions successives et contrastées :

> Parfois seulement une pie s'envolait, effrayée par la voiture, pour aller se percher plus loin sur un orme sans tête (ALAIN-FOURNIER).

Mais, avec un infinitif passé, POUR prend une valeur nettement causale (voir § 222) ou consécutive :

> J'ai encore six à huit pages pour être arrivé à un point (FLAUBERT).

206. Opposition fondée sur un adjectif, un adverbe, un pronom, un substantif.

On peut vouloir souligner la valeur d'opposition d'un attribut, d'un complément d'objet ou d'un complément adverbial. Ce terme passe alors en tête, se fait précéder de TOUT, SI, QUELQUE, POUR, et suivre de QUE : Bien qu'il soit sot devient ainsi Tout sot qu'il est.

207. Tout ... que. Si ... que.

On enseigne souvent qu'il est possible de choisir entre :
— TOUT... QUE (TOUT invariable, QUE suivi de l'indicatif), quand il s'agit d'un fait réel ;
— SI... QUE (QUE suivi du subjonctif), quand il s'agit d'un fait supposé et possible.

> Tout guerrier que tu es, tu as bien entendu parler des symboles (GIRAUDOUX). Si sot que tu sois, tu comprends bien les symboles.

En réalité, dans un français moderne qui, de plus en plus, fait suivre TOUT... QUE du subjonctif, l'opposition se place sur un autre plan :
— TOUT... QUE, encadrant un adjectif ou un substantif, suivi de l'indicatif ou du subjonctif, met en valeur le mot en opposition (indicatif) ou souligne l'idée de concession (subjonctif) ;
— SI... QUE, encadrant un adjectif et suivi d'un subjonctif, insiste sur le degré de l'opposition.

> Tout nouveau venu que je sois, je gagne probablement autant que vous (BUTOR).
> Et tu as vu quelles phrases ! Mais si piètres qu'elles nous semblent, elles ravissent Baudelaire (PROUST).
> Les Guichantois, tout gênés qu'ils fussent entre leurs filles maigres, étaient fiers de s'ennuyer (JACOB).

REMARQUE. — On dit que SI ne peut être remplacé par AUSSI ; les exceptions ne sont pourtant pas rares ; cf. MAURIAC : Aussi bonne chrétienne que tu fusses, avoue que j'avais beau jeu.

208. Pour ... que. Quelque ... que.

On trouve aussi, dans les mêmes emplois, POUR et QUELQUE suivis de QUE et du subjonctif :

> Le *peuple,* pour ravi qu'il soit de sa libération, *aurait à subir de rudes épreuves* (DE GAULLE).
>
> Il *vit avec délice que ses confidences,* quelque minutieuses qu'elles fussent, *n'étaient jamais à charge* (STENDHAL).

Devant un adjectif, participe ou adverbe, QUELQUE, adverbe, est invariable. Mais, lorsqu'il est suivi d'un substantif ou d'un groupe adjectif-substantif, il est adjectif, et donc s'accorde ; le terme introducteur de la subordonnée est nettement senti comme un pronom relatif :

> A quelque femme brillante ou considérable qu'il adressât la parole, *il ne parlait jamais qu'à* Mlle *de Zohiloff* (STENDHAL).
>
> *Mais* quelque douleur dont elle se trouvât accablée, *elle sentait bien qu'elle aurait eu la force de les supporter si elle avait été satisfaite de M. de Nemours* (Mme DE LA FAYETTE).

Enfin, le groupe POUR SI ... QUE est rare et littéraire.

209. Propositions introduites par un pronom suivi de que.

Pour marquer l'opposition de valeur indéfinie, le français utilise le système des pronoms qui est décrit aux § **385-389** (commun aux propositions relatives et interrogatives) et l'adjectif QUEL. Ces pronoms sont suivis de QUE.

QUI QUE se rencontre comme attribut avec ÊTRE :

> Qui que tu sois, *réponds.*

Comme sujet ou objet, on emploie QUI QUE CE SOIT QUI (QUE) :

> Il *faut,* qui que ce soit qui ait fait le coup, *qu'avec beaucoup de soin on ait épié l'heure* (MOLIÈRE).

QUEL QUE est attribut :

> Quelle que fût la cause de sa profonde mélancolie, *Octave semblait misanthrope avant l'âge* (STENDHAL).

REMARQUE. — QUEL adjectif s'accorde en genre et en nombre avec le sujet. Ce tour engendre de nombreuses graphies fautives : *Quelque soit la cause,* ou *quelques soient les événements,* pour *quelle que soit la cause* ou *quels que soient les événements.* L'inversion du sujet est ici obligatoire.

QUOI QUE est dépendance de présentatif ou objet (non animé) :

> *Comment affirmer* quoi que ce soit (BUTOR).

OÙ QUE est circonstanciel :

> *Où que je l'ouvre* [l'Evangile], *il luit d'une manière toute divine* (GIDE).

Le substantif sujet peut être inversé, mais non le pronom sujet.
Tous ces tours sont suivis du subjonctif et, sauf QUOI QUE, rares.

D | Les propositions hypothétiques

210. *Problèmes de classement.*

Une phrase est dite « hypothétique » lorsqu'un de ses éléments exprime une supposition qui est généralement aussi la condition d'un fait qui suit. Cet élément, la donnée d'hypothèse, et son corollaire peuvent être énoncés sous des formes diverses, allant de systèmes complexes (principale-subordonnée, indépendantes coordonnées, etc.) au simple mot : Venir, *moi? j'en serais bien fâché.* Le type le plus courant d'expression d'une hypothèse est un système comportant deux propositions, l'une subordonnée, énonçant la supposition, l'autre principale, donnant le résultat de la supposition.

Si le monde était clair, *l'art ne serait pas* (Camus).

Il peut y avoir entre les deux éléments un rapport d'effet à cause, la subordonnée énonçant la condition nécessaire pour que se réalise la principale, qui exprime ainsi une sorte de conséquence :

Si je m'y soumets par amitié pour Armance, *bientôt l'on me proposera quelque chose de tout à fait impossible* (Stendhal).

La proposition subordonnée peut n'exprimer qu'une éventualité offrant plus ou moins de chances de réalisation, et la principale, dans ce cas, exprime simplement un fait parallèle ou opposé à celui de la subordonnée.

S'il a un peu d'amour pour moi, *hélas! il s'en guérira* (Stendhal).

De plus, selon les modes et les temps employés dans chaque élément, selon le contexte aussi, le sens peut varier de l'hypothèse réalisable à l'hypothèse irréalisable, en passant, par tous les degrés, du plus vraisemblable au moins vraisemblable, et par toutes les nuances de l'expression affective.

Comment trouver donc pour les systèmes hypothétiques un classement satisfaisant, compte tenu de la multiplicité de leurs formes et de leurs valeurs ? Beaucoup de grammairiens se sont efforcés de faire entrer le système hypothétique français dans les cadres du système latin : POTENTIEL, IRRÉEL DU PRÉSENT, IRRÉEL DU PASSÉ.

REMARQUE. — Le potentiel exprime alors une éventualité pouvant se réaliser dans l'avenir, l'irréel du présent une éventualité qui n'est pas réalisable actuellement, l'irréel du passé une éventualité qui a été réalisable, mais non réalisée :

Si nous achetions bientôt cette maison, je serais content (potentiel).
Si nous avions cette maison en ce moment, je serais content (irréel du présent).
Si nous avions acheté cette maison, j'aurais été content (irréel du passé).

Un tel classement soulève des difficultés, en particulier du fait qu'il n'y a pas forcément, en français, une forme spéciale attachée à chaque valeur. Ainsi, une phrase du type : *si j'avais de l'argent, je serais heureux,* se trouvera étudiée au moins dans deux rubriques différentes : le POTENTIEL et l'IRRÉEL DU PRÉSENT.

En fait, dans le système français, les différences de sens sont exprimées non par les formes verbales seules, mais souvent par des moyens extra-syntaxiques (des adverbes en particulier, ou encore le ton) :

Si *vous veniez* demain, *je serais heureux* (potentiel).

Nous établirons donc un classement à partir d'une répartition des structures, soit un répertoire des phrases types de la langue courante et de leurs variantes. Nous introduirons cependant deux grandes divisions logiques, en distinguant les systèmes à valeur réellement hypothétique des systèmes à forme hypothétique et à valeur non hypothétique.

211. Tableau des phrases types et de leurs variantes. Sens hypothétique.

Les structures les plus fréquentes sont les systèmes principale-subordonnée par SI, et en particulier les trois systèmes suivants :

1. « SI » + PRÉSENT DE L'INDICATIF ... INDICATIF FUTUR :

[...] *Je suis affublé de cette absurdité. Elle m'écrasera* si je ne la soutiens (STENDHAL).

2. « SI » + IMPARFAIT DE L'INDICATIF ... CONDITIONNEL PRÉSENT :

Si le ciel tombait, *il y aurait bien des alouettes de prises* (proverbe cité par ELUARD).

3. « SI » + PLUS-QUE-PARFAIT DE L'INDICATIF ... CONDITIONNEL PASSÉ :

Et *puis,* même si je te l'avais dit, *tu aurais pensé que j'étais un gosse* (ANOUILH).

La 1re et la 2e phrase type expriment des hypothèses relatives au présent et au futur, la 3e indique une hypothèse relative au passé.

REMARQUE. — Quand une seconde proposition subordonnée hypothétique est coordonnée à la première, elle peut être introduite par SI, mais généralement SI est remplacé par QUE et le verbe de la proposition est au subjonctif :
J'imagine que si Benedetto Orfei était devenu pape et que l'idée de son hérésie ne lui eût été inspirée *qu'à ce moment,* il se serait au contraire servi du dogme (APOLLINAIRE).

212. Variantes principales des phrases types.
Les systèmes complets introduits par si.

A condition que l'on tienne compte d'une règle essentielle selon laquelle la conjonction SI n'est jamais suivie elle-même du futur de l'indicatif ou du conditionnel, beaucoup de substitutions sont possibles dans le tableau établi ci-dessus.

Variantes de la phrase type 1 :

« SI » + PRÉSENT DE L'INDICATIF ... IMPÉRATIF :

> *Faites ce que vous avez à faire. Mais si vous* êtes *un être humain,* faites-*le vite* (ANOUILH).

« SI » + PRÉSENT DE L'INDICATIF ... PRÉSENT DE L'INDICATIF :

> *Si tu te* tais *maintenant, si tu* renonces *à cette folie, j'*ai *une chance de te sauver* (ANOUILH).

REMARQUE. — Cette variante tend de plus en plus à remplacer la phrase type avec l'indicatif futur, dans la langue courante.

Variantes de la phrase type 3 :

« SI » + PLUS-QUE-PARFAIT DE L'INDICATIF ... IMPARFAIT DE L'INDICATIF :

> *Si nous* étions partis *plus tard, nous le* manquions.

« SI » + IMPARFAIT DE L'INDICATIF ... IMPARFAIT DE L'INDICATIF :

> *C'*était *évidemment, si cela* durait, *la fin de votre carrière* (GIRAUDOUX).

« SI » + PLUS-QUE-PARFAIT DU SUBJONCTIF ... PLUS-QUE-PARFAIT DU SUBJONCTIF :

> *Peut-être si vous* eussiez connu *cette femme plus tôt,* en eussiez-vous pu *faire quelque chose* (CHODERLOS DE LACLOS).

TYPES MIXTES : SI + plus-que-parfait du subjonctif ... conditionnel passé ; SI + plus-que-parfait de l'indicatif ... plus-que-parfait du subjonctif.

> *S'il* eût vécu *jusqu'à la Révolution et s'il* eût été *plus jeune, il* aurait joué *un rôle important* (CHATEAUBRIAND).
> *Si Julien* était demeuré *beau, élégant, séduisant, peut-être* eût-elle *beaucoup* souffert (MAUPASSANT).

REMARQUE. — La conjonction SI a été renforcée de divers éléments avec lesquels elle a formé des locutions marquant souvent une réserve, une exception : *s'il est vrai que, si tant est que, si ce n'est que, excepté si, sauf si :*

> *Je crois qu'il a fait beaucoup souffrir ma mère,* si tant est qu'*il ait jamais aimé vraiment* (GIDE).

213. Variantes principales des phrases types.
Systèmes complets sans si.

a) *Avec une autre conjonction ou un conjonctif.*

« QUAND » + CONDITIONNEL ... CONDITIONNEL :

> *J'en* aurais été touchée *quand je ne l'*aurais *point* connue (Mme DE LA FAYETTE).

On trouve aussi QUAND MÊME, MÊME QUAND :

> *Même quand il* continuerait *à me chérir, chaque jour* serait empoisonné *par la crainte* (STENDHAL).

On voit dans ces exemples qu'il est parfois difficile de faire la distinction entre une proposition hypothétique et une proposition d'opposition. On trouve avec le même sens : MÊME SI et les modes et temps employés après *si.*

« QUI » + CONDITIONNEL ... CONDITIONNEL ;
ou SUBJONCTIF ... SUBJONCTIF :

> *Qui, cette nuit,* eût vu *s'habiller ces barons,*
> Eût vu *deux pages blonds, roses comme des filles* (V. HUGO).

« POURVU QUE », « SAUF QUE », « À CONDITION QUE », « À MOINS QUE », « EN SUPPOSANT QUE », « EN ADMETTANT QUE », « POUR PEU QUE », « EN CAS QUE » ... + SUBJONCTIF :

> *En supposant qu'elle* soit *intelligente et peu sentimentale, quelle leçon !...* (V. LARBAUD).
> *Pourvu que nous* puissions *grimper à bord... ça ira* (MALRAUX).

« SELON QUE », « SUIVANT QUE » ... + INDICATIF :

> *Selon que vous* serez *puissant ou misérable,*
> *Les jugements de cour vous rendront blanc ou noir* (LA FONTAINE).

« AU CAS OÙ », « DANS L'HYPOTHÈSE OÙ » ... + CONDITIONNEL.

Toutes ces locutions conjonctives peuvent, avec des valeurs diverses, remplacer SI. La proposition principale peut être à l'indicatif, au subjonctif, au conditionnel, à l'impératif.

REMARQUE. — Les locutions conjonctives à MOINS QUE, à CONDITION QUE sont généralement remplacées par : à MOINS DE, à CONDITION DE + infinitif, quand le sujet est le même dans les deux propositions.

A CONDITION QUE peut être suivi, avec une nuance de sens un peu différente, de l'indicatif futur.

b) *Systèmes sans subordination formelle.*

DEUX PROPOSITIONS INDÉPENDANTES AU CONDITIONNEL (la 1re pouvant être interrogative) :

> [...] Deviendrais-je *fou, avait-il pensé, elle seule* [l'imagination] resterait *de moi* (MALRAUX).

Dans une variante fréquente de cette tournure, on trouve un QUE devant la seconde proposition :

> Le *saurait-elle* que *ce regard ne la distrairait pas de son écoute de la forêt* (DURAS).

Ce QUE n'a pas de fonction subordonnante, il marque simplement un lien entre les deux propositions (voir § **157**).

DEUX PROPOSITIONS INDÉPENDANTES À L'INDICATIF (avec inversion du sujet dans la première, et substitution possible, dans l'une ou l'autre, de l'IMPÉRATIF) :

> Ai-je *la puissance de me venger, j'en* perds *l'envie* (CHATEAUBRIAND).

PROPOSITION AU SUBJONCTIF, INTRODUITE PAR « QUE » + PROPOSITION À L'INDICATIF OU AU CONDITIONNEL (les deux propositions peuvent être reliées par ET) :

> Qu'elle *possédât des pistolets à crosse, et les insurgés* doublaient *leurs chances* (MALRAUX).

Dans le style élevé, le QUE peut être omis :

> Vienne *ma doña Sol* [...]
> [...] *et le reste est passé* (HUGO).

On peut rattacher à ces tours :

Les constructions du type : QUE ... OU QUE ... + SUBJONCTIF ; SOIT QUE ... SOIT QUE ... + SUBJONCTIF :

> Qu'il fasse *beau*, qu'il fasse *laid, c'est mon habitude d'aller sur les cinq heures me promener au Palais-Royal* (DIDEROT).

Les constructions figées introduites par : FÛT-IL, DÛT-IL, EÛT-IL, NE FÛT-CE QUE, qui marquent une éventualité :

> J'en viens à souhaiter pour la France un roi, *fût-ce un despote* (GIDE).
> Faire le poème de la conscience humaine, *ne fût-ce qu'à propos d'un seul homme, ce serait fondre toutes les épopées* (HUGO).

La construction introduite par N'ÉTAIT :

> N'était *le bruit, on se croirait au paradis.*

REMARQUE. — Historiquement, ce sont des constructions subordinatives, puisqu'en ancien français elles comportent la conjonction SI. On trouve SE NE FUST transformé bientôt en SE N'EUST ÉTÉ, puis souvent remplacé par : SE N'ESTAIT, SE N'ESTOIENT. La conjonction pouvait être omise.

Dans la langue actuelle, cette formule figée fonctionne à peu près comme la préposition SANS, et bien souvent ne s'accorde même pas en nombre avec le sujet :
N'était *un embonpoint précoce, il ne craindrait pas à la course les plus jeunes gens du village* (DROZ).

214. Systèmes réduits à une seule proposition.

Une des deux propositions peut être remplacée par un mot ou un groupe de mots ne constituant pas formellement une proposition (préposition et son régime, adjectif ou participe se rapportant au sujet, infinitif, etc.) :

Sans *la petite Antigone, vous auriez tous été bien tranquilles* (ANOUILH).

Heureuse, adorée, *peut-être Mathilde vivante aurait-elle eu la figure que voilà* (MAURIAC).

Le système peut être réduit à un seul élément :

Tu ne le croirais pas : *je suis tombée dans l'escalier!* (COLETTE.)

On peut considérer également comme systèmes hypothétiques incomplets les tournures isolées telles que : *si vous saviez ..., si vous voulez ..., s'il en fut ..., si ce n'est ..., si vous veniez!* ... (exhortation), *si vous étiez là!* (regret), etc.

215. Systèmes introduits par si *de sens non hypothétique.*

Certains systèmes introduits par SI ont la forme d'hypothétiques, mais n'en ont pas la valeur. C'est le cas de beaucoup de tournures dont les deux éléments sont à l'indicatif présent.

Dans la plupart de ces cas, la conjonction SI introduit une proposition qui *s'oppose* à la proposition principale.

Si l'effort est grand, *au moins ne doit-il pas être long* (CHODERLOS DE LACLOS).

REMARQUE. — Si la structure de ce type de phrase est subordinative (présence de la conjonction), la valeur en est plutôt coordinative. On s'en rend compte en opérant la substitution suivante :
L'effort est grand, mais *il ne doit pas être long.*
On peut trouver dans chacune des propositions un temps passé de l'INDICATIF :
Si tu m'as rendu malheureux, tu ne l'as jamais fait exprès (ANOUILH).
On peut également trouver (ce qui montre la place bien particulière de ces tours dans les hypothétiques) le CONDITIONNEL ou le FUTUR après SI :
Mais s'il serait fâché de sa défaite, en serait-il vraiment surpris? (BOSSUET.)

La conjonction SI peut aussi introduire une proposition exprimant un fait *expliqué* par la principale. Dans ce cas, la valeur est celle d'un système causal :

Le désert. S'il n'est d'abord que vide et que silence, *c'est qu'il ne s'offre point aux amants d'un jour* (SAINT-EXUPÉRY).

Dans certaines phrases, SI a une valeur temporelle plus qu'hypothétique. Il est l'équivalent de CHAQUE FOIS QUE :

> Si je fais le bilan des heures qui ont compté, *à coup sûr, je retrouve celles que nulle fortune ne m'eût procurées* (SAINT-EXUPÉRY).

Dans les expressions figées du type : *du diable si ..., Dieu me punisse si ...*, etc., le sens conditionnel s'efface et l'expression fait l'effet d'une forte négation (ou d'une forte affirmation, selon les cas).

216. Remarques sur les structures types et leurs variantes principales.

Une étude historique des hypothétiques montre que le français, partant d'un état de langue assez confus, aux types nombreux et complexes, a tendu à une simplification et une unification de ces types, et a éliminé en particulier beaucoup de types mixtes.

REMARQUE. — Un type mixte s'est maintenu, celui qui présente une subordonnée hypothétique coordonnée à une autre introduite par QUE suivi du subjonctif (voir *supra*, § **211**, Rem.). A l'origine, la seconde subordonnée, comportant un subjonctif à valeur hypothétique, s'accrochait librement à la première proposition, introduite par SI. Ce SI suffisait à marquer l'hypothèse et était donc suivi de l'indicatif ; pour la seconde proposition le subjonctif était nécessaire. A partir du XVIᵉ s., la conjonction QUE introduisit la seconde subordonnée, comme cela se produisait pour les autres subordonnées construites en reprise.

La langue courante actuelle se caractérise par la prédominance numérique des structures types introduites par SI, que nous avons signalées en tête du répertoire précédent. Ces trois types de phrase, parfaitement symétriques (ce qui est une des raisons de leur victoire sur les autres tours de structure moins rigide), présentent des valeurs communes :

— les modes indicatif et conditionnel remplacent le mode subjonctif ; on néglige ainsi l'expression modale au profit de l'expression d'un rapport temporel, le verbe principal tendant à intégrer les faits au réel en les situant dans le temps ;

— il s'établit une progression temporelle entre l'hypothèse et sa conséquence, l'époque de la condition étant antérieure à celle de la conséquence.

Les autres tours sont caractérisés, soit par l'absence de conjonction hypothétique, soit par la présence d'une conjonction autre que SI.

Les premiers, d'une allure plus libre et plus vive, appartiennent généralement à un mode d'expression affective : *Venez et vous verrez !*

Les seconds soulignent, par le moyen du subjonctif, la valeur d'éventualité et permettent d'exprimer des nuances variées de la pensée : À MOINS QUE, SAUF QUE : réserve, exception ; POURVU QUE : souhait ; QUAND : opposition.

Ces tours, surtout les seconds, sont numériquement beaucoup moins représentés dans la langue actuelle courante que les systèmes introduits par SI. C'est donc sur ces derniers qu'il convient d'insister.

217. Remarques sur les hypothétiques relatives au présent, à l'avenir et au passé.

HYPOTHÉTIQUES RELATIVES AU PRÉSENT ET AU FUTUR. HISTORIQUE. — Le tour « SI » + PRÉSENT DE L'INDICATIF ... FUTUR DE L'INDICATIF apparaît très tôt dans la langue. Le tour « SI » + IMPARFAIT DE L'INDICATIF ... CONDITIONNEL PRÉSENT apparaît assez tôt, mais il est resté en concurrence, jusqu'au XVIe s., avec le tour « SI » + IMPARFAIT DU SUBJONCTIF ... IMPARFAIT DU SUBJONCTIF qui a fini par disparaître complètement.

L'emploi alterné de l'un ou l'autre type montre que la pensée peut se placer à deux niveaux différents : l'opposition entre les deux tours peut être de valeur logique, le futur présentant l'hypothèse comme réalisée, le conditionnel la présentant comme une simple vue de l'esprit. Cette disposition peut encore être d'ordre affectif, l'hypothèse étant formulée de façon plus neutre par le conditionnel, de façon plus présente, plus sentimentale par le futur, qui introduit une nuance de certitude ou d'espoir.

Le tour « SI » + INDICATIF PRÉSENT ... INDICATIF PRÉSENT, d'abord variante affective du tour avec le futur, donnant avec plus de certitude ou d'impatience le fait comme réalisé et présent, tend à concurrencer de plus en plus le premier tour dans la langue courante.

Dans certains types de phrases, formellement semblables, l'indicatif présent a une valeur différente.

> *Si Dieu existe, tout dépend de lui et nous ne pouvons rien contre sa volonté. S'il n'existe pas, tout dépend de nous* (CAMUS).

Il s'agit d'hypothèses que l'on pourrait appeler intemporelles, parce qu'elles n'engagent aucun moment particulier de la durée. Leur emploi est fréquent chez les philosophes et les moralistes.

HYPOTHÉTIQUES RELATIVES AU PASSÉ. HISTORIQUE. — Le type « SI » + PLUS-QUE-PARFAIT DE L'INDICATIF ... CONDITIONNEL PASSÉ ne s'est affirmé comme dominant qu'assez tard, surtout dans la langue littéraire. Jusqu'au XVIIIe s. est resté très vivant l'ancien type « SI » + PLUS-QUE-PARFAIT DU SUBJONCTIF ... PLUS-QUE-PARFAIT DU SUBJONCTIF, remplaçant lui-même l'ancien « SE » + IMPARFAIT DU SUBJONCTIF ... IMPARFAIT DU SUBJONCTIF.

REMARQUE. — C'est de ce premier état de langue que date l'expression *(se) ne fust...*

De nos jours, ce type est le seul vivant. On trouve certes des emplois assez nombreux du tour avec le plus-que-parfait du subjonctif, mais ils témoignent toujours d'une recherche de style. L'emploi des types mixtes (plus-que-parfait du subjonctif dans un seul élément) fait aussi partie d'une syntaxe soucieuse d'élégance. C'est encore à un niveau assez élevé de la langue qu'on trouve la variante : « QUAND » + CONDITIONNEL ... CONDITIONNEL.

La tournure « QUI » + CONDITIONNEL ... CONDITIONNEL est très ancienne. Dans ce tour, QUI, tout en restant un relatif, apparaît pour le sens comme l'équivalent de SI ON :

> Bonne chasse, dit-il, qui l'aurait à son croc (LA FONTAINE).

Une variante stylistique de la phrase type très vivante dans la langue est celle qui remplace le conditionnel de la principale par un imparfait de l'indicatif. Cet imparfait, marquant l'imminence de la réalisation, rend plus dramatique l'idée de la conséquence de l'hypothèse, en l'insérant dans la réalité; l'effet est encore plus vif quand l'imparfait de l'indicatif est introduit aussi dans la subordonnée, à la place du plus-que-parfait :

> Si ce n'était pas vous, c'était moi qui y passais (ANOUILH).

REMARQUE. — L'imparfait de l'indicatif, de par sa valeur, peut prendre un sens hypothétique, même en proposition indépendante. On s'explique ainsi qu'il ait pu facilement remplacer un conditionnel.

E | Les propositions de cause

La marque la plus fréquente est PARCE QUE ; on relève ensuite PUISQUE et COMME. Ainsi qu'on pouvait s'y attendre pour une relation logique aussi étroitement liée au temps, des conjonctions marquant originairement le temps ont été utilisées comme PUISQUE et DU MOMENT QUE.

Le MODE, sauf pour les exceptions qui seront signalées, est l'indicatif, comme dans les propositions temporelles.

218. Parce que.

1° PARCE QUE et les conjonctions de coordination.

Il semble que parfois on puisse échanger PARCE QUE et une conjonction de coordination comme CAR :

> La terre nous en apprend plus long sur nous que tous les livres parce qu'elle nous résiste (SAINT-EXUPÉRY).

Mais la subordination permet des constructions et combinaisons beaucoup plus variées (voir § 157).

2° PARCE QUE *et* PUISQUE.

Quand la cause répond à une question, la réponse n'est jamais introduite par PUISQUE, mais par PARCE QUE :

> *Pourquoi partez-vous?* — Parce qu'*il se fait tard.*

La réponse peut même être réduite à la seule conjonction, quand on ne veut pas — ou qu'on ne sait pas — expliciter la cause :

> *C'est la même chose, protesta-t-il, véhément.* — *Pourquoi?* — Parce que (COLETTE).

Cette construction nous donne la clef des emplois de *parce que* et de *puisque* dans les systèmes de cause.

219. L'opposition parce que - puisque.

PROPOSITIONS INTRODUITES PAR « PARCE QUE ».

La principale représente un fait connu, admis de tous (par exemple *Je pars*), mais qui pose une question implicite : quelle en est la cause? La proposition introduite par PARCE QUE apporte la réponse à cette question :

> *Je t'envoie mes amitiés Italie* parce que *comme toi j'aime à penser seul* (APOLLINAIRE).

PROPOSITIONS INTRODUITES PAR « PUISQUE ».

La démarche de pensée est exactement inverse. La proposition introduite par PUISQUE représente un fait connu, admis de tous (par ex. *infra* : *J'ai fait un livre*), mais qui pose une question implicite : de quoi est-il cause? La proposition principale apporte la réponse à cette question :

> Puisque *de mon esprit, de mon cœur, de mon sang,*
> *J'ai fait l'âcre parfum de ces versets funèbres,*
> *Va-t'en, livre, à l'azur, à travers les ténèbres!* (HUGO.)

Cette seconde démarche est beaucoup plus dramatique que la première, et la principale est souvent renforcée par des conjonctions comme *donc, eh bien donc...*

REMARQUE. — Au sens de PUISQUE, on relève : DU MOMENT QUE et, dans une langue plus recherchée : DÈS *lors que*, DÈS *l'instant que.*

220. Ordre et intonation.

Le plus souvent, la proposition introduite par PARCE QUE suit la principale, celle qui est introduite par PUISQUE la précède. On ne s'en étonnera pas; comme on l'a montré (voir § 25), la première partie d'une phrase contient une question implicite, la seconde répond à cette question. Cette répartition correspond à la répartition des propositions introduites par PARCE QUE et PUISQUE.

Quand, par exception, une proposition introduite par PUISQUE suit la principale, une disposition particulière de l'intonation (chute brusque de la voix sur *puisque*) signale le caractère particulier de la disposition syntaxique (pour un phénomène identique, voir § **147** : antéposition et postposition dans la phrase segmentée).

221. Constructions avec c'est.
C'est parce que..., c'est que...

C'EST, apportant une sorte de réponse à ce qui précède, est utilisé pour l'expression de la cause (construction attributive, voir § **153**); on ne s'étonnera pas de trouver seulement PARCE QUE à cette place et jamais PUISQUE. Cette cause peut être niée :

> *Je viens avec vous, mais ce n'est pas* parce que *je le veux.*

Dans les deux cas, on peut remplacer PARCE QUE par QUE; le lien causal est alors beaucoup plus lâche :

> *Je l'ai détestée sans trop savoir pourquoi. Je comprends à présent :*
> c'est qu'*il fallait recommencer à vivre* (SARTRE).

Mais lorsque la cause est niée, CE N'EST PAS QUE peut se voir substituer NON QUE, l'une et l'autre expression étant suivies du subjonctif; la cause est, dans ce cas, une cause supposée :

> *Ce n'était pas qu'il* [Gisors] *s'amusât à jouer par procuration des vies dont le séparait son âge; c'était que, dans tous ces drames semblables, il retrouvait celui de son fils* (MALRAUX).
>
> [Ils] *se mettent nus au soleil... Non qu'ils aient lu les prêches ennuyeux des naturalistes, ces protestants de la chair. Mais c'est qu'ils sont « bien au soleil ! »* (CAMUS).

222. Parce que *et* pour.

HISTORIQUE. — PARCE QUE et POUR (CE) QUE ont alterné jusqu'à la fin du XVIIe siècle. POUR CE QUE ne s'emploie aujourd'hui que comme un archaïsme ironique. POUR QUE peut quelquefois posséder une nuance causale :

> *Il y en avait beaucoup* [de grisou] *ce jour-là,* pour que *la flamme fût si bleue* (ZOLA in Sandfeld).

Mais c'est généralement POUR suivi de l'infinitif qui a valeur causale (voir § **205**); cet infinitif est rarement un présent, plus souvent un passé :

> *Et le loup rit dans l'ombre en marchant*
> *De voir qu'il se croit bon* pour n'être pas *méchant* (HUGO).
>
> *Monsieur Léniot,* pour vous être dérangé sans permission, *vous aurez un zéro de conduite* (LARBAUD).

Pour lie la cause au résultat plus fortement que PARCE QUE.

REMARQUE. — On retrouve la même nuance dans l'emploi d'une des deux locutions : PAR LA RAISON QUE, POUR LA RAISON QUE :
Et la vie du passé nous semble mieux répondre à notre nature, pour la seule raison qu'*elle répond mieux à notre langage* (SAINT-EXUPÉRY).

223. Comme.

Cette conjonction est commune à l'expression de la cause et du temps. COMME désigne bien la conformité de la cause avec l'effet :

Comme *elle devait porter la robe de M*^{me} *la Dauphine et que c'était une chose où elle avait été préférée à plusieurs autres princesses, il n'y avait pas moyen d'y renoncer* (Mme DE LA FAYETTE).

Sauf à de rares exceptions, la subordonnée précède la principale et, traitant d'un fait passé, est généralement à l'imparfait ou au plus-que-parfait, temps qui soulignent la dépendance de la cause et de l'effet. Les autres temps accentuent la valeur temporelle de COMME en la rapprochant de la valeur de QUAND :

Arrivé à la fenêtre, Jean Valjean l'examina... Il l'ouvrit, mais comme *un air froid et vif entra brusquement, il la referma tout de suite* (HUGO).

REMARQUE. — Le subjonctif, qu'on rencontre encore ici au XVIIe s., n'était qu'un latinisme. La proposition a alors plutôt valeur temporelle.

224. Sous prétexte que.

Ou, plus fréquemment, SOUS PRÉTEXTE DE (ou SOUS COULEUR DE), suivi de l'infinitif.

Ces locutions présentent la cause comme une raison apparente avancée le plus souvent par l'auteur de l'action principale.

REMARQUES. — 1. Quand on veut exprimer une cause incidente, on recourt — et surtout dans la langue familière — à : *d'autant que, surtout que.*
2. Cette même langue familière ne répugne pas aux expressions archaïques : *à cause que, attendu que, vu que, étant donné que...*
Je balbutiai sans oser nier, à cause que *je m'imaginai avoir affaire à un éditeur original* (APOLLINAIRE).

F | Les propositions de conséquence

225. *Propositions de cause — propositions de conséquence.*

La relation de causalité comporte deux termes : la cause et l'effet. Dans la subordination causale, on met en dépendance la cause ; dans la subordination consécutive, on met en dépendance l'effet :

Il *dort* parce qu'*il a trop mangé.*
Il *a trop mangé,* de telle sorte qu'*il dort.*

Des systèmes de subordonnants très différents opposent clairement ces deux sens de la relation.

226. *Propositions de but — propositions de conséquence.*

La conséquence est très proche du but quand on souligne qu'une conséquence est le résultat d'une intention. Sur le plan de la langue, les confusions sont rares :

— ou bien un antécédent au terme subordonnant marque explicitement qu'il s'agit d'une conséquence (un verbe comme SUFFIRE, un adverbe comme ASSEZ ou TROP) :

Une angine bénigne suffit pour que *Marie de Lados désertât le cabinet* (MAURIAC).

N'avais-je donc pas assez *de pierres à assembler* [...] pour que *tout à coup je porte la main sur l'œuvre d'un autre* (CLAUDEL) ;

— ou bien il suffit de l'opposition des modes (indicatif pour la conséquence, subjonctif pour le but) :

On a mis une barrière de manière que *les chevaux ne* puissent *plus passer — ne* peuvent *plus passer* (exemple de F. BRUNOT).

Dans quelques cas, l'indécision pourtant subsiste :

Nous ne nous retrouvons pas pour nous quereller (ZOLA).

Une tenture de velours vert semblait faite exprès pour *absorber toute la lumière que pouvaient fournir deux immenses croisées* (STENDHAL).

227. *La subordination consécutive : marques, ordre, modes.*

Les marques de subordination sont QUE et POUR QUE, avec un mode personnel, À, DE et POUR avec l'infinitif.

Ces marques sont annoncées par un **antécédent corrélatif**. C'est le cas le plus fréquent. Cet antécédent est inséré dans la principale, en sorte que l'*ordre* le plus constant des propositions est : principale-subordonnée. Il peut préciser une manière (*de sorte que, de manière que*) ou un degré d'intensité (*si ... que, assez ... pour*). L'importance en est telle qu'elle ordonnera notre exposé.

228. L'antécédent est un adverbe ou un adjectif.

Si (souvent dans SI BIEN QUE, TANT ET SI BIEN QUE), TANT (et TANT ET TANT), TELLEMENT ou TEL, ASSEZ et TROP.

Si ne peut s'employer que devant un adjectif, un participe adjectif ou un adverbe, TANT seulement devant une forme verbale. On ne dira donc pas, en principe du moins, car les exceptions sont nombreuses : *Il était si aimé* pour *tant aimé*. Mais les tours : *J'ai si soif, si faim, si mal* sont aujourd'hui courants.

Après une principale négative ou interrogative, la langue châtiée emploie parfois : SI ... QUE DE, SI ... DE avec l'infinitif : *Et comme il n'était point corps* si *glorieux* que de *passer à travers les murs, il fallait que Mathilde lui tirât encore le verrou* (MAURIAC).

Deux propositions juxtaposées peuvent voir souligner un rapport de conséquence par TANT, TELLEMENT, placés en tête de la proposition, qui, pour le sens, est principale :

[...] *Ce mari et cette femme, on eût dit le frère et la sœur* tant *ils avaient la même chair, les mêmes bajoues luisantes* (MAURIAC). Le parler vulgaire, qui ajoute un QUE, rattache nettement ce tour à la *fausse subordination* que nous avons décrite au § **157** : *On aurait cru le frère et la sœur* tellement qu'*ils avaient les mêmes bajoues*.

MODES. SI, TANT, TELLEMENT et TEL introduisent un QUE consécutif suivi de l'*indicatif* (d'un conditionnel — ou d'un subjonctif plus-que-parfait — dans une langue recherchée, s'il y a une hypothèse) :

> *Il se vit à* tel *point égaré* qu'*il en fut presque amusé* (ALAIN-FOURNIER).
> Tel *a été le mal du monde, que chacun a voulu jouir de ses biens, comme s'ils avaient été créés pour lui* (CLAUDEL).
> *Encore ce sanglot de nocturne, si* rapproché qu'*on l'eût dit dans la chambre* (MAURIAC).

On trouve régulièrement le subjonctif à tous les temps quand la principale est négative ou interrogative :

> *Mais qui a fait ma langue perfide* tellement qu'*elle ait guidé et sauve-gardé jusqu'ici mon esprit?* (RIMBAUD.)
> [La lèpre] *est de nature* telle
> *Que celui qui l'a conçue dans toute sa malice*
> *Doit être mis à part aussitôt*
> *Car il n'est homme vivant* si *peu gâté* que *la lèpre ne puisse y prendre*
> (CLAUDEL).

O damnée les flammes de l'enfer ont-elles tant de goût que vous les ayez ainsi convoitées toutes vivantes (Id.).

Assez ... pour que, trop ... pour que sont suivis du subjonctif ; assez ... pour, trop ... pour, de l'infinitif :

> *La répression de février avait été faite de* trop de *tortures* pour que *l'insurrection manquât d'hommes résolus* (Malraux).

Ordre des mots dans la proposition. Quand le verbe de la principale est *être*, si..., tel, attributs ou déterminants de l'attribut, sont très souvent en tête. Cf. *supra*, l'exemple de Claudel, et :

> *Si grande était son indécision qu'il faillit chanceler* (Alain-Fournier).

Quand la proposition est introduite par pour, elle peut précéder la proposition principale :

> Pour *demeurer autant que naguère une serve agenouillée, Marie de Lados voyait de trop près maintenant la vieille idole déboulonnée* (Mauriac).

229. L'antécédent est une locution prépositionnelle.

De manière que (plus familièrement : « de manière à ce que ») [voir § 168], de (ou « en ») sorte que, ou, avec une détermination : de telle manière que, de telle sorte que, à ce point que, à tel point que, au point que... :

> *Sartre réagissait au sujet et à l'expression des personnages* au point qu*'il goûtait les œuvres de Guido Reni* (S. de Beauvoir).

Le mode est généralement l'indicatif. Le subjonctif rapproche ces propositions des propositions de but (cf. *supra*, § 226).

L'infinitif apparaît quand le que est remplacé par à ou de.

Remarque. — De nombreuses locutions *(si bien que, en sorte que...)* sont souvent séparées de la principale par une pause (ou par une ponctuation forte) :
> *Cette bonne Henriette goûtait un plaisir de veuve à marier les gens ;* si bien que, *lorsqu'elle avait fourni les filles,* il lui arrivait *de laisser les pères choisir des amies dans sa société* (Zola).

230. Le subordonnant n'a pas d'antécédent corrélatif.

Dans quelques cas très déterminés, prépositions et conjonctions peuvent être employées sans antécédent avec valeur consécutive :

— Après une principale négative, un que suivi du subjonctif (accompagné de ne) :

> *Les Orgel ne donnaient plus de dîner* que *François n'y vînt* (Radiguet).

Remarque. — Cette proposition n'est pas très éloignée, pour le sens, d'une proposition introduite par sans que, mais la subordination plus étroite — phénomène souligné par l'intonation — rend plus sensible la relation de conséquence.

— Après une proposition marquant une restriction, POUR (ou *pour que*). C'est que l'opposition peut prendre une nuance de conséquence :

> *Il faut que ce soit vous* pour que *j'y réponde* (SUARÈS).
> *Il n'y a qu'un homme* pour *avoir l'air d'une femme* (ID.).

— On peut ajouter les constructions qualifiantes (voir § **110**) dans lesquelles À introduit un infinitif. La nuance est en partie finale, mais en partie aussi consécutive :

> *Il n'était pas homme* à *se gêner* pour un cadavre (MAURIAC).

G | Les propositions de but

On les appelle propositions de but ou « finales » parce qu'elles envisagent un résultat. Elles sont parfois très proches des propositions de conséquence, avec lesquelles elles ont en commun un certain matériel linguistique.

Elles sont soit introduites par une locution conjonctive avec QUE, et le verbe est au SUBJONCTIF, soit introduites par une préposition ou locution prépositive, et le verbe est à l'INFINITIF. Elles viennent généralement en fin de phrase, mais elles peuvent aussi occuper une autre place.

231. Marques.

On emploie POUR QUE, mais encore bien plus POUR :

> *Ce qu'il en dit, c'est* pour me tourmenter (MAURIAC).

Il n'est pas toujours aisé de distinguer but et conséquence :

> *Presque toujours un fils suffisait, un seul,* pour que *se perpétuât un mince filet de vie* (MAURIAC).

On emploie plus rarement, même en littérature, AFIN DE (ou AFIN QUE) :

> *Il fallait d'abord, selon lui, vaincre chez Fernand le dégoût de la nourriture* afin *qu'il se fît du sang* (ID.);

et, exceptionnellement : À CETTE FIN QUE, À SEULE FIN QUE (ou DE), toutes deux représentant la locution médiévale : *à celle fin que.*

Quand la proposition indique un but ou une conséquence qu'on cherche à éviter, on a quelquefois recours, dans la langue littéraire, à DE CRAINTE QUE (ou DE), DE PEUR QUE (ou DE) :

Elle s'enfermait ainsi de crainte qu'une dame de ses amies, aussi pauvre qu'elle, mais aussi fière, vînt la surprendre (ALAIN-FOURNIER).

REMARQUES. — 1. Après des propositions impératives ou interrogatives, on trouve des subjonctifs précédés de QUE, formant des propositions de sens final :
Mettez-vous là près de ce cierge que je vous regarde bien (CLAUDEL).
La parenté de cette proposition avec la proposition indépendante à sens de volonté (voir § 157) fait sentir la relation comme intermédiaire entre la subordination et la juxtaposition.

2. Nous avons vu que les verbes de mouvement peuvent être suivis d'un infinitif, construit directement, ou d'une proposition infinitive qui ont un sens final. Cette valeur de but peut, dans certains cas, être soulignée par l'insertion de POUR devant l'infinitif construit directement :
« Monsieur Bernard ne rentre pas dîner? — Ni pour coucher, Antoine » (GIDE).

3. DE MANIÈRE À CE QUE, DE FAÇON À CE QUE se développent dans le français contemporain aux dépens de : DE MANIÈRE QUE, DE FAÇON QUE, mais ces locutions sont condamnées par les puristes. (Sur le même phénomène, voir § 168 et 229.)

H | Les propositions comparatives

232. *Relations de comparaison.*

Nous avons refoulé en queue de chapitre ce que la nomenclature officielle appelle des *propositions subordonnées circonstancielles de comparaison,* parce que ces propositions ne sont ni subordonnées (dans de nombreux cas, le QUE fait illusion) ni circonstancielles.

Elles établissent entre deux faits indépendants des rapports de comparaison grâce à un jeu d'adverbes et de conjonctions. Sur le plan de la syntaxe, elles se distinguent nettement des propositions précédemment étudiées.

1° Les relations de comparaison s'établissent avec les mêmes marques aussi bien entre éléments verbaux qu'entre éléments nominaux :

Il est parti plus tôt qu'on ne l'avait prévu.
Quoi de plus espagnol que Cervantès, de plus anglais que Shakespeare, de plus italien que Dante, de plus français que Voltaire ou Montaigne, que Descartes ou que Pascal, quoi de plus russe que Dostoïewski, et quoi de plus universellement humain que ceux-là? (GIDE.)
Plus voluptueux qu'aimant, il s'était fait facilement de la dureté même un devoir (GIDE).

2° La plupart des groupements de comparaison peuvent être l'objet d'une transformation; selon le terme qu'on veut mettre en relief, on a le choix entre deux tours :

— ou bien la proposition de comparaison introduite par QUE suit l'autre proposition, qui contient l'adverbe ou groupe adverbial de comparaison :

> [L'homme] *Etrange oiseau d'autant plus libre*
> *Que le mystère le tient mieux* (Hugo);

— ou bien la proposition de comparaison passe en tête (retournement). En ce cas, chacune des deux propositions est précédée d'un adverbe corrélatif de l'autre : *Mieux le mystère tient l'homme, plus il est libre.*

On notera le tour avec adjectif ou participe (cf. § **117**) :

> *Ponctuel comme il est, ce retard est bizarre.*

233. Comme.

Marque la conformité (équivalents : AINSI QUE, DE MÊME QUE) :

> *Sa présence* [celle du pilote mort] *ne nous manque pas encore en profondeur* comme *pourrait nous manquer le pain* (Saint-Exupéry).

COMME peut être suivi de toutes sortes de constructions (cf. le tour populaire : *comme qui dirait*) :

> *Madame Marty avait refermé le sac,* comme *pour y cacher des choses qu'on ne montre pas* (Zola).

COMME se rapporte généralement à l'énoncé entier qui précède, mais parfois à un simple nom ou pronom, qui est souligné par la comparaison :

> *Une femme* comme *on n'en fait plus. Un livre* comme *vous les aimez.*

ORDRE. — Les propositions introduites par COMME, AINSI QUE... se déplacent assez librement dans la phrase :

> *Dans la souillarde,* ainsi qu'*elle faisait depuis soixante ans, Marie de Lados lavait la vaisselle* (Mauriac).

Dans le style didactique ou archaïsant, on met ces propositions en tête et on les rappelle dans l'autre proposition par un adverbe (AINSI, DE MÊME...) :

> Comme *le champ semé en verdure foisonne,*
> Ainsi *de peu à peu crût l'empire romain...* (Du Bellay).

234. D'autant plus (moins) ... que ... plus (moins).

D'AUTANT PLUS QUE marque une *proportion* :

> *Croire que l'art s'élève* d'autant plus *haut qu'il est plus libre, c'est croire que ce qui retient le cerf-volant de monter, c'est sa corde* (Gide).

Par *retournement,* on emploie : PLUS ... PLUS, MOINS ... MOINS, en variant les combinaisons :

> Plus *l'art est libre,* plus *il s'élève.*
>
> Moins *nous sommes sensibles à la perte d'un parent et* plus *il importe d'outrer les marques extérieures de notre deuil* (MAURIAC).

Sur le *et,* voir § **156.**

REMARQUE. — SELON QUE, À MESURE QUE marquent aussi la proportion. Pour l'ordre des propositions, même mécanisme qu'avec COMME.

235. Tel, autant, aussi, si... que.

TEL (qualité), AUTANT et TANT (quantité), AUSSI et SI (degré) suivis de QUE marquent un rapport d'ÉGALITÉ :

> *Il estime Rodrigue autant que vous l'aimez* (CORNEILLE).
>
> *Il ne vous estime pas tant que vous le croyez.*
>
> *Devant chaque livre, je suis aussi inquiet que si je n'avais jamais écrit* (GIDE).
>
> *Il n'est pas aussi tard que vous le croyez* (DURAS).

Par *retournement,* on emploie : TEL ... TEL ...; AUTANT ... AUTANT ... :

> *Autant Bernard est entreprenant, autant Lucien est timide* (GIDE).

REMARQUE. — On employait ici autrefois AUTANT QUE, TEL QUE :
Telle que dans son char la Bérécynthienne,... telle se faisoit voir,
En ses jours plus heureux, ceste ville ancienne (DU BELLAY).

236. Le même ... que.

LE MÊME (de la même façon, au même endroit) ... QUE marque un rapport d'IDENTITÉ, et s'oppose à : *autre, autrement, ailleurs ... que :*

> *Si sa mère était entrée, il lui eût crié : « Je ne veux pas que Mathilde soit morte ! » du même ton qu'enfant il exigeait que tout le monde se couchât quand il était malade* (MAURIAC).

REMARQUES. — 1. Quand AUTRE est précédé d'une préposition, on répète généralement cette préposition derrière QUE :
Mais je ne serai point à d'autre qu'à Valère (MOLIÈRE).
2. On trouve parfois un *retournement :* AUTRE ... AUTRE...

237. *Adjectifs et adverbes au comparatif.*

Adjectifs et adverbes au comparatif (ou équivalents comme PLUTÔT, et, malgré les puristes DAVANTAGE ... QUE) :

> *Pourquoi voulez-vous qu'elle aille payer cette soie en fabrique plus cher qu'elle ne la paiera chez nous* (ZOLA).

Aristote n'est pas moins essentiel à toute métaphysique que ne sont
les éléments d'Euclide à la géométrie (SUARÈS).

REMARQUE GÉNÉRALE. — Quand le *que* évoqué ici devrait être suivi d'un autre *que* (par ex.
dans une phrase comme : *Je préfère qu'il parte plutôt* que qu'*il meure*), pour éviter
la collision, le français recourt encore une fois (§ **174**) aux auxiliaires *faire,
laisser,* etc., suivis de l'infinitif :
J'aime mieux le voir partir plutôt que de le faire mourir.

MODE. — C'est l'indicatif (ou le conditionnel). Seuls AUTANT QUE et POUR
AUTANT QUE peuvent être construits avec le subjonctif quand on veut resserrer
le lien de dépendance.

5 | Les propositions relatives

238. *Cas particulier des propositions relatives.*

Les propositions relatives sont introduites par un pronom relatif (voir § **391**).
Elles sont de deux types :

1° Les unes, déterminées par CE, CELUI, CEUX, CELLE, CELLES, ou sans
détermination, fonctionnent comme des substantifs :

> *Il avait fait la tournée de ce qui lui était le plus cher au monde*
> (MAURIAC).

Nous avons, dans les paragraphes précédents (cf. Index), donné de nombreux exemples de ces *relatives substantivées.* Elles ne seront pas envisagées ici ;

2° Les autres s'appuient sur un terme de la phrase, dit ANTÉCÉDENT :

> *Et aussitôt elle fit l'éloge de ce* pensionnaire *qu'elle nous amenait*
> (ALAIN-FOURNIER).

Elles fonctionnent apparemment comme des adjectifs épithètes. Mais nous
verrons que cette analyse se révèle insuffisante dans un assez grand nombre
de cas.

239. *L'antécédent.*

Ce peut être : un NOM ou un PRONOM :

> *Ma mère, que nous appelions Millie et qui était bien la ménagère la
> plus méthodique que j'aie jamais connue, entra* (ALAIN-FOURNIER).

*Il faut que je vous apprenne aujourd'hui ce que je vous ai caché
d'abord, désireux que j'étais de vous voir aimer Bernard comme un
frère* (GIDE).

240. Nature du lien établi par le pronom relatif : Propositions déterminatives et explicatives.

Le pronom relatif représente l'antécédent dans la proposition relative, mais,
en outre, il unit proposition principale et proposition subordonnée relative.
Ce lien relève de deux types très différents.

1° Le pronom introduit une proposition qui qualifie l'antécédent à la façon
d'un adjectif (voir § **158**). La proposition est subordonnée à l'antécédent comme
le serait une épithète :

> *Et il crut voir un autre Meaulnes ; non plus l'écolier qui s'était évadé
> dans une carriole de paysan, mais un être charmant et romanesque*
> (ALAIN-FOURNIER).
> *L'homme que Kyo cherchait était présent* (MALRAUX).
> *Et avec cette confiance, ce besoin d'amitié qu'ont les enfants, ils le
> prennent par la main* (ALAIN-FOURNIER).

Une telle proposition est dite « déterminative ».

2° Le pronom introduit une proposition qui est jointe à la principale par
un lien parfois proche de la coordination :

> *A ce moment, un paysan âgé se présenta à la porte, avec une brassée
> de bois qu'il jeta sur le carreau* (ALAIN-FOURNIER).

Une telle proposition est dite « explicative ».

Forme, structure et sens.

FORME. — La proposition explicative admet l'alternance : QUI / LEQUEL.
La proposition déterminative la refuse, quand le pronom est sujet ou objet.

STRUCTURE. — *a*) La proposition explicative peut être remplacée par une
proposition coordonnée :

> *Il s'arrête rue de Babylone devant une porte cochère* qui s'ouvre
> [= et elle s'ouvre] (GIDE) ;

ou, comme effet de style, être précédée d'une ponctuation forte :

> *Un carnet relié en cuir de Russie se trouvait là ; que prit Julius et
> qu'il ouvrit* (GIDE).

La proposition déterminative se refuse à ces opérations.

b) La proposition explicative peut « être retranchée sans que cela change
en rien le sens de l'antécédent » (SANDFELD). La proposition déterminative
ne peut disparaître sans changer profondément ce sens.

Sens. — Les propositions explicatives ajoutent une explication ; les propositions déterminatives « servent à distinguer d'autres personnes ou choses de la même catégorie, la personne ou la chose marquée par l'antécédent » (Sandfeld).

Le reste de l'étude montrera partout la nécessité de cette distinction.

241. Ordre des termes : antécédent et pronom.

Le pronom relatif suit directement l'antécédent, pour éviter toute équivoque. Il en est parfois séparé par un groupe qualifiant, auquel il est coordonné :

> Ce sont quatre planches clouées par deux traverses et où l'on distingue les balafres de l'attaque (Hugo).

Cependant, et surtout quand il introduit une proposition explicative, il jouit parfois d'une plus grande liberté. Il peut être séparé de l'antécédent :

— par un pronom apposé :

> Mais le père, lui, qui n'avait rien dit... ;

— par un verbe dont le complément d'objet est l'antécédent :

> Elle l'entendit qui demandait à Marie de Lados si c'était servi (Mauriac) ;

— par un verbe ou ensemble verbal :

> Jacques est là qui prend ma place (Claudel).
> Les visiteurs [du Salon] n'étaient pas très nombreux, « rari nantes », qui grelottaient à qui mieux mieux (Apollinaire).
> La partie est perdue que je ne pouvais gagner qu'avec elle (Gide).

242. Le pronom dans la proposition relative.

Place. — Le pronom est toujours en tête (après préposition quand il y en a une). Mais, quand il est complément d'un groupe prépositionnel, il le suit :

> Leur bras tendu au bout duquel pendait une cage à merle (Malraux).

Répétition. — Quand deux propositions relatives sont coordonnées, on peut ne pas répéter qui ou que ; dans ce second cas, on supprime en même temps le sujet de la proposition ; cette construction, assez fréquente dans l'usage écrit, a été souvent condamnée par les puristes depuis le xviie siècle.

> Une lettre que je vous destinais et ne vous ai pas envoyée (Maurois).

L'omission de dont et où est beaucoup plus rare.

Fonctions. — Elles sont décrites aux § 391 et suiv.

Il faut remarquer que, si la proposition relative est elle-même principale d'autres propositions qui lui sont subordonnées, l'élément relatif peut avoir une fonction dans ces dernières propositions :

> Cette Olympia qui faisait tant rire sa mère et que, au prix même d'une injustice, Mallarmé n'avait pas voulu qu'il vît dans de mauvaises conditions (Apollinaire).

Il est parfois difficile de savoir si un DONT renvoie à la proposition relative ou à la proposition subordonnée, comme le montre le jeu des possessifs dans ces exemples de Malraux :

> Ils [les disciples de Gisors] *lui étaient reconnaissants d'une bonté dont ils ne devinaient pas qu'elle prenait ses racines dans l'opium.*
> *La grande maison muette dont on disait que personne jamais plus ne franchissait le seuil.*

Cette équivoque est une des raisons qui assurent et le succès de ce tour et les critiques des puristes.

Pour le tour : *Cette femme qu'on sent qui respire mal,* cf. § 393.

243. Le verbe dans les propositions relatives.

PROBLÈMES D'ACCORD. — Le pronom, même s'il ne varie pas en genre et en nombre (c'est le cas de QUI, par exemple), représente l'antécédent avec toutes ses qualités. Le verbe et aussi l'attribut s'accordent donc avec le terme représenté en genre, en nombre et en personne quand l'antécédent est un pronom : *C'est toi qui l'as nommé.*

LES MODES. — La division EXPLICATIVES - DÉTERMINATIVES se prête bien à une étude des modes, à condition qu'on ne lui donne pas une valeur absolue. 1° Pour la RELATIVE EXPLICATIVE, on peut renvoyer à l'étude des modes dans la phrase simple (voir Index). En général, c'est l'indicatif et donc le conditionnel (en cas d'hypothèse), parfois le subjonctif, quand la relative a une valeur de *volonté :*

> *Quelle singulière habitude force nos yeux à voir ici des paysages, des portraits, des bêtes peintes et* que puissent nos neveux ne plus jamais apercevoir! (APOLLINAIRE);

ou quand la relative a une valeur d'*hypothèse :*

> *Cette sérénité parfaite,* qu'il eût été si flatteur de lui faire oublier un instant, *s'alliait chez elle à l'esprit le plus fin* (STENDHAL).

2° Pour une RELATIVE DÉTERMINATIVE :

On emploie le SUBJONCTIF dans une phrase impliquant un sentiment d'incertitude, une idée seulement possible (*chercher, demander, désirer, préférer, avoir envie...*) :

> *Il se trouva qu'ayant atterri sur l'un de ces refuges, afin de déposer un messager maure, je cherchai avec lui, avant de le quitter, s'il était un chemin par où il pût descendre* (SAINT-EXUPÉRY).

Cette idée d'incertitude est souvent soulignée par l'emploi d'un adjectif, pronom ou article indéfinis :

> *Il fallait quelqu'un de sérieux qui ne vous versât pas dans le fossé* (ALAIN-FOURNIER).

Ainsi peut être exprimée une nuance d'aptitude ou de capacité, « une qualité requise ».

Cette idée d'incertitude peut être marquée par une NÉGATION :
> *Elle n'avait vu personne qui ressemblât au grand Meaulnes* (ID.);

ou une INTERROGATION :
> *Qui croyez-vous qui prenne les choses à cœur ?* (PASCAL.)

REMARQUE. — Ce subjonctif est particulièrement astreignant, quand la relative est elle-même niée :
> *Dès qu'il avait observé Tchen, il avait compris que cet adolescent ne pouvait vivre d'une idéologie qui ne se transformât pas immédiatement en actes* (MALRAUX).

Après des SUPERLATIFS, après les mots : SEUL, PREMIER, DERNIER, UNIQUE, PEU..., mots qui impliquent une idée d'appréciation :
> *Il* [le contrôleur] *nous dérangeait dans notre songe, quand la seule affaire à notre échelle, et qui* pût *nous préoccuper, était cette trahison de la lune* (SAINT-EXUPÉRY).
> *Le Salon de cette année est un des plus importants qu'on ait vus depuis longtemps* (APOLLINAIRE).

REMARQUE. — Les siècles classiques employaient ici le subjonctif très largement : *Il en est beaucoup qui* puissent *passer du temple de l'amour dans le sanctuaire des muses* (*Encyclopédie*, article « Femme »).

Dans la plupart des cas que nous avons cités, on pourrait employer soit le CONDITIONNEL, qui comporte encore une idée d'incertitude, mais beaucoup plus limitée : *Je rêve d'un jardin qui aurait de grands arbres ;*
soit même l'INDICATIF, qui tend à éliminer toute idée de doute ou de possibilité : *Tu es la seule à qui j'aie osé vouloir plaire et peut-être la seule à qui j'ai plu* (FLAUBERT à L. Colet).

REMARQUE. — Quand la relative détermine uniquement le complément du superlatif, il n'y a évidemment pas lieu de faire entrer celui-ci en ligne de compte : *C'est l'exposition la plus remarquable de l'année qui* s'est écoulée.

Dans cette possibilité d'alternance des modes personnels, on retrouve toute la vitalité du couple : indicatif-subjonctif.

On emploie l'INFINITIF assez fréquemment après OÙ et ses composés, plus rarement après DONT ; la proposition relative a une valeur généralement consécutive :
> *La colombe de Kant méconnaît qu'il lui faut, pour voler, cette résistance de l'air où pouvoir appuyer son aile* (GIDE).
> *C'est par le nombre restreint des voix dont pouvoir à la fois disposer sur la scène que, contraint, Eschyle dut d'inventer le silence de Prométhée lorsqu'on l'enchaîne au Caucase* (ID.).

Avec la même valeur consécutive, on trouve aussi l'INFINITIF après les relatifs précédés d'une préposition : *Ils cherchaient un lit sur lequel dormir.*

REMARQUE. — Pour l'emploi de l'infinitif après les relatives sans antécédent, voir § 399.

DEUXIÈME PARTIE

LES PARTIES

DU DISCOURS

LE NOM

Généralités

La classe grammaticale du nom est constituée par le SUBSTANTIF et l'ADJEC-
TIF QUALIFICATIF, qui se répartissent entre les deux GENRES et les deux
NOMBRES, et qui ont un éventail de FONCTIONS partiellement commun.

244. Substantif et adjectif qualificatif.

A l'intérieur de la classe du nom, le substantif et l'adjectif qualificatif se
distinguent de la façon suivante :

a) DU POINT DE VUE DES FORMES, l'adjectif et le substantif ne se répartissent pas de la même façon entre les deux genres et les deux nombres
(voir § 246-263 et 288-299). Dans les conditions normales, seul le substantif
est présenté par l'article (ou par l'un des équivalents de celui-ci [voir § 318]);
seul l'adjectif peut porter les marques des degrés d'intensité et de comparaison
(voir § 300 à 308).

b) DU POINT DE VUE DES FONCTIONS, seul le substantif peut servir de support à la proposition comme SUJET, COMPLÉMENT D'OBJET et COMPLÉMENT
D'AGENT (voir § 264-271).

c) DU POINT DE VUE DE LA LOGIQUE, le substantif désigne une substance
(être, objet ou idée abstraite) munie de qualités constantes : *homme, ciel,
raison.* L'adjectif qualificatif désigne une qualité attachée à une substance :
homme *malheureux*, ciel *bleu*, raison *pure*.

Cependant, certains faits syntaxiques montrent qu'il n'existe pas d'opposition tranchée, au sein de la catégorie du nom, entre le substantif et l'adjectif
qualificatif.

a) Il est très fréquent qu'un substantif soit utilisé comme adjectif : une fleur
rose, une robe *marron*, etc. Il arrive même parfois que le substantif ainsi utilisé
marque les degrés d'intensité et de comparaison :

> *C'était plus simple, très naïf*, très petite fille, *au fond* (SIMENON).

b) Inversement, l'adjectif est souvent utilisé comme substantif :

Le bleu *du ciel* (ALAIN).

Il peut alors exercer toutes les fonctions du substantif.

245. Le nom propre.

Dans la classe du substantif, il faut faire une place à part au NOM PROPRE, qui présente les particularités suivantes :

a) S'il exerce les mêmes fonctions que le substantif, il ne se répartit pas de la même façon que lui entre les deux nombres (voir § **263**) et ne marque les degrés d'intensité et de comparaison que de façon plus exceptionnelle encore que lui.

b) Il identifie l'être ou l'objet auquel on l'applique : *Frédéric, Dupont, les Français, l'Australie, Melun.* C'est pourquoi on ne peut jamais deviner le nom propre porté par un individu ou une chose.

Il existe cependant de nombreux points de contact entre le substantif et le nom propre :

a) Les noms propres sont souvent d'anciens substantifs : *Cavalier, Lechanteur, La Roche...* Cette communauté est fréquemment masquée par des accidents d'ordre phonétique (comment reconnaître le substantif *miroir* derrière le nom propre *Mirouet?*) ou lexicologique (les substantifs *Fournier* [boulanger], *Gâtelier* [pâtissier], *Mitterand* [mesureur] ne s'emploient plus, mais subsistent sous forme de noms propres).

b) Inversement, il est fréquent qu'un nom propre devienne substantif : *béchamel(le), gibus, macadam, massicot, poubelle, silhouette*, etc., sont originellement des noms propres (cf. le dictionnaire étymologique).

c) Parmi les noms propres, les noms de peuples se comportent à l'égard du nombre presque exactement comme les substantifs (voir § **263**, Remarque).

L'étude du nom sera répartie entre deux chapitres : le premier consacré au substantif et au nom propre, le second consacré à l'adjectif qualificatif.

I | Le substantif et le nom propre

1 — Le genre des substantifs

246. Définition.

Le GENRE est un caractère morphologique invariablement attaché à chaque substantif (sur les exceptions à cette invariabilité, voir § **249**).

Du point de vue du sens, le genre constitue, selon la pittoresque, mais judicieuse expression des grammairiens DAMOURETTE et PICHON, un « sexe fictif » : MASCULIN pour *râteau, torchon, escargot, crapaud;* FÉMININ pour *pelle, serviette, limace, grenouille.*

247. Les marques du genre.

La forme du substantif ne permet pas de reconnaître le genre auquel il appartient : *fable* et *table* sont féminins, *câble, râble* et *sable* sont masculins ; *comté* est masculin, *bonté* féminin. Le suffixe *-age* fournit des substantifs masculins, le suffixe *-ade* des substantifs féminins : *arrachage, glissade,* etc. C'est l'accord de l'article ou des adjectifs déterminatifs qui révèle le genre du substantif : *une horloge, un héliotrope.* Parfois, c'est l'adjectif qualificatif (épithète ou attribut) qui marque le genre : *L'apologue, instructif, vaut mieux que l'anagramme, qui n'est qu'amusant*e. Mais il arrive fréquemment, surtout pour les substantifs à initiale vocalique, que le genre ne soit pas marqué : *l'automne; l'après-midi fut interminable.*

REMARQUE. — Cette absence de marque particulière interne pour le genre explique partiellement les incertitudes que l'on constate dans l'usage d'aujourd'hui pour le genre de
certains substantifs. Pour les cas particuliers embarrassants, on se reportera aux
dictionnaires.

248. *Le rendement linguistique de la répartition des substantifs entre les deux genres.*
Dans le lexique.

L'opposition des genres est utilisée pour distinguer des substantifs homonymes. On les répartit entre les deux groupes suivants :

1. *Les substantifs homonymes distingués par le genre sont absolument différents d'étymologie et de sens.*

— *aune* m. : arbre (parfois orthographié *aulne*) ; f. : ancienne mesure de longueur.
— *barbe* m. : cheval de Barbarie ; f. : ensemble des poils du menton et des joues.
— *barde* m. : poète celtique ; f. : tranche de lard dont on entoure certaines viandes pour les faire rôtir (étymologiquement : couverture rembourrée, armure).

— *carpe* m. : partie du membre antérieur ; f. : poisson.
— *coche* m. : *a)* voiture ; *b)* bateau ; f. : *a)* entaille ; *b)* truie.
— *livre* m. : réunion de plusieurs feuillets ; f. : poids, monnaie.
— *moule* m. : modèle creux communiquant sa forme à une matière fondue ; f. : mollusque.
— *mousse* m. : apprenti matelot ; f. : *a)* plante ; *b)* écume.
— *ombre* m. : poisson ; f. : absence de lumière.
— *page* m. : jeune noble exerçant provisoirement des fonctions serviles ; f. : côté d'un feuillet.
— *platine* m. : métal précieux ; f. : pièce plate.
— *poêle* m. : *a)* fourneau ; *b)* étoffe noire couvrant un cercueil ; f. : ustensile de cuisine.
— *satyre* m. : personnage mythologique ; f. (l'orthographe est alors *satire*) : pièce de vers.
— *somme* m. : sommeil ; f. : total.
— *souris* m. (archaïque) : sourire ; f. : petit rongeur.
— *tour* m. : mouvement circulaire ; machine à tourner ; f. : construction élevée.
— *vague* m. : (adjectif substantivé) indéfini ; f. : masse d'eau en mouvement.
— *vase* m. : ustensile destiné à contenir les liquides ; f. : boue déposée au fond de l'eau.

2. *L'opposition des genres a été utilisée pour distinguer de façon plus précise les sens différents d'un substantif originellement un* :

— *aide* m. : celui qui aide ; f. : secours.
— *aigle* m. : oiseau ; f. : figure de blason ; motif d'étendard.
— *cartouche* m. : ornement d'architecture ; f. : charge d'une arme à feu.
— *cornette* m. : porte-étendard ; f. : étendard. (Il existe des oppositions parallèles pour les substantifs *enseigne* et *trompette*.)
— *couple* m. : groupe de deux êtres unis par un lien ; f. : groupe de deux choses accidentellement unies.
— *crêpe* m. : étoffe ; f. : pâtisserie.
— *critique* m. : auteur d'une critique ; f. : jugement.
— *espace* m. : étendue ; f. : pièce métallique qui sert aux typographes à marquer les espaces (m.) entre les mots d'un texte.
— *foudre* m. : *a)* attribut de Jupiter ; *b)* homme puissant et redoutable ; f. : phénomène naturel. (Le substantif masculin *foudre*, d'origine totalement différente, désigne un gros tonneau.)
— *garde* m. : celui qui garde ; f. : *a)* action de garder ; *b)* collectivité chargée de garder.
— *guide* m. : celui qui guide ; f. : lanière de cuir utilisée pour guider les chevaux attelés.
— *hymne* m. : chant ; f. : chant d'église.
— *manche* m. : partie d'un instrument ménagée de façon à être tenue dans la main ; f. : partie d'un vêtement qui couvre l'épaule et le bras.
— *manœuvre* m. : ouvrier peu spécialisé ; f. : organisation d'un mouvement collectif.
— *mémoire* m. : exposé écrit ; f. : faculté du souvenir.
— *mode* m. : modification (utilisations diverses dans de nombreux vocabulaires techniques) ; f. : manière de s'habiller ; modification passagère du comportement social.
— *œuvre* m. : *a)* ensemble des travaux de construction d'un bâtiment ; *b)* ensemble des œuvres d'un artiste ; *c)* recherche alchimique ; f. : travail.
— *office* m. : fonction ; f. : petite pièce où l'on range la vaisselle.
— *orge* m. : orge en grain ; f. : orge sur pied.
— *parallèle* m. : comparaison suivie ; f. : droite parallèle.
— *pendule* m. : balancier ; f. : horloge.
— *poste* m. : lieu assigné à quelqu'un pour assumer une fonction ; f. : organisation du transport des lettres.
— *relâche* m. : interruption, détente ; f. : lieu d'arrêt d'un navire.
— *solde* m. : partie d'un compte qui reste à payer ; f. : paye d'un soldat.
— *statuaire* m. : auteur de statues ; f. : art de faire des statues.
— *vapeur* m. : bateau à vapeur ; f. : gaz.
— *voile* m. : fragment d'étoffe dissimulant un objet ; f. : toile offerte au vent pour propulser un navire.

249. Amour, délice *et* orgue; gens.

AMOUR, après avoir longtemps hésité entre les deux genres, est considéré par les grammaires classiques comme masculin au singulier et féminin au pluriel. Le genre masculin semble aujourd'hui se généraliser pour les deux nombres.

DÉLICE ne s'emploie guère qu'au pluriel; il est alors presque toujours féminin. Quand on l'emploie au singulier, il est masculin. Cette opposition de genres entre le singulier et le pluriel existait déjà en latin.

ORGUE est masculin au singulier; au pluriel, il est aussi masculin quand il désigne plusieurs instruments. Mais il est féminin quand il désigne de façon emphatique un seul instrument (voir § 255).

GENS est étymologiquement le pluriel de *gent;* mais il en est complètement séparé dans la conscience de ceux qui parlent. Il confère le genre masculin aux adjectifs qui le suivent, mais le genre féminin à ceux qui le précèdent, quand celui qui le précède immédiatement n'a pas une forme commune aux deux genres :

> *Maintenant* toutes *ces* bonnes *gens sont bien* portants *et bien* vêtus (BALZAC).

250. Le rendement linguistique de la répartition des substantifs entre les deux genres. Dans le discours.

L'opposition des genres permet de repérer les substantifs que représentent les pronoms accordés en genre. Il arrive parfois aussi que l'accord en genre de l'adjectif qualificatif permette de reconnaître le substantif auquel il se rapporte; dans : *les muscles de ses mains continuellement* exercées (BALZAC), *exercées* se rapporte à *mains* et non pas à *muscles*.

251. Arbitraire et motivation du genre.

I. QUAND LE SUBSTANTIF DÉSIGNE UN ÊTRE SEXUÉ, il est souvent utile de préciser le sexe. On recourt alors aux procédés suivants :

1. Opposition de deux substantifs d'origine différente : *homme / femme, gendre / bru; coq / poule, lièvre / hase.* Parfois s'introduit dans ce système d'opposition un troisième substantif désignant, chez les animaux domestiques, le mâle non reproducteur : *taureau / vache / bœuf; verrat / truie (coche) / cochon (porc).* L'examen de ces oppositions relève plutôt de l'étude du lexique que de celle de la grammaire.

2. On utilise parfois les mots *homme / femme, garçon / fille, mâle / femelle* apposés au substantif qu'on veut préciser : *un professeur femme, des élèves filles;*

une grenouille mâle, un crapaud femelle. Les enfants parlent de *papa souris,* de *maman phoque.*

3. Le plus souvent, on dispose de deux substantifs de même radical. On distingue les cas suivants :

A. Pour certains substantifs, le plus souvent terminés par un *e* « muet », la même forme est utilisée pour le substantif masculin et le substantif féminin. Ils sont alors distingués par l'article ou les divers adjectifs : un *enfant,* une *enfant ; l'élève est paresseux, l'élève est consciencieuse.*

B. Dans un grand nombre de cas, l'opposition du substantif masculin au substantif féminin est réalisée par des moyens semblables à ceux qui sont utilisés pour l'opposition des genres de l'adjectif : *chat / chatte ; lion / lionne ; ami / amie.* (Pour l'étude détaillée de ces procédés, voir le chapitre de l'adjectif.)

C. La présence d'un suffixe distingue le substantif féminin du substantif masculin. Sauf pour *héros / héroïne, tsar / tsarine,* c'est le suffixe **-esse** qui est utilisé : *tigre / tigresse ; prince / princesse ; nègre / négresse.*

Pour des raisons diverses, certaines de ces formations ne s'emploient guère qu'avec une valeur ironique : *La Papesse Jeanne* (titre d'un roman de JARRY). *La femme d'un gendarme, à qui l'on dit madame la* mairesse *gros comme le bras* (BALZAC).

REMARQUE. — Dans de très rares cas, c'est le substantif masculin qui présente un suffixe (qui n'est d'ailleurs plus guère senti comme tel) : *canard / cane ; mulet / mule ; dindon / dinde ; compagnon / compagne.*

D. Certains couples de substantifs sont caractérisés par l'opposition de deux formes différentes d'un même suffixe :

-eur / -eresse : féminins archaïques *(chasseur / chasseresse),* conservés dans le vocabulaire technique des juristes : *défendeur / défenderesse.*

Variante : **-eur / -oresse,** dans l'opposition *docteur / doctoresse* (l'usage d'aujourd'hui semble préférer, pour désigner les femmes médecins, des expressions telles que *Madame le docteur Untel). Autoresse* ne s'emploie plus ;

-teur / -trice (formation vivante) : *acteur / actrice ; instituteur / institutrice ; débiteur / débitrice.*

Les oppositions **-eur / -euse** *(masseur / masseuse ; brodeur / brodeuse)* et **-eur / -eure** *(prieur / prieure ; supérieur / supérieure)* se ramènent au cas évoqué plus haut (B).

E. Certains substantifs masculins désignant des professions ou des aspects annexes de la profession *(prédécesseur, successeur)* s'emploient indistinctement en parlant des hommes et des femmes, bien qu'une forme particulière pour le féminin soit presque toujours possible et souvent employée en concurrence avec la forme commune : *avocat (cette jeune fille fera* un excellent avocat) est le terme officiel, mais *avocate* s'emploie couramment ; on a utilisé *peintresse,* et on entend parfois des formes telles que *successrice* (qui est tenu pour un barbarisme).

F. Enfin, d'autres oppositions sont de caractère aberrant et ne sauraient être expliquées que par des considérations historiques individuelles ; tel est le cas des couples : *roi / reine; chevreuil / chevrette; neveu / nièce; gouverneur / gouvernante; diacre / diaconesse; doge / dogaresse; empereur / impératrice,* etc.

II. QUAND LE SUBSTANTIF NE DÉSIGNE PAS UN ÊTRE SEXUÉ, et même quand il désigne un être sexué en faisant abstraction des différences sexuelles, les raisons qui expliquent son classement dans l'un ou l'autre genre sont complexes et variées.

1. Le genre du substantif est héréditaire : *serpent* et *lézard* représentent des substantifs latins masculins; *couleuvre* et *vipère* des substantifs féminins.

2. Le genre du substantif s'explique par des raisons formelles ; ainsi, certains substantifs neutres du latin ne s'employaient qu'au pluriel; terminés par un *-a,* rapidement transformé en *-e,* ils ont été interprétés comme des féminins singuliers : *l'arme (arma* n. pl.), *la corne (cornua* n. pl.), *la feuille (folia* n. pl.).

3. Le genre du substantif s'explique par des raisons lexicologiques : *poubelle,* nom propre substantivé, est féminin parce qu'il désigne *une boîte;* on dit *une 4 chevaux* en pensant à *voiture* ou à *auto,* etc.

Le jeu de ces raisons lexicologiques est parfois assez obscur : pourquoi le substantif déverbal (voir § **67**) *casse* est-il féminin quand il désigne l' « action de casser » et masculin quand, dans l'usage argotique, il se spécialise dans le sens d' « action de casser une vitre pour voler dans un magasin » ?

4. Le masculin joue en français le rôle de genre indifférencié, adopté par les mots substantivés quand aucune raison particulière n'impose de les ranger dans le genre féminin : *le beau* (mais *la belle*), *le bien, un mais, le manger,* etc.

HISTORIQUE. — En suivant l'évolution de la langue depuis ses origines, on remarque de très nombreux changements de genre. Ainsi, on a essayé, au XVIᵉ siècle, de rendre aux substantifs féminins en -EUR le genre masculin qu'ils avaient en latin : *un erreur, un ferveur, un odeur,* etc. En revanche, RABELAIS parle d'*une arbre,* d'*une comté,* d'*une orage,* et MONTAIGNE d'*une art* et d'*une soupçon.* L'usage moderne s'est constitué dans ses grandes lignes au début du XVIIᵉ siècle. Mais l'introduction de mots nouveaux pose constamment de nouveaux problèmes de classement : *automobile* n'a été définitivement considéré comme féminin qu'après une longue querelle.

252. *Le genre des substantifs composés.*

Les composés constitués par un substantif déterminé ont le genre de ce substantif : *un arc-en-ciel, un porc-épic, le vif-argent; une grand-mère, la chauve-souris, une basse-cour,* etc. Ceux qui comportent un infinitif et son complément sont toujours du masculin : *le savoir-vivre, le laisser-aller, un blanc-manger,* etc. Les autres cas relèvent du paragraphe précédent.

253. Bizarreries et difficultés de la répartition entre les genres.

a) Substantifs féminins appliqués à des hommes ou masculins appliqués à des femmes.

Les substantifs féminins *estafette, ordonnance, recrue, sentinelle, vedette* (« cavalier posé en sentinelle ») et *vigie* désignent des fonctions militaires et, par suite, les soldats qui les exercent. L'emploi des féminins *canaille, crapule, fripouille, ganache, gouape,* etc., pour les hommes, et inversement des masculins *laideron, louchon, souillon,* etc., pour les femmes a une valeur péjorative.

b) Les noms des lettres de l'alphabet.

Les voyelles sont toujours désignées par des noms masculins : *un a, un y.* Les noms des consonnes sont masculins quand ils commencent par une consonne, en principe féminins quand ils semblent commencer par une voyelle : *un b, un k,* mais *une s, une l.* Mais il est plus fréquent de dire *un s, un l,* usage adopté dans cet ouvrage.

c) Les noms propres des villes.

Leur genre est parfois marqué par l'article : *Le Mans, Le Havre, Villiers-le-Sec, La Rochelle, La Châtre, Brive-la-Gaillarde,* etc. Dans les autres cas, les noms des villes sont souvent féminins quand ils se terminent par un *e* muet, masculins dans le cas contraire. Mais on élude souvent la difficulté de l'accord par une expression telle que *Paris est une belle ville.*

d) Les noms propres des grands bateaux.

Tous les substantifs désignant les grands bateaux sont masculins (*cargo, paquebot, vaisseau,* etc.). Mais ils reçoivent souvent des noms propres féminins : *Liberté, Normandie, Jeanne-d'Arc,* etc. Il y a donc un conflit entre le genre du substantif et celui du nom propre. Pour la Marine nationale française, un arrêté pris en 1934 par le ministre a réglé la question au profit du genre du nom propre ; on doit dire : *la « France », la « Jeanne-d'Arc ».* La situation est très confuse : il semble qu'on dise plus volontiers *le « France », le « Normandie »* que *« France »* ou *« Normandie ».*

Pour les avions, on recourt à l'article masculin, sauf quand il s'agit d'un nom féminin courant : *un Mystère-IV, un DC-9,* mais : *une Caravelle.* Certaines compagnies aériennes ont supprimé l'article et disent : *Caravelle.*

2 | Le nombre des substantifs

La notion de nombre grammatical est constituée en français par l'opposition du SINGULIER et du PLURIEL. Les substantifs sont au singulier quand la substance (être ou objet) qu'ils désignent est considérée comme constituant, au moment où l'on parle, une seule unité. Ils sont au pluriel quand cette substance constitue, lors de leur emploi, au moins deux unités : *le bœuf, les bœufs; un élève, des élèves.*

REMARQUES. — 1. La répartition des substantifs entre les deux nombres s'opère de tout autre façon que leur répartition entre les deux genres : hors du discours, le substantif reste toujours masculin ou féminin (et les dictionnaires indiquent son genre), mais il n'est ni au singulier ni au pluriel (et les dictionnaires ne peuvent donner aucune indication sur son nombre ; sur les exceptions, voir § suivant).
2. Quand on veut exprimer de façon plus précise la quantité numérique de la substance désignée, on utilise la série des adjectifs numéraux cardinaux : *un bœuf, deux bœufs; un élève, quarante-sept élèves.*
3. On peut envisager la quantité d'une substance non plus du point de vue du nombre, mais du point de vue de la masse : on oppose alors *un bœuf* ou *des bœufs,* qui marquent tous deux le nombre, à *du bœuf,* qui marque la masse. Cette opposition est réalisée au moyen de l'article (voir § **335-336**).

254. *Substantifs qui ne s'emploient qu'à un nombre.*

Il est très rare qu'un substantif ne puisse s'employer qu'au singulier : si l'on ne peut guère utiliser au pluriel les infinitifs substantivés (*le boire, le manger;* mais *des vivres, des devoirs*), les astronomes parlent des 9 LUNES *de Jupiter,* les gourmets des VINS *de Bourgogne,* les mathématiciens des GÉOMÉTRIES *non euclidiennes,* etc. Les substantifs abstraits employés au pluriel désignent souvent les actes concrets qui manifestent l'abstraction : *Ces enfants ne font que* DES SOTTISES.

Il est en revanche assez fréquent de trouver des substantifs qui ne s'emploient qu'au pluriel, ou dont le singulier est rare ou archaïque. Du point de vue du sens, on remarque que ces substantifs désignent le plus souvent des ensembles d'objets ou de notions : *les archives, les agrès, les appas* (« attraits »), *les broussailles, les décombres, les échecs* (« jeu »), *les entrailles, les frusques, les hardes, les immondices, les jonchets* (« jeu »), *les mœurs, les ténèbres,* etc. Certaines séries lexicales sont nettement individualisées :
— les noms de diverses cérémonies : *les accordailles, les épousailles, les fiançailles, les funérailles, les noces, les obsèques; les relevailles; les complies, les vêpres; les assises, les pourparlers,* etc.;

— les substantifs désignant des sommes d'argent : *les arrérages, les arrhes, les dépens, les émoluments, les frais, les honoraires,* etc.;

— deux substantifs désignant des lieux peu éloignés : *les alentours, les environs.*

REMARQUE. — Quand il est possible, l'emploi du singulier révèle le plus souvent une intention de style : *Que* la ténèbre *soit* (JARRY).

255. Aspects particuliers de l'opposition des nombres.

a) Le singulier s'emploie fréquemment avec une valeur COLLECTIVE. Les noms propres de peuples semblent particulièrement propices à cet emploi : Le Français, *né malin, forma le vaudeville* (BOILEAU);

b) Le pluriel dit EMPHATIQUE s'emploie pour désigner de façon majestueuse un objet unique; on ne le trouve guère que pour les substantifs *air, airs; ciel, cieux* (*ciels* dans : *des ciels de Corot, de Grèce, de carrière, de lit*); *orgue, orgues; val, vaux;*

c) Le pluriel marque la complexité opposée à la simplicité dans les substantifs *ciseaux, fers* (« forceps »), *lunettes, menottes, pincettes,* etc.

Cette opposition est le plus souvent soutenue par l'existence de deux objets différents, l'un simple, l'autre constitué de deux parties symétriques. Dans le cas contraire, l'usage moderne préfère le singulier au pluriel : ainsi pour *pantalon(s), culotte(s), caleçon(s),* et pour *jumelle(s)* [« lunette double »], *moustache(s), tenaille(s),* etc.;

d) Le pluriel s'emploie dans les expressions de sens négatif quand l'objet dont on marque l'absence constitue d'ordinaire plusieurs unités : *Je n'ai pas trouvé de* fautes *dans cette dictée* (l'élève en fait généralement plusieurs).

256. Les marques du pluriel. L'-s du pluriel.

La forme du pluriel des substantifs est généralement opposée à celle du singulier par la présence d'un *-s* à la fin du mot : *un instituteur, des instituteurs; une pomme, des pommes.* Sauf dans le cas de liaison (voir § **259**), cet *-s* ne se prononce pas.

HISTORIQUE. — L'ancien français, on le sait, conservait une déclinaison qui opposait le cas-sujet au cas-régime. Pour la plupart des substantifs masculins, l'*-s* caractérisait à la fois le cas-sujet singulier et le cas-régime pluriel. Pour presque tous les substantifs féminins, la langue écrite donnait déjà une image de l'usage d'aujourd'hui. Lors de la disparition de la déclinaison (XIIIᵉ-XIVᵉ s.), c'est la forme du cas régime — beaucoup plus employée — qui subsista : l'*-s* se trouva donc caractériser le pluriel par opposition au singulier.

257. *Curiosités orthographiques.*

a) Les substantifs terminés par -*s*, -*x* et -*z* ne marquent pas, dans l'orthographe, l'opposition du singulier et du pluriel : *un avis, des avis; une noix, des noix; un gaz, des gaz; un nez, des nez;*

b) Les substantifs en -*au*, -*eau*, -*eu* ont un -*x* au pluriel : *un fabliau, des fabliaux; un tableau, des tableaux; un cheveu, des cheveux.* Quelques substantifs, pour la plupart d'introduction récente, ont un -*s* : *un landau, des landaus; un émeu, des émeus; un lieu* (« poisson »), *des lieus; un pneu, des pneus. Sarrau,* quoique fort ancien, prend aussi un -*s* au pluriel; mais son orthographe fut longtemps *sarrot;*

c) Au contraire des autres substantifs en -*ou*, les sept noms *bijou, caillou, chou, genou, hibou, joujou* et *pou* marquent le pluriel par un -*x*.

258. *Pluriels marqués par un changement de prononciation.*

Un certain nombre de substantifs marquent, dans la prononciation, l'opposition du singulier et du pluriel. On distingue les types suivants :

1. Substantifs en -AL : pluriel en -AUX. Ex. : *un cheval, des chevaux.*

Quelques substantifs, pour la plupart récemment introduits, ont un pluriel en -*als* : *aval, bal, cal, cantal, caracal, carnaval, cérémonial, chacal, festival, gavial, mistral, narval, nopal, pal* (parfois *des paux*), *récital, régal, rorqual, serval, sisal,* etc. *Idéal* hésite entre *idéals* et *idéaux.*

2. Substantifs en -AIL : pluriel en -AUX. Cette série ne comporte qu'une dizaine de substantifs : *aspirail, bail, corail* (parfois *des corails*), *émail* (parfois *des émails*), *fermail, soupirail, travail* (*des travails* quand le substantif désigne une machine utilisée par le maréchal-ferrant), *vantail, vitrail.*

Les autres substantifs en -*ail* ont un pluriel en -*ails.*

REMARQUES. — *a*) *Aulx,* forme ancienne du pluriel d'*ail,* s'emploie encore parfois, et peut même s'appliquer à une seule tête d'ail.

b) Ni du point de vue du sens ni du point de vue de la forme, *bestiaux* ne peut être considéré comme le pluriel de *bétail* (voir le dictionnaire).

3. *Ciel, aïeul* et *œil* ont au pluriel les formes *cieux, aïeux* (« les ancêtres ») et *yeux.* Mais on trouve aussi les formes *ciels* (voir § **255**), *aïeuls* (« les grands-parents ») et *œils* (dans une série de mots composés de sens technique : *des œils-de-bœuf, des œils-de-perdrix,* etc.).

HISTORIQUE. — Devant l'-*s* final, la liquide -*l* (provenant parfois de *l* mouillé [λ], marqué par -*il*) s'est très tôt transformée en -*u* : *cheval, travail, ciel,* et même *genouil* et *pouil* (anciennes formes de *genou* et *pou*), avaient donc pour pluriels *chevaus, travaus, cieus, genous* et *pous,* toutes formes où l'*u* se prononçait. Or, les copistes du Moyen Age utilisaient pour noter le groupe -*us* un signe abréviatif qui ressemblait à la lettre -*x* : ils écrivaient donc

172

chevax, ciex, etc., tout en continuant à prononcer l'*u*. Quand la valeur de ce signe abréviatif fut oubliée, on rétablit l'*u* dans l'orthographe de ces mots, tout en conservant le signe, faussement interprété comme un *-x : des chevaux, des cieux*, etc. L'orthographe moderne était ainsi créée (début du XIIIe s.). Quant à la prononciation, ce n'est qu'au XVIe siècle qu'elle aboutit à l'état actuel.

4. Certains substantifs opposent dans la prononciation le singulier et le pluriel, sans les opposer dans l'orthographe par une autre marque que l'*-s* du pluriel. Ce sont surtout les noms *œuf, bœuf* et *os* (œf, bœf et ɔs) qui marquent le pluriel par une chute de la consonne et une fermeture de la voyelle : *œufs, bœufs* et *os* [prononcés ø, bø et o].

REMARQUE. — Certaines personnes ont la coquetterie de ne pas prononcer la consonne finale de *cerf, ours* employés au pluriel.

259. *Pluriels marqués par les liaisons.*

Le pluriel du substantif est parfois marqué par une liaison qui fait apparaître un z à l'initiale vocalique de l'adjectif qui le suit immédiatement : *une voix agréable / des voix agréables* [prononcé : zagreabl].

260. *L'article et les adjectifs comme marques du pluriel.*

La marque de la catégorie du nombre est le plus souvent constituée par l'article et les adjectifs déterminatifs, dont les formes sont différenciées de façon parfaitement nette : *le* ou *la / les; un* ou *une / des; mon* ou *ma / mes; ce(t)* ou *cette / ces*. On distingue ainsi sans risque d'équivoque *le roi* et *les rois, la voix* et *les voix*. L'adjectif qualificatif lui-même a parfois ce rôle : quand on parle de *devis totaux,* seul l'accord de l'adjectif met en évidence le nombre du substantif.

REMARQUE. — Un substantif à initiale vocalique se lie aux formes de pluriel de l'article et des adjectifs déterminatifs et qualificatifs : ainsi, dans *redoutables avis,* le pluriel n'est marqué que par le z qui apparaît dans la prononciation à l'initiale du substantif.

261. *Le pluriel des substantifs composés.*

On se contentera ici de donner quelques règles générales, et on renverra au dictionnaire pour les cas particuliers embarrassants.

A. Quand il y a dans l'orthographe soudure entre les éléments constitutifs du substantif composé, le pluriel se forme comme pour les noms simples : *des gendarmes, des passeports, des porte-manteaux,* etc.

Quelques exceptions : *des bonshommes, des gentilshommes* (l's intérieur se prononce [z]); *Mesdames, Mesdemoiselles, Messieurs, Messeigneurs* (rare).

B. Quand les deux éléments sont séparés, on distingue les catégories suivantes :

a) SUBSTANTIF + ADJECTIF ; ADJECTIF + SUBSTANTIF ; ADJECTIF + ADJEC-
TIF. Les deux éléments prennent la marque du pluriel : *des coffres-forts, des
basses-cours, des sourds-muets.*

b) SUBSTANTIF + SUBSTANTIF :
quand les deux substantifs sont apposés, ils prennent tous deux la marque
du pluriel : *des choux-fleurs, des oiseaux-mouches;*
quand le second substantif est le complément déterminatif du premier, seul
le substantif déterminé prend la marque du pluriel : *des bains-marie* (voir
§ **282**), *des timbres-poste, des arcs-en-ciel, des eaux-de-vie,* etc.

c) VERBE + SUBSTANTIF. L'élément verbal reste invariable ; le substantif
marque ou non le nombre, suivant le sens du composé : *des chasse-neige,
des coupe-papier,* mais *des couvre-pieds* et *des garde-fous.*

Pour certains composés de ce type, le substantif est toujours au pluriel :
un casse-noisettes, un porte-avions, etc.

d) ADVERBE OU PRÉPOSITION + SUBSTANTIF. Seul le substantif marque le
pluriel : *des haut-parleurs, des avant-postes, des en-têtes, des après-midis* (mais
l'Académie et le Larousse recommandent d'écrire *des après-midi*).

e) AUTRES COMPOSÉS. Ils ne marquent pas le pluriel : *des laissez-passer,
des on-dit,* etc. Appartiennent à cette catégorie les composés qui comportent
un substantif complément circonstanciel d'un verbe : *des boit-sans-soif, des
meurt-de-faim,* etc. En effet, le substantif précédé de la préposition fonctionne
comme un adverbe.

REMARQUE. — Au moins pour les examens et concours, l'arrêté du 26 février 1901 tolère une
grande liberté dans l'orthographe des composés.

262. Le pluriel des substantifs empruntés.

Les substantifs empruntés aux langues étrangères conservent leur pluriel
d'origine quand, d'usage rare ou d'introduction récente, ils ne sont pas encore
intégrés dans le système morphologique de la langue : *des carbonari, des club-
men, des lieder,* etc. Dans les autres cas, ils adoptent les marques du pluriel
français : *des agendas, des boas, des macaronis, des spahis,* etc.; *sandwichs* et
matchs tendent à se substituer à *sandwiches* et *matches; sanatoriums, maxi-
mums,* etc., éliminent peu à peu *sanatoria* et *maxima.* Cependant, certains
substantifs empruntés au latin ou au grec restent invariables : *des credo,
des veto; des kyrie,* etc.

263. Le nombre des noms propres.

Au contraire de la plupart des substantifs, les noms propres n'ont d'emploi
habituel qu'à un seul nombre : singulier pour *Jérôme, Dupont, la Finlande,
Paris,* etc.; pluriel pour *les Alpes, les Baux,* etc.

Cependant, les noms de personnes s'emploient parfois au pluriel. Il convient alors d'observer les règles suivantes :

A. Les noms de personnes prennent la marque du pluriel :
a) Quand ils désignent des familles particulièrement illustres, généralement royales ou princières : *De Buonaparte et des Bourbon*s (titre d'un pamphlet de Chateaubriand);
b) Quand ils désignent une espèce à laquelle sert de type l'individu qui est nommé :

> Combien de Mozart*s naissent chaque jour en des îles sauvages!*
> (J. Rostand);

c) Quand ils désignent des œuvres d'art qui représentent l'individu qui est nommé : *des Apollons, des Madones,* etc.

B. Ils ne prennent pas la marque du pluriel :
a) Quand ils désignent des familles peu illustres ou d'origine obscure : *les Malingear* (Labiche), *les Tonsard* (Balzac), et même *les Bonaparte!;*
b) Quand ils désignent des individus qui, sans forcément constituer une famille, portent le même nom : *les Corneille, les Goncourt* (Malraux); *il prétend connaître quatorze Dupont!;*
c) Quand ils désignent de façon emphatique un seul individu : *le génie des Colbert, des Sully* (Balzac);
d) Quand ils désignent des ouvrages ou des œuvres d'art qui ont pour auteur le personnage nommé :

> [*Ils trouvent*] leurs Fragonard *chez les brocanteurs* (Malraux).

Ces règles, peu fondées et trop subtiles, sont souvent négligées, même par les meilleurs écrivains.

Remarque. — Les noms propres de peuples se répartissent entre les deux nombres à la façon des substantifs. On remarque toutefois un emploi particulièrement fréquent du singulier à valeur collective (voir § **255**).

3 | Les fonctions du substantif

A — Le sujet

L'étude des fonctions du substantif a déjà été faite du point de vue de la construction de la phrase (voir § 88 et suiv.). On trouvera ici des renseignements supplémentaires sur le *sens* et la *forme* du substantif dans chacune des fonctions qu'il peut exercer.

264. Le sujet.

Le substantif sujet est celui qui répond à la double définition suivante :
a) *Du point de vue des formes,* il est le support grammatical d'un verbe, dont il détermine le nombre, la personne et, parfois, le genre ;
b) *Du point de vue du sens,* il désigne la personne ou la chose qui fait l'action, qui la subit, ou qui reçoit une qualification par l'intermédiaire d'un verbe :

> Maximilien *arpente la cuisine* (AYMÉ). *Les* bois *sont respectés* (BALZAC). *Le* barman *est seul à son poste d'observation* (SAPORTA).

REMARQUE. — Le substantif ne peut conférer directement au verbe les formes de la 1re et de la 2e personne ; il doit être repris par un pronom personnel : Pierre *et* Paul, vous *ne travaillez pas!* Sur le cas particulier du verbe à l'impératif et du substantif en apostrophe, voir § 275.

265. Peut-on parler de « sujet réel » ?

1. *Il traînait sur les polochons* DES RÊVES ATTARDÉS (ARAGON).
2. *Il neige* DES FEUILLES (HUGO).
3. *Il faut* DE L'ORDRE (ALAIN).
4. *Partout où il y a* MISÈRE, *il y a* SOUFFRANCE (BALZAC).

Certains grammairiens soucieux de pédagogie donnent aux substantifs en petites capitales la fonction de « sujet réel ». Cette appellation bizarre se heurte aux objections suivantes :
a) L'aspect formel de la définition du sujet est négligé ;
b) Même en se limitant à l'examen du sens, on voit mal comment les substantifs des exemples 3 et 4 peuvent être considérés comme des sujets ;
c) Appliquée aux ensembles 1 et 2, l'analyse semble moins spécieuse : il semble bien, en effet, que *il traînait des rêves* soit l'équivalent de *des rêves traînaient.* On peut cependant remarquer que, dans cette dernière phrase, le substantif répond immédiatement à la question implicite : *qu'est-ce qui traînait?* alors que, pour la première, il faut supposer une question à double

détente : *traînait-il quelque chose?, qu'est-ce que c'était?* L'équivalence sémantique est donc fort approximative.

Il serait sans doute plus sage de prendre modèle sur l'exquise modestie de F. Brunot. L'éminent grammairien donnait à cette fonction le nom de « *dépendance* ou *séquence* des verbes impersonnels », et ajoutait malicieusement : « Ces mots ont un très grand avantage : ils ne signifient rien. »

B │ Le complément d'agent

266. *Le complément d'agent.*

On a défini au paragraphe **97** le complément d'agent selon les données structurales; si l'on se réfère maintenant à la définition de sens habituellement donnée : « Le complément d'agent, après un verbe de valeur passive, exprime l'agent par qui une action est faite », on sera conduit aux remarques suivantes.

267. *Les prépositions introductrices du complément d'agent et leur valeur.*

Le complément d'agent est introduit par la préposition PAR, plus rarement par la préposition DE :

> *Daniel, qui vient de prendre son billet, est heurté* par Armand, *qui veut prendre le sien* (Labiche).
> *Ces bosquets sont hantés* d'éternels misérables (Valéry).

La préposition PAR semble mettre en valeur le caractère d'agent réel (ou présenté comme tel) du complément qu'elle introduit. La préposition DE est souvent employée quand le verbe exprime l'action de façon plus ou moins estompée; la notion d'agent se rapproche alors de la notion de cause, de moyen, etc. :

> *L'homme est composé* d'une âme et d'un corps (*Larousse du XXᵉ siècle*).

Le verbe à la voix passive établit un rapport d'identité entre le sujet et le complément d'agent; il est, quant au sens, tout proche d'un verbe attributif.

> *Cet homme est accablé* de soucis. Cet exemple dans lequel le verbe est employé de façon figurée s'oppose au suivant :
> *Cet homme est accablé* par un lourd fardeau.

Quand un verbe passif a deux compléments, l'un introduit par DE, l'autre précédé de PAR, c'est ce dernier qui est interprété comme complément d'agent;

l'autre est senti comme un complément circonstanciel : *Cet homme est accablé de soucis par sa charge.*

Enfin, le complément d'agent est introduit par la préposition à dans les locutions figées, telles que *mangé* aux mites *(aux vers, aux rats)* et *battu* aux vents :

> *J'aime ma porte* aux vents battue (HUGO).

HISTORIQUE. — En ancien français et jusqu'au XVIIIᵉ siècle, la préposition DE était beaucoup plus fréquemment employée qu'aujourd'hui : *Comme il est aveuglé* du culte de ses dieux! (RACINE.) Aussi beaucoup d'emplois modernes de cette préposition doivent-ils être interprétés comme des archaïsmes.

268. *Les verbes pronominaux à valeur passive et l'expression de l'agent.*

L'expression de l'agent après de tels verbes était courante en moyen français et le fut jusqu'au XVIIIᵉ siècle :

> *Un livre qui se vend* par les bisouars et porteballes (RABELAIS). [Il s'agit de merciers et de colporteurs.]
> *Le commerce s'établit entre les Indes orientales et l'Europe* par les vaisseaux et les armes du Portugal (VOLTAIRE).

Cette construction est beaucoup moins fréquente dans l'usage moderne; on en trouve cependant quelques exemples :

> *Toutes les grandes choses se font* par le peuple (RENAN).
> *La nomenclature médicale s'ornait* de vocables décisifs (GOURMONT).

269. *Complément d'agent et compléments circonstanciels.*

La phrase de GOURMONT prête à équivoque. Elle peut en effet être interprétée : « Des vocables décisifs ornaient la nomenclature médicale » ou par : « (Les médecins) ornaient la nomenclature de vocables décisifs ». Cette incertitude est instructive : si l'on fait abstraction de toute considération de structure, le complément d'agent apparaît comme un complément prépositionnel placé exactement sur le même plan que les compléments circonstanciels. Aussi arrive-t-il fréquemment qu'il soit coordonné à l'un de ceux-ci : *Les Aigues ont été bâtis* par une femme *et* pour une femme (BALZAC).

C | Les compléments d'objet

270. Le complément d'objet des verbes employés de façon transitive.

Le complément d'objet désigne la personne ou la chose sur laquelle s'exerce l'action exprimée par le verbe. On le trouve fréquemment après les verbes exprimant les rapports suivants :

a) Création :

> *La poésie est établie sur le pouvoir occulte du mot de créer* la chose (Jouve).

b) Possession et utilisation :

> *Dès que l'on a* un souci, *on perd le sommeil* (Alain).
> *La papauté a toujours disposé* d'un appareil gouvernemental (d'Ormesson).

c) Perception :

> *Le poète devra faire sentir, palper, écouter* ses inventions (Rimbaud).
> *Il s'aperçoit* de son erreur.

d) Volonté :

> *Voulez-vous* une histoire ?

e) Contenu d'un énoncé :

> *Racontez-nous* l'Empereur ! (Balzac).
> *On ne peut parler* de lumière *aux aveugles* (Alain).

Il est évident que cette liste, établie d'après le sens des verbes, peut être complétée selon les besoins ou les curiosités de l'utilisateur. Mais, comme dans toute classification sémantique, on court alors le risque de créer une catégorie particulière pour chaque verbe étudié.

271. Le complément d'objet interne.

Dans la phrase : *Cela sent* le réfectoire (Alain), le substantif *réfectoire* ne correspond à aucune réalité extérieure à l'action exprimée par le verbe *sentir* : son rôle est de préciser la modalité particulière de cette action. Il reçoit traditionnellement le nom de complément d'objet interne, quoique, on le voit, le terme objet convienne assez mal.

On trouve fréquemment un tel complément après les verbes exprimant les idées suivantes :

— vivre : *vivre sa vie;*
— dormir : *dormir son dernier sommeil;*
— songer, rêver : *songer mille songes;*
— souffrir : *souffrir le martyre;*
— parler : *parler l'anglais couramment;*
— pleurer, suer, saigner : *pleurer des larmes de sang;*
— sentir (« exhaler une odeur ») : *tu sens le jasmin;*
— certains verbes de mouvement : *aller, passer son chemin.*

Avec quelques autres verbes, cette construction est encore possible, mais fort affectée : Je ris un rire *contre toi qui n'est pas drôle* (COCTEAU).

272. Les compléments de mesure, de poids et de prix.

Du point de vue des formes, on peut rapprocher des compléments d'objet les compléments directs marquant les nuances suivantes :

a) mesure : *Ce phare mesure* quatre-vingts mètres;
b) poids : *La bête pesait bien* deux tonnes;
c) prix : *Montmorency coûta* des sommes folles (BALZAC).

Du point de vue du sens, ces compléments sont fréquemment interprétés comme des circonstanciels.

REMARQUES. — 1. Dans de telles phrases, l'usage familier recourt fréquemment au verbe *faire :* Il fait *deux mètres, vingt kilos, deux millions.*

2. Les verbes exprimant le prix posent aux grammairiens puristes un problème d'accord particulier, auquel ils donnent la solution suivante : quand le verbe, employé à un temps composé, est précédé d'un complément au féminin ou au pluriel, le participe reste invariable si le verbe a son sens propre, mais s'accorde s'il est employé au sens figuré : *Mes manuscrits attestent* la peine qu'*ils m'ont* coûtée (ROUSSEAU).

273. Le prétendu complément d' « attribution ».

a) Il désigne souvent la personne à qui l'on donne ou à qui l'on dit quelque chose : *Il présente* au roi *un mirliton* (JARRY).
On fit des prières aux dieux (ALAIN).

C'est ce qui a poussé certains grammairiens à lui donner ce nom fâcheux de COMPLÉMENT D'ATTRIBUTION et même à imposer ce terme dans l'enseignement primaire et secondaire.

b) Il est fréquent qu'il ait un sens exactement opposé :
Je n'ai plus guère occasion de refuser quelque chose aux hommes (ALAIN).

Les médecins modernes ont renouvelé à la fois leur science et l'art d'en voiler la faiblesse au vulgaire (DE GOURMONT).

C'est au prix de difficiles subtilités que l'on parvient à justifier le terme COMPLÉMENT D'ATTRIBUTION dans les cas cités en *b*). L'emploi du terme COMPLÉMENT D'OBJET SECOND — fondé sur une interprétation structurale — éviterait ces vains efforts.

274. La forme.

Les compléments d'objet sont normalement placés après le verbe, sans pause de la voix.

Ils se construisent soit directement, soit indirectement, c'est-à-dire en se faisant précéder de la préposition *à* ou *de,* quelquefois *en.* Certains verbes n'admettent qu'une seule construction :

Rappelez-vous vos belles années. *Souvenez-vous* de vos belles années.

D'autres, deux constructions :

Les soldats passent le fleuve, *passent* à l'attaque.

D'autres, assez rares, trois constructions :

Tenir le volant. *Tenir* à la vie. *Tenir* de son père.
Manquer le but. *Manquer* de courage. *Manquer* à son serment.

De nombreux verbes ont changé de construction au cours des siècles ; on disait, au XVI° siècle : *ressembler* son père ; *jouir* sa fortune ; *favoriser* aux huguenots ; *éclairer* au monde.

Ce mouvement n'est pas arrêté à l'époque contemporaine. Il est trop complexe pour être exposé dans les limites d'une grammaire ; on se reportera pour chaque verbe à un bon dictionnaire.

Un cas particulier : les compléments d'objet interne et les compléments de prix, de mesure et de poids. Les premiers sont toujours construits directement ; quant aux seconds, ils ne peuvent être comparés aux compléments d'objet que lorsque le verbe qui les introduit peut être remplacé par FAIRE : ils sont alors toujours construits directement. Dans : *Il a grandi* de quinze centimètres, ou : *Le beurre a diminué* de quinze francs, on a donc affaire à des compléments circonstanciels.

D | L'apostrophe

275. *Le substantif en apostrophe.*

Le substantif (ou le nom propre) en apostrophe attire l'attention de l'interlocuteur en le nommant :

> *Eh! bien, mon bonhomme, qu'y a-t-il donc là?* (BALZAC.)
> Curé! Curé! (*Le curé s'enfuit. Elle crie.*) *Où cours-tu si vite?*
> (SARTRE.)

Le substantif en apostrophe se prête à des effets de sens du type illustré par le vers de Baudelaire : *Sois sage, ô ma douleur, et tiens-toi plus tranquille.*

A strictement parler, le substantif en apostrophe n'a, comme l'interjection, aucune fonction grammaticale dans la phrase. Cependant, il est fréquent qu'un rapport d'identité l'unisse à l'un des éléments chargés de fonction : sujet dans : *Jacques, vous ne travaillez pas,* complément d'objet dans : *Pierre, je vous ai vu.* Avec un verbe à l'impératif, il pallie, du point de vue du sens, l'absence de sujet : *Levez-vous, travailleurs!* (BALZAC.)

Du point de vue formel, le substantif en apostrophe est isolé du reste de la phrase par une pause, que marque une virgule ou un point d'exclamation. Il est souvent placé à une des extrémités de la phrase, mais s'intercale parfois entre deux de ses éléments. Une interjection le met quelquefois en valeur (*ô* dans l'usage classique, *eh, hé, hep, pst,* etc., dans l'usage parlé, et plus ou moins familier).

Le nom commun en apostrophe est rarement présenté par l'article, sauf dans l'usage familier : *Bonjour, l'ami!* Chez les poètes, l'article présente fréquemment les évocations du passé et de l'ineffable : *Oh! les pierres précieuses s'enfouissant, et les fleurs ouvertes* (RIMBAUD). De tels emplois sont tout proches de la phrase purement nominale.

REMARQUE. — Présentant les mêmes aspects formels que l'apposition, l'apostrophe peut, dans certains cas, se confondre avec elle. Cette équivoque est parfois utilisée pour faire naître un effet de style ; dans : *C'est vous, poète, qui êtes ici un intrus* (ALAIN), l'auteur combine sans doute les deux emplois du substantif.

E | L'attribut

276. Définition.

Du point de vue du sens, le substantif attribut exprime une qualité ou une manière d'être prêtée à un autre substantif de la phrase. Cet autre substantif est, suivant le cas :

a) Le SUJET de la phrase :

>   *La Seine est* un fleuve tranquille (ALAIN).
>   *Les têtes khmères isolées sont* la gloire du musée Guimet (MALRAUX).
>   *J'étais* le Commerce, *j'étais* la Santé, *j'étais* les Travaux publics (AYMÉ).
>   [C'est un ancien ministre qui parle.]

Dans certains cas, le verbe qui met en rapport les deux substantifs exprime en outre une action :

>   *Il court, il vole, il tombe,*
>   *Et se réveille* roi (HUGO).

Dans d'autres cas, il est difficile de décider si l'on a affaire à un attribut ou à un complément d'objet :

>   *Deux et deux* font *quatre* (mais MOLIÈRE faisait dire à Don Juan :
>   *Je crois que deux et deux* sont *quatre*);
>   *Une patère* formait *plaque sonore* (VILLIERS DE L'ISLE-ADAM);
>   *Ces jouets* constituaient *réellement de bons jouets pour l'enfant* (*Films et documents,* janv. 1961).

Cet emploi du verbe CONSTITUER comme équivalent expressif du verbe ÊTRE semble particulièrement fréquent dans l'usage des journalistes.

b) Un COMPLÉMENT D'OBJET DIRECT :

>   « *Poison* » et « *potion* » : *on appelle* doublets *ces mots de forme diffé-*
>   *rente et de souche unique* (R. DE GOURMONT).
>   *L'homme qui dort prend quelquefois sa jambe* pour une pierre (VALÉRY).

277. La forme de l'attribut.

De même que les compléments d'objet, l'attribut du sujet est normalement placé après le verbe, sans pause de la voix. Il est, comme eux, construit directement ou indirectement, c'est-à-dire introduit par l'une des prépositions À, DE, EN et POUR, ou par l'adverbe COMME : *Ce n'est que depuis Rimbaud qu'on a inventé le poète* comme monstre (M. JACOB). L'attribut de l'objet est placé après celui-ci, sauf quand il est nettement plus court que lui (voir l'exemple de GOURMONT à la fin du paragraphe précédent).

278. *Identification de l'attribut.*

On donne généralement comme règle que l'attribut a une EXTENSION plus grande que celle du sujet : « Dans une proposition, l'attribut s'appelle quelquefois le « grand terme », parce qu'il a plus d'extension que le sujet, c'est-à-dire qu'il s'applique à un plus grand nombre d'objets » (LITTRÉ, au mot *extension*).

Si cette règle ne peut être que satisfaisante (en même temps qu'inutile) lorsque l'attribut est un adjectif ou un mot utilisé comme adjectif, elle n'a aucun sens dans les autres cas. Dans cet exemple de CLAUDEL, les deux termes ont une extension identique :

> *Celle* [la pierre] *qu'il faut à la base n'est point* celle qu'il faut pour le sommet.

Quand l'ordre des mots ne fournit pas un indice décisif, on recourra à une analyse logique : l'esprit pose un phénomène (sujet), puis en dit quelque chose (attribut).

F | Les compléments circonstanciels

279. *Classement*

Les compléments circonstanciels indiquent les circonstances dans lesquelles se déroule le procès exprimé par le verbe. Leur nombre dans la proposition n'est pas limité : un même verbe peut avoir plusieurs compléments circonstanciels, alors qu'il n'a jamais qu'un seul sujet (ou, ce qui revient au même, un seul groupe de sujets coordonnés) : En montagne, l'hiver, par le froid, *les paysans restent* dans leurs maisons pendant de longues heures.

De même que les adverbes, dont la fonction est semblable à la leur, les compléments circonstanciels sont généralement classés d'après la nuance de sens particulière qu'ils expriment. La pratique pédagogique distingue les nuances suivantes :

1° COMPLÉMENT CIRCONSTANCIEL DE TEMPS :

> *J'aurai la migraine* toute la journée (ALAIN).

> *Les gardes du corps ont campé* cette nuit *aux Champs-Elysées* (ARAGON).

> *Du XVIᵉ au XIXᵉ siècle, le chef-d'œuvre existe en soi* (MALRAUX).

2° COMPLÉMENT CIRCONSTANCIEL DE LIEU :

> *Le taxi nous a déposés* rue Eugène-Carrière (AYMÉ).

Tous ceux qui allaient de Couches à La Ville-aux-Fayes *s'arrêtaient* au Grand-I-Vert (Balzac).

3° Complément circonstanciel de cause :

Soit économie, soit misère, *les gens de la campagne se nourrissent mal* (Balzac).
Oisive jeunesse A tout asservie Par délicatesse *J'ai perdu ma vie* (Rimbaud).

4° Complément circonstanciel de but :

Il va vivre d'abord pour la volupté, la richesse, la splendeur, *en attendant de vivre* pour la gloire (Bertrand).

5° Complément circonstanciel de manière :

Et les humains, de mille manières, ne s'efforcent-ils pas de remplir ou de rompre le silence éternel de ces espaces infinis qui les effraye? (Valéry).
L'extrême généralité du terme « manière » permet de ranger dans cette rubrique des compléments marquant des nuances variées :
Quantité : *Il faut jeter les montagnes* à charretées *dans les eaux que l'on veut enclore* (Valéry).
Allure : *Il parcourt le monde* à toute vitesse (Alain).
Attitude ou façon de porter un objet : *Il veut mourir* la pioche en main (Balzac).

6° Complément circonstanciel de moyen :

Bombarde-nous avec des blocs de terre sèche (Rimbaud).
A moins d'être un renard, on ne peut vivre de la littérature (M. Jacob).

7° Certains grammairiens ou pédagogues, soucieux de classification, multiplient les rubriques :

Destination :
Jamais je n'aurais fait cet effort mortel pour des enfants ou un époux (Cocteau).

Origine, provenance, extraction :
D'instituteur, *il devient piéton* (Balzac).

Echange et prix :
Il gardait le double napoléon que l'Empereur lui avait donné de son lait *et* de ses œufs (Balzac).
Le vin du clos de Tonsard était vendu, année courante, vingt francs le tonneau (Balzac). *Il a vendu son vin* pour vingt francs.
(Sur les compléments directs après les verbes tels que : *mesurer, coûter, peser,* voir § **272**.)

Propos :
Il parle de politique *toute la nuit* (Sabatier). *Il aime parler* politique.

ACCOMPAGNEMENT : *Etre mal* avec sa concierge (DANINOS).

OPPOSITION :
L'enfant s'irrite contre un morceau de bois (ALAIN).

CONCESSION :
Malgré la guerre et tous ses maux *nous aurons de belles surprises* (APOLLINAIRE).

Mais ces distinctions, comme toutes celles qui sont fondées sur le critère du sens, dépendent surtout de l'ingéniosité de leur auteur. On peut d'ailleurs se demander s'il est utile de trouver une étiquette à chacune des nuances que peut exprimer le complément circonstanciel. Dans : *Traduisez-moi ce texte en latin,* il est absurde de parler de complément de LIEU ; le terme MANIÈRE est beaucoup trop vague ; et il serait ridicule d'inventer un complément de TRADUCTION. On se bornera, dans de tels cas, à comprendre le sens du complément et à remarquer de quelle façon il se construit.

280. La forme du complément circonstanciel.

a) La place du complément circonstanciel dans la proposition est beaucoup plus libre que celle du sujet, du complément d'objet et de l'attribut (voir § 105).
b) Les compléments circonstanciels sont parfois construits directement (voir les rubriques 1, 2, 3, 5 et 7 de la liste). Mais le plus souvent ils sont introduits par une préposition.

G │ **Les compléments du substantif, de l'adjectif, du pronom et de l'adverbe**

281. Le substantif complément d'un autre substantif.

Dans le groupe constitué par un substantif et son complément (ou ses compléments), on retrouve les mêmes rapports de sens que dans le groupe verbal : dans *le retour de Paul,* le rapport de sens entre les substantifs est le même que celui qui s'établit entre substantif et verbe dans *Paul revient.*

Du point de vue du sens, le substantif complément est donc l'équivalent d'une des fonctions suivantes :

a) Sujet, objet, attribut : cf. § **129** et **130**.

b) Complément circonstanciel : on retrouve alors la liste du § **279** :

TEMPS : *La vacance des classes a une durée* de quatre-vingts jours (*le Monde,* 22-XI-1961).

LIEU : *Les châteaux* en Espagne *que tu as désiré posséder en France* (BALZAC).

CAUSE : *Une condamnation* pour vol.

DESTINATION et BUT : *Le train* de Paris (voir § **130**).

MOYEN : *L'immortalité* par la descendance *n'est qu'une demi-immortalité* (J. ROSTAND).

QUANTITÉ, MESURE, CONTENU : *Un livre* de 700 pages.

Il convient d'ajouter que certains rapports ne correspondent à aucune fonction du substantif dans le groupe verbal (sur les possibilités d'insertion du verbe *être* dans de tels groupes, voir § **129-130**) :

a) POSSESSION (dans un sens extrêmement large) : *le livre* de Paul, *les fables* d'Esope, etc.

La construction : *les filles* à Tonsard (BALZAC), est propre à l'usage familier.

b) MATIÈRE : *la porte* en vieux bois (BALZAC), *un ponceau* de pierre (CLAUDEL).

Enfin, il est fréquent que le substantif complément ait une valeur qualificative : *Les petits bergers* à la peau tannée, aux cheveux drus (PERGAUD).

Il arrive que de tels compléments soient coordonnés à des adjectifs qualificatifs : *Des balustres arrondis, fins à leur naissance* et à mollets épatés (BALZAC).

282. La forme du complément du substantif.

En règle générale, le complément du substantif est introduit par une préposition. On trouve cependant la construction directe dans les deux cas suivants :

a) Certains types de compléments marquant une détermination temporelle : *Le vacarme* la nuit *m'empêche de dormir*. Cette construction étant possible aussi dans le groupe verbal, c'est l'absence de pause entre les deux substantifs qui montre que l'on n'a pas affaire à un complément du verbe ;

b) Dans les autres cas, l'absence de préposition confère au substantif la valeur d'un adjectif : *Un aspect* très préfet ; *le procès* Untel (on se contente, dans ce dernier exemple, d'étiqueter le procès, sans expliciter le rapport entre les deux substantifs).

REMARQUE. — Certains substantifs semblent s'orienter avec une particulière facilité vers cette valeur d'adjectif ; ainsi, le substantif *couleur* : *Ses larges yeux* couleur *de mûres* (MAURIAC). Il lui arrive même parfois d'adopter les caractères morphologiques de l'adjectif : dans la même publication, la même photographie est désignée d'abord comme une *planche* en couleurs, ensuite comme *notre document* couleur (avec accord en nombre du substantif, en dépit du sens) [*Documents pour la classe*, 12-X-61].

HISTORIQUE. — En ancien français, l'emploi du cas régime suffisait à marquer la fonction du complément du substantif quand il désignait une personne : *La mort* le roi Artu (titre d'un roman du XIIIe s.). On observe des survivances directes de cette construction dans le substantif composé *bain-marie*, ainsi que dans quelques noms propres : *l'Hôtel-Dieu, la Fête-Dieu, Bourg-la-Reine, Les Essarts-le-Roi*, etc.

283. Le substantif en apposition.

La tradition grammaticale groupe sous le terme commun de SUBSTANTIF EN APPOSITION les deux emplois suivants :

a) *L'instinct* tortue *dépasse la science* lièvre (ALAIN) : les substantifs *tortue* et *lièvre* sont construits comme des adjectifs épithètes (pas de pause vocale). Du point de vue logique, ils fournissent aux substantifs *instinct* et *science* une qualification semblable à celle que leur fourniraient les adjectifs *lent* et *rapide*.

Pour distinguer cet emploi du substantif de celui qui est étudié au paragraphe précédent, il faut remarquer que les deux éléments de la construction sont unis par un rapport d'identité : si l'on introduit entre eux la préposition *de,* on change complètement le sens du groupe.

REMARQUE. — Les noms propres de personnes se construisent aussi de cette façon : *le roi Louis XIV.* Du point de vue logique, le nom propre fournit au substantif une détermination, puisqu'il permet d'identifier le roi dont on parle. Les autres noms propres ne peuvent se construire, avec la même valeur déterminative, qu'avec l'aide de la préposition *de : la ville de Paris ; le mois de janvier.* Cette construction est formellement comparable à celle du complément du substantif : *les Mystères de Paris, les rigueurs de janvier.* Elle s'en distingue, du point de vue du sens, en ce que les deux éléments ainsi joints, s'appliquant à la même substance, sont unis par un rapport d'identité : Paris est une ville, janvier est un mois.

b) *La bienveillance,* qualité si rare, *est le signe de la grandeur* (JACOB), ou bien : *Un officier,* le colonel, *était là.* Les substantifs *qualité* et *colonel* sont séparés par une pause (dans l'orthographe, par une virgule) des substantifs *bienveillance* et *officier.* Du point de vue logique, ils leur fournissent le premier une qualification (puisque la notion de *qualité* est supposée par la notion de *bienveillance*), le second une détermination (puisqu'il permet d'identifier l'officier dont on parle).

On remarque que ces deux emplois du substantif sont formellement et logiquement comparables à ceux de l'adjectif qualificatif (qui, on le sait, a fréquemment une valeur déterminative, voir § **287**). Il serait donc possible d'utiliser dans le premier cas le terme de SUBSTANTIF ÉPITHÈTE, dans le second le terme SUBSTANTIF ÉPITHÈTE DÉTACHÉ (ou, si l'on tient au terme, c'est à ce second emploi qu'il convient de réserver le vocable d'APPOSITION). En revanche, il n'y a pas lieu de recourir à la notion d'APPOSITION CIRCONSTANCIELLE : ce terme attirerait inutilement l'attention sur un effet de sens accidentel et fort variable suivant le contexte.

REMARQUE. — L'apposition peut se joindre non seulement à un substantif, mais encore à l'un des éléments suivants :

PRONOM : *Celui-ci*, un enfant blond aux boucles légères, *avait l'air d'une fille en travesti* (ARAGON);

INFINITIF : *Confronter des peintures,* opération intellectuelle, *s'oppose foncièrement à l'abandon qui permet seul la contemplation* (MALRAUX);

PROPOSITION : *On s'y amusait!* chose aussi recherchée et aussi rare à la campagne qu'à la ville (BALZAC).

284. Le substantif complément d'un pronom.

Le substantif peut se trouver subordonné à l'un des pronoms suivants :

PRONOM DÉMONSTRATIF DE FORME SIMPLE : *Il recherchait les creux : celui* de l'oreiller, *celui* du matelas; *il inventait celui* de son corps (GASCAR); avec une valeur partitive : *Celui* des deux hommes debout qui parlait (ID.).

(Sur les expressions telles que *celui en,* voir § **376**.)

PRONOM INTERROGATIF : *Laquelle* des femmes *venant chez sa mère eût osé prendre son parti?* (STENDHAL.)

ADJECTIF NUMÉRAL utilisé comme PRONOM (voir p. 260) : *Quatre* des six enfants de Ferdinand (HÉRIAT).

PRONOMS INDÉFINIS : *Cet amour de rencontre fut un* de ses plaisirs les plus vifs (ZOLA). *Quelques-uns* de ces personnages (SABATIER).

REMARQUE. — Les formes composées du pronom démonstratif, le pronom possessif et le pronom relatif comportent par eux-mêmes une détermination achevée : ils ne peuvent donc recevoir de complément.

285. Le substantif complément d'un adjectif.

On retrouve dans le groupe centré autour de l'adjectif les mêmes rapports de sens que dans le groupe du substantif ou du verbe; citons par exemple :

La CAUSE : *Il est fou* de rage.

Le BUT ou la DESTINATION : *La pluie est bonne* pour l'agriculture (ALAIN).

La QUALIFICATION : *bleu* roi; *rouge* cerise.

Le complément de l'adjectif est toujours construit indirectement, sauf dans le dernier cas cité.

286. Le substantif complément d'un adverbe.

Il détermine un adverbe de QUANTITÉ : *J'ai peu* de clients (LABICHE).

Ton père vient de se donner bien du mal (ID.).

Nous avons toujours assez de force *pour supporter nos propres maux* (ALAIN).

Il peut aussi déterminer un adverbe de *manière : Indépendamment* de nos intérêts, *conformément* à vos ordres. Ces constructions, toujours indirectes, sont fréquentes dans l'usage des commerçants et des administrateurs.

II. L'ADJECTIF QUALIFICATIF

1 — Généralités

287. *Qualification et détermination.*

En règle générale, l'adjectif qualificatif, on l'a vu plus haut (voir § 244), désigne une qualité attachée à une substance : il qualifie le substantif.

Toutefois, on remarque fréquemment, surtout dans l'usage contemporain, que l'adjectif marque non pas une QUALITÉ, mais une RELATION : dans *une décision* ministérielle, *les vacances* gouvernementales, *une réunion* estudiantine, et même *le voyage* parisien ou — horreur! — *le roi* norvégien, on établit une relation entre les notions de *décision* et de *ministre,* ou bien de *roi* et de *Norvège.* Sur le plan des formes, cette valeur purement déterminative de l'adjectif s'accommode assez mal de l'expression des degrés comme des constructions attributives : il est difficile de parler d'une **décision très ministérielle,* et l'on ne peut guère dire **ces vacances sont gouvernementales.* De nombreux grammairiens protestent contre cet abus, que R. Le Bidois a baptisé l'« adjectivite ».

REMARQUE. — On ne doit pas confondre ces emplois — vigoureusement critiqués par les puristes — avec ceux où l'adjectif, tout en exprimant une qualité, permet en même temps d'identifier la substance dont on parle ; dans : *C'est le cheval* blanc *qui a gagné,* seule l'indication de la couleur permet d'identifier le cheval. Dans ces cas, la valeur déterminative vient se greffer secondairement sur la valeur qualificative de l'adjectif, et la construction attributive reste parfaitement possible.

2 | Le genre et le nombre de l'adjectif qualificatif L'accord

Quelle que soit sa fonction, l'adjectif qualificatif adopte le genre et le nombre du substantif (ou élément à valeur de substantif) sur lequel porte son sens ; c'est le phénomène de l'accord : *une table* boiteuse, *les chevaux* fidèles, *ils sont* contents ; *Je me suis toujours demandé pourquoi les Français, si* spirituels *chez eux, sont si* bêtes *en voyage* (LABICHE).

190

288. *Accord de l'adjectif avec plusieurs substantifs.*

L'adjectif qualificatif est au pluriel quand son sens porte à la fois sur plusieurs substantifs : *Servitude et grandeur militaires* (Vigny).

Quand les substantifs sont de genres différents, l'adjectif est au masculin : *Est-ce que papa et maman sont* fâchés? (Labiche.) Toutefois, lorsque l'adjectif marque dans la prononciation l'opposition du masculin et du féminin, on évite généralement de le placer à proximité immédiate d'un substantif féminin : *Une tapisserie, une miniature, un tableau, une sculpture et un vitrail* médiévaux (Malraux).

Remarque. — Il arrive parfois que l'adjectif s'accorde avec le plus proche des substantifs sur lesquels porte son sens : *une consistance, une grosseur* curieuse (Balzac). De même dans la formule figée : bonne *vie et mœurs*. Au XVIIe siècle, cet accord, recommandé par Vaugelas, mais critiqué par d'autres grammairiens, était beaucoup plus fréquent ·qu'aujourd'hui : *Plusieurs tomes d'inégale grandeur, d'impression, de volume et de reliure* différente (Furetière). Il convient de se garder de confondre ces phrases avec celles où l'adjectif ne se rapporte qu'à l'un des substantifs juxtaposés ou coordonnés : *Il a acheté une maison et une voiture rapide.* Une telle construction n'est tolérable que lorsqu'il n'y a aucun risque d'équivoque.

289. *Autres difficultés.*

a) Accord de l'adjectif attribut en l'absence du sujet.

L'accord se fait d'après le contexte : *Soyez sérieuses, mesdemoiselles.*

En l'absence de tout contexte ou lorsque le contexte ne fournit aucune indication — cas d'ailleurs exceptionnels —, l'emploi du féminin restreint la portée de la qualification : *Etre belle n'est pas un défaut.*

b) Accord de l'adjectif après un substantif déterminé par un complément de genre ou de nombre opposé.

L'accord se fait indifféremment avec le déterminé ou le déterminant, sauf quand le sens impose l'une des deux solutions : *Une foule de manifestants* prête (ou : prêts) *à charger. Un coupon de toile* écrue. *Un tas de feuilles* élevé.

Remarque. — Un substantif au pluriel, complément d'un adverbe de quantité (voir § 286), impose son nombre à l'adjectif : *Il y a pourtant assez de maux* réels (Alain).

c) Substantif au pluriel, adjectifs au singulier.

Il arrive parfois qu'un substantif au pluriel soit accompagné de plusieurs adjectifs au singulier qui qualifient chacun une seule unité de la substance désignée :

Les deux littératures française *et* latine (R. de Gourmont).

Les enseignements primaire, secondaire *et* technique (*le Monde*).

d) Accord de l'adjectif avec des substantifs masculins appliqués à des femmes ou féminins appliqués à des hommes.

L'accord se fait normalement avec le substantif : *Madame Dupont est un* excellent *médecin; Untel est une* repoussante *crapule.*

e) ACCORD DE L'ADJECTIF avec ON.

On trouve le féminin lorsque le pronom ne s'applique qu'à des femmes : *On est* seule. Le pluriel se rencontre quand ON est utilisé comme équivalent de NOUS : *On est* travailleurs, *nous!*

f) ACCORD DE L'ADJECTIF avec VOUS et NOUS désignant une seule personne.

L'adjectif, comme le participe, est au singulier : *Vous serez* prudent, *Monsieur.*

g) Accord de l'adjectif après AVOIR L'AIR.

L'adjectif s'accorde le plus souvent avec le sujet de la locution : *Il s'agit de mots qui ont l'air* courants (QUEMADA); AVOIR L'AIR signifie alors « sembler », « paraître ». Mais le substantif AIR conserve parfois son sens d' « allure », « apparence »; l'adjectif s'accorde alors avec lui : *Elle avait l'air* dur, *presque* méchant (AYMÉ).

h) Accord des adjectifs de couleur.

L'accord se fait normalement, sauf quand le sens de l'adjectif est précisé par un substantif ou par un autre adjectif : *une robe vert amande; des uniformes bleu foncé.* (Sur les substantifs employés comme adjectifs de couleur, voir § **298**.)

i) Accord de l'adjectif avec un substantif constituant un titre d'ouvrage.

L'usage est assez indécis : le titre est parfois intégré à la phrase, et impose son genre et son nombre à l'adjectif; parfois, au contraire, il est simplement cité, et l'adjectif reste au masculin singulier :

« Les Fleurs du mal » *sont* complétées *par les* « Petits Poèmes en prose » (VAN TIEGHEM).

« Les Egarements du cœur et de l'esprit », *par Crébillon,* présenté *par Etiemble (le Monde,* 30-XI-1961).

(Sur l'accord de l'adjectif après *des plus, des moins,* voir § **300**, Remarque; sur l'expression *se faire fort,* voir § **292**.)

290. *Le cas particulier des adjectifs employés comme adverbes.*

On distinguera les trois cas suivants :

a) Le sens de l'adjectif en fonction d'adverbe porte sur un verbe : l'accord ne se fait pas. Ex. : *Ils crient* fort. *Elles chantent* faux.

(Sur l'accord dans *ils se relèvent sains et saufs,* voir § **310**.)

b) Le sens de l'adjectif en fonction d'adverbe porte sur un autre adjectif : l'accord ne se fait pas. Ex. : *des personnes* haut *placées. Elle était* fin *prête.*

REMARQUE. — Les locutions telles que *des roses* fraîches *écloses* ou *des fenêtres* grandes *ouvertes* représentent un état ancien de la langue, où l'accord se faisait fréquemment.

c) L'adjectif en fonction d'adverbe est le nœud d'une proposition adverbiale : l'accord ne se fait pas. Ex. : *Haut les mains! Bas les pattes!*

291. Influence de la place de l'adjectif sur son accord.

a) Devant un substantif, les adjectifs DEMI et NU (sauf dans l'expression juridique *nue-propriété*) restent invariables : *une demi-heure; nu-tête.*

b) L'adjectif FEU ne s'accorde que lorsqu'il est placé entre l'article et le substantif : *la* feue *reine,* mais : Feu *la mère de Madame* (FEYDEAU).

c) Les adjectifs PLEIN et SAUF, quand ils sont placés devant le groupe article (ou adjectif déterminatif) + substantif, fonctionnent comme des prépositions et ne s'accordent pas : *sauf les femmes; plein les poches* (mais : *une pleine charretée*).

HISTORIQUE. — Pour la plupart de ces adjectifs, l'invariabilité ne s'est établie qu'au début du XVIIe siècle.

292. Les marques de l'opposition des genres de l'adjectif. L'e muet du féminin.

La forme du féminin des adjectifs est opposée à celle du masculin par la présence d'un -E MUET à la fin du mot : *égal, égale; hardi, hardie.*

HISTORIQUE. — Cet -E MUET représente l'-A qui, en latin, caractérisait le féminin d'un grand nombre d'adjectifs. Au cours de l'histoire de la langue, il a été étendu analogiquement à ceux des adjectifs qui ne présentaient pas, en latin, d'opposition de forme entre le masculin et le féminin. Il subsiste quelques traces de cette ancienne invariabilité pour certains adjectifs : les expressions ou noms composés *grand-chambre, grand-chose, grand-faim, grand-mère, grand-messe, grand-peine, grand-peur, grand-route, grand-rue, grand-soif,* etc. ; l'expression *se faire fort de,* dans laquelle l'adjectif est invariable ; les adverbes du type *gentiment, savamment,* etc., où le radical représente l'ancienne forme du féminin ; les participes présents, enfin, qui n'ont qu'une forme pour les deux genres.

293. Le système des oppositions.

Telle qu'elle vient d'être formulée, la règle de l'-E MUET était présentée par la plupart des grammairiens du XIXe siècle — surtout soucieux d'orthographe — comme une explication de presque toutes les oppositions de genres. En réalité, elle ne donne une interprétation exacte des faits que pour un assez petit nombre d'adjectifs. Aussi convient-il de la compléter en distinguant parmi les adjectifs les catégories suivantes.

294. Adjectifs qui ne marquent pas l'opposition des genres.

a) Les très nombreux adjectifs terminés au masculin par un *-é* muet : *chauve, utile, drôle.*

193

b) Les adjectifs obtenus, par le procédé de la dérivation impropre (voir § **72**), à partir d'adverbes ou de substantifs : *une femme très bien; une robe marron; une étoffe carmin,* etc.

295. Adjectifs qui marquent l'opposition des genres seulement dans l'orthographe.

a) Les adjectifs terminés au masculin par une voyelle orale : *hardi, hardie; bleu, bleue; flou, floue.* Les adjectifs en *-gu* marquent le féminin par un *ë*, car le groupe *-gue* risquerait d'être mal interprété : *aiguë, ambiguë.*

Quelques exceptions : *andalou, andalouse; coi, coite; favori, favorite; hébreu, hébraïque (hébreue* existe, mais ne peut s'appliquer qu'à des personnes); tous les adjectifs en *-eau;* la plupart des adjectifs en *-ou* (voir plus bas).

HISTORIQUE. — L'-E s'est prononcé jusqu'au début du xvie siècle. Sa chute a entraîné un allongement de la voyelle précédente, qui s'est fait sentir jusqu'au xviiie siècle.

b) Les adjectifs terminés au masculin par l'une des consonnes -C (sauf *sec, sèche*), -T, -L, pourvu que cette consonne soit prononcée; la présence de l'-*e* muet au féminin s'accompagne souvent de modifications graphiques de la consonne :
— -C au masculin, -QU- au féminin : *public, publique; turc, turque. Grec* a pour féminin *grecque;*
— consonne simple au masculin, consonne double au féminin : *net, nette; cruel, cruelle; pareil, pareille.* (Mais *original, originale; subtil, subtile...*)

c) Certains adjectifs terminés au masculin par -R : *sûr, sûre; amer, amère; fier, fière* (avec un accent grave); une série de onze adjectifs en -EUR de sens comparatif : *antérieur, citérieur, extérieur, inférieur, intérieur, postérieur, supérieur, ultérieur, majeur, mineur, meilleur.* (Pour les autres adjectifs en *-eur,* voir plus bas.)

296. Adjectifs qui marquent l'opposition des genres dans la prononciation.

On les classe en trois groupes :
1° Les adjectifs dont le féminin est marqué par l'addition, dans la prononciation, d'une consonne, avec ou sans modification de la dernière voyelle :
— Consonne [-t] : *petit, petite; muet, muette* (avec redoublement de la consonne); *complet, complète* (avec un accent grave sur l'-*e*). Pour les adjectifs en *-ot,* l'-*o,* fermé au masculin, est ouvert au féminin : *sot, sotte* [so, sɔt].
— Consonne [-d] : *grand, grande* [grᾶ, grᾶd].
— Consonne [-s], écrite *-sse, -se, -ce : gras, grasse; épars, éparse; doux, douce* [du, dus].

— Consonne [-z], écrite -se : *gris, grise; nerveux, nerveuse; niais, niaise* [njɛ, njɛz].

— Consonne [-ʃ], écrite -che : *frais, fraîche; blanc, blanche* [blɑ̃, blɑ̃ʃ].

— Consonne [-g], écrite -gue : un seul adjectif : *long, longue* [lɔ̃, lɔ̃g].

— Consonne [-l], écrite -le, ou, plus souvent, -lle :
 — sans modification de la voyelle : *saoûl, saoûle* [su, sul];
 — avec modification de la voyelle :
  — les adjectifs en -eau [-o] ont un féminin en -elle [-ɛl] : *nouveau, nouvelle; jumeau, jumelle* [ʒymo, ʒymɛl];
  — la plupart des adjectifs en -ou [-u] ont un féminin en -olle [-ɔl] : *fou, folle; mou, molle* [mu, mɔl];
  — l'adjectif *vieux* a pour féminin *vieille* [vjø, vjɛj].

HISTORIQUE. — Les formes de masculin *bel, mol, vieil,* encore utilisées aujourd'hui devant un substantif à initiale vocalique *(un bel homme, un mol oreiller, un vieil habit),* sont d'anciennes formes de cas régime singulier. Devant l'-s du cas sujet singulier ou du cas régime pluriel, l'-l s'est vocalisé en -u. Au XVIIᵉ siècle, les grammairiens ont établi la règle aujourd'hui observée.

— Consonne [-r]; la voyelle [-e] du masculin (écrite -er) fait place au féminin à la voyelle [-ɛ] (écrite -è) : *entier, entière, léger, légère* [leʒe, leʒɛr].

— Consonne [-n]; la voyelle nasale du masculin fait place au féminin à une voyelle orale :
 — les adjectifs en -an [ɑ̃] ont un féminin en -ane ou -anne [an] : *paysan, paysanne; plan, plane;*
 — les adjectifs en -on [ɔ̃] ont un féminin en -onne [ɔn] : *mignon, mignonne;*
 — les adjectifs en -ain, -ein [ɛ̃] et -ien [jɛ̃] ont des féminins en -aine, -eine [ɛn] et -ienne [jɛn] : *prochain, prochaine; plein, pleine; ancien, ancienne* [ɑ̃sjɛ̃, ɑ̃sjɛn];
 — les adjectifs en -in [ɛ̃] ont un féminin en -ine [in] : *enfantin, enfantine.* Toutefois, *malin* et *bénin* font au féminin *maligne* et *bénigne;*
 — les adjectifs en -un [œ̃] ont un féminin en -une [yn] : *brun, brune* [brœ̃, bryn].

— Semi-consonne [-j], écrite -lle : *gentil, gentille* [ʒɑ̃ti, ʒɑ̃tij].

2° Les adjectifs dont le féminin est marqué dans la prononciation par un changement de la consonne finale du masculin, avec ou sans modification de la dernière voyelle :

— Masculin en [-f] (-f), féminin en [-v] (-ve) : *neuf, neuve; attentif, attentive; bref, brève* [brɛf, brɛv].

— Masculin en [-k] (c), féminin en [-ʃ] (-che) : *sec, sèche* [sɛk, sɛʃ].

— Masculin en [-œr] (-eur), féminin en [-øz] (-euse) : *menteur, menteuse; rieur, rieuse.*

Historique. — Cette opposition s'est créée au xvie siècle, au moment où l'[-r] final cessa de se prononcer. Il a été rétabli au milieu du xviiie siècle.

Historique. — Cette opposition s'est créée au xvie siècle, au moment où l'[-r] final cessa de se prononcer. Il a été rétabli au milieu du xviiie siècle.

3° Les adjectifs qui marquent l'opposition des genres par les formes différentes de leur suffixe :

— Suffixe -EUR au masculin, suffixe -ERESSE au féminin : *vengeur, vengeresse; enchanteur, enchanteresse;*

— Suffixe -TEUR au masculin, suffixe -TRICE au féminin : *indicateur, indicatrice; moteur, motrice.*

Remarque. — L'adjectif *traître* a pour féminin *traîtresse. Pauvresse, drôlesse, ivrognesse, diablesse* ne s'emploient que comme substantifs.

297. Adjectifs qui ne s'emploient qu'à un genre.

Quelques adjectifs ne s'emploient jamais qu'à l'un des deux genres; ils qualifient presque toujours le même substantif :

— masculin : *aquilin* (nez), *benêt, fat, grégeois* (feu), *saur* (hareng), etc.;

— féminin : *bée* (bouche), *cochère* (porte), *crasse* (ignorance), *philosophale* (pierre), *pote* (main), *poulinière* (jument), *scarlatine* (fièvre), *trémière* (rose), etc.

298. Les marques de l'opposition des nombres de l'adjectif.

Le système des oppositions est semblable à celui qui a été étudié pour le substantif (voir § **256-263**). On notera donc seulement quelques faits particuliers :

a) Les adjectifs en *-eau* ont un *-x* au pluriel : *nouveau, nouveaux;*

b) La plupart des adjectifs en *-al* ont un pluriel en *-aux : amical, amicaux; cordial, cordiaux,* etc. Certains, cependant, ont un pluriel en *-als : fatal, final, glacial, idéal, jovial, natal, naval, pascal, pénal, théâtral,* etc. Ces formes sont d'ailleurs rarement employées. Pour *banal,* l'usage hésite entre *banals* et *banaux;*

c) Les adjectifs de couleur issus de substantifs ne marquent généralement pas l'opposition des nombres : *des tissus marron; mes chaises orange* (S. de Beauvoir). Mais *écarlate, mauve, pourpre* et *rose,* parfois aussi quelques autres, marquent normalement le pluriel.

299. Genre et nombre des adjectifs composés.

a) Quand les deux termes du composé ont une valeur d'adjectif, ils sont l'un et l'autre variables : *des filles* sourdes-muettes;

b) Quand le premier terme est un adverbe (ou un adjectif à valeur d'adverbe) ou une préposition, il est invariable : *des gens* malintentionnés; *des signes* avant-coureurs, etc. Le premier terme en *-o* des formations techniques reste invariable : *la guerre* russo-japonaise; *des recherches* psycho-pédagogiques, etc.

On peut être paresseux à des degrés fort divers :

a) On peut être *un peu, assez, très, trop* paresseux ;

b) On peut être :

1° *plus* (ou *moins*) paresseux *que ses amis ;*

2° *plus* (ou *moins*) paresseux *que débauché ;*

3° *plus* (ou *moins*) paresseux *que l'année dernière.*

Dans les exemples *a)*, la qualité désignée par l'adjectif *paresseux* est évaluée en elle-même : on parle alors des DEGRÉS D'INTENSITÉ de l'adjectif.

Dans les exemples *b)*, elle est évaluée par comparaison avec d'autres éléments : même qualité chez d'autres individus (1°), autre qualité chez le même individu (2°), même qualité chez le même individu, mais dans des circonstances différentes (3°). Il s'agit dans ce cas des DEGRÉS DE COMPARAISON de l'adjectif.

REMARQUE. — Le « superlatif absolu » fait partie, on le voit, des degrés d'intensité ; le « superlatif relatif » et le « comparatif » font partie des degrés de comparaison.

La notion d'intensité s'exprime en français par des procédés nombreux et variés. Les uns relèvent de la stylistique, les autres constituent un système morphologique, analogue pour l'adjectif à ce qu'est pour le verbe la conjugaison.

300. *Les procédés stylistiques.*

a) L'intensité faible est marquée par les moyens suivants :

— l'adverbe *peu,* les adverbes *médiocrement* et *modérément* placés devant l'adjectif : *Une femme* peu *élégante.* Devant un adjectif court : *Il fait aujourd'hui* médiocrement *beau.*

REMARQUE. — Ces adverbes peuvent à leur tour marquer différents degrés d'intensité : *une femme* fort peu *élégante.*

— l'auxiliaire de négation *guère* devant l'adjectif : *Tu n'es* guère *beau.*

b) L'intensité moyenne est marquée par une série d'adverbes ou de locutions adverbiales de sens variés : *un peu, quelque peu, suffisamment, passablement, moyennement, pas mal,* etc. :

On est un peu *seul dans le désert* (SAINT-EXUPÉRY).

c) L'intensité forte est celle qui dispose du plus grand nombre de moyens d'expression stylistiques; certains observateurs vont jusqu'à distinguer une vingtaine de rubriques! Parmi les plus importants de ces moyens, on citera ici :

— la répétition de l'adjectif : *Il n'est pas* joli joli (sans pause entre les deux adjectifs);

— la litote («expression atténuée de la pensée»), soulignée par le contexte et par l'intonation : *C'est tout de même* un peu *fort!* (MAURIAC, *l'Express,* 23-III-1961);

— l'accent d'intensité portant sur l'une des syllabes de l'adjectif : *C'est* for*midable!;*

— l'emploi de l'adjectif dans une formule figée comportant une comparaison : *Blanc* comme neige; *Fort* comme la mort (titre d'une nouvelle de MAUPASSANT); *Méchant* comme un âne rouge (ALAIN); *Gueux* comme un rat (JARRY), etc.;

— les adverbes en *-ment* : *infiniment, extrêmement, extraordinairement, énormément, prodigieusement,* etc.; dans l'usage familier et très familier : *drôlement, rudement, vachement,* etc. Leur emploi varie rapidement suivant les caprices de la mode : *furieusement, effroyablement* au XVIIe siècle, *formidablement,* **sensationnellement* et quelques autres aujourd'hui;

— les locutions adverbiales *plus que, on ne peut plus, tout ce qu'il y a de (plus), des plus : Mais vous avez écrit le premier une note... plus que vive!* (LABICHE.)

REMARQUE. — Après *des plus,* l'adjectif est le plus souvent au pluriel, même quand son sens porte sur un substantif au singulier : *Un Dieu* des plus probables *m'a fait ces loisirs* (VILLIERS DE L'ISLE-ADAM). L'emploi, plus rare, du singulier montre que la valeur originelle de *des plus* — élément d'une construction partitive — est complètement oubliée : *C'est un homme* des plus aimable.

301. *Le système morphologique.*

Il est constitué par une série de préfixes et d'adverbes se comportant comme des préfixes, c'est-à-dire inaccentués, incapables d'être placés après l'adjectif ou de recevoir eux-mêmes les marques des degrés : *beau très ou *assez très beau sont impossibles, alors que *beau infiniment* ou *assez extraordinairement beau* peuvent s'employer.

a) L'intensité faible ou insuffisante est marquée par les préfixes SOUS-, HYPO- et, très rarement, INFRA- : *Un pays* sous-développé; *Un malade* hypotendu; *Une lampe* infrarouge.

b) L'intensité moyenne est marquée par l'adverbe *assez : Il me tomba sous les mains un écrit* assez long (DIDEROT).

REMARQUE. — *Quasi* marque l'approximation : [...] *Et quasi | Tristes sous leurs déguisements fantasques* (VERLAINE); l'effet de style est produit par la pause inhabituelle entre l'adverbe-préfixe et l'adjectif.

c) L'intensité forte est marquée par les préfixes ARCHI-, EXTRA-, SUPER-, et par les adverbes-préfixes BIEN, FORT et TRÈS (voir les exemples des suffixes et préfixes aux § **68 à 70**).

Très, neutre et objectif, peut précéder la plupart des adjectifs : *Il est l'auteur d'un ouvrage* très-parfait (DIDEROT). [Sur le trait d'union, voir § **76**.]

Fort, plus littéraire, prend parfois une saveur légèrement ironique : *Le vocabulaire gréco-français est* fort *abondant* (R. DE GOURMONT, qui regrette cette abondance).

Bien est appréciatif : *Tu es* bien *laide, aujourd'hui* (JARRY).

Les préfixes SUR-, HYPER- et ULTRA- (respectivement opposés à SOUS-, HYPO- et INFRA-, et, semble-t-il, plus employés qu'eux), de même que l'adverbe TROP, marquent l'intensité excessive : *des détails* surabondants ; *un malade* hypertendu ; *un chapeau* ultra-chic ; *Un cou* trop *long, comme si on lui avait tiré dessus* (QUENEAU).

Quant à l'adverbe TOUT, souvent classé parmi les marques de l'intensité forte, il exprime le fait que la qualité s'applique à l'ensemble de l'être ou de la chose dont on parle : on peut parler d'un *cheval* tout *blanc*, mais non d'un *cheval* tout *rapide*.

302. Le suffixe -issime.

Introduit au XVIe siècle, sous l'influence conjuguée du latin et de l'italien, le suffixe -ISSIME ne s'est jamais intégré dans le système de la langue. On ne le trouve plus guère, souvent avec une valeur légèrement ironique, que dans quelques formations figées : *grandissime, richissime, rarissime*, et dans certains adjectifs de dignité : *éminentissime, révérendissime, sérénissime*, etc.

303. Les degrés de comparaison.

> *Paul est* plus *paresseux* que Pierre, que ses camarades, que tous les enfants du monde :

La qualité désignée par l'adjectif est comparée à un ou plusieurs autres éléments ; on parle alors du COMPARATIF.

> *Paul est* le plus *paresseux* de la classe :

La qualité est comparée à un ensemble limité d'autres éléments ; on parle alors de SUPERLATIF RELATIF.

304. Le comparatif.

1° *Le comparatif de supériorité.*

La marque du comparatif de supériorité est l'adverbe *plus* :

> *Souvent un jeune homme quitte sa promise pour une jeune fille* plus *riche* qu'elle *de trois ou quatre arpents de terre* (BALZAC).

Les comparatifs synthétiques.

Le français moderne conserve trois comparatifs synthétiques :

Bon a pour comparatif *meilleur* (du latin *meliorem*). *Plus bon* ne s'emploie, dans l'usage correct, que lorsque le second terme de la comparaison est une autre qualité : *Il est plus bon qu'intelligent.*

Pire et *pis* (du latin *peior* et *peius; pis,* généralement utilisé comme adverbe, a conservé comme adjectif une valeur neutre) sont en concurrence avec *plus mauvais* et *plus mal;* on les emploie surtout dans des expressions figées : *Le remède est* pire *que le mal.*

Moindre (du latin *minorem*) ne s'emploie guère, comme comparatif de *petit,* qu'avec une nuance d'appréciation morale.

2° **Le comparatif d'égalité.**

Le comparatif d'égalité est marqué par l'adverbe *aussi :*

Souvent les choses sont aussi spirituelles *que les hommes* (Balzac).

Par souci d'archaïsme, certains auteurs emploient *si* même en dehors des phrases interrogatives ou négatives, où on le trouve fréquemment :

Dans une âme si claire *et* si complète *que la tienne* (Valéry).

3° **Le comparatif d'infériorité.**

Il a pour marque l'adverbe *moins :*

Vous êtes moins aveugle *que moi.*

305. *Le complément du comparatif.*

Dans tous les cas, le second élément de la comparaison est introduit par *que* (voir les exemples du paragraphe précédent).

Historique. — L'ancienne langue utilisait souvent *comme* après le comparatif d'égalité, *de* après les comparatifs de supériorité et d'infériorité :

Vostre prison ne serait pas sy *dure* comme *celle des Angloys* (La Tour Landry).
Meillors vassals de vos unkes *ne vi* (Chanson de Roland).

Le second élément de la comparaison exerce parfois une fonction grammaticale explicite dans une proposition subordonnée :

Il est certes peu de cantons où les ouvriers soient aussi scrupuleux que le sont les nôtres (Balzac).

Après un comparatif d'inégalité, l'élément NE apparaît dans la subordonnée : *Les maux de l'âme sont-ils plus faciles à guérir que* ne *le sont les maux corporels?* (Balzac.)

— Dans ces propositions, l'emploi de *ne* — un moment en concurrence avec NE (...) PAS — s'est généralisé au XVIIe siècle sous l'influence des grammairiens.

306. *Le superlatif relatif.*

Le superlatif relatif se présente comme un comparatif de supériorité ou d'infériorité déterminé par l'article défini (parfois par un adjectif possessif) ou introduit par la préposition *de* :

> *Quelle est la route* la moins longue ?
> *Je te présente un de mes bons... un de* mes meilleurs amis (LABICHE).
> *Ce qu'il y a* de plus beau *est nécessairement tyrannique* (VALÉRY).

REMARQUE. — Les bons auteurs laissent toujours à l'article la forme *le* quand ils comparent les différents aspects de la même qualité attachée à la même substance : *C'est dans les états voisins du sommeil que la suggestion est* le plus facile (CHAUCHARD). Ils accordent au contraire l'article quand ils comparent des qualités attachées à des substances différentes : *Le parc des Aigues occupait la partie* la plus large *de la vallée* (BALZAC).

HISTORIQUE. — Ce n'est guère qu'à la fin du XVIIe siècle que le superlatif relatif a été opposé au comparatif par la présence de l'article défini. RACINE écrit encore, dans la Préface de *Phèdre* : *Je n'ai pas laissé d'enrichir ma pièce de tout ce qui m'a paru* plus éclatant *dans la sienne.*

307. *Le complément du superlatif.*

Il est toujours introduit par la préposition DE :

> [*C'est*] *un des mots les plus accommodants* de la langue française (DANINOS).

308. *Extension au substantif des degrés de l'adjectif.*

Presque exclusivement constitué par des préfixes (ou des adverbes-préfixes), le système morphologique des degrés de l'adjectif s'étend facilement à ceux des substantifs qui comportent un élément qualitatif particulièrement important : en face de *hypersensible, hypotendu, sous-développé,* on trouve, dans l'usage d'aujourd'hui, les substantifs *hypersensibilité, hypotension, sous-développement,* etc. (voir aussi § **109**).

3 | Les fonctions de l'adjectif qualificatif.
L'épithète, l'attribut et l'apposition

Sauf quand il est lui-même utilisé en fonction de substantif ou d'adverbe, l'adjectif qualificatif est toujours en rapport avec un substantif. Aussi a-t-il un éventail de fonctions beaucoup plus étroit que le substantif : il n'exerce ordinairement que les fonctions d'ÉPITHÈTE, d'ATTRIBUT et d'APPOSITION.

309. L'adjectif épithète.

Il est placé à proximité immédiate du substantif sur lequel porte son sens, sans pause vocale importante. Le rapport de sens qui l'unit à ce substantif est établi en dehors du temps marqué par le verbe de la phrase ; dans : *Cet élève* paresseux *a été renvoyé du lycée,* la qualité de paresseux est attachée à l'élève de façon constante, alors que le temps du verbe indique pour l'action un moment précis du passé.

REMARQUES. — 1. Entre le substantif et l'adjectif épithète peut s'intercaler soit une autre épithète, soit un complément du substantif : *un* joli petit *dîner* (LABICHE); *une partie de bridge* acharnée.

2. On dit parfois que les pronoms ne peuvent recevoir d'épithète. Exacte dans la plupart des cas, cette remarque est fausse pour les pronoms suivants :
— formes simples du pronom démonstratif (voir des exemples au § **376**);
— pronom possessif (uniquement dans l'expression figée *le mien propre*);
— adjectif numéral utilisé comme pronom (voir p. 260) : *Ces poulets sont magnifiques : j'en ai acheté* trois gros. Dans ce dernier cas, cependant, on peut aussi considérer l'adjectif numéral comme marquant, à la manière d'un article, la substantivation de l'adjectif *gros*.

310. L'adjectif attribut.

Le rapport de sens entre l'adjectif et le substantif est établi par un verbe (ou un élément à valeur verbale tel que *voici* et *voilà;* sur les phrases attributives sans verbe, voir § **117**). La qualification n'est acquise que pour le moment et la durée marqués par le temps du verbe ; dans : *Cet élève était* paresseux *quand il fut renvoyé du lycée,* la qualité de paresseux n'est attachée à l'élève que dans les limites temporelles marquées par le verbe à l'imparfait.

Le substantif ainsi qualifié est souvent le sujet de la phrase :

Ses cheveux *étaient* blonds, ses joues fermes et pâles (CARCO).

Mais il est fréquent aussi qu'il soit le complément d'objet du verbe :

Je trouve Monsieur engraissé (LABICHE).

Le verbe qui introduit l'adjectif attribut peut en outre exprimer une action ; l'accord de l'adjectif avec le substantif (ou élément à valeur de substantif) se fait normalement : *ils* se relèvent *sains et saufs.*

La place de l'adjectif attribut est réglée de la même façon que celle du substantif attribut (§ **117** et **277**). On remarquera toutefois que l'adjectif attribut du sujet se trouve parfois placé avant le verbe, pour des raisons d'expressivité :

> Anormaux *sont les êtres qui ont un peu moins d'avenir que les normaux* (VALÉRY).

311. L'adjectif apposé.

On peut considérer comme APPOSÉ l'adjectif qualificatif dans les emplois suivants :

1° L'adjectif est séparé par une pause importante (marquée par une virgule ou un tiret) à la fois du substantif (ou du pronom) sur lequel porte son sens et du reste de la phrase : la qualification, bien qu'établie sans l'intermédiaire d'un verbe, n'est acquise que pour les besoins momentanés de la phrase. Aussi prend-elle souvent une nuance circonstancielle, naturellement fort variable suivant le contexte ; une phrase telle que : *Cet élève, paresseux, a été renvoyé du lycée,* est couramment interprétée par : *Cet élève, parce qu'il était paresseux...*

REMARQUE. — L'adjectif ainsi construit peut, à la différence de l'adjectif épithète (voir § **309**), qualifier la plupart des pronoms :
— pronom personnel : Menteur, je *me suis vanté de mes calomnies* (M. JACOB) ;
— formes composées du pronom démonstratif : Celui-ci, travailleur, *sera récompensé ;*
— pronom possessif : Le mien, paresseux, *sera puni.*
C'est là un des faits syntaxiques qui invitent à faire de l'apposition et de la construction en épithète deux fonctions différentes. D'autres faits, il est vrai, semblent interdire cette interprétation ; ainsi, la présence ou l'absence de la pause ne change en rien la fonction du complément circonstanciel dans : *Les grenadiers marchaient* (,) *sans se plaindre.* Pourquoi n'en serait-il pas de même dans le cas de l'adjectif? Les grammairiens qui font ces remarques préfèrent parler d'ÉPITHÈTE DÉTACHÉE. On ne s'interdira pas, au cours de cet ouvrage, de recourir, suivant le cas, aux deux terminologies (voir le chapitre des propositions relatives). On sait d'ailleurs que le mot APPOSÉ signifie en latin ce qu'ÉPITHÈTE signifie en grec.

2° L'adjectif qualifie un pronom indéfini ; il est alors lié à ce pronom par la préposition DE :

> Rien de nécessaire *ne lie la concavité de mon nez à la convexité de mon front* (VALÉRY).

> Ah! *que je voudrais savoir* quelque chose de militaire (BALZAC).

HISTORIQUE. — Il a été possible jusqu'au XVIIe siècle de construire l'adjectif comme une épithète : *A qui venge son père il n'est* rien impossible (CORNEILLE). L'usage littéraire moderne recourt parfois encore à cette construction, mais surtout avec l'adjectif *autre,* qui, déterminatif par le sens, a le comportement grammatical d'un adjectif qualificatif :

> Il n'a trouvé rien autre (MALRAUX).

3° L'adjectif, placé sans pause vocale importante après un nom propre, est substantivé par l'article défini :

> Worms l'ingrate *s'est révoltée contre moi* (SARTRE).

4° Enfin, certains auteurs considèrent aussi apposé l'adjectif substantivé des groupes tels que : *un drôle de bonhomme, la drôle de guerre.*

REMARQUE. — Dans *ma diablesse de montre* (LABICHE), on a affaire à un véritable substantif : employé comme adjectif, *diable* ne saurait avoir comme féminin *diablesse*.

4 | La place de l'adjectif qualificatif épithète

312. *Epithètes postposées et épithètes antéposées.*

Dans l'usage d'aujourd'hui tel qu'il est révélé par des conversations courantes, les adjectifs épithètes sont POSTPOSÉS, et conservent leur accent propre, dans une proportion qui varie autour de 65 p. 100. ANTÉPOSÉS, ils perdent leur accent, et se comportent comme des préfixes. On remarque d'ailleurs que les adjectifs antéposés sont le plus souvent des adjectifs fort répandus (voir la liste du § **315**).

REMARQUE. — Dans les différents usages techniques, les épithètes postposées sont plus nombreuses encore (jusqu'à 90 p. 100). En revanche, certains auteurs, depuis la fin du XIXe siècle, aiment à utiliser l'épithète antéposée (jusqu'à plus de 50 p. 100).

HISTORIQUE. — En ancien français, l'épithète était beaucoup plus fréquemment placée avant le substantif (environ 80 p. 100 des cas). Au XVIe siècle encore, RABELAIS évoque une « annuelle *calamité* », et DU BELLAY rend honneur au « sacré *autel* » d'Athéna. C'est au XVIIe siècle que l'usage moderne s'impose dans ses grandes lignes.

Des facteurs variés interviennent pour déterminer la place de l'épithète, et se mêlent souvent de façon à défier les efforts d'analyse du grammairien : VAUGELAS lui-même, pourtant si soucieux de légiférer, renonça, « après avoir bien cherché », à donner d'autre conseil que celui de « consulter l'oreille ». On cherchera ici à classer les différents facteurs et à en apprécier l'importance respective d'après quelques exemples caractéristiques.

313. *Facteurs d'ordre syntaxique.*

1° Quand l'épithète constitue le nœud d'un groupe (c'est-à-dire quand elle a elle-même un complément) [voir § **111**], elle est presque toujours postposée.

On distingue les cas suivants :

a) L'épithète accompagnée d'un adverbe est généralement postposée : *Un vigoureux cheval* (ALAIN) ; — *Un cheval* remarquablement *vigoureux.*

REMARQUE. — L'épithète précédée d'un des préfixes ou des adverbes-préfixes d'intensité (voir § **301**) peut rester devant le substantif quand les facteurs rythmique ou sémantique imposent cette position : *un beau bébé — un* très beau *bébé.*

b) L'épithète accompagnée d'un complément prépositionnel est toujours postposée : *un* amusant *spectacle — un spectacle* amusant à voir ; *d'*identiques *sonorités* (VILLIERS DE L'ISLE-ADAM) — *des sonorités* identiques à celles de la veille.

c) Au comparatif, l'adjectif épithète n'est obligatoirement postposé que lorsqu'il a pour complément un autre adjectif : *Nous n'avons jamais fait un* aussi long *travail que ce mois-ci ; — Nous avons fait un travail* aussi long que difficile.

REMARQUE. — Au superlatif relatif, la place de l'épithète n'est réglée que par les facteurs rythmique et sémantique : *le jour* le plus long ; — le plus gros *dictionnaire.*

2° Quand le substantif qualifié est en outre déterminé par un complément, l'épithète peut être refoulée devant le substantif : *un style agréable ; — un* agréable *style de romancier.* Mais elle peut aussi être placée après le complément quand il n'y a pas de risque d'équivoque (*un capitaine d'infanterie* sympathique), ou s'intercaler entre le substantif et son complément : *les étudiants* noirs *de Paris.*

314. Facteurs d'ordre rythmique.

On observe en général les trois usages suivants :

1° L'adjectif monosyllabique est placé devant le substantif polysyllabique : *le* vieux *français* (cf. *le français* moderne), *un gros travail, de faux policiers,* etc. ;

2° L'adjectif polysyllabique est placé après le substantif monosyllabique : *un cas* curieux ; *un film* épouvantable.

Dans : *un curieux cas, un épouvantable film,* intervention du facteur sémantique (voir § suivant) ;

3° L'adjectif monosyllabique a tendance à se placer après un substantif lui aussi monosyllabique : *un lit* dur ; *la vie* chère, etc.

D'une façon générale, on a tendance à placer en tête du groupe l'élément le plus court (voir aussi § **86**). Les facteurs syntaxiques qui ont été énumérés au paragraphe précédent peuvent, en dernière analyse, être interprétés de cette façon.

315. Facteurs d'ordre sémantique.

Du point de vue du sens, on remarque l'opposition suivante : l'épithète ANTÉPOSÉE se combine avec le substantif pour constituer avec lui une désignation plus précise, mais globale, de ce dont on parle ; l'épithète POSTPOSÉE conserve son indépendance, et indique une qualité distinctive de ce dont on

parle. Ainsi, quand on parle d'un *horrible individu,* on modifie, en la qualifiant, la notion d'individu, puis on applique cette nouvelle notion à la personne qu'on a en vue ; quand on parle d'un *individu horrible,* on se contente
d'appliquer la qualité d' « horrible » à tel individu pris isolément : la notion
d' « individu » reste intacte.

REMARQUE. — Cette opposition de sens découle de la différence d'accentuation signalée au
§ **312** : inaccentué, l'adjectif antéposé a tendance à se souder au substantif, alors que
l'épithète postposée, conservant son accent propre, garde son individualité.

On peut placer dans ce cadre général les faits suivants :

a) Sont généralement placés avant le substantif ceux des adjectifs dont le sens
se combine facilement avec celui du substantif : adjectifs courants, comportant
souvent une nuance d'appréciation morale ou esthétique. Dans les vingt premières pages d'un roman contemporain, on trouve dans cette position les
adjectifs suivants, rangés par ordre de fréquence décroissante : *petit, nouveau,
bon, gros, vrai, vieux, grand, haut, mauvais, dernier, meilleur, nombreux,
multiple, futile ;*

b) Sont généralement placés après le substantif ceux des adjectifs qui permettent d'identifier ce dont on parle : adjectifs exprimant une relation
(voir § **313**), mais aussi adjectifs exprimant la couleur, la forme, et, d'une façon
générale, servant à établir une classification. On place aussi après le substantif
les participes et les adjectifs verbaux : *un élève doué ; une odeur repoussante ;*

c) Certains adjectifs prennent des sens nettement différenciés selon que, placés
avant le substantif, ils se combinent avec celui-ci, ou que, placés après lui,
ils conservent leur individualité sémantique. Parmi les plus courants, on remarquera surtout :

— ANCIEN : *un* ancien *roi* — *un roi* ancien ;

— BEAU : *une* belle *femme* — *une femme* belle ;

— BON : *un* bon*homme* — *un homme* bon (*bonhomme* est un mot composé ;
mais les deux éléments portent séparément les marques du pluriel : voir § **261**) ;

— BRAVE : *un* brave *homme* — *un homme* brave (« courageux ») ;

— CERTAIN : de même que *différent(s), divers* et *nul,* cet adjectif est déterminatif, et peut s'employer avec la valeur d'un article lorsqu'il est placé devant
le substantif ; il est qualificatif lorsqu'il lui est postposé : certaine *nouvelle* —
une nouvelle certaine ; différents *livres* — *des livres* différents ; nul *devoir* —
un devoir nul ;

— CURIEUX : *un* curieux *homme* — *un homme* curieux ;

— DERNIER : *la* dernière *année* — *l'année* dernière (on peut dire *l'an dernier,*
mais non *le dernier an :* intervention du facteur rythmique) ;

— FIER : *un* fier *imbécile* — *un imbécile* fier ;

— GALANT : *un* galant *homme* — *un homme* galant ;

— GENTIL : *un* gentil *garçon* (et *un* gentil*homme,* voir § **261**) — *un garçon* gentil, *un homme* gentil ;

— GRAND : *un* grand *homme* — *un homme* grand ;

— GROS : *une* grosse *femme* — *une femme* grosse ;

— JEUNE : *un* jeune *soldat* — *un soldat* jeune ;

— MAIGRE : *un* maigre *repas* — *un repas* maigre ;

— PAUVRE : *un* pauvre *homme* — *un homme* pauvre ;

— PETIT : *un* petit *artisan* — *un artisan* petit ;

— PROPRE : *mon* propre *gilet* — *mon gilet* propre ;

— SACRÉ : *une* sacrée *histoire* — *une histoire* sacrée ;

— TRISTE : *un* triste *individu* — *un individu* triste ;

— UNIQUE : *un* unique *cas* — *un cas* unique ;

— VAGUE : *une* vague *idée* — *une idée* vague ;

— VILAIN : *un* vilain *homme* — *un homme* vilain.

Certaines de ces oppositions tendent à disparaître de l'usage contemporain. En revanche, on remarque que l'adjectif antéposé y prend fréquemment une valeur intensive, bien illustrée par l'exemple suivant :

Ce n'est pas un grand film, *c'est un* film grand (F. GIROUD, *l'Express,* n° 610).

316. Place inhabituelle de l'adjectif épithète.

Il suffit de lire un texte de près, ou d'écouter attentivement une conversation, pour constater que les usages qui viennent d'être décrits ne sont pas toujours suivis. Ces exceptions s'expliquent, pour la plupart, par l'une des raisons suivantes :

a) D'assez nombreux groupes ADJECTIF + SUBSTANTIF constituent des expressions figées : ce sont des fossiles linguistiques, témoins d'époques révolues de l'histoire de la langue. Certains sont devenus des mots composés : *vif-argent, chauve-souris,* etc. Dans quelques autres, l'adjectif et le substantif conservent leur statut, mais ne s'emploient plus en cet ordre que dans des contextes définitivement fixés : *à* plat ventre; *faire la* sourde oreille; *pleurer à* chaudes larmes, etc.

b) La place inhabituelle de l'adjectif épithète s'explique par une intention stylistique de l'auteur : le fait d'inverser l'ordre attendu — aussi bien dans un sens que dans l'autre — est générateur d'un effet qui dépend et de l'adjectif employé et du contexte. Parmi la foisonnante variété des cas possibles, on retiendra ceux-ci, à titre d'exemples :

— L'auteur fait intervenir le facteur sémantique au rebours de l'usage habituel : quand VICTOR HUGO parle de « rouges *tabliers* », il refuse à l'adjectif toute valeur distinctive, mais lui confère une valeur pittoresque accentuée ;

— L'auteur fait prévaloir le facteur sémantique sur le facteur rythmique : ainsi quand JARRY parle d'un « démocratique *spectacle* », de « *notre* esthétique *volonté* » ou d'« ophidiennes *caisses* » ;

— On peut aussi combiner ces deux procédés ; de là des groupements tels que : « *ses* violettes *dents* » (JARRY).

317. Ordre de plusieurs adjectifs épithètes.

On distingue les cas suivants :

a) Les adjectifs sont juxtaposés (entre eux ou de chaque côté du substantif) sans pause vocale importante. Trois types de groupements apparaissent :

— Deux adjectifs juxtaposés devant le substantif : *Un* joli petit *dîner* (LABICHE); *Ce* pauvre cher *homme* (BALZAC); *Cette* arrogante petite *cliente* (SAPORTA); le premier adjectif qualifie le groupe constitué par le substantif et le second adjectif ;

— Deux adjectifs juxtaposés après le substantif : *Les milieux* politiques américains; *La guerre* civile espagnole; *Mes études* biologiques personnelles (J. ROSTAND); le second adjectif prend fréquemment une valeur distinctive accentuée, qui porte sur le groupe constitué par le substantif et le premier adjectif ;

— Deux adjectifs juxtaposés de part et d'autre du substantif : *L'*indomptable *âne* rouge (ALAIN); *Un* grand *geste* las; *Cet* ardent *soleil* bourguignon (BALZAC); chacun des deux adjectifs qualifie à sa manière le groupe constitué par le substantif et l'autre adjectif.

Ces trois types de groupements présentent, on le voit, le caractère commun de ne pas placer les deux adjectifs sur le même plan par rapport au substantif.

REMARQUE. — Il est exceptionnel que plus de deux adjectifs soient groupés de cette façon : *De* petits *écoliers* parisiens *d'école primaire* réguliers *dans leur scolarité* (Th. SIMON) [style de médecin, à ne pas imiter].

b) Les adjectifs sont coordonnés ou séparés par une pause vocale importante (marquée par une virgule) : ils sont alors placés sur le même plan par rapport au substantif, et leur nombre n'est théoriquement limité que par les besoins — ou la fantaisie — de l'utilisateur. Leur place avant ou après le substantif est réglée par les facteurs indiqués plus haut (§ **313-315**). Toutefois, le facteur rythmique intervient de façon extrêmement souple, puisque l'on trouve des séries de deux ou trois adjectifs juxtaposés avec pause vocale ou coordonnés devant un substantif : *Un* enfantin et charmant *éclat de rire* (VILLIERS DE L'ISLE ADAM); *Ce* gros, grand, carré *général* (BALZAC). Mais il est plus fréquent que de telles séries soient placées après le substantif : *Une blancheur* absolue et dure (VALÉRY); *Un univers extrêmement* net, et coupant, et pur, et intelligible (MONTHERLANT).

III. LA DÉTERMINATION

Les déterminatifs et les pronoms

1 | Généralités

318. La détermination.

Dans le dictionnaire, le substantif est présenté seul. Il s'applique alors à l'ensemble de la substance qu'il évoque (voir § 244), sans limitation aucune : *Victoire : avantage remporté sur les ennemis dans un combat* (LITTRÉ).

Dans le discours, il est assez rare que l'on ait à utiliser le substantif de cette façon.

Les principaux cas sont les suivants :

— substantif en apostrophe ;
— substantif en apposition, avec ou sans pause vocale ;
— substantif attribut ;
— substantif utilisé dans une proposition purement nominale : Victoire, *Monseigneur.* Victoire *totale et réglementaire !* (SARTRE) ;
— substantif utilisé dans certaines locutions figées : *avoir peur, prendre forme,* etc. ;
— substantif utilisé dans des maximes de portée générale et dans certains titres d'ouvrages : Pauvreté *n'est pas* vice, Grammaire *française,* Servitude *et* grandeur *militaires.* (Sur l'absence de l'article lorsque le substantif est introduit par une préposition, voir § **337** *e.*)

Le plus souvent, on n'évoque dans le discours qu'une partie — plus ou moins importante — de la substance dont on parle : la *victoire,* une *victoire,* plusieurs *victoires,* etc. Cette sorte de « coupure » (selon l'expression de G. Guillaume) dans la signification totale du substantif permet de lui donner provisoirement une individualité propre : c'est cette individualisation du substantif qui reçoit le nom de DÉTERMINATION.

319. *Les déterminatifs.*

Les diverses nuances de cette détermination sont marquées par une série d'outils grammaticaux, qu'il convient de répartir en deux groupes d'après leur comportement syntaxique :

1° Le premier groupe est constitué par ceux des déterminatifs qui ne peuvent se combiner entre eux. Ils marquent une détermination fondamentale du substantif. Ce sont les articles, les adjectifs démonstratifs, possessifs et interrogatifs.

REMARQUE. — Pour ne pas heurter une tradition grammaticale qui, pour être ancienne, n'en est pas moins discutable, on a consacré ici un chapitre particulier à l'étude de l'article.

2° Les déterminatifs du second groupe présentent la particularité de pouvoir s'employer de deux façons :

a) Ils peuvent, au même titre que les déterminatifs du premier groupe, s'employer seuls devant le substantif : trois *livres;* quelques *livres;*

b) Ils peuvent aussi se combiner avec l'un des déterminatifs du premier groupe : les trois *livres;* mes quelques *livres.* Ils marquent alors une détermination complémentaire du substantif.

Appartiennent à ce second groupe les adjectifs numéraux cardinaux et certains des adjectifs indéfinis.

REMARQUE. — Pour des raisons de commodité, on a étudié ici les adjectifs numéraux ordinaux en même temps que les adjectifs cardinaux (voir § 405-407). De même, on s'est résolu à étudier dans le même chapitre tous ceux des éléments que la tradition grammaticale range parmi les adjectifs indéfinis, bien que certains d'entre eux (voir particulièrement § 410 et 413) ne puissent pas s'employer en combinaison avec l'article ou l'un de ses équivalents.

320. *Les pronoms.*

L'étude des pronoms est étroitement liée à celle de la détermination. En effet, le pronom est toujours. l'équivalent d'un substantif déterminé :

— L'homme *est venu* — il *est venu;*

— Cet homme *est venu* — celui-ci *est venu;*

— Son livre *est beau* — le sien *est beau;*

— Aucun homme *n'est venu* — personne *n'est venu,* etc.

Il n'y a donc entre l'adjectif déterminatif et le pronom qu'une seule différence : l'adjectif accompagne le substantif en en marquant la détermination, le pronom est le substitut du substantif déterminé. Dans certains cas même, la même forme est utilisée tantôt comme adjectif, tantôt comme pronom : *J'ai* deux *livres; j'en ai* deux.

321. *Substantif et pronom.*

Si, du point de vue syntaxique, le pronom (*pro-nomen*, « à la place du nom ») peut exercer toutes les fonctions du substantif, il s'en distingue du point de vue de la logique : au contraire du substantif, il ne comporte aucun élément descriptif, et ne peut faire allusion aux qualités de ce qu'il désigne. Par exemple, dans : le chien *dort,* le terme *chien* implique un certain nombre de qualités ; dans : il *dort,* le pronom *il* est un repère, il ne décrit pas (de même *celui-ci, le mien,* etc.).

322. *Les deux valeurs du pronom.*

1° Les pronoms sont employés comme NOMINAUX quand ils désignent à eux seuls des êtres ou des choses : ils ne représentent rien, mais tiennent lieu de substantifs. Ex. : *dis-*moi (le pronom personnel de la première personne est, en principe, le seul élément qui permette à celui qui parle de se désigner lui-même) ; quelqu'un *est venu ;* ceci *me plaît* (on ne connaît pas ou l'on ne veut pas indiquer les qualités de ce dont on parle).

2° Les pronoms sont utilisés comme REPRÉSENTANTS quand ils s'appliquent à un être (ou à une chose) désigné dans le contexte par un substantif (ou par l'équivalent d'un substantif [voir § **72**]). Ce substantif, quoiqu'il se trouve parfois après le pronom, est son ANTÉCÉDENT.

Les représentants ne marquent pas les qualités du substantif qu'ils évoquent, mais seulement certains des aspects de son identité : ils permettent donc de ne pas répéter le substantif : *Vous m'avez offert* ce livre, *mais je l'avais déjà.*

Les catégories grammaticales que peuvent marquer les pronoms sont les suivantes :

a) le NOMBRE : *Cet enfant, je le connais — ces enfants, je les connais ;*

b) le GENRE : *Je le connais — je la connais ;*

c) l'OPPOSITION DES PERSONNES ET DES CHOSES : *Qui as-tu vu ?* — Personne. — Qu'*as-tu vu ?* — Rien. — *Je pense à lui — J'y pense ;*

d) la PERSONNE : *Je travaille* — tu *travailles* — il *travaille ;*

e) la FONCTION : *Il vient* — je le *vois* — *je lui parle ; c'est lui qui travaille ; c'est lui qu'on voit.*

323. *Rapport entre le pronom et le substantif représenté.*

La nature du pronom explique qu'il ne puisse représenter qu'un substantif déterminé. On ne peut dire : **Il m'a demandé conseil et je le lui ai donné,* ni **Il demande conseil* qu'*il ne suit pas.* En effet, le substantif *conseil* fait ici partie de la locution verbale *demander conseil,* où il n'est pas individualisé ; il ne saurait donc être représenté par un pronom.

— L'usage était différent au XVIIe siècle. Dans l'exemple suivant, Corneille reprend par un pronom personnel le substantif *justice* qui n'est précédé d'aucun élément déterminatif :

> *J'offenserais le roi, qui m'a promis* justice.
> *Vous savez qu'*elle *marche avec tant de lenteur.*

Même le P. Bouhours accepte : *Il a* tort *et je ne l'ai pas.*

REMARQUE. — Une phrase telle que : *J'ai encore pris du café au lait* qui était très bon (CAMUS), produit une impression de gaucherie (ici volontaire) : en effet, le pronom relatif et son antécédent s'appliquent chacun à une quantité différente de la substance désignée, ce qui est en principe impossible.

324. Nature de l'antécédent.

Un pronom ne représente pas seulement un substantif, mais aussi :

— un adjectif : *Est-il petit?* — *Il l'est;*

— un pronom : *Certains se cachent, mais je les vois;*

— un groupe de mots ou une proposition : *Il veut partir, il le veut absolument, il ne veut que cela.*

325. Les différentes sortes de pronoms.

Les différents pronoms sont : les pronoms personnels; les démonstratifs; les possessifs; les interrogatifs; les relatifs; les indéfinis.

REMARQUE. — La terminologie grammaticale traditionnelle ne retient pas le terme de *pronoms numéraux*. Cependant, les mots numéraux peuvent être utilisés aussi bien comme pronoms que comme adjectifs.

2 | L'article

326. Définition.

L'article est l'outil fondamental de la détermination du substantif. C'est lui qui permet d'établir une différence entre le substantif virtuel, tel qu'il se trouve dans le dictionnaire, et le substantif déterminé, tel qu'il est utilisé dans la phrase. Ce n'est pas l'article qui détermine le substantif, mais c'est lui qui indique si le substantif est conçu comme déterminé ou non.

L'article suffit à marquer qu'un mot de n'importe quelle catégorie (adjectif, verbe, mot invariable, locution) est transféré dans la catégorie du substantif ; ex. : un *pauvre*, l'*inconnu*, le *sourire*, un *pourquoi*, un *m'as-tu-vu* (v. chap. vocabulaire, § **72**).

L'article est souvent, en français moderne, le seul indice du genre et du nombre du substantif qu'il accompagne. *Les chats miaulent* ne se distingue à l'oreille de *le chat miaule* que par la différence entre le et les, marque unique, ici, du singulier et du pluriel.

A | Les formes

327. *Tableau des formes selon le genre et le nombre :*

	DÉFINI	INDÉFINI	PARTITIF
MASCULIN SINGULIER	le, l'	un	du, de l'
FÉMININ SINGULIER	la, l'	une	de la, de l'
PLURIEL	les	des	des

328. *Origine des formes.*

L'article n'existe pas dans toutes les langues ; le latin ne le connaissait pas. Le système de l'article s'est créé en ancien français et n'a cessé d'évoluer.

A. L'article défini LE, LA, LES vient du démonstratif latin ILLE ; il avait donc à l'origine une valeur démonstrative qui, dans les langues romanes, s'est affaiblie peu à peu ; ses formes sont apparentées à celles du pronom personnel.

B. L'article indéfini UN, UNE vient du numéral latin UNUS, UNA, qui signifiait « un », par opposition à « deux, trois... ». Cette valeur numérale d'origine

213

s'est aussi affaiblie. (Comparer avec certaines langues, comme l'anglais, qui disposent d'un mot pour chacune de ces valeurs; ex. : *one — a.*)

C. L'article DES est issu de la *contraction* de la préposition DE et de l'article LES. Ce fait n'a pas grande influence sur le fonctionnement actuel de l'article DES, mais est cause de nombreuses confusions avec des tours PRÉPO-SITION DE + LES (voir § 579), comme : *Il veut sa part* des *livres que vous m'avez promis.*

329. Les formes contractées.

L'article LE, LES peut s'agglutiner avec certaines prépositions qui le précèdent, et prendre des formes dites « contractées » :

À + LE = AU, sauf si le nom masculin précédé de LE commence par une voyelle ou un H non aspiré : *au départ; à* l'*orage; à* l'*homme.*

À + LES = AUX : (à les) *enfants* = aux *enfants.*

DE + LE = DU, sauf si le nom masculin précédé de LE commence par une voyelle ou un H non aspiré : du *départ;* de l'*orage;* de l'*homme.*

DE + LES = DES : (de les) *jardins* = des *jardins.*

REMARQUE. — Les formes : *au, aux, du* s'expliquent par le passage à date ancienne de *l* à *u* dans certaines positions devant consonne.

EN + LE a donné OU confondu avec AU (voir § 581).

EN + LES donnait en français ELS, puis ÈS (plus tard reformé en AUX). Cette forme ÈS ne subsiste plus que dans des formules archaïques : *licencié* ès *lettres, docteur* ès *sciences.* Elle suppose évidemment un substantif pluriel.

REMARQUE. — Faut-il user d'une forme contractée devant un titre ?
Lorsqu'il y a un seul substantif principal dans le titre, il est d'usage de faire la contraction : *au, aux, du, des.* Ex. : *Cela fait songer* au « *Bourgeois gentilhomme* », aux « *Fleurs du mal* », aux « *Caves du Vatican* ».

Lorsqu'il y a deux ou plusieurs substantifs coordonnés, on peut hésiter. Il est possible d'user d'une forme contractée pour le premier article (mais non pour le second). Ex. : *Le charme du « Rouge et* le *Noir* ». Toutefois, cette tournure est gênante ; on préfère souvent éviter la contraction : *Le charme* de « le *Rouge et* le *Noir* », ou, plus simplement, recourir à un substantif qui présente l'ouvrage : *La lecture du roman* « le *Rouge et* le *Noir* ».

Si le titre est composé d'une proposition verbale, on peut faire la contraction de l'article qui présente le substantif sujet : *C'est un passage* du « *Train sifflera trois fois* » ; mais on préfère l'éviter, surtout avec un pluriel : *Une représentation* de « *Les enfants s'amusent* ».

Les noms de famille commençant par l'article *le, la,* non soudé au nom, ne peuvent se contracter. On dira toujours : *La peinture de* Le *Brun.* Inversement, on fera la contraction avec les noms de lieux : *Le Notaire du Havre.*

330. *Les formes élidées.*

Les articles LE, LA laissent tomber leur voyelle devant un mot qui commence par une voyelle ou un H non aspiré; on évite ainsi l'hiatus de : *le ami* en disant : *l'ami, l'histoire.* Par exception, on dit : *le huit, le onze, le oui* (opposé à *le non*).

On hésite entre *l'ouate* et *la ouate, l'ouistiti* et *le ouistiti.* On dit plus volontiers le *onze* que *l'onze.* On ne fait pas l'élision avec *ululement, yacht, yankee, yaourt, yogi,* Yémen.

B | L'article - valeurs et emplois

HISTORIQUE. — La constitution des trois séries : *le, la, les / un, une, des / du, de la, des* et leur réunion sous le chapeau commun de l'article remontent à une date assez récente dans l'histoire de la grammaire française; le seul article reconnu était *le, la, les.* Les grammairiens modernes reviennent à cette tradition en renvoyant *un, une, des, du, de la* aux adjectifs indéfinis ou en faisant remarquer que *du, de la* sont des emplois particuliers de la préposition *de.*

Les remarques que nous allons proposer ne reposent pas sur un classement fonctionnel rigoureux, mais sur des oppositions de sens.

L'article DÉFINI peut s'employer devant tous les substantifs communs; il marque qu'une personne ou une chose a déjà été identifiée; par là, il s'oppose à l'article indéfini, lequel marque qu'on identifie une personne ou une chose en la dégageant d'êtres semblables, en la singularisant.

L'article INDÉFINI et l'article PARTITIF forment en principe une distribution complémentaire : l'article indéfini se place devant des substances nombrables, discontinues (*une chaussure*), l'article partitif devant des substances non nombrables, continues (*du beurre*). Remarquons cependant que :

1° cette distinction n'a de sens qu'au singulier;

2° le même substantif peut être précédé de l'un ou l'autre article selon le point de vue sous lequel on l'envisage :

Donnez-moi du beurre. C'est un beurre de première qualité.

a | L'article défini

331. L'article défini : le, la, les.

Il s'emploie auprès d'un substantif représentant une chose ou un être déjà connu, pour lequel on a une référence, soit dans la phrase, soit dans la pensée. Ce substantif peut :

— avoir été mentionné précédemment :

> Elle avait sur les genoux un petit garçon de trois ans. Le mioche en chemise pleurait (FLAUBERT).

— être déterminé dans la phrase elle-même par un adjectif, une proposition relative... :

> Frédéric alla, comme soulevé par un vent tiède et avec l'aisance extraordinaire que l'on éprouve dans les songes (FLAUBERT).

REMARQUE. — Le substantif peut aussi être déterminé par la présence, dans la phrase, d'un possesseur : Il l'aperçut, une chope devant lui, le menton baissé et dans une attitude méditative (FLAUBERT). [Ici, la présence du pronom lui entraîne l'article défini : le menton.]

— être situé dans la pensée par certaines références :

a) L'article défini vise un substantif notoirement connu, et connu pour être unique en son genre :

> le soleil, l'eau, la terre, le feu...

Par là, il s'oppose à l'article indéfini, qui envisage un CAS PARTICULIER, un aspect précis considéré dans son actualité passagère ; ainsi, on dit : le Ciel (et c'est ce ciel que tout le monde connaît, qui existe comme tel en dehors de la phrase), mais APOLLINAIRE écrit :

> Qu'un ciel d'oubli s'ouvre à mes vœux.

De même : la langue française (portée générale) ; parler une belle langue française (portée restreinte).

b) L'article défini vise un concept que l'on suppose connu de tous :

> Reconnais-tu le Temple au péristyle immense (NERVAL).

Ici, l'article défini nous indique que le temple est connu, soit par notoriété, soit par connivence particulière. L'article est presque l'équivalent du démonstratif : ce temple. (On retrouve la valeur d'origine latine de ILLE.)

Autre exemple :

> Ce n'est pas un directeur, c'est le directeur.

216

Ici, UN aurait la valeur de *un quelconque;* LE, article de « notoriété », classe *directeur* parmi les êtres permanents, uniques et notoires.

c) L'article défini vise un concept connu par l'habitude :

> *Va chercher* les *gâteaux chez* le *boulanger.*

(La personne qui parle et celle qui écoute sont de connivence pour comprendre : ces *gâteaux,* notre *boulanger.*)

L'article en arrive à avoir la valeur d'un possessif :

> Les *bourgeois disent* « la *voiture* », « le *médecin* », *comme s'il n'y en avait qu'un seul, à eux réservé* (HERMANT).

d) L'article défini peut avoir une valeur emphatique, lorsqu'il met l'accent sur le caractère unique ou universel du substantif. Cela explique qu'on le trouve fréquemment dans des phrases nominales exclamatives :

> L'*admirable réponse!*

et dans des formules comme :

> C'*est* le *livre de* l'*année.*

Les restaurants affichent :

> La *truite meunière.* — Le *gâteau du chef.*

(L'article défini semble exclure ici toute possibilité de rivalité.)

Dans des tournures comme : *Il fait* le *brave,* LE marque la conformité à un modèle, et l'emphase. Nerval écrit :

> *Je suis* le *ténébreux,* le *veuf,* l'*inconsolé,*
> Le *prince d'Aquitaine à* la *tour abolie.*

e) Dans sa valeur proprement généralisante, l'article défini marque l'appartenance à une espèce :

> Le *verre n'est jamais si bleu qu'à sa brisure* (ARAGON).

Il ne s'agit pas de *ce* verre particulier, mais de la catégorie des verres, connue dans la pensée. Dans cet emploi, LE est proche de UN.

332. Utilisation stylistique.

L'emploi uniforme de l'article défini donne l'impression d'un monde connu, où tout marche par grandes catégories (au contraire de UN, qui marquera le relief, l'inattendu). Voici un exemple de Giraudoux :

> De La Rochelle *toujours invisible, j'entends les rumeurs,* le *clairon maintenant sonne* le *rappel* aux *caporaux,* aux *fourriers,* la *vie commence en France pour* les *Français de ces grades. Puis* le *rappel* aux *chefs de compagnies,* la *vie est commencée pour* les *bourgeois. Un froissement gigantesque de soie et de velours,* la *bourgeoisie passe son uniforme.*

b | L'article indéfini

333. *L'article indéfini :* **un, une, des.**

A. VALEUR D'UNICITÉ. L'article UN garde de son origine numérale la possibilité d'indiquer la chose ou l'être unique :

> *Dès qu'il existe* un *secret entre* deux *cœurs qui s'aiment, le charme est rompu, le bonheur est détruit* (CONSTANT).

UN est opposé à DEUX et porte un accent d'emphase.

B. EN CONTRASTE avec LE, il marque qu'un substantif n'a pas encore été identifié, qu'on n'en a pas encore parlé : *Passe-moi* une *gomme, non, plutôt* un *crayon.*

Il s'agit donc d'une gomme ou d'un crayon quelconques, mais envisagés dans un cas particulier. Il s'ensuit que :

— dans une remarque d'ordre général, l'article indéfini marque qu'il s'agit d'une application particulière de la vérité générale :

> *Un soldat français ignore la fatigue;*

— appliqué à une substance continue, l'article indéfini marque qu'il s'agit d'un cas particulier. On opposera ainsi : *la* lumière et *une* lumière, *le* silence et *un* silence, *la* vérité, et *une* vérité.

334. *Utilisation stylistique de l'article indéfini.*

Par contraste avec l'effet de familiarité de l'article défini, l'article indéfini permet des effets de relief remarquables :

— Il présente sous un aspect surprenant, nouveau, une chose ou un être familier. Tel DIDEROT parlant d'une famille d'ordinaire heureuse et qu'il trouve consternée : *J'arrive, je trouve* une *famille en larmes.*

— Il permet d'envisager quelque chose de très particulier sur un plan général; L. SPITZER a bien vu l'effet de détachement qu'en obtient Racine :

> *Toi, qui connais mon cœur depuis que je respire,*
> *Des sentiments d'*un *cœur si fier, si dédaigneux,*
> *Peux-tu me demander le désaveu honteux?*

Même effet chez CHATEAUBRIAND :

Au sortir de ces rêves, je me retrouvais un *pauvre petit Breton obscur.*

— Il crée une impression de relief, de singularité, quand il est répété devant plusieurs substantifs :

Parfois un *craquement dans le verger, c'était* une *branche de prunier, surchargée, qui craquait... Parfois* un *cri dans* un *sillon, c'était la musaraigne saisie par la chouette. Une étoile filait* (GIRAUDOUX).

— Il entre ainsi dans des tours très expressifs :

La soirée m'a paru d'un long (ZOLA). *Il est d'un noir.*

c | L'article partitif

335. *L'article partitif :* du, de la, de l', des.

En français moderne, l'article partitif s'emploie lorsque l'on veut indiquer un découpage pour une chose qui n'a pas de forme définie :

L'eau, de *l'eau; la bonté,* de la *bonté.*
De la *police arrive* (DURAS).

Par un souci de symétrie, on donne *des* comme pluriel de *du, de la. Des* peut articuler tous les substantifs en marquant une quantité indéfinie :

Il y a des pommes dans le garde-manger.
On boit aujourd'hui des eaux merveilleuses.

On opposera au singulier : *Je bois* de l'*eau* (l'eau est envisagée sous l'aspect fragmenté que peut présenter une substance sans forme) à :

Je bois l'eau du pot : le problème de la quantité n'est pas envisagé; l'eau est déterminée par son complément;
J'ai bu une *eau exécrable :* on vise un type singulier d'eau.

L'article partitif est employé souvent de nos jours dès qu'on veut indiquer une notion de quantité massive :

Faire du cent à l'heure. Jouer du Mozart. Faire de la fièvre. Vendre du meuble...

336. *Utilisation stylistique de l'article partitif.*

En préposant l'article partitif à des substantifs qui ne se prêtent pas habituellement à cette construction, on obtient des effets d'un curieux relief :

> *Sous la grâce même de sa galanterie, Mouret laissait ainsi passer la brutalité d'un juif vendant de la femme* (ZOLA).
> *Mirabeau avait du Gracchus et du don Juan* (CHATEAUBRIAND).

d | L'article zéro (absence d'article)

L'ancien français possède une opposition vivante ; « L'article actualise, replace le nom dans une situation réelle et concrète ; l'absence d'article le marque comme virtuel » (GUIRAUD). Mais le français moderne, qui a besoin d'un déterminant pour marquer le genre et le nombre des substantifs, a laissé s'effacer cette utile distinction. Elle subsiste cependant dans les cas suivants.

337. *L'absence d'article avec les noms communs.*

a) Quand le groupe nominal est isolé (titres, inscriptions, adresses) ou occupe dans la phrase une position marginale (apostrophes, invocations), ou constitue une PHRASE NOMINALE (exclamations, notes de voyages...) :

> *Rue Lacépède. — Grammaire française. — Meurtre à Marseille. — Bonjour, docteur. — Malheur, Dieu pâle aux yeux d'ivoire* (APOLLINAIRE).
> *Belle question à discuter entre Uranie et sa sœur !* (DIDEROT.)

L'introduction d'un article donne une nuance de familiarité, de connivence, d'emphase... (v. § **331**) :

> *Le meurtre de Marseille. — Eh, l'ami ! — La belle affaire, songe-t-elle, d'avoir su attiser le désir de ce quinquagénaire* (MAURIAC).

b) Quand le substantif est en fonction d'APPOSITION, la valeur de l'absence d'article est sensible :

> « *Phèdre* », *tragédie de Racine.* (C'est une étiquette.)
> « *Phèdre* », *la tragédie de Racine.* (Le groupe apposé identifie le substantif *Phèdre.*)
> « *Phèdre* », *une tragédie de Racine.* (L'article isole *Phèdre* parmi les tragédies de Racine.)

c) L'absence d'article permet de prendre un substantif attribut dans sa plus grande généralité, c'est-à-dire d'en faire une QUALITÉ :

> *Il n'a jamais été guerrier, quoiqu'il fût très-soldat* (RETZ).
> *C'est qu'il est pantomime* [l'abbé Galiani] *depuis la tête jusqu'aux pieds* (DIDEROT).

De même avec les présentatifs C'EST, IL Y A :

> *C'est en lui impuissance ou mauvaise volonté* (DIDEROT).
> *C'était pure concession à l'opinion publique* (ARAGON).
> *Tant qu'il y aura sur la terre ignorance et misère* (HUGO).

Dès que le substantif est replacé dans l'espace et le temps, l'article reparaît :

> *C'est la mauvaise éducation, le mauvais exemple qui vous corrompent.* (DIDEROT).

d) Le substantif se joint sans article à des verbes comme : *avoir, rendre, donner, faire...,* pour former des locutions verbales : *avoir peur, avoir mal, rendre justice...*

L'article redonne de l'actualité au substantif, comme le montre ce développement de Diderot :

> *Nous l'avons fait parler guerre, tout son bien aise.* [...] *Il nous parla beaucoup du maréchal, de ses occupations, de ses amours.*

Le sens de la locution peut même se détacher assez nettement du sens d'un groupement avec article, comme dans cet exemple cité par M. GUILLAUME :

> *Le juge chargé de rendre la justice ne m'a pas rendu justice.*

e) Le substantif sans article suit de nombreuses prépositions :

— soit pour marquer une détermination : *un pont de pierre, un pont en bois, un seau à charbon...*
— soit pour former des locutions : *avec soin, sans cœur, pour mémoire, par terre...*

D'une façon générale, on élimine l'article quand toute précision de lieu, de temps... est ôtée :

— par une conjonction marquant l'alternative (SOIT) ou la négation (NI) :

> *Il n'a ni zèle ni activité* (DIDEROT).

— dans les proverbes :

> *Jeune fillette a toujours soin de plaire.*

— dans les énumérations :

> *Cette peinture n'est que masures, verdures des champs, ombres d'arbres et ponts, et rivières* (APOLLINAIRE).

L'absence d'article donne une impression de totalité, la réintroduction de l'article limite le champ de la vision :

> *Ce sont perpétuellement des ruses, des réticences, des mystères, des secrets, des méfiances* (DIDEROT).

338. *Emplois de l'article avec les noms propres.* *Noms de personnes.*

Ils n'ont pas besoin de détermination et ne sont généralement pas précédés d'article s'ils ont vraiment leur rôle de nom de personne ; mais si, par MÉTONYMIE, on applique le nom propre à un aspect particulier de l'individu nommé ou à l'une de ses œuvres, l'article nous signale le glissement de sens, en donnant au nom une détermination particulière :

> Le *Flaubert le plus attachant est peut-être celui de la Correspondance.*
> *J'ai acheté* un *petit Flaubert très bien illustré.*

Même phénomène lorsque le nom est déterminé par un adjectif, ou une relative :

> *Quand il fut de retour enfin*
> *Dans sa patrie le sage Ulysse* (APOLLINAIRE).

L'article peut signaler que le nom propre est pris comme nom commun, comme type :

> *C'est* un *vrai Tartuffe.*
> *Les enfants de dix ans rêvent d'être* des *Gagarine.*

On emploie l'article pour désigner un ensemble de gens portant le même nom :

> *J'ai invité ce soir* les *Durand.*

REMARQUE. — L'usage de l'article défini devant un nom de personne non déterminé est un des traits du langage populaire : *C'est la faute à la Marie.* On l'emploie parfois par mépris : *Toujours le Sénécal! pensa Frédéric* (FLAUBERT). Certains patronymes d'origine italienne, désignant des hommes célèbres, comportent un article : Le *Tasse (Torquato Tasso),* l'*Arioste (Ludovico Ariosto),* le *Tintoret* (= le teinturier, nom de métier de son père), le *Greco,* le *Pordenone* (origine géographique). Il arrive même que l'on mette l'article devant un prénom masculin (ce qui est jugé incorrect par les puristes) : le *Titien (Tiziano Vecellio),* le *Dante (Dante Alighieri).* Certains noms de cantatrices, d'actrices (ou de courtisanes) ont pu, dans des cas limités, prendre l'article *la ;* la *Malibran ;* la *Callas.* (Pour l'usage de l'article devant les noms de bateaux, voir § **253.**)

339. *Noms géographiques.*

L'emploi de l'article est assez simple à dégager, sauf dans les cas où le nom se trouve précédé d'une préposition indiquant le lieu d'où l'on vient (DE), ou le lieu où l'on est, où l'on va (préposition À, EN ou DANS).

L'usage peut paraître capricieux ; mais, si l'on examine la répartition des formes utilisées, on s'aperçoit que la langue opère plusieurs sortes de distinctions : selon l'extension (lieux conçus comme des points ou comme des étendues) ; selon le genre (noms féminins ou masculins) ; selon le degré de détermination.

340. Les lieux traités comme des points.

À (ou DE) SANS ARTICLE.

Les noms de villes se présentent généralement sans article : *Paris, Aix,* et se construisent avec À, DE.

— Villes : *Je viens de Londres. Je suis à Paris. Je vais à Aix.*

Sont assimilés à des villes certains noms d'îles :

— petites îles proches : à *Noirmoutier,* à *Belle-Ile;*

— îles lointaines : à *Madagascar,* à *Corfou,* à *Chypre,* à *Malte.*
(Pour *en Avignon,* voir § **341.**)

À (ou DE) AVEC ARTICLE.

Certains noms de villes et d'îles comportent un article constitutif (donné par le lexique); ils gardent l'article devant les prépositions À et DE. Il s'agit en général d'appellations formées à partir d'anciens noms communs (*La Rochelle* = petite roche) ou de noms étrangers (*Le Caire*).

— Villes : *Je viens de La Rochelle. Je vais au Havre, aux Andelys.*

— Iles : Il s'agit en général d'îles lointaines de genre féminin : à la *Réunion,* à la *Guadeloupe...*

341. Les noms de lieux traités comme des étendues.

Les noms qui désignent des pays : la *France;* des continents : l'*Asie;* des régions : l'*Anjou;* certaines îles assimilées à des pays : la *Corse,* la *Sardaigne;* des montagnes : les *Alpes,* le *Massif central;* des mers, des océans : la *Méditerranée,* le *Pacifique;* des fleuves : le *Rhône,* l'*Amazone,* se présentent avec un article. (Il faut faire une exception pour les noms de fleuve entrant dans des compositions comme : *Chalon-sur-Saône.*)

L'emploi de la préposition impose ici une nouvelle répartition.

À (ou DE) AVEC ARTICLE.

Les noms de pays de genre masculin se construisent avec À, DE et conservent leur article (sous forme contractée) :

Je vais au Portugal. Je viens du Japon.

Mais il faut remarquer que seuls sont traités comme masculins les noms qui commencent par une consonne. Tous les noms à initiale vocalique suivent le traitement des noms féminins : en *Iran,* en *Afghanistan,* en *Anjou.* Les noms pluriels, quel que soit leur genre, suivent le traitement des masculins : *Je viens des Antilles. Je vais aux Etats-Unis.*

EN (OU DE) SANS ARTICLE.

Les noms de genre féminin se construisent avec EN et DE, et perdent leur article.

— Continents : *Je vais en Asie, en Europe, en Afrique.*
— Pays : *Je vais en France. Il vient d'Espagne.*
— Provinces et régions : en *Bretagne,* en *Savoie,* en *Alsace.*
— Iles, de genre féminin, assimilées à des pays : en *Corse,* en *Islande.*

REMARQUES. — 1. L'article reparaît après la préposition DE lorsque celle-ci n'exprime pas un rapport de lieu. (Le parallélisme avec la construction de EN sans article n'est plus senti.) Ainsi s'explique l'opposition entre : *Je viens d'Espagne* et *Je connais l'influence de l'Espagne.*

2. Lorsque DE fait partie d'un groupe prépositionnel, l'article reparaît : *Il n'est jamais allé* au-delà de *l'Angleterre.*

3. Il faut classer à part les groupes de formation ancienne, dans lesquels DE n'indique pas un rapport de lieu et se construit pourtant sans article : *le bassin d'Aquitaine, les plaies d'Egypte, l'histoire de France.*

342. *Les noms de lieux pourvus d'une détermination.*

DANS (OU DE) AVEC ARTICLE.

Tous les noms de lieux peuvent prendre l'article défini lorsqu'ils sont déterminés et actualisés dans la phrase :

Le *Paris* du XVe siècle. Dans la *Rome antique.*

Les noms de pays au féminin changent alors leur construction : EN sans article passe à DANS avec article :

Il vivait en Angleterre, dans *l'Angleterre élisabéthaine.*

REMARQUE. — On conserve la construction avec EN lorsque la détermination fait corps avec le nom : en *Nouvelle-Calédonie,* en *Caroline du Sud.* Sur ce modèle, on a tendance à dire plutôt : *Je vais* en *Italie du Sud* que : *Je vais* dans *l'Italie du Sud,* ou : en *Chine du Nord* plutôt que : dans *la Chine du Nord.*

343. *Noms de lieux toujours construits avec* **dans,** **de** *et* **l'article.**

Certains noms de lieux suivent ce traitement, sans être pourvus d'une détermination particulière.

— Les noms de départements :

Il vit dans la *Lozère,* dans *l'Yonne. Il vient* de *l'Allier,* du *Var.*

Comparer avec les noms d'anciennes provinces : en *Bretagne,* en *Vendée.* Toutefois, cette répartition est souvent délicate : avec les noms formés de plusieurs termes, on utilise EN lorsque les deux termes sont coordonnés par ET :

En *Ille-et-Vilaine,* en *Seine-et-Oise.*

Et DANS pour les autres cas :

Dans les *Deux-Sèvres, dans les Bouches-du-Rhône.*

Les noms de régions de genre masculin se construisent avec DANS :

Dans le *Poitou, dans le Perche.*

De même les noms désignant des montagnes, des étendues d'eau :

Dans l'Oural, dans les Alpes, dans l'Atlantique, dans la Méditerranée.

344. Les noms d'époques.

Certains noms de fêtes prennent toujours l'article :

la *Toussaint, l'Assomption, l'Ascension.*

D'autres se construisent indifféremment avec ou sans article :

Noël, la Noël — Pentecôte, la Pentecôte.

REMARQUE. — Pour les substantifs servant à marquer une date, on observe les usages suivants :
— se construisent obligatoirement sans article :
les noms de JOURS : *Je viens lundi.* (Avec un article, le nom de jour prend une valeur distributive : le *lundi = chaque lundi*) ;
les noms de MOIS : *en décembre ;*
les noms de SAISONS : *en été, en automne, en hiver,* mais : *au printemps ;*
les noms *jour, mois, an...* précédés de DANS et d'un nombre cardinal : *dans trois jours, dans deux ans.* L'article défini introduit une notion de DURÉE : *dans les trois jours = au cours des trois jours à venir ;*
— se construisent, au choix, avec ou sans article selon qu'on veut souligner ou non la détermination :
Un nom de DATE accompagné d'un déterminatif : *Lundi 1ᵉʳ janvier* ou *le lundi 1ᵉʳ janvier ;*
Un nom de SAISON employé comme circonstanciel sans préposition. Apollinaire écrit : *L'hiver comme l'été, il n'était vêtu que d'une houppelande.* On aurait pu dire : *hiver comme été.*

345. Emploi de l'article avec le superlatif relatif.

L'emploi de l'article distingue le superlatif RELATIF (*le plus* beau) du COMPARATIF (*plus* beau). Cette distinction s'est établie dès le début du XVIIᵉ siècle, tout au moins devant l'adjectif :

La mode alors *la plus curieuse et qui fait plus de plaisir à voir, c'est* la *plus ancienne* (LA BRUYÈRE).

Pour l'accord de l'article, voir § 306.

346. Réduction de du, de la, des à la forme de.

L'article LE disparaît après des adverbes de quantité : *beaucoup, peu, trop, assez, moins, plus, combien, guère, que,* seulement suivis de DE, et de même après les substantifs indiquant une mesure :

Beaucoup ou *trop d'enfants. Trois litres de vin.*

Toutefois, l'article peut être maintenu quand le substantif est suivi d'un complément, et il est toujours maintenu après *bien* (sauf *bien d'autres*) :
> *J'ai vu bien* des *choses. Beaucoup* des *choses qu'il dit sont justes;*
Il disparaît aussi devant les groupes : ADJECTIF + SUBSTANTIF.

La règle du bon usage veut que l'on réduise l'article DU, DE LA, DES à DE devant ces groupes, sauf quand ils constituent une unité :
> *Je mange de bon pain. Je mange de belles viandes.* Mais :
> *Il mangea, plus que de coutume, des petits pois frais cueillis* (MAURIAC).

Cette règle n'est plus guère observée au singulier, mais au pluriel elle est encore un signe de bonne culture ; elle permet des effets de style assez heureux :
> *Des grands chefs capitulant devant de jeunes colonels* (FAUVET).

On relèvera pourtant de nombreux écarts. Ainsi APOLLINAIRE écrit successivement :
> *C'est de bonne et de belle peinture, honnête et sobre.*
> *Cet homme avait pour spécialité de fabriquer des fausses poteries de Siegburg.*

347. Emploi après les négations pas, plus, point, guère.

Dans une phrase nominale, la négation se construit avec DE :
> *Pas d'histoire; pas de quartier.*

Le substantif complément d'objet d'un verbe à la forme négative se présente aussi à la forme réduite DE :
> *Je n'ai pas de chaussures* (et non *pas des*).

Toutefois, si la négation porte non sur le substantif lui-même, mais sur la qualité qui l'accompagne, l'article DU, DE LA, DES est possible :
> *Je ne vous ferai pas des reproches frivoles* (RACINE).
> *Je n'ai pas vu des fleurs, mais de l'herbe.*

Le présentatif C'EST, à la forme négative, n'entraîne pas la réduction de l'article :
> *Ce n'était pas de l'argent qu'il demandait* (ZOLA).

L'interrogation négative permet les deux constructions :
> *N'avez-vous pas des amis fidèles? — N'avez-vous pas d'amis?*

348. Répétition de l'article.

Entre deux substantifs coordonnés par ET, la répétition de l'article est obligatoire en français moderne ; elle ne l'était pas autrefois ; il nous reste quelques traces de l'usage ancien dans des locutions figées :
> *les Arts et Métiers; les Ponts et Chaussées; les Eaux et Forêts; les frais et dépens; les allées et venues; les frères et sœurs.*

Entre deux adjectifs se rapportant à un même nom, on ne répète pas l'article, ordinairement, si les adjectifs sont placés après le nom :

Les oiseaux domestiques et sauvages. Les langues grecque et latine.

REMARQUE. — Le langage familier préfère la répétition, tolérée depuis l'arrêté de 1901 : *Les enfants sages et* les *méchants.*

Lorsque les adjectifs coordonnés ou juxtaposés se trouvent avant le substantif, l'usage courant est de répéter l'article :

Le *vierge,* le *vivace et* le *bel aujourd'hui* (MALLARMÉ).

Sauf si le sens de ces adjectifs est très proche : Le *vivace et ravissant aujourd'hui.*

Entre deux substantifs reliés par OU, on ne répète pas l'article si la valeur de OU est d'expliquer le premier terme par le second, comme dans une sorte d'apposition :

Les *crotales, ou serpents à sonnettes.*

3 | Les pronoms personnels

349. Définition.

Les pronoms personnels désignent des personnes ou des choses de deux manières différentes :

— A la 1re et à la 2e personne, ils désignent une personne dont le nom peut être inconnu :

C'est toi, Phil? — Oui, souffla-t-il. Tu ne dors donc pas? (COLETTE);

— A la 3e personne, ils représentent une personne, une chose ou une idée exprimée dans le contexte :

Aurélien aimait peu qu'on lui parlât de la guerre (ARAGON).
Toute la mécanique est là. C'est bien simple, mais il fallait le trouver (ZOLA).

A | Les formes

350. Tableau des pronoms personnels.

PERSONNE		EMPLOIS CONJOINTS			EMPLOIS DISJOINTS
		SUJET	COMPLÉMENT avant le verbe	COMPLÉMENT après le verbe	
SINGULIER 1re		je	me	moi	moi
2^e		tu	te	toi	toi
PLURIEL 1re		nous	nous	nous	nous
2^e		vous	vous	vous	vous
3e **SINGULIER**			COMPLÉMENT d'objet direct	d'objet indirect	
masculin		il	le	lui	lui
féminin		elle	la	lui	elle
3e **PLURIEL**					
masculin		ils	les	leur	eux
féminin		elles	les	leur	elles
CAS PARTICULIERS		on	se	se	soi

Pour l'adjonction de MÊME et AUTRE, voir § 421 et § 423.

REMARQUES. — 1. Les E de *je, me, te, le, se* peuvent se prononcer devant une consonne et à la finale de groupe ; on ne fera plus, comme au XVIIᵉ siècle, rimer *perds-le* et *perle*.
A l'intérieur d'un groupe, ils s'élident devant voyelle ou *h* muet, ainsi que le A de *la : Je l'aime. Parle-m'en.* Mais *Emportez-le* en *Italie,* car E est à la finale d'un groupe.
2. ON, autrefois substantif (cas-sujet de *homme* en ancien français), peut garder son ancien article *l'* selon de subtiles règles d'harmonie, précisées au XVIIᵉ siècle (à l'initiale, après voyelle, dans *si l'on, ou l'on, que l'on...*). C'est aujourd'hui une élégance facile.
3. La division des pronoms en formes atones et toniques est utile pour une étude historique, non pour une étude du français moderne. Ainsi LE reçoit l'accent dans : *Prends-le,* ne le reçoit pas dans : *Prends-le-moi.* LUI reçoit l'accent dans : *Parle-lui,* ne le reçoit pas dans : *Parle-lui donc.*

B | Valeurs et emplois

351. Caractères des pronoms personnels.

GENRE. — A la 3ᵉ personne, le pronom personnel marque l'opposition des genres. La répartition se fait selon le genre de l'élément représenté.

PERSONNE ET NOMBRE. — Le pronom personnel renvoie à trois personnes et oppose singulier et pluriel.

Opposition des personnes et des choses. — Le pronom personnel désigne des êtres animés ; nous étudierons les modes de désignation. Il représente aussi des êtres non animés. Mais la répartition des formes selon la distinction animé - non animé ne se fait qu'à l'intérieur du cadre des fonctions.

FONCTIONS. — Le tableau fait clairement ressortir que le critère des fonctions est le plus important pour analyser la répartition des formes. Nous donnerons donc à l'étude des fonctions la part la plus importante de cette étude.

352. Les personnes.

Iʳᵉ PERSONNE. — Au singulier, le pronom désigne la personne qui parle ou écrit. Au pluriel, il lui associe d'autres personnes : le NOUS est un *moi + toi,* ou un *moi + lui,* ou *moi + eux...*

Alternance : *je — nous — on :*

— Au singulier, le français moderne substitue à *je* la formule *moi, je,* pour marquer l'emphase. Le français ancien recourait à *nous.* D'où les formules officielles : *Nous, préfet...;*

— Les écrivains emploient fréquemment au lieu du *je* un *nous,* dit « de modestie » :

Il est nécessaire que nous *donnions une idée exacte du logis* (HUGO).

Certains auteurs modernes recourent ici au ON indéfini ;

— Le parler courant emploie fréquemment ON pour *nous* :

> *Nous tenterons en vain de prendre du repos*
> On *commencera à minuit* (APOLLINAIRE).

Le mélange des *on* et des *nous* dans la même proposition passe pour un vulgarisme : *Nous, on veut bien.*

II⁰ PERSONNE. — Au singulier, le pronom désigne la personne à qui l'on parle. Au pluriel, il lui associe d'autres personnes ; le VOUS est un *toi + toi, toi + lui...*

L'alternance du *tu* et du *vous* pour désigner une seule personne est riche de mille possibilités affectives, sociales, etc., le *vous* marquant une distance, le *tu* une familiarité.

L'emploi de ON pour une 2⁰ personne est ironique, familier...

> *Elle est offensée, il rit : « On est fâché ? Elle est fâchée »*, *dit-il en s'adressant à moi* (SARTRE).

III⁰ PERSONNE. — Au singulier, le pronom désigne une personne précise.

REMARQUE. — Dans la bouche d'un domestique, d'un garçon de café..., IL désigne souvent une 2⁰ personne :

> *Monsieur prend-il son chocolat ?*

Le pluriel ILS peut désigner un ensemble indéterminé.

> *Ils* (= les autorités) *parlent d'augmenter le prix du pain.*

Cette notion d'ensemble indéterminé peut être aussi rendue par *nous,* par *vous* (généralement dans une fonction de complément) et par *on* (en fonction du sujet) :

> *Comme ces savants qui* vous *reconstituent un mammouth sur une molaire trouvée dans un morceau de pain de l'époque* (ARAGON).

353. Valeurs de on.

ON peut donc désigner toutes les personnes, ensemble ou isolément. Le *on* peut englober un *je,* un *tu,* un *nous,* un *vous,* un *il,* un *ils,* etc., ou les exclure :

> *Il y a si longtemps qu'on fait croire aux gens*
> *Qu'ils n'ont aucun avenir*
> *Qu'on en a pris son parti* (APOLLINAIRE).

Le premier ON exclut le JE qui est inclus dans le second.

> *Mais quand il fut clair que personne ne donnerait plus rien*
> On *se décida à commencer la séance* (APOLLINAIRE).

Le ON, ici, désigne un groupe par exclusion d'un autre groupe. Cette très grande souplesse explique en partie le succès considérable du *on.*

354. Fonctions.

Les pronoms personnels remplissent deux sortes d'emplois :

— ou bien ils sont soudés au verbe et n'ont aucune autonomie ; sauf hasard de construction, ils ne sont pas accentués ; ces emplois sont dits « conjoints » parce que la fonction joint étroitement pronom et verbe :

> *Tu me regardes, regarde-moi bien, ne me regarde pas* seront prononcés couramment : [tym rəgárd], [rəgaʀ(d)mwa bjɛ̃], [nəm rəgaʀ(d) pá] ;

— ou bien ils sont détachés du verbe par une pause ou une préposition, ils reçoivent généralement un accent. Ces emplois sont dits « disjoints » parce que la fonction disjoint le pronom du terme qu'il complète :

> *Un ami à moi. Moi, je veux bien. Il courut derrière moi* [œ̃n ami a mwá], [mwá ʒvø bjɛ̃], [i(l) kuʀy dɛʀjɛʀmwá].

A ces deux types d'emplois correspondent deux séries de formes, lesquelles interfèrent en plusieurs points, comme le montre le tableau du § **350**.

REMARQUE. — Cette nomenclature : *conjoint - disjoint*, est employée par G. Gougenheim, K. Togeby, von Wartburg. Cette opposition est fondamentale ; mais des oppositions secondaires, de sens en particulier, devront être précisées dans le cadre des fonctions.

355. Sujet.

FORMES CONJOINTES : *Je chante. Il me parle...*

Ces « pronoms de conjugaison » précèdent le verbe aux temps dits « personnels » (pour les cas d'inversion, voir INDEX) et ne peuvent en être séparés que par un autre pronom personnel, par *en, y* ou par *ne;* ils sont étudiés en détail § **432**.

Ces pronoms, sauf présence d'un substantif ou équivalent, sont obligatoires. Même le verbe impersonnel est régulièrement précédé, depuis le moyen français, d'un IL qui, par exception, ne représente rien : Il *me vient une idée.*

On remarquera cependant :

— que ce IL des constructions impersonnelles manque parfois,
> soit par tradition archaïsante :
> *Etre tué, disparaître, peu lui importait* (MALRAUX).
> *Autant vaudrait tenter d'attraper le diable par la queue* (SARTRE).
> [Cf. *peu s'en faut, point n'est besoin...*]
> soit par un relâchement dans le parler familier :
> *Alors, dit Longin en riant,* faut *que tu me la passes* (SARTRE).

— que le pronom n'est généralement pas répété dans une série de verbes coordonnés de valeur identique ; il reparaît pourtant dès qu'intervient une raison d'opposer les verbes (contrastes d'affirmation et de négation, de temps ou modes différents, détachement stylistique...) :

> Il *aurait pu se rhabiller pour recevoir Bernard, mais il* doutait encore

*de sa venue et craignait de donner l'éveil à son jeune frère. [...]. Il
est surtout sensible à ce qui perce d'admiration dans cette interjection;
mais* il *hausse de nouveau les épaules* (GIDE).

356. Objet.

Iʳᵉ ET IIᵉ PERSONNE. — Les mêmes pronoms peuvent remplir les fonctions
d'objet direct et d'objet indirect, mais :

— quand le verbe est un impératif positif, ils le suivent et sont de la série
moi, toi, nous, vous;

— dans les autres cas, ils précèdent le verbe et sont de la série *me, te,
nous, vous* :

> *Il* me *regarde et* me *parle. Ne* me *regarde pas; ne* me *parle pas.
> Regarde-*moi *et* parle-*moi.

REMARQUE. — On notera l'exception du pronom suivi de *en,* qui se présente sous les formes
m'en, t'en : Prends-m'en.

IIIᵉ PERSONNE. — Les mêmes pronoms peuvent suivre ou précéder le verbe,
mais :

— quand ils remplissent la fonction d'objet direct, ils sont de la série *le,
la, les;*

— quand ils remplissent la fonction d'objet indirect (représentant un substantif précédé de *à*), ils sont de la série *lui, leur* :

> *Il* le *regarde et* lui *parle. Ne* le *regarde pas; ne* lui *parle pas.
> Regarde-*le *et* parle-*lui.

On remarque que :

— aux trois personnes, les pronoms suivent un verbe à l'impératif positif,
le précèdent dans les autres cas;

— quand plusieurs verbes sont coordonnés, la répétition d'un pronom désignant une même personne est obligatoire :

> *Il est absent depuis six mois, et je ne* le *connais qu'à peine; mais
> je* l'*aime beaucoup* (GIDE);

sauf aux temps composés du verbe, quand on répète seulement le participe,
et que les verbes ont même construction :

> *Ils* les *avaient perdus de vue quelques années, puis, tout dernièrement,
> rencontrés de nouveau* (ID.);

— l'ancienne langue et la langue classique pouvaient supprimer le premier
de deux pronoms objets de la 3ᵉ personne :

> *Le pape envoie le formulaire tel qu'on* lui *demandait* (RACINE
> *in* Bally).

357. *Autres fonctions*

1° ATTRIBUT ET DÉPENDANCE DU PRÉSENTATIF : le pronom est à la forme disjointe :

> *Il ne se sentait vraiment* lui-même *qu'à la campagne.*
> *C'est* moi *qui l'embrasse devant toi. Tu préfères que ce soit* moi? (GIRAUDOUX.)

Pour *voilà (voici),* voir § **125.**

2° COMPLÉMENT PRÉCÉDÉ D'UNE PRÉPOSITION (pour le cas de À, voir § **356**) : le pronom est à la forme disjointe :

> *Pourquoi es-tu toujours derrière* moi? (GIRAUDOUX.)

Tels sont les principes de la répartition des pronoms. Mais plusieurs systèmes particuliers se sont organisés à l'intérieur de cette répartition, qu'il convient d'examiner maintenant.

358. *Alternance : formes conjointes / formes disjointes.*

Les emplois de formes conjointes que nous venons de décrire se justifient par la soudure des pronoms et du verbe dans le groupe verbal; si cette étreinte se desserre, la forme disjointe apparaît : ·

1° pour REPRENDRE une forme conjointe; elle en est alors séparée par une pause (marquée par une virgule) :

> Toi, *dès qu'on parle de Maurras,* tu *verdis* (GIDE).
> *Je le* lui *dis à* lui.

Dans ce dernier cas (objet indirect), la présence de la préposition permet l'économie de la pause et de la virgule.

A la 3ᵉ personne, elle peut même prendre la place du sujet conjoint. Une légère pause souligne l'effet qui, comme dans le premier cas, est un effet d'insistance :

> Lui *regarde en avant;* je *regarde en arrière* (HUGO).

REMARQUE. — Quand le pronom disjoint est en tête, il peut être précédé de *pour* ou *quant à : Pour* moi, *devant ce monde, je ne veux pas mentir ni qu'on me mente* (CAMUS).

2° pour REMPLACER une forme conjointe :

— comme sujet d'un participe en proposition subordonnée : Moi *excepté,* moi *effacé,* moi *oublié, qu'arrivera-t-il de tout ceci?* (HUGO.)

— comme sujet ou objet coordonné à d'autres sujets ou objets :

> *Ton père et* toi *viendrez demain.*

— précédant immédiatement un pronom relatif :

> [Vous savez] *que je souffre comme père,* Moi *qui souffris tant comme enfant!* (HUGO.)

Mais : *Je le vois qui vient. Il est là qui attend.*

— derrière QUE comparatif ou NE ... QUE négatif :
Il ne veut que moi.

— dans une position isolée (réponse, question, négation sans verbe, invocation...) :

Mais toi ? Où vas-tu dormir ? (GIDE.)
Toi, Congre salace du désir, remonte en nous le cours des eaux
(SAINT-JOHN PERSE). — *Partir, moi !*

359. Objet indirect : répartition des formes conjointes et disjointes.

Il ne s'agit plus ici d'une alternance, comme dans le paragraphe précédent, mais de deux distributions complémentaires.

Le pronom, en fonction d'objet indirect, obéit, en principe, aux règles édictées au § **356**. Mais il y a des exceptions :

Je résiste aux capitaines. — Je leur résiste.
Je pense aux capitaines. Je pense à eux.

Dans le premier cas, on emploie la forme conjointe du pronom; dans le second, on maintient la préposition (suivie du pronom disjoint).

1° Quand les verbes peuvent avoir deux objets, ils sont construits avec un pronom conjoint : *commander, céder...*, sauf quand l'objet direct est de la 1re ou de la 2e personne : *Je te donne à lui. Je le lui donne.*

2° Quand les verbes sont pronominaux, ils sont construits avec à et le pronom disjoint : *L'occasion s'offre à lui.*

3° Quand des verbes ont un seul objet indirect, on se reportera au dictionnaire :
nuire, plaire, appartenir, ressembler, succéder, sourire... sont construits avec le pronom conjoint;
penser, songer, rêver, croire, tenir, recourir, renoncer... sont construits avec à et le pronom disjoint (pour les personnes), avec Y (pour les choses et les notions) : *Je pense à toi, Elise. Ton avenir, j'y penserai.*

360. Pronom personnel et adjectif possessif.

Sous la forme disjointe, le pronom personnel précédé de à peut renforcer un adjectif possessif :

Mon amour à moi sera le plus fort.

Sous la forme conjointe, devant le verbe, il peut l'éliminer (voir § **381**) :

Une plume blanche leur traînait dans le cou à toutes les trois (ALAIN-FOURNIER).

361. *Pronom personnel dit « explétif ».*

Dans le parler familier, on peut faire précéder le verbe d'un ou même deux pronoms pour associer l'interlocuteur ou d'autres personnes à l'action (ces pronoms sont généralement : *te, nous, vous*) :

> *Le commandant, avec sa bonne grosse gueule et ses cheveux gris,*
> *il* te vous *les sabrait de crayon rouge et de crayon bleu* (ARAGON).

362. *Cas particuliers :* on, se, soi, le, en, y.

Il reste à étudier quelques pronoms qui, à l'intérieur du système de répartition des personnes et des fonctions, fixent des distinctions utiles : animé - non animé, particulier - général. Le français utilise ici un ensemble d'origine assez disparate : un pronom indéfini, ancien substantif (ON); un pronom personnel (LE); des pronoms SE et SOI, qui n'ont pas perdu toute valeur de réfléchis; des adverbes de lieu (EN, Y).

363. On, se, soi.

SE et SOI renvoient au sujet. Cet usage est constamment observé pour SE objet et dans les expressions *chacun chez soi, chacun pour soi* :

> *Il* se *lave.*
> *La comtesse* se *défendit à elle-même de penser à Raoul* (BALZAC).
> *Madame de Séryeuse et son fils, face à face, restaient chacun chez soi*
> (RADIGUET).

L'emploi de SOI pour renvoyer à un sujet déterminé est une élégance archaïsante ou un fait d'ironie :

> *Il* se *concentrait en* soi-*même* (LARBAUD).
> *Il* commanda un chambéry-fraisette pour soi et un quinquina pour
> Nella (APOLLINAIRE).

Partout ailleurs, SE et SOI renvoient à un indéterminé, de la même manière que *on* : *on* est sujet, *se* et *soi* apparaissent dans les autres cas; c'est une distribution complémentaire :

— SOI peut reprendre ON :

> *Que faire contre la simplicité de son acte quand* soi *l'on est à sa table*
> *de travail* (MONTHERLANT *in* Gougenheim).

— SE et SOI·s'emploient dans des phrases où le sujet de l'action n'est pas précisé :

> *Sans compter, cher ami, qu'il faut* se *venger* (CAMUS).
> *Ne savoir avec qui parler de ce grand spectacle! Les flots, les roches,*
> *les bois, les torrents pour* soi *seul!* (CHATEAUBRIAND.)

— Ils peuvent renvoyer à un sujet d'ordre général, à une abstraction, à un indéfini (*chacun, nul, personne* et évidemment *on*) :

> *Mais patience, la vérité a son tour, elle possède en* soi-même *une force divine* (FLAUBERT).

REMARQUE. — *Soi-disant* ne se rapporte, en principe, qu'à des personnes. Mais, dans l'usage familier, il s'emploie librement soit comme ADJECTIF au sens de *prétendu,* soit comme ADVERBE. (Voir un exemple § **627.**)

364. Le *neutre*.

Le français moderne fait un très large usage de ce LE :
— en fonction d'OBJET, pour représenter l'idée contenue dans un verbe ou dans une proposition :

> *Sans qu'elle le soupçonnât, Mme d'Orgel éprouvait pour ce lointain cousin le sentiment de ses aïeules pour leur mari* (RADIGUET).
>
> *Les nouveaux peintres font bien de la mathématique sans* le *ou* la *savoir* (APOLLINAIRE);
>
> *Il est plus riche qu'il ne (le) dit.*

— en fonction d'attribut, pour représenter un ADJECTIF ou PARTICIPE, un SUBSTANTIF non déterminé :

> *Dieux de l'été, ils* le *furent à vingt ans par leur ardeur à vivre et* le *sont encore* (CAMUS).

En particulier, on peut l'introduire dans une proposition comparative (après *autre, autrement, plus, moins, mieux*) :

> *Il paraît plus riche qu'il ne* l'*est* (ou *qu'il n'est*).

REMARQUES. — 1. En cette place, le LE neutre a éliminé *le* ou *la* représentant un substantif déterminé, dont on ne trouve plus que de rares exemples littéraires :
Le Christ était le Verbe et, l'étant, fut le Législateur (APOLLINAIRE).

2. LE entre dans de nombreuses locutions : le *prendre de haut, l'emporter sur...*

3. Là où nous employons LE, la langue classique n'utilisait souvent aucun représentant :
Je vous [Boileau] *conseille de m'envoyer quelques autres morceaux détachés, si vous pouvez* (RACINE).

365. En et y. *L'opposition : animé | non animé.*

Comme le remarque H. Bonnard, « le français tend à réserver les formes toniques (entendez : *disjointes*) du pronom personnel pour désigner des personnes ; beaucoup d'adverbes sont employés avec une valeur pronominale pour représenter une idée abstraite, un nom de chose ou d'animal » :

> *Jeanne m'a promis son aide. Ne compte pas sur elle* (= *sur Jeanne*).
> *Ne compte pas là-dessus* (= *sur son aide*).

Les adverbes les plus fréquemment employés ici sont EN et Y ; ce sont d'anciens adverbes de lieu, encore employés aujourd'hui avec cette valeur :

> *Mme de Séryeuse n'avait jusqu'ici joué dans la vie de son fils que le rôle qu'y joue forcément une mère* (RADIGUET).

Mais, en outre, ils peuvent représenter un être non animé (chose, idée) en fonction de complément précédé de DE (EN) ou à (Y) :

> POLYXÈNE. — *Elle* [la femme] *s'amuse à ne pas dormir la nuit, tout en fermant les yeux.* HÉCUBE. — *Oui, tu peux en parler, toi! C'est épouvantable! Que je t'y reprenne!* (GIRAUDOUX.)

366. En.

EN est employé dans les fonctions suivantes :

— COMPLÉMENT D'OBJET OU DÉPENDANCE DE PRÉSENTATIF ; il correspond à un complément précédé de DE ou DES :

> *J'aime les Juifs; il* en *est de malheureux* (APOLLINAIRE).

Il a fréquemment une valeur partitive :

> *Elle prend des cigarettes. Elle lui* en *offre une, la lui allume* (DURAS) ;

On opposera donc :

> *J'achète l'auto — Je l'achète.*
> *J'achète une, des autos — J'*en *achète une, j'*en *achète plusieurs;*

— COMPLÉMENT CIRCONSTANCIEL :

> *J'*en *écrivis dans ce sens à M. de Malesherbes* (CHATEAUBRIAND).
> *La machine, qui semblait d'abord l'*en *écarter, le soumet, avec plus de rigueur encore, aux grands problèmes naturels* (SAINT-EXUPÉRY) ;

— COMPLÉMENT DE NOM, D'ADVERBE :

> *Le départ ne lui faisait plus peur; il* en *était même impatient* (RADIGUET).
> *Après les nombreuses descriptions d'orgies qui marquèrent cette phase littéraire, où il s'*en *fit si peu dans les mansardes où elles furent écrites, il est difficile...* (BALZAC).

REMARQUE. — La répétition de EN est obligatoire comme celle du pronom personnel ; la langue classique était moins exigeante :

Il y en *a ici mille copies* [d'un ordre de bataille] *et je ne doute pas qu'il n'y ait bientôt autant à Paris* (RACINE).

367. Y.

Y est employé comme complément de verbe :

> *Je monte fort bien à cheval, mais je n'*y *trouve aucun plaisir* (STENDHAL).

REMARQUES. — 1. Y et surtout EN pouvaient désigner des êtres animés aux siècles classiques. En français moderne, on emploie ainsi EN dans un style très recherché, Y dans un style archaïsant (avec des verbes comme *penser, se fier, s'intéresser*, etc.) :

*Quels animaux bizarres, ces dactylos, depuis que s'*en *était évaporée Edmée* (GIRAUDOUX). *Les camarades, la vie peut-être nous* en *écarte, nous empêche d'*y *beaucoup penser* (SAINT-EXUPÉRY).

2. Inversement, après *donner, demander, devoir, préférer,* on emploie plus volontiers le pronom conjoint pour renvoyer à un substantif déterminé non animé : *Je lui ai donné un air tout neuf, à mon manteau.*

3. EN et Y forment toutes sortes de locutions dans lesquelles ils sont difficilement analysables : *C'en est fait; il en est venu à; où en es-tu; j'en ai assez; j'en suis à; il n'en manque pas une* [une sottise] ; *il s'en faut; je n'y tiens plus; je n'y suis plus... Il put y voir assez distinctement dans la chambre éclairée par des lanternes vertes* (ALAIN FOURNIER).

368. *Conclusion.*

Le français dispose donc d'un système complet et précis, non seulement pour identifier les personnes et les fonctions, mais aussi pour distinguer le DÉTERMINÉ de l'INDÉTERMINÉ et l'ANIMÉ du NON-ANIMÉ.

C | Tableau de la place des pronoms personnels

Nous avons déjà traité (§ **91, 136, 170, 356**) de la place des pronoms personnels. Nous envisagerons ici la place respective de ces pronoms quand ils sont employés en série. Il est rare qu'on en emploie plus de deux (voir cependant § **361**); ils suivent un ordre qu'on a cherché à représenter dans les tableaux suivants :

CAS GÉNÉRAL			
me	le	lui	
te	la	leur	
nous			en
vous	les	y	
se			

le (invariable)

(Cf. Valdman, *Applied Linguistics*, FRENCH.)

APRÈS IMPÉRATIF POSITIF			
le	nous		
la	vous	y	en
les	lui		
	leur		
	m'		
	t'		
le (inv.)	moi		
	toi		

Voici quelques exemples :

> *Je ne sais comment* te la *donner et pourtant, cette joie, je* la *possède* (GIDE).
>
> *Ils ne* se *seraient jamais battus si vous ne* les *aviez forcés* (SARTRE).
>
> *Il a commencé le siège sans que je* l'en *prie* (SARTRE).
>
> *Mme Duvigne joignit les mains. Le balai* lui en *échappa* (ARAGON).
>
> *Prends-*y *garde* (SAINT-JOHN PERSE). *Viens, Ponto,* viens-nous-en (HUGO).
>
> *Ne* le *répétez pas. Ne* le lui *dites pas.*

1. Les combinaisons *m'y, t'y* et *lui y* sont évitées après un verbe. On dira : *Je* m'y *suis décidé,* mais pas : *Décide-*m'y.

2. L'antéposition du pronom devant un impératif coordonné est un archaïsme :

> *Dis-moi tout* [...] *Et* m'offre *le bouquet d'un repentir choisi* (VERLAINE).

3. L'antéposition du pronom complément d'un infinitif devant le verbe auxiliaire était courante aux siècles classiques. Elle n'est aujourd'hui qu'une élégance facile qui a eu un certain succès il y a quelques décennies :

> *Jamais sa domination* [de Mallarmé] *ne fut plus affirmée que par ceux qui s'en délivrèrent; ils ne* le *purent faire qu'à grand éclat* (GIDE).

4 | Les adjectifs et pronoms démonstratifs

369. Les formes.

La classe des mots démonstratifs est constituée par les adjectifs et pronoms suivants :

1. ADJECTIFS :

SINGULIER	masculin :	CE, CET (devant une voyelle ou un *h* muet)
	féminin :	CETTE
PLURIEL	masculin :	CES
	féminin :	CES

Ces formes sont fréquemment renforcées par l'une des particules CI et LÀ, placée après le substantif déterminé et rattachée à celui-ci par un trait d'union : CE cahier-CI, CES gens-LÀ.

2. PRONOMS :

NOMBRE	MASCULIN	FÉMININ	NEUTRE
Singulier			
formes simples	celui	celle	ce (c')
formes composées	celui-ci, celui-là	celle-ci, celle-là	ceci, cela, ça
Pluriel			
formes simples	ceux	celles	
formes composées	ceux-ci, ceux-là	celles-ci, celles-là	

370. Historique.

1. Renforcés par l'adverbe présentatif *ecce,* les démonstratifs latins *iste* et *ille* étaient représentés en ancien français par les formes *cist* (cas-régime *cest* et *cestui,* cas-régime pluriel *ces,* féminin *ceste,* pluriel *cestes* et *ces*) et *cil* (cas-régime *cel* et *celui,* cas-régime pluriel *ceus,* féminin *cele,* pluriel *celes*). Ces formes s'employaient aussi bien comme pronoms que comme adjectifs, et cet usage s'est conservé jusqu'au XVIe et, sporadiquement, au XVIIe siècle : *Cestui-là qui conquit la toison* (DU BELLAY); *cettui-ci dépéché, C'est de toi maintenant que j'aurai bon marché* (CORNEILLE). Seule trace de cet usage dans la langue d'aujourd'hui : l'expression *à seule fin de,* où *seule* représente un ancien *celle* réinterprété.

2. *Ce,* plus ancien *ço,* représente le latin *ecce hoc.* En ancien français, *ce* était accentué et s'employait beaucoup plus fréquemment qu'aujourd'hui : *ce* n'est guère qu'à partir du XVe siècle qu'il cède peu à peu la plupart de ses emplois à *ceci* et surtout à *cela.*

3. *Ça,* que l'on trouve dans les textes à partir de la fin du XVIIe siècle, vient sans doute d'une contamination entre la prononciation rapide de *cela* et l'adverbe de lieu *çà* (cf. l'expression *comme ci, comme ça*).

371. Les emplois de l'adjectif démonstratif.

L'adjectif démonstratif présente un substantif (ou l'équivalent d'un substantif) déterminé soit par les circonstances extra-linguistiques, soit par le contexte :

> *Ote* ce *tablier* (LABICHE) : le substantif est déterminé grâce à un geste qui désigne l'objet.

> *Je ne vécus que pour un enfant et par* cet *enfant je fus conduit à méditer sur les grandes questions sociales* (BALZAC) : le substantif *enfant,* dans son second emploi, est déterminé par référence à son premier emploi.

> *Mais moi, je ne me console point de la mort de* cet *architecte qui était en toi* (VALÉRY) : le substantif *architecte* est déterminé par la proposition relative.

> *La table était couverte d'une nappe de* cette *toile damassée inventée sous Henri IV par les frères Graindorge* (BALZAC) : le substantif *toile* est déterminé par le participe *inventée.*

372. L'emploi des particules ci et là.

Les particules CI et LÀ fournissent à elles seules la détermination nécessaire à l'emploi de l'adjectif démonstratif : *Ce cauchemar, que je connaissais bien pour l'avoir souvent fait à tort, recommençait. Mais* cette *fois-*ci... (SAGAN). [C'est l'auteur qui laisse la phrase en suspens.]

Sur l'opposition de sens entre CI et LÀ, voir § **375.**

373. Effets de sens et de style.

L'emploi des adjectifs démonstratifs se prête à de nombreux effets de sens et de style ; on notera surtout :

— expression de la proximité dans le temps et dans l'espace :

> Mme *Ratinois doit venir* ce *matin* (LABICHE) ;

— nuance possessive, fréquente surtout dans l'usage classique :

> *Et* ce *bras du royaume est le plus ferme appui* (CORNEILLE) ;

— nuance laudative ou péjorative :

> *Mais sais-tu ce que c'est que* cet *homme*-là... *dont tu brigues la fille?*
> (Labiche) :

sans recourir à un large contexte, il est impossible de préciser si la nuance prêtée au démonstratif est laudative ou péjorative;

— expression d'emphase :

> *Ces messieurs-dames sont servis.*

374. Les emplois des formes composées du pronom démonstratif.

A. Formes masculines et féminines.

Employés comme représentants, CELUI-CI et CELUI-LÀ (et leurs différentes réalisations morphologiques) évoquent un substantif qu'ils présentent comme déterminé. Cette détermination peut être fournie :

— soit uniquement par la présence dans le contexte du substantif évoqué :

> *Julie s'immobilisa, un plat à la main, déposa* celui-ci (Simenon);

— soit à la fois par cette présence et par les circonstances extra-linguistiques; dans ce cas, substantif évoqué et pronom évocateur s'appliquent chacun à une quantité différente de la substance désignée :

> *Ces élèves sont paresseux;* celui-ci *pourtant travaille un peu;*

Employés, plus rarement, comme nominaux, CELUI-CI et CELUI-LÀ désignent, sans faire allusion à ses qualités (voir § 321), une substance déterminée :

— soit par les circonstances extra-linguistiques :

> *C'est* celui-ci *le plus grand;*

— soit par une proposition relative séparée du pronom par le groupe verbal de la proposition dans laquelle il se trouve :

> Celui-là *sera puni qui aura commis une faute;*

— soit simplement par opposition à une autre substance : le couple *celui-ci... celui-là* signifie alors *l'un... l'autre :*

> *Il est toujours chez* celui-ci, *chez* celui-là.

B. Formes ne comportant pas de distinction de genre.

Ceci, cela et ça ne peuvent normalement (voir cependant la Remarque) désigner des substantifs; ils représentent, en lui donnant la valeur d'un substantif, n'importe quelle notion ou n'importe quel fait non désigné dans le contexte par un substantif :

> *Elle avait peut-être tout oublié. Cela ne le gênait pas* (Blanchot) :

CELA représente le contenu notionnel de la phrase qui précède.

J'en viens à ceci, *que les travaux d'écolier sont des épreuves pour le caractère, et non point pour l'intelligence* (ALAIN) : CECI représente dans la principale le contenu notionnel de la subordonnée.

CECI, CELA et ÇA peuvent aussi fonctionner comme nominaux :
Je n'ai pas encore très bien compris comment cela *s'est fait* (VERCORS).

REMARQUE. — Il arrive parfois, dans l'usage familier, que CELA ou ÇA représentent un substantif, le plus souvent placé en apposition dans la même proposition : *Alors, les affaires, comment* ça *va?* Cela et *ça* peuvent même s'appliquer à des personnes ; il s'agit d'un effet expressif qui comporte une sorte de désexualisation familière, insultante ou laudative suivant le cas, de la personne désignée : *Ça a quel âge* ça? (DANINOS) : il s'agit d'une jeune domestique ; *Ça c'était un homme!* (Id.) : il s'agit de Clemenceau.

375. Opposition de sens des formes en ci *et des formes en* là.

D'une façon générale, les formes en CI s'appliquent aux substances considérées comme proches, les formes en LÀ (ainsi, naturellement, que CELA, malgré la différence orthographique constituée par l'absence d'accent) aux substances considérées comme éloignées. Proximité et éloignement sont évalués :

— dans l'espace :

   Cette *maison*-ci *est plus proche que* celle-là.

— dans le temps :

   Ces *années*-ci, *le vin est bien meilleur qu'en ce temps*-là.

— dans le contexte :

   Dans une ménagerie [...] *Vivaient le Cygne et l'Oison*
   Celui-là *destiné pour les regards du maître,*
   Celui-ci *pour son goût* (LA FONTAINE).

La forme en CI s'applique aussi à ce qui va être dit (voir l'exemple d'Alain cité au paragraphe précédent) ou à ce qui vient d'être dit : l'expression CECI DIT est la seule vivante, bien que certains auteurs aient la coquetterie d'employer CELA DIT.

Quand il n'y a pas lieu d'opposer deux substances, l'usage d'aujourd'hui préfère les formes en LÀ, et particulièrement le pronom ÇA, utilisé comme équivalent familier de CELA. ÇA est même devenu une sorte de mot-phrase qui marque l'approbation de celui qui parle à une proposition considérée comme évidente :

   Le chat parti, les souris dansent! — ÇA! (DANINOS.)

[V. aussi ICI et LÀ, § **612**, et VOICI, VOILÀ, § **125**.]

376. Les emplois des formes simples du pronom démonstratif.

A. Formes masculines et féminines.

Employés comme représentants ou comme nominaux, les pronoms CELUI et CELLE exigent la présence d'un complément déterminatif. Ce complément peut se présenter sous les formes suivantes :

— proposition relative :

> *Un premier revers tue la confiance en tous, en* ceux *qui donnent et en* celui *qui demande* (ALAIN) ;

— substantif (ou équivalent de substantif) introduit par la préposition DE :

> *Je m'étais engagée dans les frais d'un pantalon de toile,* ceux *de* Catherine *étant vraiment trop larges pour moi* (F. SAGAN).

Comme dans le cas signalé au § 374, le pronom, déterminé ici par le complément prépositionnel *de Catherine,* n'est pas au même nombre grammatical que le substantif qu'il représente.

REMARQUE. — L'usage familier utilise fréquemment, mais à tort, des compléments déterminatifs introduits par des prépositions autres que DE : Ceux en bois *sont meilleurs que* ceux en fer (un marchand de couleurs parlant de tire-bouchons).

— participe :

> *Je joins à ma lettre* celle *écrite par le prince* (RACINE, cité par Littré) :

bien que fort répandue dans l'usage d'aujourd'hui, cette construction est condamnée par les puristes (mais défendue par F. Brunot) ;

— adjectif qualificatif :

> Celui *capable...* (GIDE, cité par Grevisse).

Ces syntagmes où l'adjectif qualificatif fournit à lui seul la détermination suffisante à l'emploi du pronom sont violemment condamnés par les puristes. En revanche, sont parfaitement correctes, même à leurs yeux, les phrases où l'adjectif, souvent construit en apposition, qualifie le groupe à valeur de substantif constitué par le pronom et par son complément déterminatif :

> *M. Andesmas en retrouve le ton précis* [d'une robe], *alors qu'il retrouve déjà mal* celui, *orangé, du chien qui l'a précédée* (M. DURAS).
> *Tous deux se sourirent encore, satisfaits de cette réponse, comme si c'eût été* celle *parfaite qu'avait attendue l'enfant* (M. DURAS) ;

— adverbe introduit par la préposition *de : Le repas d'aujourd'hui est excellent ;* celui *d'hier était détestable.*

B. Forme neutre.

CE introduit une proposition relative à laquelle il donne une valeur neutre :

> *Voilà* ce *que j'ai fait,* ce *que j'ai pensé,* ce *que je fus* (ROUSSEAU).
> *Effacez* ce *qui ne vous paraît pas juste* (BLANCHOT).

CE est utilisé comme substitut de CECI, de CELA ou de ÇA dans les trois cas suivants :

1. Comme sujet du verbe ÊTRE :

> L'homme naît différent de l'homme, c'est vrai (J. ROSTAND) :

c(e) représente le contenu notionnel de la proposition qui précède (voir § 146 pour la répartition entre ce et il);

2. Dans des locutions conjonctives comme DE CE QUE, À CE QUE, JUSQU'À CE QUE, etc. (PARCE QUE appartenant étymologiquement à la même série).

3. Dans un certain nombre d'expressions figées : SUR CE, CE DISANT, CE DIT-ON, CE FAISANT, CE ME SEMBLE, CE M'EST AVIS, CE NÉANMOINS, CE NONOBSTANT (CEPENDANT appartient par son étymologie à ce groupe). Certains auteurs (par exemple Balzac) affectent d'orthographier l'expression courante SENS DESSUS DESSOUS selon son étymologie supposée : C'EN DESSUS DESSOUS. (L'étymologie moderne voit plutôt en CEN une ancienne forme expressive de CE.)

377. Autres mots démonstratifs.

a) LEDIT et LE SUSDIT sont des substituts de l'adjectif démonstratif; leur précision les fait parfois préférer aux formes simples :

> Dans la poche secrète du portefeuille de M. Leboc, il y a une carte de visite. Elle nous donnera ledit nom et ladite adresse (LEBLANC).
> Les bases sont alors formées par le pliage susdit de part et d'autre (notice de pliage d'une image d'Epinal);

b) ICELUI, ICELLE, ICEUX, ICELLES, qui sont morphologiquement à CELUI ce que ICI est à CI, étaient encore au XVIe siècle employés fréquemment comme adjectifs et surtout comme pronoms. A partir du XVIIe siècle, ils sont confinés dans l'usage des notaires et autres gens de robe : Vaugelas les écrase de son mépris, et les auteurs ne les emploient plus que dans les pastiches du langage juridique ; Racine parle, dans les Plaideurs, d'icelui Citron. Dans certains cas, cependant, ces démonstratifs archaïques répondent à un besoin précis ; l'emploi d'ICELLE serait fort commode dans la phrase suivante :

> L'histoire et le calcul sont enseignés dès l'école primaire ; l'étude d'icelle est sans doute prématurée.

Il est vrai que certains auteurs n'hésitent pas à les employer, mais toujours avec une légère note d'ironie :

> La moitié au moyen de qui elle fait un tout; vulgairement l'époux d'icelle (TH. GAUTIER, cité par Damourette et Pichon).

5 | Les adjectifs et pronoms possessifs

378. Les adjectifs possessifs.

Le français possède deux séries d'adjectifs possessifs, distinguées par les formes et les fonctions. La première se compose de formes dites *atones,* qui déterminent le substantif dans les mêmes conditions de distribution que LE et CE. La seconde se compose de formes dites *toniques,* qui s'emploient en fonction d'attribut. La première seule est vivante :

> Ô ma *fiancée à travers les branches en fleurs, salut!* (CLAUDEL.)
> À jamais ce qui est à moi cela ne cessera pas d'être *vôtre* (CLAUDEL).

379. La série atone déterminative.

PERSONNE ET GENRE	UN POSSESSEUR		PLUSIEURS POSSESSEURS	
	Un objet	*Plusieurs objets*	*Un objet*	*Plusieurs objets*
1re pers. *masc.*	mon	mes	notre [nɔtrə]	nos [no]
— *fém.*	ma	mes	notre	nos
2e pers. *masc.*	ton	tes	votre [vɔtrə]	vos [vo]
— *fém.*	ta	tes	votre	vos
3e pers. *masc.*	son	ses	leur	leurs
— *fém.*	sa	ses	leur	leurs

REMARQUE. — Devant un substantif féminin commençant par une VOYELLE ou un H MUET, MA TA SA est remplacé par MON TON SON : mon *espérance,* son *épine.*

380. Accord de ces adjectifs.

— Comme LE et CE, l'adjectif possessif s'accorde en genre et en nombre avec le substantif qu'il détermine :

> *Elle avait toujours fidèlement servi* mes *plans* (S. DE BEAUVOIR).
> *Ne parlez pas à des chimériques de rien autre que de* leur *chimère* (JACOB).

— Mais, en outre, il s'accorde en personne avec le « possesseur » auquel il renvoie :

> *Comme un astre éperdu qui cherche* ses *saisons*
> *Cœur obus éclaté tu sifflais* ta *romance*
> *Et* tes *mille soleils ont vidé les caissons*
> *Que les dieux de* mes *yeux remplissent en silence* (APOLLINAIRE).

Ses renvoie à astre, *ta* et *tes* renvoient à *tu, mes* renvoie au poète lui-même.

Quand le « possesseur » est indiqué par ON ou n'est pas précisé, l'adjectif possessif est de la 3ᵉ personne du singulier :

> *On peut apporter* son *manger.*

(Pour CHACUN, voir § **417**.)

REMARQUES. — 1. Quand le « possesseur » est représenté à la fois par un pronom personnel de 1ʳᵉ ou 2ᵉ personne et par un substantif (par ex. dans une structure attributive), on peut rapporter l'adjectif à l'un ou à l'autre :
Me voici devant vous un homme plein de sens
Ayant su quelquefois imposer ses *idées* (APOLLINAIRE).
On pourrait dire aussi : *mes idées.*

2. Quand on peut hésiter sur le possesseur visé, il faut recourir à des marques supplémentaires de distinction. L'adjectif *propre* apporte un effet d'insistance qui peut être discriminant. Les compléments *à lui, à elle* permettent de distinguer un sexe d'un autre : *Annie lui raconta son histoire* à elle.

381. *Valeurs et emplois. Alternance avec l'article défini.*

L'ADJECTIF POSSESSIF fonctionne exactement comme cet autre déterminatif, l'ARTICLE DÉFINI; mais il possède un caractère supplémentaire : celui de marquer un rapport d'appropriation (en prenant ce terme dans un sens très large, comme le fait W. von Wartburg) et d'être ainsi l'équivalent de compléments du substantif introduits par DE. Il permet donc de renvoyer à une personne (ou à une chose sous certaines conditions, voir *infra*, § **382**), ce qui a conduit F. BRUNOT à proposer la dénomination d' « adjectif personnel », au lieu d' « adjectif possessif ».

En effet, la possession, c'est-à-dire une appropriation stable, n'est qu'une des valeurs de l'adjectif possessif, fréquente, il est vrai :

> *Je mâche lentement* ma *portion de bœuf. Je selle* mon *cheval*
> (APOLLINAIRE).

Cette appropriation peut être très temporaire et occasionnelle :

> *Il a fait* ses *cent kilomètres dans la journée. Il passe* son *baccalauréat.*
> *Plusieurs fois, je rencontrai des bars sur* ma *route* (SARTRE).

Enfin, on peut simplement marquer, grâce à cet adjectif, un rapport de personne, et SON, SA équivaut à DE LUI, D'ELLE :

> *Et cette petite voyageuse s'en alla*
> *Sans savoir que* son *souvenir planerait*
> *Sur un petit bois de la Champagne* (APOLLINAIRE).

La valeur marquée de l'adjectif possessif le prédispose aux emplois affectifs :

> *Mon Lou je veux te reparler maintenant de l'Amour* (APOLLINAIRE).
> *Vous m'ennuyez avec* votre *Monsieur Hulot.*

Mais on revient à l'article défini quand le rapport d'appropriation est marqué par un autre terme de la phrase, généralement un pronom :

> *Zuloaga dont* les *dons d'observation ne le cèdent à personne* (APOLLINAIRE).

382. Le cas des parties du corps, des vêtements.

Il montrera bien le jeu des oppositions : adjectif possessif - article défini. Dans le cas général, l'article et un pronom ou un nom dans la phrase suffisent à indiquer une appartenance qui ne fait de doute pour personne :

> *Le premier nom qui* me *vint aux lèvres fut celui de Rude* (APOLLINAIRE).
> *Il s'emplissait les yeux d'ombre* (ARAGON).

Mais dès qu'on précise, par le contexte, par un adjectif, par un complément, le lien particulier qui unit la partie du corps à son possesseur, l'adjectif réapparaît :

> *Cet homme portait-il ainsi sur le dos*
> *La teinte ignoble de ses poumons* (APOLLINAIRE).
> *Il donna sa jambe à un pauvre.*

De la même façon, APOLLINAIRE, à quelques pages de distance, fait contraster : *Un prêtre a le casque en tête* et : *Il tient son casque dans ses mains.*

REMARQUE. — Quand le « possesseur » est une chose qui ne peut pas vraiment posséder, les puristes demandent que la marque de relation soit EN, et non l'adjectif possessif :

> *Je chante la beauté de toutes vos douleurs*
> *J'en ai saisi des traits* (APOLLINAIRE).

On distinguera ainsi : *Pierre prit un livre et* en *ôta la couverture* [du livre], *et Pierre prit un livre et ôta* sa *couverture* [sa couverture à lui].
Mais il s'agit surtout d'une élégance.
Les portes des wagons du métro ont cette pancarte : *Ne pas gêner leur fermeture,* au lieu de : *Ne pas* en *gêner la fermeture.*

383. La série tonique.

Les formes : *mien, mienne...* se sont ajoutées à l'article pour constituer le pronom ; on se reportera donc au tableau ci-après pour établir la liste des adjectifs possessifs toniques.

Cet adjectif sert d'attribut dans le langage recherché :

> *C'est une opinion que je fais* mienne. *Croyez-moi entièrement* vôtre.

L'attribut du sujet, dans le langage courant, n'est jamais MIEN, mais le groupe pronominal À MOI ou le pronom LE MIEN, etc. (voir l'exemple de Claudel, § 378) :

> *Le premier qui ayant enclos un terrain s'avisa de dire : « Ceci est à moi »* fut le vrai fondateur de la société civile* (ROUSSEAU).

REMARQUE. — L'emploi de MIEN comme épithète n'est qu'une fantaisie archaïsante : *un* mien *cousin.*

384. *Les pronoms possessifs.*

PERSONNE ET GENRE	UN POSSESSEUR		PLUSIEURS POSSESSEURS	
	Un objet	*Plusieurs objets*	*Un objet*	*Plusieurs objets*
1re pers. *masc.*	le mien	les miens	le nôtre	les nôtres
— *fém.*	la mienne	les miennes	la nôtre	les nôtres
2e pers. *masc.*	le tien	les tiens	le vôtre	les vôtres
— *fém.*	la tienne	les tiennes	la vôtre	les vôtres
3e pers. *masc.*	le sien	les siens	le leur	les leurs
— *fém.*	la sienne	les siennes	la leur	les leurs

Outre la présence de l'article, adjectifs et pronoms de 1re et 2e personne (plusieurs possesseurs) s'opposent encore par la prononciation : [nɔtrə] / [lə nɔtrə]; [vɔtrə] / [lə votrə]..., et par la graphie : absence / présence d'un accent circonflexe.

Les pronoms possessifs varient en genre, en nombre et en personne comme un adjectif possessif. Ils sont l'équivalent d'un substantif déterminé par un adjectif possessif :

> *J'aimerais comprendre pourquoi je dois assumer à son profit le rôle de prospecteur. — Vous préféreriez l'assumer au vôtre?* (MALRAUX.)
> *Je distingue le jour de cette clarté d'homme qui est* la mienne (ELUARD).

REMARQUE. — Le pronom possessif s'est figé dans quelques emplois qui relèvent du lexique : *le tien et le mien* (nos biens), *les miens* (ma famille), *y mettre du sien* (faire effort), *faire des siennes* (des sottises).

6 | Les pronoms et adjectifs interrogatifs

385. *Le pronom interrogatif sans antécédent :* qui, que, quoi.

Quand on attend comme réponse un substantif désignant UNE PERSONNE ou PLUSIEURS, le pronom est QUI dans toutes les fonctions :

FONCTION SUJET :

> Ah! qui *délivrera mon esprit des lourdes chaînes de la logique?* (GIDE.)

FONCTION COMPLÉMENT :

> Qui *aimes-tu le mieux, homme énigmatique?* (BAUDELAIRE.)
> *Je suis une malheureuse perdue d'honneur et perdue aux yeux de* qui?
> *aux yeux d'Octave* (STENDHAL).

386. *Le cas particulier de l'attribut. L'alternance* qui/que.

Si le pronom est un ATTRIBUT, l'interrogation peut comporter une nuance de qualification :

> *Eva,* qui *donc es-tu? Sais-tu bien ta nature?* (VIGNY.)

Si l'interrogation porte exclusivement sur la qualification, le pronom est QUE (*ce que* dans l'interrogation indirecte) [v. *infra*], lequel s'oppose alors au QUI d'identification. Ce tour est obligatoire avec *devenir* :

> Que *diable es-tu?* (STENDHAL.)
> *Ce n'est plus : «* Que *sommes-nous?* » *qu'il faut dire; c'est : «* Qui *sommes-nous?* » (VILLIERS DE L'ISLE-ADAM.)

387. *Répartition des pronoms* que *et* quoi.

Quand on attend comme réponse un substantif désignant une CHOSE, ou un INFINITIF, ou une PROPOSITION, le pronom est soit QUE (provenant d'emplois atones), soit QUOI (provenant d'emplois toniques) :

> *A qui* crois-tu *que je pense? A quoi* est-ce que *tu penses?* (SARTRE.)

REMARQUE. — Dans une *phrase simple* (interrogation directe), pour interroger sur une chose en fonction de sujet, le français moderne recourt obligatoirement au tour renforcé : QU'EST-CE QUI (voir § 135). Jusqu'au XVIIe siècle, on a pu employer la forme simple QUI : Qui *te rend si hardi de troubler mon breuvage?* (LA FONTAINE.)

2. Dans une *phrase complexe* (interrogation indirecte), pour interroger sur une chose,

le français moderne recourt au *pronom relatif* : CE QUI, CE QUE... (voir § **177**).
Au XVIIe s., on pouvait interroger :
— sur le sujet avec QUI. Il nous en reste le tour : *Je ne sais* qui *me retient de...*
— sur l'objet et l'attribut avec QUE :
Le roi ne sait que *c'est d'honorer à demi* (CORNEILLE).

En principe, on emploie QUE en fonction de complément d'objet direct ou d'attribut ou de dépendance du présentatif :

Qu'*attendre de moi* que *ces paroles de fanatique?* (CLAUDEL.)
Que *sont les cent années de l'histoire de la machine?* (SAINT-EXUPÉRY.) — Qu'*y a-t-il?*

On emploie QUOI en fonction de complément prépositionnel :

Voici de quoi *est fait le chant symphonique de l'amour* (APOLLINAIRE).

Il faut cependant noter les particularités suivantes :

QUE peut remplacer un groupe prépositionnel entier (= *de quoi, à quoi, en quoi* ou *pourquoi*) :

Qu'*avaient-ils besoin de venir ici?* (SARTRE.)

QUOI s'emploie après un verbe, sous l'accent :

J'insulte quoi? (GIRAUDOUX.)

QUOI s'emploie devant un adjectif précédé de DE :

Quoi de *neuf,* de *mieux?*

QUOI peut s'employer comme sujet coordonné à un QUI :

Car dites-moi un peu, monsieur, à quelle douceur déjà existante sacrifierai-je ce courage? et qui et quoi *pourraient en tempérer la rigueur?* (DURAS.)

QUE et QUOI alternent quand la question porte sur l'objet direct d'un verbe à l'infinitif : *Le Saint-Père ne sait* que *faire,* que *dire,* que *penser* (PRÉVERT). *Alors,* quoi *faire? Je ne sais* quoi *faire.*

QUE interroge plutôt sur l'action et QUOI, de façon plus insistante, sur le contenu de l'action.

QUOI sert enfin, dans le langage courant, d'outil interrogatif (ou exclamatif) d'insistance, en particulier pour faire répéter une phrase :

« *Appelez-moi! crie Milan.* — Quoi? *demande Radiguet.* — *Appelez-moi, j'irai vous aider* » (VAILLANT).
Réponds-moi, quoi! *tu as bien compris!* (MALRAUX.)

388. *Le pronom interrogatif avec antécédent :* lequel.

Les formes sont identiques à celles du pronom relatif LEQUEL (voir § **395**).

LEQUEL représente un terme déjà exprimé :

C'était, je crois, un homme de grande valeur « dans sa partie », comme on dit, mais je n'ai jamais pu découvrir laquelle (GIDE);

ou fait porter l'interrogation sur son propre complément :

> Je ne sais plus dans lequel des trois restaurants tout proches de
> Matthews and Sons j'ai déjeuné ce 8 octobre (BUTOR).

389. L'adjectif interrogatif : quel.

Il prend la marque du genre et du nombre du substantif auquel il se rapporte : QUEL, QUELS, QUELLE, QUELLES.

Il peut être soit déterminatif :

> C'est à quelle distance d'ici, le Vieux-Nançay? (ALAIN-FOURNIER.)

Soit attribut :

> Et, quand je vous demande après quel est cet homme,
> A peine pouvez-vous dire comme il se nomme (MOLIÈRE).

390. Cas particulier de l'attribut avec quel.

EMPLOIS. En cette fonction, QUEL rivalise avec QUI :

On emploie indifféremment QUI ou QUEL quand le substantif sujet renvoie à une personne :

> Quels sont donc les grands oublieurs? (APOLLINAIRE.)

On emploie obligatoirement QUEL quand le substantif sujet ne renvoie pas à une personne :

> Quelle est cette histoire d'Hélène? (GIRAUDOUX.)

On emploie obligatoirement QUI quand le sujet est un pronom personnel :

> Eva, qui donc es-tu?

VALEURS. Jusqu'au XIXᵉ siècle, QUEL en cette fonction interrogeait aussi bien sur la qualité que sur l'identité. Le dictionnaire de Littré mentionne encore les deux valeurs. Ainsi, dans cette phrase de PASCAL :

> Qu'ils apprennent au moins quelle est la religion qu'ils combattent
> avant de la combattre

la question porte bien sur la qualité (« ce qu'est cette religion »).

Cette valeur ne se rencontre, en français moderne, que chez des auteurs archaïsants :

> Cette bouteille ne fut pas plutôt sur la table que Defouqueblize s'en
> saisit, sans distinguer quelle elle était, s'en versa un plein verre qu'il
> avala d'un trait (GIDE).

Elle est bien plutôt dévolue à QUE (ou CE QUE) [cf. supra, § 386].

REMARQUE. — L'emploi de QUEL comme pronom est un effet littéraire : Quel emploi fait-on d'une gomme à effacer? Quel, d'une règle? (COLETTE.)

7 | Les pronoms et adjectifs relatifs

Ils ont de grandes affinités avec les pronoms et adjectifs interrogatifs. Il en est résulté d'assez nombreuses rencontres, que nous soulignerons.

391. *Distribution des pronoms relatifs.*

La distribution des pronoms relatifs varie en fonction des contextes. On retiendra les critères suivants :

1° LA PRÉSENCE OU L'ABSENCE D'UN ANTÉCÉDENT.

Le pronom relatif peut représenter un élément du contexte qu'on appelle son « antécédent » (voir § 238); il a valeur de pronom représentant :

> *J'ai rencontré récemment* quelqu'un qui *collectionne les* ouvrages que *caractérise* ce que *l'on a appelé le* « *modern style* » (APOLLINAIRE).

Quelqu'un et *ouvrages* sont les antécédents.

Le pronom relatif peut désigner à lui seul un ou plusieurs êtres, qui ne sont pas mentionnés dans le contexte. Il a valeur de pronom nominal :

> Qui *m'aime me suive!*

La répartition des formes du pronom est différente dans l'un et l'autre cas.

2° QUAND LE PRONOM RELATIF POSSÈDE UN ANTÉCÉDENT, on étudiera :

— *la valeur de l'antécédent* : animé / non animé.

QUI, QUE, DONT s'emploient dans les deux cas, QUOI ne s'emploie qu'avec un antécédent non animé.

— *la valeur du lien* qui unit la proposition relative à l'antécédent (voir § 240). Seul le lien de caractérisation autorise l'alternance *qui / lequel* dans les fonctions de sujet et d'objet. LEQUEL s'emploie dans les deux cas et même — quoi qu'on en dise parfois — quand l'antécédent est un nom propre.

— *la fonction* que le pronom remplit dans la proposition relative. Elle entraîne un changement des formes :

> *C'était un de ces esprits que* (objet direct de *met*) *leur fierté met dans la position d'une jeune femme qui* (sujet de *arrive*) *arrive sans rouge dans un salon où* (complément circonstanciel) *l'usage du rouge est général* (STENDHAL).

253

La forme des pronoms varie sensiblement selon les fonctions.

Remarque. — Comme le montre ce dernier exemple, l'adverbe *où* joue le rôle d'un pronom représentant. Il sera donc étudié dans les pages qui suivent.

392. Répartition de qui et que.

Qui s'emploie dans la fonction de sujet; l'antécédent est animé ou non animé :

> *Nous nous enfermons solitaires, avec notre monnaie de cendre* qui *ne procure rien* qui *vaille de vivre* (Saint-Exupéry).

Que s'emploie dans la fonction d'objet direct, d'attribut ou de dépendance de présentatif; l'antécédent est animé ou non animé :

> *Je n'ai connu aucun instant* que *je puisse qualifier de décisif* (S. de Beauvoir).
> *J'en plume les ailes, l'idée et le poème* que *tu fus* (Apollinaire).

393. Les confusions qui/qu'il.

Le *e* final s'élide devant initiale vocalique. On écrit *qu'il* et on prononce [kil]. Jusqu'à la fin du XVIIIe siècle, cette prononciation [kil] a été tenue pour pédante ou provinciale; il s'ensuivit que QUI, prononcé [ki], et QU'IL, prononcé aussi [ki], ont été souvent confondus :

> *Vous avez la plus fertile imagination* qui *soit possible de concevoir* (La Bruyère) [*qui* pour *qu'il*].

On a même confondu QUI relatif avec *que conjonction + il.* De là est né le tour :

> *Il se laissa conduire par des routes,* qu'il *jugea bien* qui *conduisaient vers le château* (La Fayette),

encore employé par certains modernes maniérés :

> *C'est cette pièce de vers* que *tu trouvais* qui *ressemblait au « Balcon »* (Gide).

Le français moderne parlé prononçant lui aussi [ki] pour [kil], cette confusion a rejailli sur la langue écrite dans tous les cas où la construction est équivoque; ainsi en est-il des tours *ce qui, ce qu'* suivis d'un verbe qui peut être personnel ou impersonnel : *rester, plaire, arriver* sont précédés de *qui* ou *qu'il; convenir, importer, prendre, résulter* sont plutôt précédés de *qui* :

> *Je fais ce* qui *me plaît.*
> *Je fais ce* qu'il *me plaît.*
> *Non, mais qu'est-ce* qui *lui a pris?* (Colette.)

394. Qui/quoi. *Alternance derrière une préposition.*

Qui représente un ÊTRE ANIMÉ :
> *Pas un seul de ces convives avec* qui *Meaulnes ne se sentît à l'aise* (ALAIN-FOURNIER).

Quoi représente, obligatoirement depuis le xviiie siècle, un antécédent indéfini : *cela, rien, fait, chose...* :
> *Il chercha à dire* quelque chose *de pas banal après* quoi *on le tînt quitte* (ARAGON).

Dans les autres cas, on doit recourir à LEQUEL. Mais on trouve fréquemment QUI et, particulièrement chez les écrivains modernes, QUOI :
> *Une maladie mit fin aux tourments par* qui *m'arrivèrent les premières inspirations de la muse* (CHATEAUBRIAND).
> *Est-il même à Déméter ce vieil hymne à* quoi *plus tard je songerai sans contrainte?* (CAMUS.)

395. Lequel.

LEQUEL s'accorde en genre et en nombre avec son antécédent; le LE initial se combine avec les prépositions À et DE.

LEQUEL, relatif seul, prend les formes suivantes :

	SINGULIER	PLURIEL
MASCULIN	lequel	lesquels
FÉMININ	laquelle	lesquelles

LES FORMES CONTRACTÉES du relatif avec la préposition **à** sont :

	SINGULIER	PLURIEL
MASCULIN	auquel	auxquels
FÉMININ	à laquelle	auxquelles

Avec la préposition **de** :

	SINGULIER	PLURIEL
MASCULIN	duquel	desquels
FÉMININ	de laquelle	desquelles

LEQUEL *sans préposition.* A la place de *qui* et, plus rarement, de *que*, LEQUEL peut introduire une proposition relative explicative. Il permet d'éviter une répétition de *qui* ou de *que* :
> *Beaux scrupules qui sauvent un vieux vagabond,* lequel *n'a plus que quelques années à vivre* (HUGO);

ou de dissiper une équivoque :
> *J'achète la ferme de mon oncle,* laquelle *me sera bien utile.*

LEQUEL *avec préposition.* Quel que soit l'antécédent, on peut employer LEQUEL après À, DE, etc. On le doit après PARMI :

> *Chose sombre que cet infini que tout homme porte en soi et* auquel *il mesure avec désespoir les volontés de son cerveau* (HUGO).
> *Un vaillant peintre* chez lequel *luttent le raffinement d'une nature un peu littéraire et le goût de la force* (APOLLINAIRE).

En particulier il reprend un antécédent non animé quand on ne peut employer QUOI (substantif défini) :

> *Il n'avait pas encore pris le papier* pour lequel *il avait tué cet homme* (MALRAUX).

396. Lequel *adjectif.*

L'emploi de LEQUEL comme adjectif est archaïsant :

> *Nous portions des habits avec de grands boutons de nacre semés d'hermine, autour* desquels *boutons était écrite en latin cette devise...* (CHATEAUBRIAND).

397. Dont.

DONT, en français moderne, tend à supplanter tous les pronoms relatifs introduit par DE (pour l'alternance : DONT / D'OÙ, voir *infra*, § **398**) :

> *Ce frère auquel je dois dire que je ne pense jamais et* dont *je ne me souviens presque plus* (HUGO).

Mais :

— il ne peut pas compléter un complément prépositionnel. Cette phrase de Montherlant sera récusée par un puriste :

> *Je flaire une comédie* dont *je ne suis pas dans le secret.* (Il faut dire : *dans le secret de laquelle...*)

— il ne peut être rappelé, dans la proposition relative, ni par un possessif ni par un pronom ou adverbe personnel (*le, en...*) :

> *Mme de la Chafrie est une coquette* dont *une voilette cache la figure pâle et les perles longues* (JACOB).

Cependant :

— il peut compléter un complément de nom s'il complète aussi le sujet ; en ce cas, on peut introduire un possessif dans la proposition relative :

> *Les vrais écrivains sont ceux* dont *la pensée occupe tous les recoins de leur style* (HUGO cité par Grevisse).

REMARQUE. — DONT a suivi la décadence de DE dans certains emplois. On ne dirait plus, comme CHATEAUBRIAND : *Ces passions* dont *mon âme était surmenée...,* mais *par lesquelles...*

398. Où

Où ne peut plus représenter un substantif animé, comme aux siècles classiques, mais seulement un substantif non animé marquant le lieu ou le temps.

— le LIEU :

> *Les fenêtres étaient ouvertes où, comme un être familier, la nuit respirait* (MAURIAC).

D'OÙ et DONT se complètent pour marquer l'origine ; *d'où* représente un antécédent de type non animé, *dont* de type animé :

> *Et elle ajoutait, faisant allusion à cette demoiselle Coustous dont était née Mathilde* (MAURIAC).

— le TEMPS :

> *Vint enfin le soir où je fus appelé à mon tour* (SAINT-EXUPÉRY).

Après un substantif, un adverbe ou équivalent, marquant le temps et le lieu (et aussi la manière), on employait aux siècles classiques QUE :

> *A l'instant que je perdis la connaissance, je me crus délivré de la vie pour toujours* (ABBÉ PRÉVOST).

Cet usage est repris en français moderne, soit dans l'usage populaire, soit dans l'usage littéraire, par affectation ou ironie :

> *Je reviendrai au moment que vous ne m'attendrez pas* (CLAUDEL).
> *Elle avait fleuri au temps que l'on criait la morue sur la place Sainte-Cécile* (SARTRE).

399. Le pronom relatif sans antécédent ; qui, quoi, où.

Le français utilise sans antécédent les pronoms QUI, QUOI et l'adverbe OÙ (pour QUICONQUE, voir § 420). Il s'agit là d'emplois plus ou moins figés, relevant généralement d'un parler recherché.

QUI désigne une personne indéterminée. Il introduit une proposition dans laquelle il joue le rôle de :

— sujet : *Qui a perdu l'appétit a perdu le goût de ce qu'il y a de meilleur au monde* (MAURIAC) ;

— d'objet direct : *Je choisirai qui je voudrai* (AYMÉ).

Cette proposition joue dans la phrase le rôle d'un substantif en quelques emplois :

— sujet : *Qui vole un œuf vole un bœuf;*

— objet : *J'aime qui m'aime;*

— après les prépositions À et POUR :

> *Il racontait à qui voulait l'entendre comment il avait perdu son bras* (S. DE BEAUVOIR).
> *Ils courent, c'est à qui gagnera de vitesse* (HUGO). [Voir § 122.]

— en apposition à toute une phrase :

Qui *a pris une épouse, ils ne sont plus qu'une âme en une seule chair* (Claudel). Ce tour est très archaïsant.

Qui désigne une chose indéterminée. Jusqu'au xviiie siècle, la proposition ainsi formée pouvait être apposée à une phrase :

Le roi alla rendre visite à Monsieur et Madame, qui *se passa fort tristement* (Saint-Simon).

On ne rencontre aujourd'hui cette proposition qu'après voilà (voici) : *Voilà* qui *va sans doute vous étonner.*

Remarque. — Qui s'emploie dans une énumération sans verbe pour remplacer les uns... les autres :

Les danseurs regagnent qui *les tables,* qui *le vestibule,* qui *le bar* (Aragon).

QUOI renvoie à une chose et s'emploie après les prépositions à, de, en :
— avec un infinitif, il constitue un groupe objet ou dépendance de présentatif :

« *On me l'a souvent dit : il n'y a pas de* quoi *être fier.* — *Si, il y a de* quoi » (Camus).

— complément d'un verbe, il renvoie à un contexte, qui peut être seulement désigné par un présentatif :

C'est à quoi *précisément je pensais* (Gide).

Remarque. — Quoi a formé de nombreux groupes aujourd'hui figés dans des emplois adverbiaux : *faute de quoi, sur quoi, comme quoi, sans quoi, moyennant quoi...*

OÙ forme une proposition marquant une circonstance de lieu :
Mes fils, soyez contents; l'honneur est où *vous êtes* (Hugo).

Remarque. — Les anciens pronoms neutres qui, que et dont n'apparaissent plus que dans des tours figés : *qui pis est, coûte que coûte, dont acte.*

400. *Le système contemporain.*

Le français moderne possède aujourd'hui un système entièrement normalisé et d'un grand rendement : il fait précéder les pronoms de *celui, ceux, celle, celles, ce* et de l'adverbe *là.* On utilise alors le système des pronoms décrits aux § **391-394** (*qui, que, quoi, dont, où* et *lequel* dans ses emplois prépositionnels, et on forme ainsi des propositions qui remplissent toutes les fonctions du substantif dans la phrase. Nous avons donné dans les chapitres IV et V de la Première partie de nombreux exemples de ces propositions substantivées. En voici quelques autres :

— avec ce (désignant une chose indéterminée) :

Il relie ce qui *appartient au chimiste à* ce qui *appartient au mécanicien* (Valéry). — *Nous savons vous et moi* ce que *devrait être la justice et* ce qu'*elle est* (Gide).

Mathilde sait aujourd'hui ce qu'alors elle ignorait et sur quoi *sa mère fondait sa sécurité* (MAURIAC).

— avec CELUI, CEUX, CELLE, CELLES (désignant des personnes indéterminées) :

On se laisse influencer par celles *ou par* ceux *à qui l'on veut plaire, de qui l'on veut forcer l'estime* (GIDE).

REMARQUE. — On emploie seulement *ce dont* et jamais *ce duquel.*

On aura remarqué que les formes du pronom relatif sans antécédent sont les mêmes que celles du pronom interrogatif. On retrouvera exactement le système qui vient d'être décrit dans la proposition interrogative indirecte :

RELATIVE D'OBJET.	INTERROGATIVE INDIRECTE.
J'aime qui *m'aime.*	*Je me demande* qui *m'aime.*
J'aime ce que *je veux.*	*Je me demande* ce que *je veux.*

8 | Les adjectifs numéraux

On distingue traditionnellement deux groupes dans la classe des adjectifs numéraux :

1. Les adjectifs numéraux *cardinaux* (du lat. *cardinalis*, « principal »), qui indiquent de façon précise la quantité numérique de la substance dont on parle : un *professeur*, quarante *élèves*.

REMARQUE. — Le simple recours à la répartition entre les deux nombres grammaticaux ne donne d'indication numériquement précise sur la quantité que lorsque le substantif est au singulier : *un élève, des élèves (combien?).*

2. Les adjectifs numéraux *ordinaux* (du lat. *ordinalis*, « qui marque le rang »), qui indiquent de façon précise le rang occupé dans une série par la substance dont on parle : *le* premier *enfant, le* septième *élève.*

En réalité, les adjectifs de ces deux groupes, quoique étroitement apparentés par l'étymologie et la forme, ont un comportement grammatical bien différent : les premiers sont utilisés tantôt comme déterminatifs (trois *hommes sont venus*), tantôt comme pronoms (représentants : *sur les dix hommes,* trois *seulement sont venus;* ou nominaux : deux *et* deux *font* quatre). Ils ne s'accordent ni en genre (sauf UN, fém. UNE, et ses composés : VINGT ET UN, etc.) ni en nombre (puisqu'ils s'appliquent toujours à la même quantité). Les seconds ne diffèrent que par le sens des adjectifs qualificatifs, dont ils possèdent tous les caractères morphologiques et syntaxiques :

Cet élève est faible (trentième) en thème latin.
Ces élèves sont faibles (trentièmes).

A | Les adjectifs numéraux cardinaux

401. Les formes.

La série des adjectifs numéraux cardinaux se confond avec celle des noms de nombre de l'arithmétique; elle est donc théoriquement infinie. Mais leur fréquence d'emploi décroît rapidement avec la grandeur et la complexité du nombre qu'ils désignent.

Les seize premiers noms de nombre, les noms des dizaines jusqu'à SOIXANTE, ainsi que CENT et MILLE sont hérités du latin. Les autres noms de nombre sont formés à partir de ceux-ci par le procédé de la juxtaposition, interprété suivant le cas comme marque de l'addition (*dix-sept, vingt-quatre*) ou de la multiplication (*sept cents, quatre-vingts*). Toutefois, la juxtaposition fait place à la coordination par ET chaque fois que le nombre UN est joint à une dizaine (exception : *quatre-vingt-un*), ainsi que dans *soixante et onze*.

HISTORIQUE. L'usage a longuement hésité entre la juxtaposition et la coordination : à peu d'années d'intervalle, Rabelais et Ronsard pouvaient écrire, le premier TRENTE ET DEUX, le second VINGT-UNIÈME (formé sur VINGT UN, employé en concurrence avec VINGT ET UN).

402. Quelques points d'histoire.

1. SEPTANTE (70) et NONANTE (90), encore couramment employés en Suisse romande, en Belgique et, de façon éparse, dans tout l'est de la France, OCTANTE (et HUITANTE) [80], plus rares, ont été supplantés au XVIIᵉ siècle par SOIXANTE-DIX, QUATRE-VINGTS et QUATRE-VINGT-DIX. Certains instituteurs, pour faciliter l'apprentissage du calcul, utilisent les formes anciennes ; cette étrange méthode est même recommandée par les *Instructions officielles* de 1945.

2. Outre QUATRE-VINGTS et ses composés, la numération par VINGT, courante en ancien français, laissait encore quelques traces au XVIᵉ siècle (*sept vingts* et *unze vingts* chez Rabelais) et au XVIIᵉ siècle (*six vingts* chez Molière) ; nous connaissons encore l'hôpital des *Quinze-Vingts*, « qu'autant vaudrait nommer Trois Cens », disait déjà Villon.

3. C'est au XVIᵉ siècle que ZÉRO a été emprunté à l'arabe par l'intermédiaire de l'italien : ce concept arithmétique n'existait pas en latin. Du point de vue grammatical, *zéro* se comporte comme un nominal. Il ne s'emploie guère comme déterminatif que dans l'expression scolaire *zéro faute* et dans l'usage des marchands.

4. L'ancienne langue éprouvait assez rarement le besoin de nombrer de façon précise les très grandes quantités : le substantif MILLIASSE désigne un nombre énorme, mais vague. Les substantifs MILLION et MILLIARD datent respectivement du XIVᵉ et du XVIᵉ siècle ; ils sont toujours présentés par l'article, et le substantif qui les suit est précédé de la préposition DE : *un million d'hommes* (mais : *un million cinq cent mille hommes*).

5. La numération par multiples de CENT après MILLE (aujourd'hui limitée à *dix-neuf cents*) pouvait, dans l'ancien usage, se poursuivre au-delà : on trouve chez Commynes *quarante et sept cents* (sic) *mille* et chez Rabelais *xxiij cens mille* (« vingt-trois cent mille », c'est-à-dire 2 300 000).

403. *Difficultés de prononciation et d'orthographe.*

1. La prononciation des noms de nombre *cinq, six, huit, neuf, dix* et *vingt* (et de leurs composés, sauf *quatre-vingts*) varie dans les conditions suivantes :

— [sɛ̃k], [siz], [ɥit], [nœv] (et [nœf]), [diz], [vɛ̃t] devant l'initiale vocalique de l'élément qu'ils déterminent ;

— [sɛ̃], [si], [ɥi], [nœf], [di] et [vɛ̃] devant l'initiale consonantique de l'élément qu'ils déterminent ([nœ] en cette position n'est plus en usage, de même que [sɛ], qui ne se conserve plus sous cette forme que dans les *bottes de sept* [sɛ] *lieues*) ;

— [sɛ̃k], [sis], [ɥit], [nœf], [dis] et [vɛ̃] (parfois [vɛ̃t]) en toute autre position.

2. L'article défini *le* ne s'élide pas devant *onze* et *onzième* (sauf fantaisie d'auteur). Pour les autres mots terminés par -*e* muet, l'usage est indécis.

3. On met le trait d'union entre les éléments juxtaposés l'un et l'autre moindres que CENT des noms de nombre composés : DIX-SEPT, QUATRE-VINGT-TROIS, mais VINGT ET UN et SEPT CENT DEUX.

4. VINGT et CENT multipliés par le nombre qui les précède prennent la marque du pluriel, sauf quand ils sont suivis d'un autre nom de nombre : QUATRE-VINGTS et QUATRE-VINGT-TREIZE ; SEPT CENTS, mais SEPT CENT QUATORZE. Cette bizarrerie orthographique, qui date de la fin du XVIIe siècle, semble peu à peu sortir de l'usage ; l'arrêté du 26 février 1901 en rend d'ailleurs l'application facultative.

5. La forme MIL (du singulier lat. *mille,* alors que le *mille* français vient du pluriel latin *milia*) s'emploie encore parfois dans les dates de l'ère chrétienne : *mil huit cent onze.*

404. *Les emplois.*

La valeur propre des adjectifs numéraux cardinaux a été définie au paragraphe d'introduction. On les trouve parfois aussi dans les emplois suivants :

A. — 2, 4, 20, 36, 50, 100, 119, 400, 1 000 et quelques autres désignent souvent, de façon peu précise (par excès ou par défaut), des quantités difficiles à évaluer :

A moi, comte, deux mots! (CORNEILLE.)
Je vous demande mille *pardons* (BALZAC).

B. — Les adjectifs cardinaux marquent le rang à la place des ordinaux :

— pour les souverains et les papes : *Louis XIV, Jean XXIII,* mais PREMIER ne cède qu'exceptionnellement la place à UN : LÉON Ier, *empereur et roi* (ALAIN). Dans une fantaisie énumérative de Prévert on trouve LOUIS I ;

— pour l'année, le quantième du mois et l'heure : *l'an* deux de la République ; *le* dix-huit *Brumaire* (mais *le* premier *mai*) ; sept *heures ;*

— pour les diverses divisions des ouvrages : *Livre* II, *page* 14, § 257 ; *chapitre* un *ou* premier.

B | Les adjectifs numéraux ordinaux

405. Les formes.

Sauf PREMIER (du bas latin *primarius*) et SECOND (du latin *secundus,* forme adjectivale du verbe *sequi,* « suivre »), les adjectifs ordinaux sont formés sur les adjectifs cardinaux correspondants à l'aide du suffixe *-ième* : *unième* (seulement dans les adjectifs composés du type *vingt et unième*), *deuxième* (employé de préférence à *second* lorsque la série envisagée comporte plus de deux termes : *second et dernier en grec — deuxième sur trente en latin*), *troisième, quatrième..., soixantième, quatre-vingtième,* etc.

406. Historique.

Pour les premiers nombres, les anciennes formes, directement héritées du latin, s'emploient encore dans les conditions suivantes :

PRIME, forme féminine de *prin* (conservé dialectalement et hérité du lat. *primus*), ne se trouve plus comme adjectif que dans les locutions figées *de prime abord* et *de prime saut.* Substantivé, il vit encore dans certains vocabulaires techniques : *office de prime, morue de prime,* etc. ;

TIERS, du latin *tertius,* survit dans des locutions figées : *le Tiers Etat, une tierce personne,* etc. Substantivé, il désigne une fraction (voir paragraphe suiv.), et, dans le langage administratif, une troisième personne ;

QUART, du latin *quartus,* désigne lui aussi une fraction ; sous sa forme féminine *quarte,* il vit encore dans certains vocabulaires techniques comme adjectif (*fièvre quarte*) ou comme substantif (terme d'escrime et de musique) ;

QUINT, du latin *quintus,* ne se trouve plus que dans quelques noms propres (*Charles Quint, Sixte Quint*), et, comme substantif, que comme terme d'escrime et de musique (*une quinte*) ;

SIXTE, SEPTIME, OCTAVE, NONE et DÉCIME, formes savantes que doublaient les formes populaires SISTE, SETME, OITME, NUEFME et DÎME, sont aujourd'hui des noms propres ou des termes techniques. Il en va de même pour QUADRAGÉSIME, QUINQUAGÉSIME, SEXAGÉSIME, SEPTUAGÉSIME (noms propres de fêtes religieuses), ainsi que pour CENTIME et MILLÉSIME (termes techniques).

REMARQUE. — Sont formés également à l'aide du suffixe *-ième* l'interrogatif ordinal *quantième* (supplanté dans l'usage très familier par *combientième*) et les ordinaux algébriques du type de *énième* [εnjεm].

407. Les emplois.

En plus de leur valeur propre (définie page **260**), les adjectifs ordinaux servent aussi à désigner les fractions; ils sont alors substantivés, et présentés soit par l'article (LE CINQUIÈME, UN HUITIÈME), soit par l'un quelconque des adjectifs cardinaux (TROIS CINQUIÈMES, CINQ HUITIÈMES), soit par ces deux éléments à la fois *(les trois cinquièmes)*. Les fractions $\frac{1}{3}$ et $\frac{1}{4}$ sont désignées dans les mêmes conditions par les adjectifs archaïques *tiers* et *quart : un tiers, un quart*. La fraction $\frac{1}{2}$ est désignée par le substantif *moitié* ou par l'adjectif *demi*, susceptible lui aussi d'être substantivé : *la moitié, une demi-heure* (sur l'accord de *demi*, voir § **291**), *un demi*.

408. Faits de lexique.

Bien que leur énumération relève plutôt de l'étude du lexique que de celle de la grammaire, on notera ici l'existence des séries suivantes, toutes plus ou moins rapidement terminées :

a) deux séries d'adjectifs en *-aire :*
— *primaire, secondaire, tertiaire, quaternaire (enseignement* secondaire; *ère* tertiaire);
— *quadragénaire, quinquagénaire, sexagénaire, septuagénaire, octogénaire, nonagénaire, centenaire,* qui indiquent l'âge;

b) une série d'adjectifs multiplicatifs : *simple, double, triple, quadruple, décuple, centuple,* et quelques autres;

c) une série de substantifs en *-aine,* désignant la quantité de façon approximative, ou spécialisés dans un emploi lexical précis : *huitaine, neuvaine, dizaine, onzaine, douzaine, quinzaine, vingtaine, quarantaine, soixantaine, etc.;*

d) une très brève série de substantifs en *-ain : quatrain, sizain, huitain, dizain,* qui désignent des poèmes ou des strophes comportant 4, 6, 8 et 10 vers.

9 | Les adjectifs et pronoms indéfinis

409. Généralités.

On range généralement dans la classe des INDÉFINIS ceux des adjectifs et des pronoms qui expriment les nuances les plus floues ou les plus complexes — et par suite les plus difficiles à définir clairement — de la détermination, et particulièrement de la détermination quantitative. Aussi aboutit-on souvent à des listes assez confuses.

On classera ici les mots indéfinis du double point de vue suivant :

I. D'APRÈS LEUR SENS :

a) *Déterminatifs marquant la quantité* : quantité nulle (ex. : *aucun*); singularité (ex. : *quelque*); pluralité (ex. : *plusieurs*); totalité (ex. : *tout* et ses différentes réalisations morphologiques; *chaque* et *chacun; sur l'opposition entre *tout* et *chaque-chacun,* voir § 415).

b) *Déterminatifs marquant certains aspects de l'identité* : identité *(même);* différence d'identité *(autre);* comparaison *(tel).*

II. D'APRÈS LEUR NATURE GRAMMATICALE :

1° *Adjectifs* : en fonction d'article; comme déterminatifs complémentaires;

2° *Pronoms* : représentants; nominaux.

REMARQUE. — Sur la nature de ces distinctions, on se reportera à l'introduction du chapitre des déterminatifs et des pronoms, § 319 et 322. On remarquera toutefois qu'elles ne peuvent intervenir que de façon extrêmement souple pour l'étude des indéfinis : ainsi, il n'existe pas d'opposition de forme entre AUCUN employé à la manière d'un article (aucun *élève ne travaille*) ou utilisé comme pronom représentant *(parmi ces élèves,* aucun *ne travaille).* De même, la plupart des pronoms indéfinis peuvent fonctionner aussi bien comme représentants que comme nominaux. Bien plus : dans une phrase telle que *aucun de ces élèves ne travaille* le pronom fonctionne à l'intérieur de son groupe comme un représentant (avec « antécédent » placé après lui), mais son groupe fonctionne dans la phrase comme un nominal.

Quant au pronom ON, certains grammairiens, pensant à sa signification imprécise, le rangent parmi les indéfinis. Mais l'examen de son comportement grammatical invite à le considérer plutôt comme un pronom personnel : c'est ce qu'on a fait dans cet ouvrage (voir § 353).

410. Les déterminatifs de la quantité nulle.

I. LES ADJECTIFS.

AUCUN, fém. AUCUNE : *Il n'y eut* aucune *réaction.*

REMARQUE. — Quand il détermine un substantif introduit par la préposition *sans,* AUCUN peut être postposé : *Ils restèrent sans réaction* aucune.

NUL, fém. NULLE (caractéristique de l'usage littéraire, sauf dans la locution adverbiale *nulle part*) :

Vous n'avez nul *besoin de téléphone* (VILLIERS DE L'ISLE-ADAM).

REMARQUE. — Placé après un substantif, NUL prend la valeur d'un adjectif qualificatif et signifie « sans valeur » : *un devoir* nul.

PAS UN, fém. PAS UNE (caractéristique de l'usage familier) : Pas un *élève ne travaille.*

Conformément à leur valeur, AUCUN et NUL s'emploient le plus souvent au singulier. Cependant, ils s'emploient au pluriel quand ils déterminent des substantifs qui n'existent qu'à ce nombre (ou qui ont au singulier un sens différent) [voir § **254**], et, uniquement dans l'usage littéraire, quand la substance dont ils marquent l'absence constitue d'ordinaire plusieurs unités :

On ne peut lui attribuer aucun *malaise de l'âme,* aucunes *ombres intérieures* (VALÉRY).

II. LES PRONOMS.

a) *Représentants :* AUCUN, fém. AUCUNE; NUL, fém. NULLE (exceptionnel dans cet emploi); PAS UN, fém. PAS UNE :

Ils allaient graves, stoïques... Pas un *ne recula* (HUGO).

b) *Nominaux :* PERSONNE (substance animée de quantité nulle; toutefois, *personne* ne s'applique pas aux animaux) :

Personne *ne m'aime* (titre d'un roman d' E. TRIOLET).

REMARQUE. — PERSONNE ne comporte pas de distinction de genre. L'accord se fait au masculin, sauf quand il est évident que le pronom s'applique uniquement à des femmes : Personne *n'est plus* belle *que Vénus.*

NUL s'emploie parfois, dans l'usage surveillé, comme équivalent de *personne :* Nul *n'est censé ignorer la loi.* Comme *personne,* NUL, dans cet emploi, ne comporte généralement pas de distinction de genre. On trouve cependant parfois le féminin *nulle :* Nulle *n'est plus douce que madame de la Chanterie; mais aussi* nulle *ne fut plus confiante qu'elle* (BALZAC). NULLE, dans une telle phrase, ne s'applique qu'à des femmes, alors que NUL pourrait s'appliquer aussi à des hommes.

RIEN (substance inanimée de quantité nulle) : *Je ne sais* rien.

411. *Problèmes particuliers aux déterminatifs de la quantité nulle.*

a) *Emploi de l'élément négatif* NE : comme l'ont montré les exemples qui viennent d'être cités, l'emploi de l'élément négatif *ne* est constant dans les propositions verbales. Toutefois, l'usage familier recourt fréquemment à des phrases du type : *j'ai* rien *fait.*

L'élément *ne* n'est jamais employé dans les cas suivants :

— propositions purement nominales : A aucun *prix, deux armées* (GÉNÉRAL WEYGAND) ; il s'agit souvent de réponses négatives :

Qui as-tu vu ? — Personne ;

— dans un groupe juxtaposé ou coordonné à un groupe précédent de valeur positive : *Je suis moi-même, et* personne *d'autre ;*

— lorsque le sens de la phrase interdit de faire porter la négation sur l'idée verbale : *Il me le donnerait pour* rien. (Il ne *me le donnerait pour* rien signifierait : « même pour quelque chose il ne me le donnerait pas ».)

b) *Sens positif :* AUCUN, NUL, PAS UN, PERSONNE et RIEN ont le sens positif dans des phrases de coloration négative ou dubitative, et particulièrement dans les cas suivants :

— dans une proposition subordonnée ou dans le groupe d'un verbe à l'infinitif qui dépendent d'un verbe de forme ou de sens négatif :

Je ne crois pas que personne *réussisse. Nul n'a droit de* rien *regretter* (VILLIERS DE L'ISLE-ADAM) ;

— dans les interrogatives directes ou indirectes :

Y *a-t-il* rien *de si beau ?*

— dans le second terme d'une comparaison d'inégalité :

Il y a plus de poésie dans le sincère Salmon ou dans Milosz que dans aucun *surréaliste* (MAX JACOB) ;

— enfin, emploi le plus courant, après la préposition SANS, les locutions conjonctives SANS QUE et AVANT QUE, parfois la conjonction SI (introduisant une conditionnelle) :

Je trouvais en moi sans nulle *peine* tout ce qu'il me fallait pour me haïr (VALÉRY).

412. Historique.

Sauf NUL (du latin *nullus,* même sens) et, naturellement, PAS UN, les déterminatifs de la quantité nulle sont étymologiquement de sens positif : AUCUN est issu de la juxtaposition en bas latin de *aliqu(em)* et de *unum,* tous deux de sens positif. En ancien français, il signifie, suivant le cas, *quelque* ou *quelqu'un.* Cette valeur, encore fréquente au XVIe siècle et vivante au début du XVIIe siècle, se conserve aujourd'hui dans les expressions archaïques *aucuns pensent, d'aucuns disent.* Personne et *rien* représentent les anciens substantifs latins *persona,* « masque de comédien », puis « personnage », et *rem,* « chose » : une double évolution, presque terminée dès le début du XVIIᵉ siècle, les a transformés en nominaux et leur a fait adopter le sens négatif.

413. *Les déterminatifs de la singularité.*

I. LES ADJECTIFS :

a) *Exclusivement en fonction d'article :*

— QUELQUE : cet adjectif marque l'ignorance sur l'identité de la substance dont on parle :

> *Son vœu donna l'alerte à* quelque *saint du ciel* (P. DE LA TOUR DU PIN).

REMARQUES. — 1. Appliqué à une substance dont on ne peut évaluer la quantité que sous l'aspect de la masse, *quelque* marque un degré peu élevé de cette quantité : *Le bonheur suppose sans doute toujours* quelque *inquiétude,* quelque *passion* (ALAIN).

2. Devant un nom de nombre, *quelque* a une valeur adverbiale et signifie « environ » : *Il a* quelque *quarante élèves.*

b) *Exclusivement comme déterminatif complémentaire :*

— QUELCONQUE : utilisé presque uniquement avec l'article indéfini (exceptionnellement avec l'adjectif démonstratif), cet adjectif marque l'indifférence de celui qui parle à l'égard de l'identité de la chose désignée :

> *Toute comparaison entre l'Eglise et une société laïque* quelconque *est fausse* (W. D'ORMESSON).

REMARQUE. — De même que *nul,* QUELCONQUE s'emploie aussi comme adjectif qualificatif et signifie « de peu d'intérêt, médiocre ». Dans la phrase suivante, VALÉRY joue sur la double valeur de *quelconque : C'était le logis* quelconque, *analogue au point* quelconque *des théorèmes* (qualificatif dans le premier emploi, déterminatif dans le second).

c) *Tantôt en fonction d'article, tantôt comme déterminatif complémentaire :* CERTAIN, fém. CERTAINE.

— En fonction d'article, *certain,* alors caractéristique de l'usage littéraire, marque le refus de celui qui parle à préciser l'identité connue de la substance désignée : *Certain élève que je connais bien a encore oublié son devoir.*

— Comme déterminatif complémentaire, *certain,* utilisé après *un* et, plus rarement, après *ce,* marque l'impossibilité de préciser l'identité ou les qualités de ce dont on parle : *Un* certain *sourire* (titre d'un roman de F. SAGAN).

REMARQUES. — 1. Avec un nom propre, il marque qu'on ne connaît que l'identité de l'individu désigné : *Un* certain *monsieur Blot* (titre d'un ouvrage de P. DANINOS).

2. Utilisé lui aussi comme qualificatif, *certain* (en fonction d'épithète, toujours postposé) signifie alors « assuré » : *une nouvelle* certaine.

2. LES PRONOMS :

a) *Représentants* : UN *(l'un)*, fém. UNE *(l'une)* :

> Je voyais décroître Les ombres que j'avais autour de moi debout;
> Une de temps en temps tombait (HUGO, cité par GREVISSE).

Cf. l'expression : *de deux choses* l'une.

b) *Nominaux* :

— QUELQU'UN, sans distinction de genre : personne unique d'identité inconnue :

> Le portrait cesse d'être d'abord le portrait de quelqu'un (MALRAUX).

— QUELQUE CHOSE : substance inanimée d'identité inconnue :

> Je trouve en moi quelque chose de confus ou de diffus (VALÉRY).

REMARQUES. — 1. Comme *personne, rien* et *quelqu'un*, QUELQUE CHOSE ne comporte pas de distinction de genre. L'accord se fait au masculin. Quelques auteurs, cependant, conservent l'ancien usage en lui laissant le genre féminin : *Je comprends* quelque chose *et je ne suis pas sûr qu'*elle *soit bien* celle *qu'il voulait dire* (VALÉRY).
2. En fonction d'attribut, *quelqu'un* et *quelque chose* prennent souvent le sens emphatique de « chose ou personnage d'importance considérable » : *C'est* quelqu'un! *L'esprit humain est* quelque chose (ALAIN).

c) *Déterminés à l'intérieur de leur groupe* :

Lorsque le pronom est déterminé à l'intérieur de son groupe par un complément prépositionnel (ou par le pronom personnel *en*) ou bien par une proposition relative, il se présente le plus souvent sous la forme *un* : On manquait *de porteurs; il s'en présenta* un. O vous, comme *un qui boite* au loin... (VERLAINE). Une *que je connais* (ID.). Mais certains auteurs utilisent aussi *quelqu'un*, qui peut alors marquer le genre : Quelqu'une *de mes compagnes* (LITTRÉ). *Aussi bien je serai à lui* quelqu'un *de ces jours* (PORTO-RICHE, cité par E. TRIOLET).

414. Les déterminatifs de la pluralité.

1. LES ADJECTIFS :

a) *Exclusivement en fonction d'article* :

— PLUSIEURS : cet adjectif s'applique, dans l'usage surveillé, à une quantité au moins égale à deux : on doit donc, en principe, éviter l'expression *deux ou plusieurs,* car *deux,* au moins dans le système grammatical du français, est déjà à classer dans *plusieurs.* Toutefois, cette règle n'est guère observée dans l'usage courant : un père de famille ne dira qu'il a PLUSIEURS enfants que s'il en a au moins trois. (Sur l'emploi de *plusieurs* opposé à *quelques,* voir même paragraphe, *b*).

HISTORIQUE. — PLUSIEURS a conservé jusqu'au XVI° siècle sa valeur étymologique de comparatif (*plus* + le suffixe comparatif *-ior*).

— MAINT, fém. MAINTE, surtout utilisé au singulier, est le seul adjectif dont dispose la langue pour exprimer l'idée d'une quantité importante, mais indéterminée. Archaïque, il appartient à peu près uniquement à l'usage littéraire, sauf dans des expressions figées telles que : *à mainte(s) reprise(s), mainte(s) [et mainte(s)] fois,* etc.

REMARQUE. — A l'emploi de MAINT, l'usage quotidien préfère celui de la locution *plus d'un,* et surtout celui des adverbes *bien (des), beaucoup (de).* Quant aux substantifs déterminés du type de *force, nombre de, quantité de,* ils appartiennent aussi à l'usage littéraire.

b) *Tantôt en fonction d'article, tantôt comme déterminatif complémentaire :*

— QUELQUES : cet adjectif marque l'ignorance sur la quantité numérique de ce dont on parle ; toutefois, cette quantité est toujours conçue comme fort petite :

> *Maintenant je vous demanderai* quelques *minutes d'entretien* (LABICHE).
> *Les hommes vivront longtemps de ces* quelques *paroles* (VALÉRY).

REMARQUE. — Opposé à *plusieurs,* QUELQUES s'applique à une quantité plus petite : *On va boire encore* quelques *verres et on y va. — Mais il n'est que huit heures, objectai-je. Ça n'ouvre qu'à dix heures. — On boira* plusieurs *verres, dit Bertrand gaiement* (SAGAN).

— CERTAINS, fém. CERTAINES, s'applique lui aussi à une petite quantité. Mais à la différence de *quelques* en face de *quelque,* il conserve en outre le sens particulier de *certain : Certains élèves que je connais bien ont encore oublié leur devoir.*

Surtout employé en fonction d'article, *certains* est cependant parfois précédé de l'élément à valeur d'article DE : *Il est de certains miracles très naturels* (VERCORS).

— DIVERS et DIFFÉRENTS, en fonction d'article, expriment à la fois l'idée de quantité peu importante et l'idée de variété : *J'ai lu cette opinion dans* divers (différents) *ouvrages.* Accompagnés d'un article (ou d'un déterminatif à valeur d'article), ils sont déchargés de l'expression de la quantité et prennent une valeur plutôt qualificative : *Ces différents livres m'ont plu.*

2. LES PRONOMS :

a) *Exclusivement comme représentants :*

— PLURIELS :

> *Ces lampes sont excellentes : j'en ai acheté* plusieurs.

REMARQUE. — L'usage classique donnait parfois à PLUSIEURS la valeur d'un nominal : *La foi de* plusieurs *a fait naufrage* (MASSILLON). Certains auteurs archaïsants continuent cet usage : *J'aurais pu lancer la revue seul avec Louis, ou presque seul, jouant le rôle de* plusieurs (GIDE).

b) *Tantôt comme représentants, tantôt comme nominaux* (avec variation de genre seulement dans l'emploi comme représentant) :

— QUELQUES-UNS, fém. QUELQUES-UNES :

> *Ces jeunes filles sont paresseuses :* quelques-unes *seulement ont été reçues à l'examen.*
>
> Quelques-uns *soutiennent des opinions étranges.*

— CERTAINS, fém. CERTAINES :

> *Ces voitures sont solides;* certaines *cependant ne résistent pas à un trop long usage.*
>
> *Au risque de décevoir* certains, *il convient de rétablir la vérité historique* (JARDILLIER).

Dans cet emploi, *certains* conserve quelque chose de la nuance particulière de *certain*.

REMARQUE. — DIVERS et DIFFÉRENTS ne s'emploient pas comme pronoms; MAINT est exceptionnel dans l'emploi pronominal, sauf dans l'expression *maints et maints* (« beaucoup de gens »).

415. *Le déterminatif de la totalité :* tout.

1. EMPLOI ADJECTIVAL :

a) *En fonction d'article :* TOUT, fém. TOUTE, ne s'emploie guère en fonction d'article qu'au singulier. Il a alors une valeur proche de *chaque* (voir paragraphe **417**); l'aspect distributif de cette valeur est toutefois légèrement estompé au profit de son aspect collectif :

> Tout *bateau est copié sur un autre bateau* (ALAIN).
>
> Tout *pouvoir tend à sa conservation* (BALZAC).

REMARQUE. — Les formes de pluriel TOUS et TOUTES ne se trouvent guère en fonction d'article que dans quelques expressions figées : *de tous côtés, à tous égards, exempt de tous frais,* et chez quelques auteurs volontiers archaïsants : *Je n'apprécie en* toutes *choses que la facilité ou la difficulté de les connaître* (VALÉRY).

b) *Comme déterminatif complémentaire :*

— au singulier : TOUT, fém. TOUTE, suivi d'un article (ou d'un élément à valeur d'article, les indéfinis étant exclus), ou encore d'un des pronoms CECI, CELA ou CE (introduisant une relative), signifie « entier » :

> Toute *cette* histoire *a été inventée.*
>
> *La langue de la botanique contient* toute *une* partie exquise (R. DE GOURMONT).

REMARQUE. — Dans certaines expressions figées (*de tout cœur, en toute bonne foi,* etc.), ainsi que devant les noms de villes, d'auteurs ou d'œuvres littéraires, TOUT conserve le sens d' « entier » sans être accompagné de l'article : *tout Paris, tout Alain, tout Faust.*

— au pluriel : TOUS (prononcé [tu]), fém. TOUTES, suivi d'un article (ou d'un élément à valeur d'article, les indéfinis étant exclus), ou encore d'un pronom au pluriel, exprime la totalité dans le nombre :

> Tous *les* hommes *sont mortels.*

Platon est un des rares auteurs auxquels j'adhère de toutes mes *sur-faces* (ALAIN).

REMARQUES. — 1. Devant un substantif de sens temporel ou local employé au pluriel et présenté par l'article défini, TOUS et TOUTES marquent la périodicité : *Il vient* tous *les ans. Il se repose* tous *les kilomètres.* Le substantif peut aussi être déterminé par un adjectif numéral cardinal : *Il travaille* tous *les deux jours.*
2. Quand il détermine un nom de nombre employé comme pronom (voir page **260**), TOUS est suivi de l'article défini : *Tous les cinq ont été pris.* Toutefois, lorsqu'il s'agit d'un des noms de nombre *deux, trois* et *quatre,* on recourt parfois à l'ancienne construction, sans article : *Ils ont été pris* tous deux.

2. EMPLOI PRONOMINAL :

Au singulier, TOUT ne s'emploie guère comme pronom qu'avec une valeur neutre; il ne peut alors être que NOMINAL, et s'applique à une substance inanimée dont la quantité est envisagée dans sa totalité :

Tout *est vrai dans un fou* (ALAIN). [Pour les exemples où *tout* au singulier semble utilisé comme représentant, voir la Remarque.]

Au pluriel, TOUS (prononcés [tus]), fém. TOUTES, s'emploie surtout comme représentant : *Ces jeunes filles sont travailleuses :* toutes *seront reçues à l'examen.*

On trouve cependant des exemples de *tous* employé comme nominal :

Presque tous *y vont* [écouter l'orateur ou le prêcheur] *pour être confirmés* (ALAIN).

Mais c'est surtout la locution TOUT LE MONDE que l'on emploie avec cette valeur : Tout le monde *l'oubliait* (SAINTE-SOLINE).

REMARQUE. — Dans des phrases telles que : *il est* tout *à son travail; la vérité est* toute *à tous* (P.-L. COURIER); *nous cédons* tous *à la manie de deviner* (ALAIN); *ces jeunes filles travaillent* toutes *à un ouvrage différent,* on peut se demander si *tout* est adjectif ou pronom (voire adverbe pour le premier exemple) : il peut en effet être remplacé par un adjectif (*nous cédons* seuls *à la manie de deviner*) aussi bien que par un pronom (*ces jeunes filles travaillent* chacune *à un ouvrage différent*).

416. Tout *adverbe.*

Devant un adjectif, TOUT exprime l'idée que la qualité s'applique à la totalité de la substance désignée; il est adverbe, et invariable dans la plupart des cas :
— devant un adjectif au masculin pluriel :
Nous avions la piste pour nous tout seuls (SAGAN).
— devant un adjectif au féminin commençant par une voyelle ou un *h* muet :
Elle disparaissait presque tout entière (SAINTE-SOLINE).

Cependant, l'adverbe TOUT s'accorde en genre et en nombre avec un adjectif au féminin commençant par une consonne ou un *h* aspiré :
Elles sont toutes petites, toutes honteuses.

REMARQUE. — Dans la locution conjonctive *tout... que,* TOUT est encore adverbe et se plie aux règles qui viennent d'être énoncées.

HISTORIQUE. — En ancien français, TOUT (comme les autres adjectifs en fonction d'adverbe, voir § 290) s'accordait dans tous les cas. La règle observée aujourd'hui, élaborée dans ses grandes lignes par Vaugelas et précisée peu après par l'Académie, s'explique par la double considération suivante :

— on prend garde à la nature grammaticale de *tout* : évidemment adverbe, il doit être invariable ;

— on ne peut s'empêcher cependant de tenir compte de l'usage dans tous les cas où la prononciation permet de le saisir : aussi *tout* variera-t-il devant un adjectif féminin commençant par une consonne ou un *h* aspiré.

Il s'agit donc d'un compromis assez arbitraire entre deux points de vue opposés : aussi comprend-on facilement les incertitudes de l'usage, innombrables au XVIIᵉ siècle (*Tes yeux ne sont-ils pas* tous *pleins de sa grandeur?* [RACINE]), et encore fréquentes beaucoup plus tard (*La vie est* toute *heureuse ; La mère couchait* toute *habillée* [BALZAC]). Dans certains cas même, la distinction entre l'emploi adjectival (ou pronominal, voir § **415**, *Remarque*) et l'emploi adverbial de *tout* est difficile (fondée uniquement sur l'accord de *tout* dans l'exemple de P.-L. COURIER, cité au paragraphe précédent) ou impossible (*Elles sont* toutes *peinées* [« elles toutes sont peinées » ou « elles sont entièrement peinées » ?]).

417. Chaque *et* chacun.

Toujours employés au singulier, ces indéfinis ont en même temps une valeur collective et une valeur distributive ; dans la phrase : Chacun *apprend à penser en même temps qu'il apprend à parler,* ALAIN fait allusion à la fois à la collectivité des humains et à l'individualité de chacun d'eux.

HISTORIQUE. — CHACUN est le résultat d'une contamination entre le représentant du juxtaposé bas-latin *quisque* + *unus* (lat. class. *unusquisque*) et le pronom *chaün,* issu de la combinaison *kata* (préposition grecque de sens distributif) + *unus.* Ce n'est qu'au XVIᵉ siècle que *chaque* a été tiré de *chacun* sur le modèle de *quelque* en face de *quelqu'un.*

Les formes CHAQUE et CHACUN se répartissent de la façon suivante :

1° ADJECTIF : *chaque* : Chaque *architrave,* chaque *parvis,* chaque *monstrueuse colonne* (BALZAC).

Chaque ne peut s'accompagner d'aucun autre déterminatif, sauf dans les expressions populaires du type de : *chaque trois mois* (« tous les trois mois »).

2° PRONOM : *chacun,* fém. *chacune* :

a) *Représentant* : *Ces jeunes filles travaillent* chacune *à un ouvrage différent.*

L'emploi de *chaque* comme représentant est caractéristique de l'usage des marchands : *Ces melons pèsent* 300 g chaque ; on le trouve cependant chez certains auteurs : *Quatre-vingt-dix billets de 1 000 francs* chaque (CHATEAUBRIAND, cité par GREVISSE).

b) *Nominal* : Chacun *a vite fait de se condamner* (ALAIN).

Cet exemple montre que *chacun,* employé comme nominal, s'applique indifféremment aux hommes et aux femmes. Quant au féminin *chacune,* on ne le trouve, comme nominal, que dans quelques expressions figées, de caractère plus ou moins plaisant : *chacun sa* chacune; *pour chacun, pour* chacune.

HISTORIQUE. — L'usage classique — continué par l'usage familier d'aujourd'hui — employait aussi *un chacun, tout un chacun* et même *tout chacun* (qui a complètement disparu) : Un chacun *à soi-même est son meilleur ami* (CORNEILLE).

·*418. Chacun et l'adjectif possessif.*

L'adjectif possessif renvoyant à *chacun* nominal ou déterminé dans son groupe (voir § **409,** *Remarque*) se présente toujours sous les formes *son, sa, ses* (3ᵉ personne, possesseur unique) : Chacun *en a* sa *part* (HUGO); Chacun des enfants *en a* sa *part,* et même : Chacun de nous *en a* sa *part.* En revanche, lorsque *chacun* représente un substantif ou un pronom au pluriel qui ne fait pas partie de son groupe, on trouve aussi les formes *leur* et *leurs* (3ᵉ personne, plusieurs possesseurs) : Ils *en ont* chacun leur *part,* plus fréquent que ... sa *part.* Enfin, lorsque l'élément évoqué par *chacun* est le pronom personnel de la 1ʳᵉ ou de la 2ᵉ personne du pluriel, l'emploi de *notre, nos* et de *votre, vos* est constant : Nous *en avons* chacun notre *part.*

419. Groupes ou propositions figés utilisés comme indéfinis.

On utilise aussi comme indéfinis des groupes ou des propositions plus ou moins figés :

·— QUI QUE CE SOIT, ÂME QUI VIVE, QUOI QUE CE SOIT, équivalents dans l'usage littéraire de *personne* (les deux premiers) et de *rien* (le dernier), ont la particularité de ne pouvoir être employés comme sujets (sauf dans certaines propositions subordonnées) : *Je n'ai rencontré* âme qui vive;

— N'IMPORTE, JE NE SAIS, DIEU SAIT, sont suivis, selon le cas, de *quel* (emploi comme adjectif), de *lequel* (emploi comme représentant), de *qui* ou *quoi* (emploi comme nominal animé ou inanimé).

420. L'indéfini quiconque.

QUICONQUE s'emploie uniquement comme nominal et ne comporte pas de distinction de genre. Dans l'usage classique, il fonctionne comme un relatif sans antécédent et ne peut être que le sujet de la proposition qu'il introduit :

> Quiconque *a beaucoup vu*
> *Peut avoir beaucoup retenu* (LA FONTAINE).

Mais, dès la fin du XVIIe siècle, il s'emploie fréquemment sans mettre en rapport deux propositions ; il a le sens de « personne d'identité indifférente », et se trouve surtout dans des phrases de coloration négative : *Je le sais mieux que* quiconque.

HISTORIQUE. — QUICONQUE représente l'ancien français *qui (que) qu'onques,* qui introduisait une proposition concessive. Il a été interprété au XVIe siècle comme le représentant du latin *quicumque.* (Sur les indéfinis concessifs *qui que, quoi que, quel que, quelque ... que,* voir § **208** et **209**.)

421. *Le déterminatif de l'identité :* même.

1. EMPLOI ADJECTIVAL. — Suivant qu'il est placé avant ou après le substantif qu'il détermine, MÊME exprime des idées différentes.

a) Antéposé, MÊME marque l'identité ou la ressemblance d'au moins deux objets : *Nous sommes faits de* la même *étoffe que les songes* (ALAIN) ; il y a identité, ou, au moins, ressemblance entre « l'étoffe dont nous sommes faits » et « l'étoffe dont sont faits les songes ».

Avec l'article indéfini, l'adjectif MÊME est souvent coordonné à l'adjectif *seul : les actes successifs d'une* seule et même *tragédie* (DE GAULLE).

b) Postposé, MÊME souligne l'identité de la chose dont on parle :

   Dès le jour même, je suis allé louer une loge pour la saison (LABICHE).

REMARQUES. — 1. Lorsque le substantif déterminé, employé en fonction d'attribut, désigne une qualité, le groupe substantif + MÊME marque un degré élevé de cette qualité : *Cet enfant est* la gentillesse même.

2. Joint par un trait d'union aux formes disjointes du pronom personnel, l'adjectif *même* insiste sur l'identité de la personne. Ces formes d'insistance du pronom personnel s'emploient surtout apposées à une forme de construction directe (je *l'ai vu* moi-même) ou précédées d'une préposition (*faire un retour* sur soi-même).

HISTORIQUE. — La distinction des sens de MÊME suivant sa place ne s'est établie qu'au cours du XVIIe siècle. Corneille pouvait encore écrire : *Sais-tu que ce vieillard fut la* même *vertu [...] ? ;* et, inversement, on trouve chez Scarron : *Car flottant et périclitant   N'est quasi qu'une chose* même ; cette dernière construction était cependant assez rare avec ce sens.

On le voit d'après les exemples cités, *même* s'emploie exclusivement comme déterminatif complémentaire. Il arrive pourtant parfois que le substantif qu'il détermine ne soit pas présenté par un article. Mais l'absence de l'article se constaterait aussi avec un adjectif qualificatif ; dans la phrase :

   De chaque côté, mêmes *combats sous d'autres formes* (BALZAC),

mêmes peut être remplacé par *rudes* sans que l'emploi de l'article devienne nécessaire. Au XVIe et au XVIIe siècle, l'emploi de *même* sans article, parfois après le substantif, était beaucoup plus fréquent qu'aujourd'hui :

   Et sans être rivaux, nous aimons en lieu même (CORNEILLE).

2. Emploi pronominal. — *Même* est substantivé par l'article défini. Il est alors utilisé :

a) comme *nominal* :

— au masculin pluriel : *Ce sont toujours les mêmes qui gagnent ;*

— au masculin singulier, avec une valeur neutre dans les expressions figées *cela revient* au même, et *c'est du pareil* au même (cette dernière propre à l'usage familier). Dans tous les autres cas, l'emploi de *le même* comme nominal est à proscrire ;

b) comme *représentant* (emploi fréquent) : *Ces gens-là sont tous les mêmes.*

422. Même *adverbe.*

Même est adverbe et invariable quand son sens porte sur une proposition, sur un verbe, sur un adjectif, sur un autre adverbe ou sur un substantif déterminé placé après lui : *Même les généraux furent tués.* Lorsque le substantif est placé avant lui, il est encore adverbe quand il signifie « *aussi, de plus* » : *Les généraux même furent tués.*

Remarque. — Dans ce dernier cas, il est souvent très difficile, voire impossible, de distinguer *même* adverbe de *même* adjectif. On recommande parfois d'examiner si *même* peut se placer devant le substantif : si ce changement est possible, *même* est adverbe, et par conséquent invariable. Mais l'expérience prouve que l'accord se fait fréquemment *même* dans ce cas : *Il y avait des colonels, des généraux* mêmes *qui dans la maison du roi n'avaient qu'un ou deux galons* (Aragon).

Historique. — Dans les textes antérieurs au milieu du xviie siècle, l'adverbe *même* se terminait fréquemment par l'*-s* adverbial que l'on trouve encore aujourd'hui dans *certes, jadis, volontiers,* etc. Pour le distinguer clairement de l'adjectif postposé, Vaugelas proposa d'adopter l'orthographe *mêmes* (à l'époque *mesmes*) avec un substantif au singulier et l'orthographe *mesme* avec un substantif au pluriel. L'usage n'a pas conservé cette ingénieuse, mais trop paradoxale nouveauté.

423. Le déterminatif de la différence d'identité : autre.

1. Emploi adjectival. — Capable d'exercer toutes les fonctions d'un adjectif qualificatif, autre est le plus souvent utilisé comme épithète antéposée : *Les généraux furent exterminés; les* autres *officiers survécurent.*

Placé après les pronoms personnels *nous, vous* et, dans l'usage familier, *eux* et *elles,* il oppose le groupe de personnes désignées au reste du monde : *Nous travaillons,* nous autres !

L'adjectif autre ne peut s'employer en fonction d'article : l'expression *autre chose,* dans laquelle il est employé seul devant le substantif, n'est plus aujourd'hui un groupe substantival, mais un pronom nominal neutre, comme l'atteste l'accord au masculin. Quant aux expressions telles que : autres *temps, autres mœurs, sans* autre *forme de procès,* etc., elles reçoivent une interprétation semblable à celle qui a été donnée pour *même* (voir § **421**, 1, *b*). Mais, comme pour *même,* il convient d'ajouter que AUTRE a pu, jusqu'au XVIIe siècle, se construire sans l'article dans des cas où celui-ci est obligatoire aujourd'hui. Ronsard écrit : d'autre *côté.*

REMARQUE. — Quand un substantif au pluriel, déterminé par AUTRES, est coordonné à un ou plusieurs autres substantifs, sa signification, dans l'usage normal, est assez générale pour englober celle des autres termes de la série : *Le vieil homme collectionnait les pipes, tabatières, bonbonnières et* autres bibelots. Cependant, il arrive parfois que, par plaisanterie, on ne se plie pas à cet usage : *Il collectionnait les pipes, tabatières et* autres bonbonnières.

2. EMPLOI PRONOMINAL. — AUTRE est substantivé par l'article ou par l'un quelconque de ses équivalents (sauf dans quelques expressions figées, où il est pronom sans être présenté par l'article : *entre autres; j'en ai vu bien d'autres,* etc.). Il s'emploie alors :

a) comme *nominal.* Cet emploi est particulièrement fréquent dans les expressions figées *à d'autres, comme dit l'autre,* etc. Mais il se trouve aussi dans les conditions ordinaires : *L'enfer, c'est les* Autres (SARTRE).

Autre ne s'emploie plus comme nominal neutre, et est suppléé dans cet emploi par *autre chose.* Pour désigner les personnes, il est encore aujourd'hui en concurrence avec *autrui,* qui, conformément à son étymologie (c'est l'ancien cas régime de *autre*), s'emploie surtout comme complément : *Le bien* d'autrui *tu ne prendras.* Certains auteurs, cependant, l'emploient aussi comme sujet :

> Autrui *n'a même pas toujours besoin de formuler un conseil* (J. ROMAINS, cité par DAMOURETTE ET PICHON). Autrui *me fait exister* (copie d'étudiant, 1962).

b) comme *représentant* (emploi très fréquent) : *Il a les premiers volumes de cet ouvrage, mais il lui manque* les autres.

424. L'un, l'autre.

L'UN et L'AUTRE s'opposent entre eux et constituent ensemble les expressions suivantes :

1° *L'un et l'autre, l'un ou l'autre, ni l'un ni l'autre,* qui s'emploient comme adjectifs (uniquement au singulier) ou comme pronoms représentants (aux deux nombres) :

> *J'ai voulu acheter* l'un et l'autre volume (plus rarement : volume*s*); *je n'ai trouvé* ni l'un ni l'autre;

2° *L'un ... l'autre, l'une ... l'autre, les uns* [*unes*] *... les autres,* déterminés par leur opposition réciproque (de la même façon que *celui-ci... celui-là,* voir § **374**), qui s'emploient comme représentants ou comme nominaux. Ils peuvent exercer soit la même fonction dans des propositions ou des groupes coordonnés, soit des fonctions différentes dans la même proposition ou le même groupe :

> *Ces deux élèves sont paresseux :* l'un *travaille une heure par semaine,* l'autre *ne travaille jamais.*
> *Le garçon est ridicule, il aurait dû nous présenter* l'un *à* l'autre (SARTRE).

Quand L'UN (*les uns*) est apposé au sujet et L'AUTRE (*les autres*) apposé au complément d'objet, ils servent à préciser le sens réciproque d'un verbe utilisé à la voix pronominale : *Ils se battent les uns les autres.*

REMARQUES. — 1. Quand le groupe envisagé comporte plus de deux termes, le pronom *autre* peut se répéter autant de fois qu'il est nécessaire, mais il est précédé de l'article indéfini ou, plus rarement, de l'adjectif démonstratif : *Ces élèves sont paresseux :* l'un *joue,* un autre [cet autre] *dort,* un autre *ne fait rien.*

2. Dans l'usage populaire, l'expression *l'un dans l'autre* est fréquemment utilisée avec le sens de « tout compte fait ».

425. *Le déterminatif* tel.

1. EMPLOI ADJECTIVAL.

a) EN FONCTION D'ARTICLE, *tel* présente le substantif à la manière de l'adjectif démonstratif, mais sans exiger la détermination extra-linguistique qui accompagne celui-ci (voir § 371) : il donne donc un simulacre d'identité au substantif : *Je ne sais pas* telle *chose* (VALÉRY).

REMARQUE. — Dans la construction : *tel père, tel fils,* tel ne fonctionne pas comme un article, puisque même un adjectif qualificatif s'accommoderait de l'absence de l'article : *Père avare, fils prodigue.*

b) COMME DÉTERMINATIF COMPLÉMENTAIRE, *tel* se rencontre avec toutes les fonctions de l'adjectif qualificatif : épithète antéposée (ex. I et V), postposée (ex. X), apposition (ex. VI, VII et VIII), attribut du sujet (ex. II et III) et de l'objet (ex. IV et IX). Il désigne une qualité ou un groupement de qualités attachés au substantif sur lequel porte son sens, mais ne précise pas la nature de cette qualité. On pourrait donc dire qu'il fonctionne comme un *pro-adjectif qualificatif.* On distingue les cas suivants :

PREMIER CAS : la qualité est énoncée dans le contexte :

> I : *Un bon phonographe, je veux dire un jeune homme disposé naturellement à l'obéissance, formé dès le plus jeune âge à ne dire que ce qui se dit,* [...] *un tel jeune homme est promis aux plus hautes destinées* (ALAIN).

II : *Les yeux, le geste, la voix apportaient à l'âme d'inconnus témoi-*
gnages d'amour. Tel fut mon langage (BALZAC). [On remarquera la
place de *tel* attribut quand il représente une qualité énoncée précédemment.]

III : *Son langage le plus ordinaire est* tel : *retirons-nous de cette multi-*
tude qui nous environne (LA BRUYÈRE, dans LITTRÉ) [remarque
inverse sur la place de *tel*].

IV : *Ce que vous me dites est sans doute vrai ; et je le prends pour* tel
(ALAIN).

DEUXIÈME CAS : la qualité ressort évidemment de la simple désignation de ce
dont on parle :

V : *La douleur d'*un tel *homme* [il s'agit de Leibniz] *est la plus belle*
oraison funèbre (FONTENELLE, dans LITTRÉ).

TROISIÈME CAS : l'attribution de la qualité donne lieu à une comparaison qui
s'exprime suivant le cas :

— soit par la simple juxtaposition du substantif qui en constitue le second
terme :

VI : *Des pilotes consciencieux ont pu s'appliquer à loisir,* tels *des*
écoliers, à tracer les noms de marchands en lettres de fumée.
(Ph. BARRÈS).

REMARQUE. — Quand les deux termes de la comparaison sont de genres ou de nombres
opposés, on fait indifféremment l'accord de *tel* avec l'un ou avec l'autre :

VII. : *Il bondit,* tel (*ou* telle) *une flèche.*

— soit par la répétition de *tel* devant le second terme de la comparaison
(voir 1, *a*, Remarque) ;

— soit par une subordonnée introduite par *que* :

VIII : *Telle que vous me voyez, j'ai soixante-seize ans* (SIMENON).

— soit par *tel quel*, si la comparaison, devenue fictive, fonctionne entre
le substantif et lui-même :

IX : *Il m'emprunta un livre non coupé qu'il me rendit* tel quel.

REMARQUE. — Dans l'usage populaire, *tel quel* est en concurrence avec *tel que.*

QUATRIÈME CAS : le degré atteint par la qualité attribuée au substantif est
exprimé par une proposition consécutive ; *tel* se spécialise alors dans le sens de
« si grand » :

X : *Il est d'une paresse* telle *qu'il a été refusé à son examen pour la*
quatorzième fois.

2. EMPLOI PRONOMINAL.

a) TEL se rencontre, le plus souvent, dans les expressions *tel et tel, tel ou tel, tel... tel,* presque toujours comme nominal ; cet emploi était au XVIIᵉ siècle plus fréquent qu'aujourd'hui :

> Tel *porte jusqu'aux cieux leur vertu sans égale,*
> Et tel *l'ose nommer sacrilège et brutale* (CORNEILLE).

b) Dans la langue contemporaine, TEL, dans son emploi pronominal le plus courant, sert à introduire une proposition relative en lui donnant une valeur substantivale ; il fonctionne donc comme *celui,* mais, à la différence de ce dernier, il ne peut être utilisé comme représentant, car son sens est moins déterminé :

> Tel qui rit *vendredi dimanche pleurera* (RACINE).
> Tel *se trouve prêtre* qui aurait mieux été paysan (ALAIN).

c) Présenté par l'article indéfini, TEL sert de substitut à un nom propre de personne que l'on ne veut pas préciser : *J'ai rencontré* un tel, *j'ai vu* M. Un tel.

IV. LE SYSTÈME VERBAL

1 | Généralités

426. *Définition du verbe.*

I. Le verbe est un mot de forme VARIABLE. Alors que le nom ne connaît au plus que deux formes, le verbe présente des variations morphologiques (dans l'écriture et dans la prononciation) dont le nombre dépasse la centaine.

L'ensemble de ces variations forme une conjugaison.

II. Le rôle du verbe est de permettre au parleur de DÉCRIRE, d'APPRÉCIER, de SITUER dans le temps le déroulement des actions ou des événements concernant les êtres et les choses.

III. L'emploi et la valeur d'une forme verbale dépendent :

— de son entourage lexical dans la phrase énoncée par le parleur (contexte de l'énoncé) ;

— de l'existence des autres formes verbales de la conjugaison qui pourraient se substituer à elle dans l'énoncé (oppositions grammaticales) :

> Le médecin est venu vers le soir. Il a regardé le malade, il a hoché la tête, écouté la respiration soufflante et sifflante, regardé les doigts qui vont et viennent sur le drap, cet œil vide, et il a dit qu'à son avis, à moins d'un miracle, le commandant Degeorge ne passera pas la nuit (ARAGON).

427. *Variations morphologiques.*

Les formes verbales varient :

— en NOMBRE (accord régi par le sujet) :

> le médecin est venu : SINGULIER ;
> les médecins sont venus : PLURIEL ;

— en PERSONNE :

Les personnes du verbe sont définies par l'opposition des pronoms de conjugaison : JE, NOUS (*1re personne*), TU, VOUS (*2e personne*) aux pronoms, IL(S),

ELLE(S) et aux substantifs ou autres pronoms (démonstratifs, relatifs, etc.)
sujets du verbe, qui constituent la 3ᵉ *personne* :

> *Les doigts qui* vont *et* viennent : 3ᵉ personne.
> *Nous* allons *et* venons   : 1ʳᵉ   —
> *Vous* allez *et* venez   : 2ᵉ   —

— en GENRE :

> *Le médecin* est venu : MASCULIN.
> *La doctoresse* est venue : FÉMININ.

428. *Rôle du verbe.*

1. DÉCRIRE L'ACTION :

Il est venu, il a regardé sont des formes **composées** qui décrivent l'action
achevée (aspect accompli de l'action).

Qui vont et viennent, il ne passera pas sont des formes **simples** qui
décrivent l'action non achevée (aspect non accompli de l'action). Les variations
morphologiques permettent des *oppositions d'aspect.*

2. APPRÉCIER L'ACTION :

> *Il a dit que... le commandant Degeorge ne* passera *pas la nuit.*

Le parleur souligne par l'emploi de la forme *passera* LA PROBABILITÉ
de l'événement présenté par la forme *il a dit;* si l'événement était présenté
par le verbe *craindre* :

> *Il a* craint *que le commandant D. ne* puisse *passer la nuit,*

la forme *puisse* (mode subjonctif) aurait souligné le *doute* exprimé par
craindre.

Le parleur dispose des variations morphologiques du verbe pour exprimer
son état d'esprit devant l'action énoncée. Cette appréciation est formulée grâce
aux *modes* du verbe.

3. SITUER L'ACTION :

Le verbe la place dans une des trois époques (passé, présent, futur) que les
variations morphologiques permettent de distinguer :

> *Qui vont et viennent :*   époque du présent;
> *Qui allaient et venaient :* époque du passé;
> *Il ne passera pas :*   époque du futur.

Cette situation est marquée par des *oppositions de temps.*

429. *Emploi et valeur d'une forme verbale.*

1. RÔLE DU CONTEXTE DE L'ÉNONCÉ.

Un complément de temps aide à situer l'action : *vers le soir.*

Les compléments circonstanciels *à son avis, à moins d'un miracle* aident à
nuancer l'affirmation d'un événement probable.

Les formes verbales employées s'opposent l'une à l'autre dans le contexte de la phrase :

d'une part, les formes composées *(il est venu, il a regardé...)* marquent l'aspect accompli ;

d'autre part, les formes simples *(qui vont et viennent, il ne passera pas)* marquent l'aspect non accompli.

2. RÔLE DES OPPOSITIONS GRAMMATICALES.

Emploi : expliquer l'emploi de *est venu* demande que l'on oppose cette forme aux formes *il vint, il venait,* qui pourraient se substituer à elle dans la phrase ; expliquer l'emploi de *il a regardé* demande que l'on oppose à cette forme *il regarda,* qui est une forme substituable.

Valeur : la valeur de *qui vont et viennent* n'est perceptible que par opposition à *qui allaient et venaient,* formes attendues par concordance ; la valeur de *il ne passera pas* n'apparaît que par opposition à *il ne passerait pas,* forme attendue par concordance.

3. REMARQUE MÉTHODOLOGIQUE.

Les formes verbales ne peuvent être étudiées que dans leurs rapports mutuels. Décrire le système verbal n'est rien autre que mettre en évidence les oppositions que manifestent entre elles les formes verbales.

2 | — Les formes

A — Les marques du nombre et de la personne

430. Les éléments fondamentaux.

Dans une forme verbale simple, on distingue trois éléments fondamentaux :
— un élément central, le RADICAL ;
— deux indices variables, l'un postposé qui constitue la DÉSINENCE, l'autre préposé qui est une forme du pronom personnel sujet, le PRONOM DE CONJUGAISON.

431. Le radical.

C'est l'élément fondamental que les diverses formes du verbe possèdent en commun :

Je chante, vous chanterez, chanter.
Nous aimons, ils aimaient, aimer.

chant- et *aim-* sont les radicaux des verbes *chanter* et *aimer*.

Le radical est porteur de l'idée exprimée par le verbe ; élément de base, il appartient au lexique.

Invariable dans nombre de verbes (ceux du 1ᵉʳ groupe généralement), il présente quelquefois des modifications que l'histoire de la langue explique :

1. *Alternances,* dues aux changements de place de l'accent :

je tiens   vous tenez;
il meurt   vous mourez.

2. *Abréviations,* dues à la perte de sa consonne finale devant la consonne initiale de la désinence :

vous part-ez   tu par-s;
nous dorm-ons   je dor-s.

Enfin, un même verbe peut utiliser plusieurs radicaux, par exemple *aller,* qui en offre trois :

*nous all-*ons, *j'ir-*ai, *ils v-*ont.

Ces formes se rapportent, l'une au latin vulgaire **allare,* l'autre à *ire,* la troisième à *vadere.*

432. *Les pronoms de conjugaison.*

1. Les désinences, du fait de l'évolution phonétique, se sont confondues dans nombre de cas.

Soit le présent de l'indicatif du verbe *parler ;* il ne présente, pour distinguer les trois personnes du singulier et les trois personnes du pluriel, que trois désinences phonétiquement dissociables :

$$[(ə)] / [ɔ̃] / [e],$$

puisque *chante, chantes, chante* (3ᵉ pers. du sing.), *chantent* sont de prononciation identique (§ **436-1**).

Il est donc nécessaire, pour compléter et préciser les oppositions de personnes, d'utiliser les pronoms personnels sujets *je, tu, il,* etc., qui permettent la flexion suivante :

> *Je chante   tu chantes   il chante*
> *nous chantons   vous chantez   ils chantent,*

où deux formes seulement sont semblables à l'audition : *il chante   ils chantent,* mais que la langue distingue aisément lorsque le radical verbal commence par une voyelle, grâce à la liaison :

> *il aime   ils aiment* [il ɛm] [il zɛm].

Ces pronoms, dont certains, comme *je, tu, il, ils,* n'ont aucune existence autonome sont des mots-outils. Dépourvus d'accent propre, ils fonctionnent comme des préfixes, marques de la personne verbale. Nous les appellerons PRONOMS DE CONJUGAISON.

2. A L'IMPÉRATIF, réduit à une personne pour le singulier et à deux pour le pluriel, les désinences suffisent dans leurs variations à marquer les différences : *chante   chantons   chantez ;* le pronom de conjugaison est inemployé. Cette absence de pronom est une marque essentielle permettant d'opposer les formes de l'impératif aux autres formes du verbe.

3. DANS LE DISCOURS, lorsque la forme verbale est précédée d'un substantif sujet ou d'un pronom relatif, interrogatif, etc., qui sont alors marques de la personne verbale, le pronom de conjugaison est absent :

> *Mon* ami *est arrivé hier.*

Cependant, la langue parlée très familière utilise souvent, dans ce cas, le pronom de conjugaison, sans marquer de pause entre le nom et le pronom :

> *Mon* ami il *est arrivé hier.*

4. Les VERBES DE LA SÉRIE PRONOMINALE sont remarquables par l'existence d'un pronom de conjugaison « double » constitué par deux pronoms du même degré personnel : *je me, tu te, il se, nous nous, vous vous, ils se :*

> Il se *promène chaque matin.*   Il se *contemple dans son miroir.*

La permanence du deuxième élément de ce pronom « double » dans la conjugaison est une marque distinctive des formes pronominales : *Jean* se *promène chaque matin.   Pierre* se *contemple dans son miroir.*

5. Le fait qu'il soit « préfixé » n'interdit pas au pronom certaines distances à l'égard de la forme verbale : il permet l'insertion, entre lui-même et la forme radicale, d'adverbes ou de pronoms :

Je ne le *rencontre plus à mon cours;*

En construction interrogative, il peut être postposé :

Viendrez-vous *nous voir?*   *Arrivera-t-*il *ce soir?*

Toutefois, le pronom reste, dans tous les cas, un « satellite » du verbe : lorsqu'il est séparé de celui-ci, soit par une apposition, soit par une proposition relative, on répète le pronom devant la forme radicale :

Vous, *un amateur de vin,* vous *goûterez bien un verre de beaujo- lais* 1959.
Vous *qui avez beaucoup voyagé,* vous *avez acquis une large expérience de la vie.*

Cette impérieuse présence fait que l'on ne peut présenter aucune forme personnelle du verbe (hormis l'impératif) sans la faire précéder du pronom de conjugaison. Elle a, d'autre part, contribué à l'emploi généralisé du pronom *il* devant les formes « impersonnelles ».

B | Les désinences des formes personnelles
a — Le point de vue graphique

433. Variations des désinences.

Les désinences ont subi de profondes et nombreuses altérations dans le passage du latin au français. Pour la clarté de l'exposé, nous distinguerons le point de vue de la graphie de celui de la phonétique.

Considérons le présent de l'indicatif du verbe *chanter* :

> *Je chante, tu chantes, il chante, nous chantons, vous chantez, ils chantent.*

Du point de vue graphique, les désinences sont au nombre de *cinq* :

> *e, es, ent, ons, ez,*

mais du point de vue phonétique, au nombre de *trois* :

> [ə] *(e, es, ent)*   [ɔ̃] *(ons)*   [e] *(ez)*.

L'imparfait du même verbe présente *trois* désinences phonétiques :

> [ɛ] *(ais, ait, aient)*   [jɔ̃] *(ions)*   [je] *(iez)*,

mais *cinq* désinences orthographiques :

> *ais, ait, aient, ions, iez.*

Quant au futur simple, il comporte *trois* désinences phonétiques :

> [ʀe] *(rai, rez)*   [ʀa] *(ras, ra)*   [ʀɔ̃] *(rons, ront)*,

contre *six* graphiques :

> *rai, ras, ra, rons, rez, ront.*

434. Les désinences communes aux trois groupes de verbes.

1ʳᵉ ET 2ᵉ PERSONNE DU PLURIEL :

La 1ʳᵉ personne du pluriel se termine par -*ons*;
La 2ᵉ personne du pluriel se termine par -*ez*.

Selon les temps, cette désinence est précédée :
— soit par la semi-voyelle [j] (notée *i, ill, yi*), etc. :

> *Nous chant-ions, vous chant-iez,* à l'imparfait de l'indicatif;

— soit par la consonne [ʀ] .

Nous chante-rons, vous chante-rez, au futur simple ;
— soit par les deux phonèmes y et r :

Nous chanterions, vous chanteriez, au conditionnel présent.

Au passé simple. — Selon les différents groupes de verbes, les désinences ont les formes suivantes :

1ʳᵉ personne du pluriel : -âmes, -îmes, -ûmes ;
2ᵉ personne du pluriel : -âtes, -îtes, -ûtes.

REMARQUE. — Ces désinences ont un caractère semi-savant. Vers le XIIᵉ siècle, on écrivit *chantasmes, fusmes, aimasmes,* où -s était analogique des formes de 2ᵉ personne *chantastes, fustes, aimastes.* Après la réduction de l's (qui se maintient jusqu'au XVIIIᵉ siècle dans l'orthographe), ces formes furent écrites avec un accent circonflexe qui rappelle l's.

1ʳᵉ ET 2ᵉ PERSONNE DU SINGULIER ; 3ᵉ PERSONNE DU SINGULIER
ET DU PLURIEL :

1. *Imparfait de l'indicatif :* -ais, -ait, -aient.

La prononciation, qui était à l'origine en [wɛ], était devenue [ɛ] dès la fin du XVIᵉ siècle (usage de la Cour).

Au milieu du XVIIᵉ siècle, la prononciation [ɛ] se généralise, mais la graphie est toujours -oit (chantoit, dansoit) ; la graphie -ais, -ait, préconisée par Voltaire, fut adoptée par l'Académie en 1835. L's final de la 1ʳᵉ personne du singulier a été ajouté par analogie avec la 2ᵉ personne ; au XVIIᵉ siècle, s est employé régulièrement.

2. *Futur simple et conditionnel présent.*

Il arrive que l'on appelle ces temps « les formes en -ʀ ». En effet, les désinences des deux temps comportent toutes un -r initial ; elles sont les mêmes pour tous les groupes de verbes :

FUTUR : -rai, -ras, -ra, -ront ;

CONDITIONNEL PRÉSENT : -rais, -rais, -rait, -raient.

On retrouve :
— dans les désinences du futur, celles du présent de l'indicatif du verbe AVOIR (-ai, -as, -a, -ont) ;
— dans les désinences du conditionnel présent, celles de l'imparfait du même verbe AVOIR (-ais, -ais, -ait, -aient).

Cette rencontre n'est pas fortuite. Ces deux temps, en effet, étaient à l'origine des temps composés, formés en ajoutant à l'infinitif d'un verbe soit l'indicatif présent, soit l'imparfait du verbe *avoir :* le futur *cantabo* a été remplacé par *cantare habeo,* périphrase expressive que l'on trouve attestée très anciennement et qui exprime une idée de futur et d'obligation : *j'ai à chanter.* On trouve également la périphrase *cantare habebam,* pour exprimer un futur dans le passé : *j'avais à chanter.*

Cependant, certaines formes en -R ne sont pas constituées par le développement phonétique de la périphrase *infinitif + habeo;* elles résultent de l'adjonction des désinences *-ai, -as* à l'infinitif. C'est ainsi que la forme *sentirai* est attestée dans les anciens textes, alors que la forme phonétique devrait être *sentrai.*

Depuis le début du xvii° siècle, le futur simple et le conditionnel présent apparaissent non plus comme constitués de *infinitif + ai,* ou *ais,* mais comme un composé de la 1°° personne de l'indicatif présent plus *-rai,* ou *-rais :* *donnerai* est senti non plus comme *donner + ai,* mais comme *donne + rai;* ainsi, *je jetterai* dérive de *je jette + rai; j'appellerai,* de *j'appelle + rai.* Cependant, les formes en -R des verbes en *-ir* ou *-re* dérivent de l'infinitif + les désinences de *avoir* au présent ou à l'imparfait.

Cette influence du présent se manifeste également dans la transformation de *tendrai* en *tiendrai* (influence de *je tiens),* de *vendrai* en *je viendrai* (*je viens),* de *je cueillirai* en *je cueillerai* (*je cueille).*

3. *Passé simple et imparfait du subjonctif.*

Les parfaits latins présentaient des formes variées et complexes; le français a gardé trace de cet état de langue. Les parfaits réguliers, formés avec la semi-voyelle [w] *(amavi, valui),* ont donné trois types de passé simple :

      CANTAVI... *cantai, chantai;*

      PARTIVI... *partii, parti;*

      VALUI... *valui, valu;*

ce n'est qu'après la Renaissance que les formes comme *parti, valu* ont pris l's final : *je partis, je valus.*

L'analogie a régularisé la plupart de ces parfaits.

4. *Imparfait du subjonctif.*

Aux trois types de passé simple en A, I, U [a, i, y] correspondent trois types d'imparfait du subjonctif :

      tu chantas   je chantasse;

      je partis   je partisse;

      je valus   je valusse.

L'imparfait du subjonctif français provient non pas de l'imparfait latin, mais du plus-que-parfait du subjonctif. Or, ce temps était formé sur le radical du parfait de l'indicatif; cela explique la *correspondance* entre les formes de passé simple de l'indicatif et d'imparfait du subjonctif en français.

435. Les désinences variables selon les trois groupes de verbes.

Ce sont les désinences de l'indicatif présent et du subjonctif présent, aux 1°°, 2° et 3° personnes.

1. VERBES DU 1°° GROUPE.

1°° personne : ə muet *(je chante)* [ʒ(ə) ʃɑ̃t (ə)] n'est pas étymologique; l'évolution phonétique avait amuï l'-o de *canto* et l'-EM de *amem,* donnant *je chant, j'aim.* Mais, dans les verbes où le radical se terminait par un groupe de consonnes nécessitant un appui vocalique, comme -TR dans *j'en*tre, on trouvait un E muet [ə]. Par analogie avec ces verbes et avec la 2ᵉ et la 3ᵉ personne du singulier *(tu aimes, il aime)*, on a fait de E muet la désinence de la 1ʳᵉ personne du singulier.

2. VERBES DU 2ᵉ ET DU 3ᵉ GROUPE.

1ʳᵉ personne : s de la 1ʳᵉ personne de l'indicatif est analogique. La finale, jusqu'à la fin du XVIᵉ siècle, est un Y que les copistes aiment pour les contrastes graphiques qu'il permet. Mais on voit dès cette époque des formes avec S : *je crois* à côté de *je croy;* cet S est emprunté à la 2ᵉ personne du singulier.

Au subjonctif présent, c'est -E que l'on a : *je finisse, j'ouvre;* cet E représente le A caractéristique du subjonctif latin : leg*am*, « *je lise* ».

3ᵉ personne : elle présente un T désinentiel; il continue le -T latin : VIDET, *il voit.* Il est encore prononcé dans les liaisons et dans l'inversion interrogative : *voit-il?*

REMARQUE. — Par analogie avec l'infinitif *prendre, fendre,* on écrit, depuis le XVᵉ siècle : *il prend, il fend.* Ce D se prononce T en liaison. Relevons aussi *il vainc* (ancien franç. *il veint*), qui a été refait sur *vaincre.*

Certains verbes du 3ᵉ groupe forment leurs désinences comme les verbes du 1ᵉʳ groupe; ce sont : *assaillir, couvrir, cueillir, défaillir, offrir, ouvrir, souffrir, tressaillir.*

3. IMPÉRATIF PRÉSENT.

Avoir, être, savoir, vouloir ont des formes de subjonctif comme impératif (2ᵉ personne). Les autres verbes utilisent l'indicatif.

Les verbes en -ER n'ont pas d's à la 2ᵉ personne du singulier, sauf devant Y et EN non suivis de l'infinitif :

    Écume la marmite qui bout; jettes-y du sel (LAMARTINE).
    Mais : *Daigne en tenir compte. Va y chercher du repos.*

L'expression familière *vas-y voir* fait exception à cette règle.

B | Les désinences des formes personnelles
b — Le point de vue phonétique

L'habitude de la lecture, les nécessités de l'enseignement de l'orthographe nous détournent quelque peu d'un examen phonétique des désinences. Cependant, le parler oral est la réalité fondamentale de tout langage. Tenter une analyse des désinences d'un point de vue phonétique peut nous permettre d'ébaucher le « système désinentiel » du verbe.

436. Les désinences communes aux trois groupes de verbes.

1. 1re ET 2e PERSONNE DU PLURIEL.

Elles opposent deux voyelles :

[ɔ̃], voyelle nasale, pour la 1re personne;
[e], voyelle orale fermée, pour la 2e personne.

Dans les différents temps, le système d'opposition est le suivant :

[-ɔ̃], [-e] présent de l'indicatif (-ONS, -EZ);
[-jɔ̃], [-je] présent du subjonctif, imparfait de l'indicatif et du subjonctif (-IONS, -IEZ);
[-ʀɔ̃], [-ʀe] futur simple de l'indicatif (-RONS, -REZ).

Distinguons une série propre au PASSÉ SIMPLE, où l'on trouve pour chaque groupe de verbes les oppositions suivantes :

1er groupe : [-ɑm], [-ɑt] (-ÂMES, -ÂTES);
2e groupe : [-im], [-it] (-ÎMES, -ÎTES);
3e groupe : [-ym], [-yt] (-ÛMES, -ÛTES), [-im], [-it] (-ÎMES, -ÎTES).

Mais ces oppositions peuvent être réduites à une opposition unique de type consonantique : -M, -T.

2. 1re ET 2e PERSONNE DU SINGULIER; 3e PERSONNE DU SINGULIER ET DU PLURIEL.

a) *Imparfait de l'indicatif :* une seule désinence :

[ɛ], voyelle orale ouverte *(-ais, -ait, -aient).*

Les oppositions de personne sont marquées par les variations du pronom de conjugaison.

b) *Futur simple* : trois désinences :

[-ʀe] (e fermé) 1re personne (-RAI);

[-ʀa], 2e et 3e personne du singulier (-RAS, -RA);

[-ʀɔ̃], 3e personne du pluriel (-RONT) [elle s'oppose à la 1re personne du pluriel par le pronom de conjugaison *(nous / ils)*].

c) *Conditionnel présent* : une seule désinence :

[-ʀɛ] (e ouvert) [-RAIS, -RAIT, -RAIENT].

Les oppositions de personne sont marquées par le pronom de conjugaison.

d) *Passé simple* : 1er groupe :

[-e] (e fermé), 1re personne du singulier (-AI);

[-a], 2e et 3e personne du singulier (-AS, -A);

[-ɛʀ], 3e personne du pluriel (-ÈRENT).

2e groupe :

[-i], 1re, 2e, 3e personne du singulier (-IS, -IT);

[-iʀ], 3e personne du pluriel (-IRENT).

3e groupe : l'irrégularité des formes de ce groupe fait que l'on trouve des désinences en -I, -IR (ex. : *j'écrivis, ils écrivirent*), typiques des verbes du 2e groupe, à côté d'autres systèmes. Ce sont :

[-y] *(je connus, il connut, tu connus);*

[-yʀ] *(ils connurent);*

[ɛ̃] *(je vins, tu vins, il vint);*

[ɛ̃ʀ] *(ils vinrent).*

Dans le 2e et le 3e groupe, les personnes du singulier opposent trois fois la même voyelle à elle-même, suivie de -R, pour le pluriel : [i]· [y], [ɛ̃], [iʀ], [yʀ], [ɛ̃ʀ].

e) *Imparfait du subjonctif* : une correspondance s'est établie entre l'imparfait du subjonctif et le passé simple (§ **434,** 3). On la retrouve sur le plan de la phonétique.

1er groupe :

*tu chant*as, *tu chant*asses;

2e groupe :

*tu fin*is, *tu fin*isses;

3e groupe :

*tu écriv*is, *tu écriv*isses;

*tu conn*us, *tu conn*usses;

*tu v*ins, *tu v*insses.

A l'imparfait du subjonctif, le vocalisme des 1ʳᵉ, 2ᵉ, 3ᵉ personnes du singulier et 3ᵉ personne du pluriel est le même ; mais la 3ᵉ personne du singulier s'oppose nettement aux autres : elle reste vocalique, alors que la 1ʳᵉ, la 2ᵉ personne du singulier et la 3ᵉ personne du pluriel se terminent toutes par -s :

1ᵉʳ groupe :

[-as] / [-a] (-ASSE, -ASSES, -ASSENT / ÂT) ;

2ᵉ groupe :

[-is] / [-i] (-ISSE, -ISSES, -ISSENT / ÎT) ;

3ᵉ groupe :

[-is] / [-i] (*j'écrivisse ; il écrivît*) ;
[-ys] / [-y] (*je connusse ; il connût*) ;
[-ɛ̃s] / [-ɛ̃] (*je vinsse ; il vînt*).

437. *Les désinences variables selon les trois groupes de verbes.*

1. VERBES DU 1ᵉʳ GROUPE.

Du point de vue phonétique, ces verbes ne présentent, pour les quatre formes envisagées, aucune désinence commune.

« Je chant*e*, je march*e*, j'aim*e*, je grimp*e* » sont des formes qui se terminent toutes par un ǝ muet ; la même remarque peut être faite pour la 2ᵉ personne du singulier, la 3ᵉ personne du singulier et du pluriel. Mais cet ǝ muet n'est pas prononcé, en dehors des dictions recherchées et artificielles (théâtre, par exemple).

Si bien que l'on peut écrire phonétiquement :

ʒǝ ʃɑ̃t	ʒǝ maRʃ	ʒɛm	ʒǝ gRɛ̃p	1ʳᵉ sing.
ty ʃɑ̃t	ty maRʃ	ty ɛm	ty gRɛ̃p	2ᵉ sing.
il ʃɑ̃t	il maRʃ	il ɛm	il gRɛ̃p	3ᵉ sing.
il ʃɑ̃t	il maRʃ	il zɛm	il gRɛ̃p	3ᵉ plur.
« chanter »	« marcher »	« aimer »	« grimper »	

Ces verbes opposent donc aux désinences [ɔ̃] et [e] des 1ʳᵉ et 2ᵉ personnes du pluriel une « absence de désinence » aux quatre autres formes.

REMARQUES. — 1. Cependant, dans la construction interrogative, avec inversion du pronom de conjugaison, les verbes du 1ᵉʳ groupe retrouvent des désinences communes :
chanté-je, aimé-je ;
chantes-tu, grimpes-tu ;
chante-t-il, marche-t-il ;
chantons-nous, aimons-nous ; etc.
Nous avons alors phonétiquement les désinences suivantes :
[-eʒ], [-ty], [-til], [-nu], [-vu], [-til].
2. Des verbes du 3ᵉ groupe ont le même système de désinences que ceux du 1ᵉʳ ; ce sont : *assaillir, couvrir* (+ composés), *cueillir* (+ composés), *défaillir, ouvrir, offrir* (+ composés), *souffrir, tressaillir.*

2. **Verbes du 2ᵉ groupe.** Les verbes de ce groupe comportent au présent de l'indicatif et du subjonctif une marque -ɪss- [is] insérée entre le radical et la désinence :
Indicatif : je finis, tu finis, il finit / ils fin*iss*ent;
Subjonctif : je fin*iss*e, tu fin*iss*es, il fin*iss*e, ils fin*iss*ent.

Lorsque cette marque -*iss*- est suivie de ə muet, elle devient désinence, si bien que l'on a au présent de l'indicatif une alternance -*i* / -*is,* tandis que pour le subjonctif la désinence est -*is* aux quatre personnes.

3. **Verbes du 3ᵉ groupe.** Les variations affectant les quatre formes personnelles envisagées ne permettent pas d'ébaucher un système désinentiel (voir § **446-451,** les Groupes du verbe).

C | Les désinences des formes nominales

438. L'infinitif.

Il provient de l'infinitif latin qui présentait quatre désinences : *-are, -erē, -ĕre, -ire.*

L'infinitif français a aussi quatre désinences : *-er, -ir, -oir, -re.*

En fait, le désordre entraîné par l'évolution phonétique fut important. Après une palatale, par exemple, -ARE, -ĒRE aboutissaient respectivement à -IER, -IR :

> *tractare, traitier ;*
> *placere, plaisir.*

L'analogie a remis de l'ordre ; mais nombre de doublets subsistèrent un long temps :

> courre / courir ; suivre / suivir ; plaire / plaisir, etc.

439. Le participe présent et le gérondif.

Ils représentent respectivement le participe présent latin en *-antem* et le gérondif en *-ando ;* les désinences *-entem, -endo* avaient été remplacées dès avant le IXe siècle par les précédentes, d'où la forme unique du français.

440. Le participe passé.

Selon leur accentuation, les formes latines ont évolué de manière différente. Les formes en *-atum, -itum, -utum,* qui étaient accentuées sur la désinence, ont donné des séries claires dotées d'un suffixe de participe : *é, i, u* [e, i, y] :

> *aimé,* de *amatum ; dormi,* de *dormitum ; vendu,* de *vendutum*

(*-etum* ayant disparu).

Les formes accentuées sur le radical ont donné des participes variés :

> *mors* (de *mordre*) ; *cuit* (de *cuire*).

Mais ces participes irréguliers ont subi l'influence analogique des formes à désinences *-é, -i, -u* [e, i, y] :

> *tordu* a remplacé *tors ; mordu, mors.*

D | Les formes verbales composées et surcomposées

441. Auxiliaires et semi-auxiliaires.

Si pronoms de conjugaison et désinences permettent un jeu important de variations morphologiques, ce ne sont pas cependant les seules marques caractéristiques du verbe. Il faut y ajouter les éléments « auxiliaires » et « semi-auxiliaires » qui appartiennent aux formes composées ou surcomposées du verbe :

> j'ai chanté; nous avons mangé... (avoir est auxiliaire);
> je vais chanter, nous devons partir... (aller, devoir sont des semi-auxiliaires).

La langue, au cours de son évolution, a créé plusieurs systèmes de formes composées, en réduisant à l'état de mots-outils des formes empruntées à certains verbes. C'est ainsi que AVOIR et ÊTRE ont perdu toute valeur sémantique, pour fournir des formes composées, entièrement « grammaticalisées ». Avoir et être sont des AUXILIAIRES PURS.

D'autres verbes, qui ont gardé une partie de leur valeur sémantique, pour fournir aussi des formes composées, sont dits SEMI-AUXILIAIRES. Par exemple, venir, aller, devoir, faire, laisser, etc.

442. Les types de formes composées.

Le système verbal du français permet de distinguer trois types de formes composées :

1° Les anciennes formes composées, comme le futur je chanterai et le conditionnel présent je chanterais. Dans ces formes, plus rien ne distingue l'infinitif de l'auxiliaire avoir (voir § 434, 2, LES DÉSINENCES VERBALES). Les périphrases originelles, cantare habeo, cantare habebam, sont réduites en français à une forme simple.

2° Les formes composées grammaticalisées, comme le passé composé j'ai chanté, le plus-que-parfait j'avais chanté, etc., dans lesquelles les verbes auxiliaires ne sont plus que des marques morphologiques. Ces formes s'opposent aux formes simples du verbe et jouent un rôle fondamental dans l'expression de l'aspect. Elles sont intégrées au système verbal et figurent dans les tableaux de conjugaison.

Il existe à côté de ces formes des *formes surcomposées (j'ai eu chanté, j'ai eu fini)*, qui font aussi partie du système verbal.

3° Les *périphrases prémorphologiques,* qui sont des formes composées (*il doit venir, il allait chanter, il vient de sortir,* etc.). On les emploie pour pallier les insuffisances des formes verbales grammaticalisées, simples ou composées. Elles n'appartiennent pas à la conjugaison ; mais une forme comme ALLER + *infinitif* tend à remplacer, dans nombre de cas, le futur ou le conditionnel présent (voir *infra*).

Ces formes occupent une position proche des formes du verbe, sans s'intégrer encore au système verbal. C'est pourquoi nous les appellerons, avec M. IMBS, « périphrases prémorphologiques ».

REMARQUE. — Les formes composées construites avec AVOIR ou ÊTRE sont suivies du *participe passé.*
  Les périphrases prémorphologiques sont suivies soit de l'*infinitif,* soit du *participe présent.*

443. Historique.

Le LATIN ne présentait de formes composées qu'au passif. Il opposait les formes simples, caractérisées par des désinences personnelles :

  amor, « *je suis aimé* »,

aux formes composées constituées par l'auxiliaire ÊTRE et le *participe passé :*

  amatus sum, « *j'ai été aimé* ».

La chute des consonnes finales fit que les formes simples du passif se confondirent entre elles ou avec les formes simples de l'actif. La ruine de cette conjugaison détermina la création en français d'un système nouveau pour l'expression du passif ; composition et surcomposition, à l'aide de l'auxiliaire ÊTRE et du participe passé, caractérisèrent ce système :

  je suis aimé, je fus aimé, j'avais été aimé...

En ROMAN COMMUN, l'auxiliaire AVOIR fut utilisé pour marquer, en composition avec le participe passé, l'action achevée :

  j'ai chanté, en face de *je chante ;*
  j'avais chanté, en face de *je chantais.*

Au XIIᵉ ET AU XIIIᵉ SIÈCLE apparut, à côté de *j'ai chanté,* la forme *j'ai eu chanté,* formée d'un double auxiliaire et du participe passé.

REMARQUE. — FORMES SURCOMPOSÉES ET PÉRIPHRASES :
  Les formes surcomposées et les périphrases prémorphologiques ainsi que leurs emplois seront analysés aux § **467-469.**

444. *Les locutions verbales.*

Ce sont des formes verbales composées dont le premier élément est un verbe, le second un nom. On reconnaît une locution verbale au fait que « les idées exprimées par les mots qui la constituent sont devenues inséparables et forment un tout unique, qu'en un mot il y a composition » (F. BRUNOT).

1° VERBE + SUBSTANTIF.

a) Généralement, le substantif a perdu l'autonomie que lui donnait l'article et se trouve rattaché directement au verbe :

> *Avoir raison, avoir tort, avoir faim, avoir soif, avoir peur, avoir confiance, avoir accès, donner prise, donner satisfaction, prendre contact, perdre pied, rendre justice, rendre grâce, etc.*

b) Dans certaines locutions, l'usage a maintenu l'article :

> *Prendre la fuite, donner la chasse...*

c) Les locutions dépourvues d'article tendent à le reprendre quand elles sont déterminées :

> *Votre ami a eu le tort de partir trop tôt* (locution : *avoir tort*).

2° VERBE + ADJECTIF.

> *Avoir chaud, faire chaud, faire beau, faire clair, etc.*

Le mot ajouté au verbe reste invariable et se place après le participe passé dans les temps composés :

> *J'ai eu raison... Vous avez pris contact...*

A la forme interrogative, le pronom sujet se place avant le deuxième terme de la locution : *As-tu froid? Fait-il beau?*

445. Premier groupe.

On distingue parmi les verbes français trois groupes.

Le premier groupe rassemble les neuf dixièmes des verbes. Environ quatre mille. C'est une formation vivante, qui est le paradigme de la plupart des verbes qui se créent.

Les marques distinctives sont :
— la désinence d'infinitif : -ER ;
— la 1ʳᵉ personne du singulier de l'indicatif en ə muet (§ **436**).
TYPE : *chanter*.

446. Deuxième groupe.

Il rassemble un peu plus de trois cents verbes.

Ce groupe, moins vivant que le premier, compte cependant des créations récentes : *amerrir, vrombir,* etc.

Les marques distinctives sont :
la désinence d'infinitif : -IR ;
l'infixe -ISS, à l'imparfait de l'indicatif (*je finissais*), au présent du subjonctif (*je finisse*), au participe présent (*finissant*).
TYPE : *finir*.

447. Troisième groupe.

Il rassemble les verbes qui n'entrent pas dans les groupes précédents.

C'est un groupe mort, fermé à toute création. On a distingué trois séries :
les verbes en -IR (qui se distinguent du 2ᵉ groupe par l'absence de l'infixe -ISS) ;
les verbes en -OIR, au nombre d'une trentaine ;
les verbes en -RE, au nombre d'une centaine.

448. *Verbe* **chanter,** *1ᵉʳ groupe.*

FORMES SIMPLES	FORMES COMPOSÉES	FORMES SURCOMPOSÉES

INDICATIF

Présent	*Passé composé*	*Passé surcomposé*
Je chante	J' ai chanté	J' ai eu chanté
Tu chantes	Tu as chanté	Tu as eu chanté
Il chante	Il a chanté	Il a eu chanté
Nous chantons	Nous avons chanté	Nous avons eu chanté
Vous chantez	Vous avez chanté	Vous avez eu chanté
Ils chantent	Ils ont chanté	Ils ont eu chanté

Imparfait	*Plus-que-parfait*	*Plus-que-parfait surcomposé*
Je chantais	J' avais chanté	J' avais eu chanté
Tu chantais	Tu avais chanté	Tu avais eu chanté
Il chantait	Il avait chanté	Il avait eu chanté
Nous chantions	Nous avions chanté	Nous avions eu chanté
Vous chantiez	Vous aviez chanté	Vous aviez eu chanté
Ils chantaient	Ils avaient chanté	Ils avaient eu chanté

Passé simple	*Passé antérieur*	*Passé antérieur surcomposé*
		Forme peu usitée
Je chantai	J' eus chanté	J' eus eu chanté
Tu chantas	Tu eus chanté	Tu eus eu chanté
Il chanta	Il eut chanté	Il eut eu chanté
Nous chantâmes	Nous eûmes chanté	Nous eûmes eu chanté
Vous chantâtes	Vous eûtes chanté	etc...
Ils chantèrent	Ils eurent chanté	

Futur	*Futur antérieur*	*Futur antérieur surcomposé*
Je chanterai	J' aurai chanté	J' aurai eu chanté
Tu chanteras	Tu auras chanté	Tu auras eu chanté
Il chantera	Il aura chanté	Il aura eu chanté
Nous chanterons	Nous aurons chanté	Nous aurons eu chanté
Vous chanterez	Vous aurez chanté	Vous aurez eu chanté
Ils chanteront	Ils auront chanté	Ils auront eu chanté

Conditionnel	*Conditionnel passé*	*Conditionnel passé surcomposé*
Je chanterais	J' aurais chanté	J' aurais eu chanté
Tu chanterais	Tu aurais chanté	Tu aurais eu chanté
Il chanterait	Il aurait chanté	Il aurait eu chanté
Nous chanterions	Nous aurions chanté	Nous aurions eu chanté
Vous chanteriez	Vous auriez chanté	Vous auriez eu chanté
Ils chanteraient	Ils auraient chanté	Ils auraient eu chanté

Futur périphrastique

Je	vais	chanter	J'	allais	chanter
Tu	vas	chanter	Tu	allais	chanter
Il	va	chanter	Il	allait	chanter
Nous	allons	chanter	Nous	allions	chanter
Vous	allez	chanter	Vous	alliez	chanter
Ils	vont	chanter	Ils	allaient	chanter

IMPÉRATIF

Présent	*Passé*
Chante	Aie chanté
Chantons	Ayons chanté
Chantez	Ayez chanté

SUBJONCTIF

Présent	*Passé*	*Passé surcomposé*
Que je chante	Que j' aie chanté	Que j' aie eu chanté
Que tu chantes	Que tu aies chanté	Que tu aies eu chanté
Qu' il chante	Qu' il ait chanté	Qu' il ait eu chanté
Que n. chantions	Que n. ayons chanté	Que n. ayons eu chanté
Que v. chantiez	Que v. ayez chanté	Que v. ayez eu chanté
Qu' ils chantent	Qu' ils aient chanté	Qu' ils aient eu chanté

Imparfait	*Plus-que-parfait*	*Plus-que-parfait surcomposé*
Que je chantasse	Que j' eusse chanté	
Que tu chantasses	Que tu eusses chanté	
Qu' il chantât	Qu' il eût chanté	*Peu usité*
Que n. chantassions	Que n. eussions chanté	
Que v. chantassiez	Que v. eussiez chanté	
Qu' ils chantassent	Qu' ils eussent chanté	

INFINITIF

Présent	*Passé*	*Passé surcomposé*
Chanter	Avoir chanté	Avoir eu chanté

PARTICIPE

Présent	*Passé*	*Passé surcomposé*
Chantant	Chanté	Ayant eu chanté
	Ayant chanté	

449. Particularités des verbes en -er.

1. Verbes en -CER, -GER :

Les verbes en *cer* prennent une cédille devant *a* et *o*.
Les verbes en *ger* prennent un *e* après le *g* devant *a* et *o*.

Inf. prés.	placer	manger
Ind. prés.	Je place, il place.	Je mange, il mange.
— —	Nous plaçons, ils placent.	Nous mangeons, ils mangent.
— *imparf.*	Je plaçais, nous placions.	Je mangeais, nous mangions.
— *futur*	Je placerai, nous placerons.	Je mangerai, nous mangerons.
Participes	Plaçant; placé.	Mangeant; mangé.

2. Verbes en -YER, -AYER :

Les verbes en *-yer* changent l'*y* en *i* devant un *e muet*.
Les verbes en *-ayer* peuvent conserver l'*y* devant un *e muet*.

Inf. prés.	nettoyer	payer
Ind. prés.	Je nettoie, il nettoie	Je paye (ou paie), il paye (ou paie).
— —	Nous nettoyons, ils nettoient	Nous payons, ils payent (ou paient).
— *imparf.*	Je nettoyais, nous nettoyions.	Je payais, nous payions.
— *futur*	Je nettoierai, nous nettoierons.	Je payerai (ou paierai).
Participes	Nettoyant; nettoyé.	Payant; payé.

3. Verbes en -ELER :

Les verbes en *-eler* redoublent le l devant une syllabe contenant un *e muet*, sauf : *celer, ciseler, congeler, déceler, démanteler, écarteler, geler, marteler, modeler, peler,* qui changent l'*e muet* de l'avant-dernière syllabe de l'infinitif en *è ouvert*.

Inf. prés.	appeler	peler
Ind. prés.	J'appelle, il appelle.	Je pèle, il pèle.
— —	Nous appelons, ils appellent.	Nous pelons, ils pèlent.
— *imparf.*	J'appelais, nous appelions.	Je pelais, nous pelions.
— *futur*	J'appellerai, nous appellerons.	Je pèlerai, nous pèlerons.
Participes	Appelant; appelé.	Pelant; pelé.

4. Verbes en -ETER :

Les verbes en *-eter* redoublent le t devant une syllabe contenant un *e muet*, sauf : *acheter, corseter, crocheter, fureter, haleter, racheter,* qui changent l'*e muet* de l'avant-dernière syllabe de l'infinitif en *è ouvert*.

Inf. prés.	jeter	acheter
Ind. prés.	Je jette, tu jettes, il jette.	J'achète, il achète.
— —	Nous jetons, ils jettent.	Nous achetons, ils achètent.
— *imparf.*	Je jetais, nous jetions.	J'achetais, nous achetions.
— *futur*	Je jetterai, nous jetterons.	J'achèterai, nous achèterons.
Participes	Jetant; jeté.	Achetant; acheté.

5. Verbes dont l'avant-dernière syllabe contient un *e muet* ou un *é fermé*.

Ces verbes changent l'*e muet* ou l'*é en è* quand la syllabe suivante contient un *e muet*, sauf au *futur* et au *conditionnel* des verbes dont l'avant-dernière syllabe contient un *é*.

Inf. prés.	*semer*	*révéler*
Ind. prés.	Je sème, il sème.	Je révèle, il révèle
— —	Nous semons, ils sèment.	Nous révélons, ils révèlent.
— *imparf.*	Je semais, nous semions.	Je révélais, nous révélions.
— *futur*	Je sèmerai, nous sèmerons.	Je révélerai, nous révélerons.
Participes	Semant; semé.	Révélant; révélé.

6. Verbes irréguliers du 1er groupe :

Inf. prés.	*aller*	*envoyer*
Ind. prés.	Je vais, tu vas, il va.	J'envoie, tu envoies.
— . —	Nous allons, vous allez, ils vont.	Nous envoyons, ils envoient.
— *imparf.*	J'allais, tu allais, nous allions.	J'envoyais, nous envoyions.
— *passé s.*	J'allai, tu allas, nous allâmes.	J'envoyai, nous envoyâmes.
— *futur*	J'irai, tu iras, nous irons.	J'enverrai, nous enverrons.
Sub. prés.	Que j'aille, que tu ailles.	Que j'envoie, que nous envoyions.
— —	Que nous allions, qu'ils aillent.	Qu'il envoie, qu'ils envoient.
Impératif	Va, allons, allez.	Envoie, envoyons, envoyez.
Part. prés.	Allant.	Envoyant.
Part. passé	Allé, étant allé.	Envoyé, ayant envoyé.

7. L'impératif des verbes en *-er* prend un *s* devant *en* et *y* : *parles-en, vas-y.*

450. *Verbe* **finir,** *2e groupe.*

FORMES SIMPLES	FORMES COMPOSÉES	FORMES SURCOMPOSÉES

INDICATIF

Présent	*Passé composé*	*Passé surcomposé*
Je finis	J' ai fini	J' ai eu fini
Tu finis	Tu as fini	Tu as eu fini
Il finit	Il a fini	Il a eu fini
Nous finissons	Nous avons fini	Nous avons eu fini
Vous finissez	Vous avez fini	Vous avez eu fini
Ils finissent	Ils ont fini	Ils ont eu fini

Imparfait	*Plus-que-parfait*	*Plus-que-parfait surcomposé*
Je finissais	J' avais fini	J' avais eu fini
Tu finissais	Tu avais fini	Tu avais eu fini
Il finissait	Il avait fini	Il avait eu fini
Nous finissions	Nous avions fini	Nous avions eu fini
Vous finissiez	Vous aviez fini	Vous aviez eu fini
Ils finissaient	Ils avaient fini	Ils avaient eu fini

Passé simple	*Passé antérieur*	*Passé antérieur surcomposé*
Je finis	J' eus fini	Peu
Tu finis	Tu eus fini	usité.
Il finit	Il eut fini	
Nous finîmes	Nous eûmes fini	
Vous finîtes	Vous eûtes fini	
Ils finirent	Ils eurent fini	

Futur	*Futur antérieur*	*Futur antérieur surcomposé.*
Je finirai	J' aurai fini	J' aurai eu fini
Tu finiras	Tu auras fini	Tu auras eu fini
Il finira	Il aura fini	Il aura eu fini
Nous finirons	Nous aurons fini	Nous aurons eu fini
Vous finirez	Vous aurez fini	Vous aurez eu fini
Ils finiront	Ils auront fini	Ils auront eu fini

Conditionnel	*Conditionnel passé*	*Conditionnel passé surcomposé*
Je finirais	J' aurais fini	J' aurais eu fini
Tu finirais	Tu aurais fini	Tu aurais eu fini
Il finirait	Il aurait fini	Il aurait eu fini
Nous finirions	Nous aurions fini	Nous aurions eu fini
Vous finiriez	Vous auriez fini	Vous auriez eu fini
Ils finiraient	Ils auraient fini	Ils auraient eu fini

Futur périphrastique

Je	vais	finir
Tu	vas	finir
Il	va	finir
Nous	allons	finir
Vous	allez	finir
Ils	vont	finir

J'	allais	finir
Tu	allais	finir
Il	allait	finir
Nous	allions	finir
Vous	alliez	finir
Ils	allaient	finir

IMPÉRATIF

Présent

Finis
Finissons
Finissez

Passé

Aie fini
Ayons fini
Ayez fini

Passé surcomposé.

Inusité.

SUBJONCTIF

Présent

Que je finisse
Que tu finisses
Qu' il finisse
Que nous finissions
Que vous finissiez
Qu' ils finissent

Passé

Que j' aie fini
Que tu aies fini
Qu' il ait fini
Que nous ayons fini
Que vous ayez fini
Qu' ils aient fini

Passé surcomposé

Que j' aie eu fini
Que tu aies eu fini
Qu' il ait eu fini
Que nous ayons eu fini
Que vous ayez eu fini
Qu' ils aient eu fini

Imparfait

Que je finisse
Que tu finisses
Qu' il finît
Que nous finissions
Que vous finissiez
Qu' ils finissent

Plus-que-parfait

Que j' eusse fini
Que tu eusses fini
Qu' il eût fini
Que nous eussions fini
Que vous eussiez fini
Qu' ils eussent fini

Plus-que-parfait surcomp.

Peu usité

INFINITIF

Présent

Finir

Passé

Avoir fini

Passé surcomposé

Avoir eu fini

PARTICIPE

Présent

Finissant

Passé

Fini
Ayant fini

Passé surcomposé

Ayant eu fini

451. Particularités des verbes en -ir du deuxième groupe.

Trois verbes du 2ᵉ groupe ont des formes particulières :

Haïr garde le tréma à toutes les formes, *sauf aux trois personnes du singulier de l'indicatif présent* et à la *2ᵉ personne du singulier de l'impératif*.

Fleurir, au sens figuré de *prospérer*, forme son **imparfait** et son **participe présent** sur le radical **flor-**.

Bénir, dont le participe passé est **béni** (rarement **bénit**).

Inf. près.	*haïr*	*fleurir (figuré)*	*bénir*
Ind. prés.	Je hais	Je fleuris	Conjugaison
— —	Tu hais	Tu fleuris	régulière
— —	Il hait	Il fleurit	
— —	Nous haïssons	Nous fleurissons	
— —	Vous haïssez	Vous fleurissez	
— —	Ils haïssent	Ils fleurissent	
— imparf.	Je haïssais	Je **florissais**	
— Passé s.	Je haïs	Je fleuris	
— futur	Je haïrai	Je fleurirai	Au *part. passé* : **béni**
Subj. prés.	Que je haïsse	Que je fleurisse	Mais on écrit : *eau bénite*
Impératif	Hais	Fleuris	et *pain bénit*.
—	Haïssons, haïssez	Fleurissons, fleurissez	
Part. prés.	Haïssant	**Florissant**	
Part. passé	Haï	Fleuri	

452. Verbes du 3ᵉ groupe en -ir.

Inf. prés.	*ouvrir* (1)	*assaillir* (2)	*cueillir* (3)
Ind. prés.	J'ouvre, tu ouvres	J'assaille, tu assailles	Je cueille, tu cueilles
— —	Il ouvre	Il assaille	Il cueille
— —	Nous ouvrons	Nous assaillons	Nous cueillons
— —	Ils ouvrent	Ils assaillent	Ils cueillent
— imparf.	J'ouvrais	J'assaillais	Je cueillais
— passé s.	J'ouvris	J'assaillis	Je cueillis
— futur	J'ouvrirai	J'assaillirai	Je cueillerai
Cond. prés.	J'ouvrirais	J'assaillirais	Je cueillerais
Subj. prés.	Que j'ouvre	Que j'assaille	Que je cueille
— —	Qu'il ouvre	Qu'il assaille	Qu'il cueille
— —	Que nous ouvrions	Que nous assaillions	Que nous cueillions
— —	Qu'ils ouvrent	Qu'ils assaillent	Qu'ils cueillent
Impératif	Ouvre, ouvrons	Assaille, assaillons.	Cueille, cueillons
Participes	Ouvrant, ouvert	Assaillant, assailli	Cueillant, cueilli

(1) De même : *souffrir, couvrir*. — (2) De même : *défaillir, tressaillir*. — (3) Et ses composés.

Inf. prés.	**acquérir** (1)	**servir** (2)	**mentir** (3)
Ind. prés.	J'acquiers, tu acquiers	Je sers, tu sers	Je mens, tu mens
— —	Il acquiert	Il sert	Il ment
— —	Nous acquérons	Nous servons	Nous mentons
— —	Ils acquièrent	Ils servent	Ils mentent
— *imparf.*	J'acquérais	Je servais	Je mentais
— *passé s.*	J'acquis	Je servis	Je mentis
— *futur*	J'acquerrai	Je servirai	Je mentirai
Cond. prés.	J'acquerrais	Je servirais	Je mentirais
Subj. prés.	Que j'acquière	Que je serve	Que je mente
— —	Qu'il acquière	Qu'il serve	Qu'il mente
— —	Que nous acquérions	Que nous servions	Que nous mentions
— —	Qu'ils acquièrent	Qu'ils servent	Qu'ils mentent
Impératif	Acquiers, acquérons	Sers, servons	Mens, mentons
Participes	Acquérant, acquis	Servant, servi	Mentant, menti

(1) De même : *conquérir, requérir, s'enquérir*.— (2) Et ses composés. — (3) de même : *sentir* et ses composés.

Inf. prés.	**tenir** (1)	**dormir** (2)	**fuir** (3)
Ind. prés.	Je tiens, tu tiens	Je dors, tu dors	Je fuis, tu fuis
— —	Il tient	Il dort	Il fuit
— —	Nous tenons	Nous dormons	Nous fuyons
— —	Ils tiennent	Ils dorment	Ils fuient
— *imparf.*	Je tenais	Je dormais	Je fuyais
— *passé s.*	Je tins, nous tînmes	Je dormis	Je fuis
— *futur*	Je tiendrai	Je dormirai	Je fuirai
Cond. prés.	Je tiendrais	Je dormirais	Je fuirais
Subj. prés.	Que je tienne	Que je dorme	Que je fuie
— —	Qu'il tienne	Qu'il dorme	Qu'il fuie
— —	Que nous tenions	Que nous dormions	Que nous fuyions
— —	Qu'ils tiennent	Qu'ils dorment	Qu'ils fuient
Impératif	Tiens, tenons	Dors, dormons	Fuis, fuyons
Participes	Tenant, tenu	Dormant, dormi	Fuyant, fui

(1) De même : *venir* et ses composés. — (2) Et ses composés. — (3) De même : *s'enfuir*.

Inf. prés.	**mourir**	**vêtir** (1)	**courir** (1)
Ind. prés.	Je meurs, tu meurs	Je vêts, tu vêts	Je cours, tu cours
— —	Il meurt	Il vêt	Il court
— —	Nous mourons	Nous vêtons	Nous courons
— —	Ils meurent	Ils vêtent	Ils courent
— *imparf.*	Je mourais	Je vêtais	Je courais
— *passé s.*	Je mourus	Je vêtis	Je courus
— *futur*	Je mourrai	Je vêtirai	Je courrai
Cond. prés.	Je mourrais	Je vêtirais	Je courrais
Subj. prés.	Que je meure	Que je vête	Que je coure
— —	Qu'il meure	Qu'il vête	Qu'il coure
— —	Que nous mourions	Que nous vêtions	Que nous courions
— —	Qu'ils meurent	Qu'ils vêtent	Qu'ils courent
Impératif	Meurs, mourons	Vêts, vêtons	Cours, courons
Participes	Mourant, mort	Vêtant, vêtu	Courant, couru

(1) Et ses composés.

Inf. prés.	*partir* (1)	*sortir* (2)	*bouillir* (3)
Ind. prés.	Je pars, tu pars	Je sors, tu sors	Je bous, tu bous
— —	Il part	Il sort	Il bout
— —	Nous partons	Nous sortons	Nous bouillons
— —	Ils partent	Ils sortent	Ils bouillent
— *imparf.*	Je partais	Je sortais	Je bouillais
— *passé s.*	Je partis	Je sortis	Je bouillis
— *futur*	Je partirai	Je sortirai	Je bouillirai
Cond. prés.	Je partirais	Je sortirais	Je bouillirais
Subj. prés.	Que je parte	Que je sorte	Que je bouille
— —	Qu'il parte	Qu'il sorte	*Inusité.*
— —	Que nous partions	Que nous sortions	*Inusité.*
— —	Qu'ils partent	Qu'ils sortent	*Inusité.*
Impératif	Pars, partons	Sors, sortons	Bous, bouillons
Participes	Partant, parti	Sortant, sorti	Bouillant, bouilli

(1) Et ses composés, sauf *répartir*. — (2) Et ses composés, sauf *assortir*. — (3) Certains temps peu usités

Inf. prés.	*faillir*	*gésir*	*saillir* (dépasser)
Ind. prés.	*Inusité.*	Je gis, tu gis.	*Inusité.*
— —	*Inusité.*	Il gît.	Il saille
— —	*Inusité.*	Nous gisons	*Inusité.*
— —	*Inusité.*	Ils gisent	*Inusité.*
— *imparf.*	*Inusité.*	Je gisais	Il saillait
— *passé s.*	Je faillis	*Inusité.*	*Inusité.*
— *futur*	Je faillirai	*Inusité.*	Il saillera
Cond. prés.	Je faillirais	*Inusité.*	Il saillerait
Subj. prés.	*Inusité.*	*Inusité.*	*Inusité.*
— —	*Inusité.*	*Inusité.*	*Inusité.*
— —	*Inusité.*	*Inusité.*	*Inusité.*
Impératif	*Inusité.*	*Inusité.*	*Inusité.*
Participes	*Pas de part. pr.*, failli	Gisant, *pas de passé.*	Saillant, sailli

Ces trois verbes sont défectifs.

453. Verbes du 3ᵉ groupe en -oir.

Inf. prés.	*décevoir* (1)	*devoir*	*mouvoir* (2)
Ind. prés.	Je déçois, tu déçois	Je dois, tu dois	Je meus, tu meus
— —	Il déçoit	Il doit	Il meut
— —	Nous décevons	Nous devons	Nous mouvons
— —	Ils déçoivent	Ils doivent	Ils meuvent
— *imparf.*	Je décevais	Je devais	Je mouvais
— *passé s.*	Je déçus	Je dus	Je mus
— *futur*	Je décevrai	Je devrai	Je mouvrai
Cond. prés.	Je décevrais	Je devrais	Je mouvrais
Subj. prés.	Que je déçoive	Que je doive	Que je meuve
— —	Qu'il déçoive	Qu'il doive	Qu'il meuve
— —	Que nous décevions	Que nous devions	Que nous mouvions
— —	Qu'ils déçoivent	Qu'ils doivent	Qu'ils meuvent
Impératif	Déçois, décevons	Dois, devons	Meus, mouvons
Participes	Décevant, déçu	Devant; dû, due	Mouvant; mû, mue

(1) Et *percevoir*, *apercevoir*, *concevoir*. — (2) Et ses composés (mais les participes *ému* et *promu* n'ont pas d'accent circonflexe).

Inf. prés.	*savoir*	*vouloir*	*valoir* (1)
Ind. prés.	Je sais, tu sais	Je veux, tu veux	Je vaux, tu vaux
— —	Il sait	Il veut	Il vaut
— —	Nous savons	Nous voulons	Nous valons
— —	Ils savent	Ils veulent	Ils valent
— *imparf.*	Je savais	Je voulais	Je valais
— *passé s.*	Je sus	Je voulus	Je valus
— *futur*	Je saurai	Je voudrai	Je vaudrai
Cond. prés.	Je saurais	Je voudrais	Je vaudrais
Subj. prés.	Que je sache	Que je veuille	Que je vaille
— —	Qu'il sache	Qu'il veuille	Qu'il vaille
— —	Que nous sachions	Que nous voulions	Que nous valions
— —	Qu'ils sachent	Qu'ils veuillent	Qu'ils vaillent
Impératif	Sache, sachons	Veuille, veuillons	*Inusité.*
Participes	Sachant, su	Voulant, voulu	Valant, valu

(1) Et ses composés (mais *prévaloir*, au subjonctif présent, fait *que je prévale*).

Inf. prés.	*pouvoir*	*voir* (1)	*prévoir* (2)
Ind. prés.	Je peux, ou je puis	Je vois, tu vois	Je prévois, tu prévois
— —	Il peut	Il voit	Il prévoit
— —	Nous pouvons	Nous voyons	Nous prévoyons
— —	Ils peuvent	Ils voient	Ils prévoient
— *imparf.*	Je pouvais	Je voyais	Je prévoyais
— *passé s.*	Je pus	Je vis	Je prévis
— *futur*	Je pourrai	Je verrai	Je prévoirai
Cond. prés.	Je pourrais	Je verrais	Je prévoirais
Subj. prés.	Que je puisse	Que je voie	Que je prévoie
— —	Qu'il puisse	Qu'il voie	Qu'il prévoie
— —	Que nous puissions	Que nous voyions	Que nous prévoyions
— —	Qu'ils puissent	Qu'ils voient	Qu'ils prévoient
Impératif	*Inusité.*	Vois, voyons	Prévois, prévoyons
Participes	Pouvant, pu	Voyant, vu	Prévoyant, prévu

(1) Et *revoir*. — (2) Et *pourvoir* (sauf au passé simple : *je pourvus*).

Inf. prés.	*asseoir* (1)		*surseoir*
Ind. prés.	J'assieds, tu assieds	J'assois, tu assois	Je sursois, tu sursois
— —	Il assied	Il assoit	Il sursoit
— —	Nous asseyons	Nous assoyons	Nous sursoyons
— —	Ils asseyent	Ils assoient	Ils sursoient
— *imparf.*	J'asseyais	J'assoyais	Je sursoyais
— *passé s.*	J'assis	J'assis	Je sursis
— *futur*	J'assiérai, ou asseyerai	J'assoirai	Je surseoirai
Cond. prés.	J'assiérais, ou asseyerais	J'assoirais	Je surseoirais
Subj. prés.	Que j'asseye	Que j'assoie	Que je sursoie
— —	Qu'il asseye	Qu'il assoie	Qu'il sursoie
— —	Que nous asseyions	Que nous assoyions	Que nous sursoyions
— —	Qu'ils asseyent	Qu'ils assoient	Qu'ils sursoient
Impératif	Assieds, asseyons	Assois, assoyons	Sursois, sursoyons
Participes	Asseyant, assis	Assoyant, assis	Sursoyant, sursis

(1) Verbe le plus souvent employé à la forme pronominale, comme *rasseoir*.

Inf. prés.	seoir	pleuvoir (1)	falloir (1)
Ind. prés.	Inusité.	Inusité.	Inusité.
— —	Il sied	Il pleut	Il faut
— —	Inusité.	Inusité.	Inusité.
— —	Ils siéent	Inusité.	Inusité.
— imparf.	Il seyait, ils seyaient	Il pleuvait	Il fallait
— passé s.	Inusité.	Il plut	Il fallut
— futur	Il siéra, ils siéront	Il pleuvra	Il faudra
Cond. prés.	Il siérait, ils siéraient	Il pleuvrait	Il faudrait
Subj. prés.	Inusité.	Inusité.	Inusité.
— —	Qu'il siée	Qu'il pleuve	Qu'il faille
— —	Inusité.	Inusité.	Inusité.
— —	Qu'ils siéent	Inusité.	Inusité.
Impératif	Inusité.	Inusité.	Inusité.
Participes	Seyant, séant, sis	Pleuvant, plu	*Pas de part. prés.* fallu

(1) Les verbes *pleuvoir* et *falloir* sont impersonnels. — *Chaloir*, seul. ind. prés. : *il chaut*.

Inf. prés.	déchoir	choir	échoir (1)
Ind. prés.	Je déchois, tu déchois	Je chois, tu chois	Inusité.
— —	Il déchoit	Il choit	Il échoit
— —	Inusité.	Inusité.	Inusité.
— —	Ils déchoient	Inusité.	Inusité.
— imparf.	Inusité.	Inusité.	Inusité.
— passé s.	Je déchus	Je chus	Il échut
— futur	Inusité.	Je choirai, ou cherrai	Il écherra
Cond. prés.	Inusité.	Je choirais, ou cherrais	Inusité.
Subj. prés.	Que je déchoie	Inusité.	Inusité.
— —	Que tu déchoies	Inusité.	Inusité.
— —	Qu'il déchoie	Inusité.	Inusité.
— —	Qu'ils déchoient	Inusité.	Inusité.
Impératif	Inusité.	Inusité.	Inusité.
Participes	*Pas de part. pr.*, déchu	*Pas de part. pr.*, chu	Échéant, échu.

(1) Le verbe *échoir* n'est employé qu'à la 3ᵉ personne.

454. Verbes du 3ᵉ groupe en -re.

Inf. prés.	tendre (1)	vaincre	battre
Ind. prés.	Je tends, tu tends	Je vaincs, tu vaincs	Je bats, tu bats
— —	Il tend	Il vainc	Il bat
— —	Nous tendons	Nous vainquons	Nous battons
— —	Ils tendent	Ils vainquent	Ils battent
— imparf.	Je tendais	Je vainquais	Je battais
— passé s.	Je tendis	Je vainquis	Je battis
— futur	Je tendrai	Je vaincrai	Je battrai
Cond. prés.	Je tendrais	Je vaincrais	Je battrais
Subj. prés.	Que je tende	Que je vainque	Que je batte
— —	Qu'il tende	Qu'il vainque	Qu'il batte
— —	Que nous tendions	Que nous vainquions	Que nous battions
— —	Qu'ils tendent	Qu'ils vainquent	Qu'ils battent
Impératif	Tends, tendons	Vaincs, vainquons	Bats, battons
Participes	Tendant, tendu	Vainquant, vaincu	Battant, battu

(1) De même : *épandre, défendre, descendre, fendre, fondre, mordre, pendre, perdre, répondre, rompre* (mais : *il rompt*), *tondre, vendre* et leurs composés.

Inf. prés.	mettre (1)	prendre (1)	moudre
Ind. prés.	Je mets, tu mets	Je prends, tu prends	Je mouds, tu mouds
— —	Il met	Il prend	Il moud
— —	Nous mettons	Nous prenons	Nous moulons
— —	Ils mettent	Ils prennent	Ils moulent
— imparf.	Je mettais	Je prenais	Je moulais
— passé s.	Je mis	Je pris	Je moulus
— futur	Je mettrai	Je prendrai	Je moudrai
Cond. prés.	Je mettrais	Je prendrais	Je moudrais
Subj. prés.	Que je mette	Que je prenne	Que je moule
— —	Qu'il mette	Qu'il prenne	Qu'il moule
— —	Que nous mettions	Que nous prenions	Que nous moulions
— —	Qu'ils mettent	Qu'ils prennent	Qu'ils moulent
Impératif	Mets, mettons	Prends, prenons	Mouds, moulons
Participes	Mettant, mis	Prenant, pris	Moulant, moulu

(1) Et ses composés.

Inf. prés.	coudre (1)	absoudre (2)	résoudre
Ind. prés.	Je couds, tu couds	J'absous, tu absous	Je résous, tu résous
— —	Il coud	Il absout	Il résout
— —	Nous cousons	Nous absolvons	Nous résolvons
— —	Ils cousent	Ils absolvent	Ils résolvent
— imparf.	Je cousais	J'absolvais	Je résolvais
— passé s.	Je cousis	Inusité.	Je résolus
— futur	Je coudrai	J'absoudrai	Je résoudrai
Cond. prés.	Je coudrais	J'absoudrais	Je résoudrais
Subj. prés.	Que je couse	Que j'absolve	Que je résolve
— —	Qu'il couse	Qu'il absolve	Qu'il résolve
— —	Que nous cousions	Que nous absolvions	Que nous résolvions
— —	Qu'ils cousent	Qu'ils absolvent	Qu'ils résolvent
Impératif	Couds, cousons	Absous, absolvons	Résous, résolvons
Participes	Cousant, cousu	Absolvant, absous, -te	Résolvant, résolu

(1) Et ses composés. — (2) De même : dissoudre.

Inf. prés.	craindre (1)	suivre (2)	vivre (2)
Ind. prés.	Je crains, tu crains	Je suis, tu suis	Je vis, tu vis
— —	Il craint	Il suit	Il vit
— —	Nous craignons	Nous suivons	Nous vivons
— —	Ils craignent	Ils suivent	Ils vivent
— imparf.	Je craignais	Je suivais	Je vivais
— passé s.	Je craignis	Je suivis	Je vécus
— futur	Je craindrai	Je suivrai	Je vivrai
Cond. prés.	Je craindrais	Je suivrais	Je vivrais
Subj. prés.	Que je craigne	Que je suive	Que je vive
— —	Qu'il craigne	Qu'il suive	Qu'il vive
— —	Que nous craignions	Que nous suivions	Que nous vivions
— —	Qu'ils craignent	Qu'ils suivent	Qu'ils vivent
Impératif	Crains, craignons	Suis, suivons	Vis, vivons
Participes	Craignant, craint	Suivant, suivi	Vivant, vécu

(1) De même : astreindre, atteindre, ceindre, contraindre, enfreindre, éteindre, feindre, geindre, joindre, peindre, plaindre, teindre et leurs composés. — (2) Et ses composés.

Inf. prés.	*paraître* (1)	*naître*	*croître* (2)
Ind. prés.	Je parais, tu parais	Je nais, tu nais	Je croîs, tu croîs
— —	Il paraît	Il naît	Il croît
— —	Nous paraissons	Nous naissons	Nous croissons
— —	Ils paraissent	Ils naissent	Ils croissent
— *imparf.*	Je paraissais	Je naissais	Je croissais
— *passé s.*	Je parus	Je naquis	Je crûs
— *futur*	Je paraîtrai	Je naîtrai	Je croîtrai
Cond. prés.	Je paraîtrais	Je naîtrais	Je croîtrais
Subj. prés.	Que je paraisse	Que je naisse	Que je croisse
— —	Qu'il paraisse	Qu'il naisse	Qu'il croisse
— —	Que nous paraissions	Que nous naissions	Que nous croissions
— —	Qu'ils paraissent	Qu'ils naissent	Qu'ils croissent
Impératif	Parais, paraissons	Nais, naissons	Croîs, croissons
Participes	Paraissant, paru	Naissant, né	Croissant, crû

(1) De même *connaître* et les composés. — (2) Et ses composés, mais *accru* sans accent.

Inf. prés.	*rire* (1)	*conclure* (2)	*nuire* (3)
Ind. prés.	Je ris, tu ris	Je conclus, tu conclus	Je nuis, tu nuis
— —	Il rit	Il conclut	Il nuit
— —	Nous rions	Nous concluons	Nous nuisons
— —	Ils rient	Ils concluent	Ils nuisent
— *imparf.*	Je riais	Je concluais	Je nuisais
— *passé s.*	Je ris	Je conclus	Je nuisis
— *futur*	Je rirai	Je conclurai	Je nuirai
Cond. prés.	Je rirais	Je conclurais	Je nuirais
Subj. prés.	Que je rie	Que je conclue	Que je nuise
— —	Qu'il rie	Qu'il conclue	Qu'il nuise
— —	Que nous riions	Que nous concluions	Que nous nuisions
— —	Qu'ils rient	Qu'ils concluent	Qu'ils nuisent
Impératif	Ris, rions	Conclus, concluons	Nuis, nuisons
Participes	Riant, ri	Concluant, conclu	Nuisant, nui

(1) Et : *sourire*. — (2) Et : *exclure* et *inclure* (part. passé *inclus*) — (3) De même : *luire* et ses composés.

Inf. prés.	*conduire* (1)	*écrire*	*croire*
Ind. prés.	Je conduis, tu conduis	J'écris, tu écris	Je crois, tu crois
— —	Il conduit	Il écrit	Il croit
— —	Nous conduisons	Nous écrivons	Nous croyons
— —	Ils conduisent	Ils écrivent	Ils croient
— *imparf.*	Je conduisais	J'écrivais	Je croyais
— *passé s.*	Je conduisis	J'écrivis	Je crus
— *futur*	Je conduirai	J'écrirai	Je croirai
Cond. prés.	Je conduirais	J'écrirais	Je croirais
Subj. prés.	Que je conduise	Que j'écrive	Que je croie
— —	Qu'il conduise	Qu'il écrive	Qu'il croie
— —	Que nous conduisions	Que nous écrivions	Que nous croyions
— —	Qu'ils conduisent	Qu'ils écrivent	Qu'ils croient
Impératif	Conduis, conduisons	Écris, écrivons	Crois, croyons
Participes	Conduisant, conduit	Écrivant, écrit	Croyant, cru

(1) De même : *construire*, *reconstruire*, *instruire*, *cuire* et *détruire* et les verbes se terminant par *-duire*.

Inf. prés.	**suffire**	**dire** (1)	**lire** (2)
Ind. prés.	Je suffis, tu suffis	Je dis, tu dis	Je lis, tu lis
— —	Il suffit	Il dit	Il lit
— —	Nous suffisons	Nous disons, v. dites	Nous lisons
— —	Ils suffisent	Ils disent	Ils lisent
— imparf.	Je suffisais	Je disais	Je lisais
— passé s.	Je suffis	Je dis	Je lus
— futur	Je suffirai	Je dirai	Je lirai
Cond. prés.	Je suffirais	Je dirais	Je lirais
Subj. prés.	Que je suffise	Que je dise	Que je lise
— —	Qu'il suffise	Qu'il dise	Qu'il lise
— —	Que nous suffisions	Que nous disions	Que nous lisions
— —	Qu'ils suffisent	Qu'ils disent	Qu'ils lisent
Impératif	Suffis, suffisons	Dis, disons, dites	Lis, lisons, lisez
Participes	Suffisant, suffi	Disant, dit	Lisant, lu

(1) De même : *confire* et ses composés. Les composés de *dire*, sauf *maudire* (2e groupe), se conjuguent sur *dire*, sauf à la 2e personne pluriel indicatif présent : *vous contredisez*, mais : *vous redites*. — (2) Et ses composés.

Inf. prés.	**boire**	**taire** (1)	**faire** (2)
Ind. prés.	Je bois, tu bois	Je tais, tu tais	Je fais, tu fais
— —	Il boit	Il tait	Il fait
— —	Nous buvons	Nous taisons	Nous faisons, v. faites
— —	Ils boivent	Ils taisent	Ils font
— imparf.	Je buvais	Je taisais	Je faisais
— passé s.	Je bus	Je tus	Je fis
— futur	Je boirai	Je tairai	Je ferai
Cond. prés.	Je boirais	Je tairais	Je ferais
Subj. prés.	Que je boive	Que je taise	Que je fasse
— —	Qu'il boive	Qu'il taise	Qu'il fasse
— —	Que nous buvions	Que nous taisions	Que nous fassions
— —	Qu'ils boivent	Qu'ils taisent	Qu'ils fassent
Impératif	Bois, buvons	Tais, taisons	Fais, faisons, faites
Participes	Buvant, bu	Taisant, tu	Faisant, fait

(1) De même : *plaire* et ses composés. — (2) Et ses composés.

Inf. prés.	**extraire** (1)	**repaître** (2)	**sourdre**
Ind. prés.	J'extrais, tu extrais	Je repais, tu repais	*Inusité.*
— —	Il extrait	Il repaît	Il sourd
— —	Nous extrayons	Nous repaissons	*Inusité.*
— —	Ils extraient	Ils repaissent	Ils sourdent
— imparf.	J'extrayais	Je repaissais	*Inusité.*
— passé s.	*Inusité.*	Je repus	*Inusité.*
— futur	J'extrairai	Je repaîtrai	*Inusité.*
Cond. prés.	J'extrairais	Je repaîtrais	*Inusité.*
Subj. prés.	Que j'extraie	Que je repaisse	*Inusité.*
— —	Qu'il extraie	Qu'il repaisse	*Inusité.*
— —	Que nous extrayions	Que nous repaissions	*Inusité.*
— —	Qu'ils extraient	Qu'ils repaissent	*Inusité.*
Impératif	Extrais, extrayons	Repais, repaissons	*Inusité.*
Participes	Extrayant, extrait	Repaissant, repu	*Inusité.*

(1) De même : *traire abstraire*, *braire* (usité seulement aux 3e pers. du sing. et du pluriel), *soustraire*. — (2) De même : *paitre*, défectif (pas de passé simple ni de participe passé).

Inf. prés.	clore	éclore	enclore
Ind. prés.	Je clos, tu clos	Inusité.	J'enclos, tu enclos
— —	Il clôt	Il éclôt	Il enclôt
— —	Pas de	Inusité.	Pas de
— —	pluriel.	Ils éclosent	pluriel.
— imparf.	Inusité.	Inusité.	Inusité.
— passé s.	Inusité.	Inusité.	Inusité.
— futur	Je clorai	Il éclora, ils écloront	J'enclorai
Cond. prés.	Je clorais	Il éclorait, ils écloraient	J'enclorais
Subj. prés.	Que je close	Inusité.	Que j'enclose
— —	Qu'il close	Qu'il éclose	Qu'il enclose
— —	Que nous closions	Inusité.	Que nous enclosions
— —	Qu'ils closent	Qu'ils éclosent	Qu'ils enclosent
Impératif	Inusité.	Inusité.	Inusité.
Participes	Pas de part. pr., clos	Pas de part. pr., éclos	Pas de part. pr., enclos

Inf. prés.	oindre	poindre (1)	frire (2)
Ind. prés.	J'oins, tu oins	Inusité.	Je fris, tu fris
— —	Il oint	Il point	Il frit
— —	Nous oignons	Inusité.	Pas de
— —	Ils oignent	Inusité.	pluriel .
— imparf.	J'oignais	Il poignait	Inusité.
— passé s.	J'oignis	Il poignit	Inusité.
— futur	J'oindrai	Il poindra	Je frirai
Cond. prés.	J'oindrais	Il poindrait	Je frirais
Subj. prés.	Que j'oigne	Inusité.	Inusité.
— —	Qu'il oigne	Qu'il poigne	Inusité.
— —	Que nous oignions	Inusité.	Inusité.
— —	Qu'ils oignent	Inusité.	Inusité.
Impératif	Oins, oignez	Inusité.	Fris, pas de pl.
Participes	Oignant, oint	Poignant, pas de passé.	Pas de part. pr., frit

(1) Le verbe *poindre* ne se conjugue qu'à la 3e personne du singulier. — (2) Le verbe *frire* est défectif.

455. Avoir.

FORMES SIMPLES	FORMES COMPOSÉES

INDICATIF

Présent	Passé composé
J' ai	J' ai eu
Tu as	Tu as eu
Il a	Il a eu
Nous avons	Nous avons eu
Vous avez	Vous avez eu
Ils ont	Ils ont eu

Imparfait	Plus-que-parfait
J' avais	J' avais eu
Tu avais	Tu avais eu
Il avait	Il avait eu
Nous avions	Nous avions eu
Vous aviez	Vous aviez eu
Ils avaient	Ils avaient eu

Passé simple	Passé antérieur
J' eus	J' eus eu
Tu eus	Tu eus eu
Il eut	Il eut eu
Nous eûmes	Nous eûmes eu
Vous eûtes	Vous eûtes eu
Ils eurent	Ils eurent eu

Futur	Futur antérieur
J' aurai	J' aurai eu
Tu auras	Tu auras eu
Il aura	Il aura eu
Nous aurons	Nous aurons eu
Vous aurez	Vous aurez eu
Ils auront	Ils auront eu

Conditionnel	Conditionnel passé
J' aurais	J' aurais eu
Tu aurais	Tu aurais eu
Il aurait	Il aurait eu
Nous aurions	Nous aurions eu
Vous auriez	Vous auriez eu
Ils auraient	Ils auraient eu

SUBJONCTIF

Présent
Que j' aie
Que tu aies
Qu' il ait
Que nous ayons
Que vous ayez
Qu' ils aient

Imparfait
Que j' eusse
Que tu eusses
Qu' il eût
Que nous eussions
Que vous eussiez
Qu' ils eussent

Passé
Que j' aie eu
Que tu aies eu
Qu' il ait eu
Que nous ayons eu
Que vous ayez eu
Qu' ils aient eu

Plus-que-parfait
Que j' eusse eu
Que tu eusses eu
Qu' il eût eu
Que nous eussions eu
Que vous eussiez eu
Qu' ils eussent eu

IMPÉRATIF

Présent
Aie, ayons, ayez

INFINITIF

Présent	Passé
Avoir	Avoir eu

PARTICIPE

Présent	Passé
Ayant	Eu, ayant eu

Futur périphrastique

Je	vais	avoir	J'	allais	avoir
Tu	vas	avoir	Tu	allais	avoir
Il	va	avoir	Il	allait	avoir
Nous	allons	avoir	Nous	allions	avoir
Vous	allez	avoir	Vous	alliez	avoir
Ils	vont	avoir	Ils	allaient	avoir

456. Être.

FORMES SIMPLES   FORMES COMPOSÉES

INDICATIF

		SUBJONCTIF

Présent

Je	suis
Tu	es
Il	est
Nous	sommes
Vous	êtes
Ils	sont

Passé composé

J'	ai	été
Tu	as	été
Il	a	été
Nous	avons	été
Vous	avez	été
Ils	ont	été

Présent

Que je	sois
Que tu	sois
Qu' il	soit
Que nous	soyons
Que vous	soyez
Qu' ils	soient

Imparfait

J'	étais
Tu	étais
Il	était
Nous	étions
Vous	étiez
Ils	étaient

Plus-que-parfait

J'	avais	été
Tu	avais	été
Il	avait	été
Nous	avions	été
Vous	aviez	été
Ils	avaient	été

Imparfait

Que je	fusse
Que tu	fusses
Qu' il	fût
Que nous	fussions
Que vous	fussiez
Qu' ils	fussent

Passé simple

Je	fus
Tu	fus
Il	fut
Nous	fûmes
Vous	fûtes
Ils	furent

Passé antérieur

J'	eus	été
Tu	eus	été
Il	eut	été
Nous	eûmes	été
Vous	eûtes	été
Ils	eurent	été

Passé

Que j'	aie	été
Que tu	aies	été
Qu' il	ait	été
Que nous	ayons	été
Que vous	ayez	été
Qu' ils	aient	été

Futur

Je	serai
Tu	seras
Il	sera
Nous	serons
Vous	serez
Ils	seront

Futur antérieur

J'	aurai	été
Tu	auras	été
Il	aura	été
Nous	aurons	été
Vous	aurez	été
Ils	auront	été

Plus-que-parfait

Que j'	eusse	été
Que tu	eusses	été
Qu' il	eût	été
Que nous	eussions	été
Que vous	eussiez	été
Qu' ils	eussent	été

Conditionnel

Je	serais
Tu	serais
Il	serait
Nous	serions
Vous	seriez
Ils	seraient

Conditionnel passé

J'	aurais	été
Tu	aurais	été
Il	aurait	été
Nous	aurions	été
Vous	auriez	été
Ils	auraient	été

IMPÉRATIF

Présent

Sois, soyons, soyez

INFINITIF

Présent	*Passé*
Être	Avoir été

Futur périphrastique

Je	vais	être
Tu	vas	être
Il	va	être
Nous	allons	être
Vous	allez	être
Ils	vont	être

J'	allais	être
Tu	allais	être
Il	allait	être
Nous	allions	être
Vous	alliez	être
Ils	allaient	être

PARTICIPE

Présent	*Passé*
Étant	Été, ayant été

457. *Verbe pronominal* se **repentir.**

FORMES SIMPLES	FORMES COMPOSÉES

INDICATIF

Présent

Je	me	repens
Tu	te	repens
Il	se	repent
Nous	nous	repentons
Vous	vous	repentez
Ils	se	repentent

Passé composé

Je	me	suis	repenti
Tu	t'	es	repenti
Il	s'	est	repenti
Nous	nous	sommes	repentis
Vous	vous	êtes	repentis
Ils	se	sont	repentis

Imparfait

Je	me	repentais
Tu	te	repentais
Il	se	repentait
Nous	nous	repentions
Vous	vous	repentiez
Ils	se	repentaient

Plus-que-parfait

Je	m'	étais	repenti
Tu	t'	étais	repenti
Il	s'	était	repenti
Nous	nous	étions	repentis
Vous	vous	étiez	repentis
Ils	s'	étaient	repentis

Passé simple

Je	me	repentis
Tu	te	repentis
Il	se	repentit
Nous	nous	repentîmes
Vous	vous	repentîtes
Ils	se	repentirent

Passé antérieur

Je	me	fus	repenti
Tu	te	fus	repenti
Il	se	fut	repenti
Nous	nous	fûmes	repentis
Vous	vous	fûtes	repentis
Ils	se	furent	repentis

Futur

Je	me	repentirai
Tu	te	repentiras
Il	se	repentira
Nous	nous	repentirons
Vous	vous	repentirez
Ils	se	repentiront

Futur antérieur

Je	me	serai	repenti
Tu	te	seras	repenti
Il	se	sera	repenti
Nous	nous	serons	repentis
Vous	vous	serez	repentis
Ils	se	seront	repentis

Conditionnel

Je	me	repentirais
Tu	te	repentirais
Il	se	repentirait
Nous	nous	repentirions
Vous	vous	repentiriez
Ils	se	repentiraient

Conditionnel passé

Je	me	serais	repenti
Tu	te	serais	repenti
Il	se	serait	repenti
Nous	nous	serions	repentis
Vous	vous	seriez	repentis
Ils	se	seraient	repentis

Futur périphrastique

Je	vais	me	repentir
Tu	vas	te	repentir
Il	va	se	repentir
Nous	allons	nous	repentir
Vous	allez	vous	repentir
Ils	vont	se	repentir

J'	allais	me	repentir
Tu	allais	te	repentir
Il	allait	se	repentir
Nous	allions	nous	repentir
Vous	alliez	vous	repentir
Ils	allaient	se	repentir

Se repentir *(suite)*

SUBJONCTIF

Présent

Que je	me	repente
Que tu	te	repentes
Qu' il	se	repente
Que nous	nous	repentions
Que vous	vous	repentiez
Qu' ils	se	repentent

Passé

Que je	me	sois	repenti
Que tu	te	sois	repenti
Qu' il	se	soit	repenti
Que nous	nous	soyons	repentis
Que vous	vous	soyez	repentis
Qu' ils	se	soient	repentis

Imparfait

Que je	me	repentisse
Que tu	te	repentisses
Qu' il	se	repentît
Que nous	nous	repentissions
Que vous	vous	repentissiez
Qu' ils	se	repentissent

Plus-que-parfait

Que je	me	fusse	repenti
Que tu	te	fusses	repenti
Qu' il	se	fût	repenti
Que nous	nous	fussions	repentis
Que vous	vous	fussiez	repentis
Qu' ils	se	fussent	repentis

IMPÉRATIF

Repens-toi
Repentons-nous
Repentez-vous

INFINITIF

Présent

Se repentir

Passé

S'être repenti

PARTICIPE

Présent

Se repentant

Passé

(*Forme sans* se) Repenti
S'étant repenti

458. *Conjugaison passive.*

FORMES COMPOSÉES	FORMES SURCOMPOSÉES

INDICATIF

Présent

Je	suis	aimé
Tu	es	aimé
Il	est	aimé
Nous	sommes	aimés
Vous	êtes	aimés
Ils	sont	aimés

Passé composé

J'	ai	été aimé
Tu	as	été aimé
Il	a	été aimé
Nous	avons	été aimés
Vous	avez	été aimés
Ils	ont	été aimés

Imparfait

J'	étais	aimé
Tu	étais	aimé
Il	était	aimé
Nous	étions	aimés
Vous	étiez	aimés
Ils	étaient	aimés

Plus-que-parfait

J'	avais	été aimé
Tu	avais	été aimé
Il	avait	été aimé
Nous	avions	été aimés
Vous	aviez	été aimés
Ils	avaient	été aimés

Passé simple

Je	fus	aimé
Tu	fus	aimé
Il	fut	aimé
Nous	fûmes	aimés
Vous	fûtes	aimés
Ils	furent	aimés

Passé antérieur

J'	eus	été aimé
Tu	eus	été aimé
Il	eut	été aimé
Nous	eûmes	été aimés
Vous	eûtes	été aimés
Ils	eurent	été aimés

Futur

Je	serai	aimé
Tu	seras	aimé
Il	sera	aimé
Nous	serons	aimés
Vous	serez	aimés
Ils	seront	aimés

Futur antérieur

J'	aurai	été aimé
Tu	auras	été aimé
Il	aura	été aimé
Nous	aurons	été aimés
Vous	aurez	été aimés
Ils	auront	été aimés

Conditionnel

Je	serais	aimé
Tu	serais	aimé
Il	serait	aimé
Nous	serions	aimés
Vous	seriez	aimés
Ils	seraient	aimés

Conditionnel passé

J'	aurais	été aimé
Tu	aurais	été aimé
Il	aurait	été aimé
Nous	aurions	été aimés
Vous	auriez	été aimés
Ils	auraient	été aimés

Futur périphrastique

Je	vais	être aimé
Tu	vas	être aimé
Il	va	être aimé
Nous	allons	être aimés
Vous	allez	être aimés
Ils	vont	être aimés

J'	allais	être aimé
Tu	allais	être aimé
Il	allait	être aimé
Nous	allions	être aimés
Vous	alliez	être aimés
Ils	allaient	être aimés

conjugaison passive (suite)

SUBJONCTIF

Présent			
Que je	sois	aimé	
Que tu	sois	aimé	
Qu' il	soit	aimé	
Que nous	soyons	aimés	
Que vous	soyez	aimés	
Qu' ils	soient	aimés	

Passé			
Que j'	aie	été aimé	
Que tu	aies	été aimé	
Qu' il	ait	été aimé	
Que nous	ayons	été aimés	
Que vous	ayez	été aimés	
Qu' ils	aient	été aimés	

Imparfait			
Que je	fusse	aimé	
Que tu	fusses	aimé	
Qu' il	fût	aimé	
Que nous	fussions	aimés	
Que vous	fussiez	aimés	
Qu' ils	fussent	aimés	

Plus-que-parfait			
Que j'	eusse	été aimé	
Que tu	eusses	été aimé	
Qu' il	eût	été aimé	
Que nous	eussions	été aimés	
Que vous	eussiez	été aimés	
Qu' ils	eussent	été aimés	

IMPÉRATIF

Présent	
Sois	aimé
Soyons	aimés
Soyez	aimés

Passé	
Aie	été aimé
Ayons	été aimés
Ayez	été aimés

INFINITIF

Présent	*Passé*
Être aimé	Avoir été aimé

PARTICIPE

Présent	*Passé*
Étant aimé	Ayant été aimé

3 | Les constructions
a — Transitif et intransitif

Notions générales.

Toute forme verbale dépend, pour son emploi dans le discours, des constructions qu'elle peut assumer (*transitives, intransitives*) et de la catégorie générale (*aspect, temps, mode, époque*) que le parleur choisit de préciser.

Aussi l'analyse des emplois doit-elle être précédée d'un exposé du système à l'intérieur duquel les formes verbales sont appelées à fonctionner.

459. Transitif. Intransitif.

Classer les verbes comme des espèces qui seraient, par nature, transitives ou intransitives est d'un usage difficile. La langue, en effet, ne manque pas de fournir des exemples qui ruinent, à peine entrepris, ces essais de classification.

Dans les exemples suivants, les verbes *penser* et *descendre* peuvent être dits INTRANSITIFS :

> *Je pense, donc je suis* (DESCARTES).
> *Vous êtes seul dans le compartiment avec les deux jeunes époux qui ne descendent pas ici* (BUTOR).

Mais les mêmes verbes, dans deux autres exemples, sont construits avec un complément d'objet et peuvent être dits TRANSITIFS :

> *Il pense la statuette et il pense en même temps tous les autres objets de sa collection et il pense en même temps toute la ville d'Uria* (VAILLAND).
> *Le jeune militaire se lève, descend avec précaution cette boîte de contre-plaqué peinte au brou de noix* (BUTOR).

Il est plus juste de parler de *constructions transitives* et *intransitives,* selon que le verbe admet ou non un complément d'objet (direct ou indirect).

321

b | Actif et passif

460. Actif et passif.

Lorsqu'une phrase est construite avec un verbe admettant un objet direct :

    a) *Le chien de garde a mordu un enfant,*

il est possible de changer l'ordre des mots de la phrase (à condition de modifier la forme verbale) sans que l'idée exprimée varie :

    b) *Un enfant a été mordu par le chien de garde;*

ou encore :

    a) *La tempête ravage les côtes bretonnes*

peut être tourné en :

    b) *Les côtes bretonnes sont ravagées par la tempête.*

Ces deux types de constructions s'opposent :

lorsque dans *a* la forme verbale est composée *(a mordu)*, dans *b* elle est surcomposée *(a été mordu);*
lorsque dans *a* la forme verbale est simple *(ravage)*, dans *b* elle est composée *(sont ravagées);*

L'auxiliaire de la construction *a* est toujours AVOIR; celui de la construction *b* toujours ÊTRE.

Le mot sujet dans *a* devient complément d'agent en *b*.

Le mot sujet dans *b* devient complément d'objet dans *a*.

La forme verbale employée dans la construction *b* est dite PASSIVE.

La forme verbale employée dans la construction *a* est dite ACTIVE.

RÈGLE. Toute forme verbale qui admet une construction transitive directe peut, par « retournement », devenir passive.

REMARQUE. — Cette possibilité n'appartient ni aux verbes de construction transitive indirecte, ni aux verbes de construction intransitive, ni aux verbes pronominaux. Nous renvoyons au chapitre premier pour l'analyse de ces constructions.

c | Pronominaux et non-pronominaux

461. Verbes pronominaux et non pronominaux.

On peut, en se fondant sur les oppositions morphologiques, distinguer deux séries de verbes : les NON-PRONOMINAUX et les PRONOMINAUX.

1° CES DEUX SÉRIES S'OPPOSENT d'abord par leurs pronoms de conjugaison ; la série non pronominale présente un pronom de conjugaison de forme monosyllabique : *je, tu, il, nous, vous, ils.*

La série pronominale présente un pronom de forme dissyllabique : *je me, tu te, il se, nous nous, vous vous, ils se.*

Je me lave, tu te laves...

Lorsqu'un sujet nominal précède le verbe, le pronom de conjugaison disparaît dans la série non-pronominale ; on trouve donc :

PIERRE *lève un livre,*

en face de :

IL *lève un livre.*

Dans la série pronominale, la forme verbale ne peut pas, sans cesser d'appartenir à cette série, s'employer sans pronom de conjugaison.

Pierre SE *lève,*

Pierre s'*achète un livre,*

en face de :

IL SE *lève.*

2° La SÉRIE PRONOMINALE s'oppose encore à la série non pronominale dans l'emploi des auxiliaires de composition.

Seul l'auxiliaire ÊTRE entre dans les formes composées des verbes pronominaux ; les non-pronominaux se partagent ÊTRE et AVOIR.

3° Les PRONOMINAUX peuvent, comme les non-pronominaux, avoir une construction transitive ou intransitive :

TRANSITIVE DIRECTE :

Jean s'*aperçoit dans le miroir.*

TRANSITIVE INDIRECTE :

> *Le maître* s'aperçoit *de l'absence de son élève.*

INTRANSITIVE :

> *La ville* s'aperçoit *dans le lointain.*

Dans les exemples précédents, le pronom de conjugaison SE est employé de manière différente. Dans le premier, il est indépendant du verbe; dans les deux autres, il forme bloc avec le verbe.

EMPLOIS DE *se* :

a) *Emploi autonome.* Lorsque SE représente un nom, comme dans :

> *Jean* se *regarde dans le miroir*

(où SE représente *Jean*), la forme verbale est dite PRONOMINALE RÉFLÉCHIE (car l'action se réfléchit du sujet sur son représentant complément d'objet).

Lorsque, dans certaines formes verbales *au pluriel,* SE représente un sujet dont l'un des composants provoque, par son action, la réaction de l'autre composant, il est convenu de parler de PRONOMINAL RÉCIPROQUE :

> *Les enfants* se sont battus, *les voici qui* s'embrassent.

REMARQUE. — On parlera aussi de forme pronominale réfléchie dans des constructions comme :
> *Pierre* s'achète *un livre.*
> *Paul* s'est donné *un coup à la tête.*

b) *Emploi non autonome* (verbes dits « essentiellement pronominaux »). Lorsque SE n'est plus complément d'objet, il fait alors partie de la forme verbale comme un préfixe. On pourrait, par un trait d'union, marquer graphiquement cette unité :

> *se-repentir de / se-repentir;*
> *s'-abstenir de / s'-abstenir;*
> *se-souvenir de / se-souvenir.*

d | Les verbes impersonnels

462. Les verbes impersonnels.

Ce sont des formes verbales qui ne se présentent qu'à la 3e personne du singulier, restent invariables à l'égard de leur environnement (pronoms, compléments) et peuvent apparaître dans les séries de l'actif, du passif ou du pronominal. On distinguera : les verbes statutairement impersonnels et les verbes impersonnels par transformation.

VERBES STATUTAIREMENT IMPERSONNELS.

Formes simples :

a) un groupe peu nombreux rassemble des formes qui participent à l'expression des phénomènes météorologiques : *il pleut, il neige, il tonne, il vente...*

Ces formes présentent, le plus souvent, la construction intransitive : *Des brumes stagnaient à l'horizon et dans le sillon des vallées. Sans nul doute, il reneigerait pendant la journée* (BORDONOVE). Cependant, dans certains tours marqués stylistiquement, la forme verbale peut s'accompagner d'un complément : *Il pleut des hallebardes. Il grêle des œufs de pigeon.*

Dans une intention stylistique, le parleur peut aussi transformer la structure de la phrase et rendre à la forme impersonnelle partie de son statut de verbe variable. Celle-ci se maintient toutefois à la 3ᵉ personne; mais l'indice pronominal disparaît en même temps que se réalise l'accord.

Quand il chantait, les tomates pleuvaient;

b) les présentatifs : *il est, il y a.* On se reportera aux §§ **123-124**.

Locutions :

Un groupe de locutions construites sur *il fait* connaît un rendement important, au niveau familier comme au niveau littéraire. Ces locutions s'obtiennent en complétant *il fait* soit par un substantif, soit par un adjectif :

— par un substantif : *il fait nuit, il fait jour, il fait du vent...;*
— par un adjectif : *il fait chaud, il fait humide, il fait sec, il fait clair, il fait sombre, il fait bon... :*

Il fait beau, mon amour, dans les rêves, les mots et la mort (ARAGON).

Ces locutions peuvent développer un complément, à condition que le substantif retrouve son statut autonome, en particulier par l'antéposition de l'article indéfini : *Il fait nuit / Il fait une nuit merveilleusement douce.*

VERBES IMPERSONNELS PAR TRANSFORMATION.

La langue propose, par transformation de la structure de la phrase, des formes impersonnelles. Ainsi peuvent se présenter à la forme impersonnelle :
— des verbes de construction transitive :

a) sous la réalisation passive : *On parlera de l'engagement / Il sera parlé de l'engagement* (B. VIAN);

b) sous la réalisation pronominale : *On lit des millions de livres chaque année / Il se lit des millions de livres chaque année;*
— des verbes de construction intransitive :

De nombreux accidents de voiture arrivent chaque dimanche / Il arrive de nombreux accidents de voiture chaque dimanche.

Deux hommes restaient en course / Il restait deux hommes en course;
— des verbes de statut pronominal :

De graves événements se sont produits en Tasmanie / Il s'est produit de graves événements en Tasmanie (les journaux).

REMARQUE. — On se reportera, pour les problèmes généraux de LA PHRASE À CONSTRUCTION IMPERSONNELLE, aux §§ **120-125**.

463. *Construction du causatif* faire.

Le verbe FAIRE peut former avec un verbe à l'infinitif une périphrase verbale :

> Je fais vivre *cent ouvriers avec leurs familles* (SARTRE).
>
> HÉLÈNE. — [...] *Jamais je ne retournerai en Grèce.*
>
> PÂRIS. — *Je ne le lui* fais *pas dire... A toi maintenant* (GIRAUDOUX).

Dans cet emploi, le verbe FAIRE est dit « auxiliaire causatif ».

La présence du verbe causatif modifie la construction du verbe qui le suit.

1° Le verbe qui suit est un verbe NON PRONOMINAL.

a) Avec des verbes de construction intransitive, *naître, mourir, aller, tomber...* l'emploi de FAIRE ajoute un personnage à l'action :
> *Paul tombe* et *Pierre fait tomber Paul.*

b) Avec des verbes de construction transitive, l'emploi de FAIRE enrichit le verbe d'un complément supplémentaire :
> *Paul apprend sa leçon.*

APPRENDRE n'admet qu'un complément.
> *Je fais* apprendre sa leçon à Paul.

FAIRE APPRENDRE admet deux compléments.

c) Si le verbe en emploi simple admet deux compléments (type *donner*), précédé de *faire* il en admet un troisième :
> *Paul donne un livre à Albert;*
>
> *Je fais donner à Albert un livre* par Paul.

REMARQUE. — FAIRE est volontiers auxiliaire de lui-même :
> *Il fait faire ses devoirs par un romancier.*

2° Le verbe qui suit est un verbe PRONOMINAL.

Employé avec FAIRE le verbe pronominal connaît des variations de forme.

a) Il peut garder son pronom de conjugaison :
> *La violence du choc et la frayeur avaient* FAIT S'ÉVANOUIR *Isabelle* (GAUTIER).

Lorsque vous avez tenté personnellement de le faire *s'approcher de vous son image s'est délabrée* (BUTOR).

b) Il peut perdre son pronom de conjugaison :

> *Dites, avez-vous* fait *envoler de ces branches*
> *Quelque aigle monstrueux?* (HUGO.)

En fait, dans cet exemple, comme dans d'autres, le verbe a perdu sa marque distinctive de pronominal. Il faut admettre qu'il peut y avoir alternance entre les formes verbales :

> *s'envoler / faire s'envoler / faire envoler.*

c) Quel est l'usage? Il semble que, lorsque le pronom de conjugaison SE n'est plus senti comme autonome (v. supra § **461-3°**), la forme pronominale puisse perdre sa marque après FAIRE.

3° FAIRE prend la marque SE du PRONOMINAL.

La forme verbale SE FAIRE peut également être employée comme auxiliaire, suivie de l'infinitif :

> *Dans un silence* se fait *entendre le bruit d'un verre que l'on repose sur une petite table* (ROBBE-GRILLET).
> *J'ai compris que tout ce qu'il cherchait, espérait depuis un moment, c'était de* se faire *descendre* (CL. SIMON).

Cette construction est utilisée comme un équivalent de la construction passive. En effet :

> se fait entendre *a le sens de* est entendu;
> se faire descendre *de* être descendu.

f | L'aspect

464. Définition.

L'aspect traduit l'angle sous lequel le parleur voit les différents moments du DÉROULEMENT DE L'ACTION.

Le parleur peut envisager que le déroulement de l'action se prépare, qu'il se réalise ou qu'il est achevé.

POUR EXPRIMER L'ASPECT, le système verbal offre au parleur :

a) Des formes GRAMMATICALES : formes verbales simples et formes composées (*avoir, être* + *participes passés*);

b) Des formes PÉRIPHRASTIQUES : formes composées d'un *verbe (semi-auxiliaire)* + *infinitif* ou *participe présent*.

465. Opposition des formes verbales (simples/composées).

Le système verbal est construit sur l'opposition des FORMES SIMPLES et des FORMES COMPOSÉES.

A toute forme simple correspond une forme composée (et souvent une forme surcomposée).

Je chante. J'ai chanté. J'ai eu chanté.

Chaque forme composée exprime que l'action est achevée. Elle décrit l'ASPECT ACCOMPLI de l'action.

Par opposition, chaque forme simple exprime que l'action n'est pas encore achevée. Elle décrit l'ASPECT NON ACCOMPLI de l'action.

REMARQUE. — Ces deux valeurs aspectuelles sont fondamentales; il faut les distinguer nettement des autres valeurs aspectuelles que les formes périphrastiques ou tel élément du contexte permettent d'exprimer.

466. Les formes grammaticales composées (auxiliaire + participe passé).

Seuls AVOIR et ÊTRE se construisent avec le participe passé du verbe *auxilié*. L'emploi de l'un ou de l'autre dépend de la construction de la forme verbale.

1° EMPLOI DE « ÊTRE » : la construction pronominale emploie nécessairement le verbe ÊTRE aux formes composées; cet emploi est une marque de la construction pronominale :

Se repentir. Je me suis repenti.

La construction passive emploie nécessairement l'auxiliaire ÊTRE :

Les mauvais élèves sont punis par le maître d'école.

2° EMPLOI DE « AVOIR » : la construction transitive s'oppose aux deux types précédents par l'emploi nécessaire de l'auxiliaire AVOIR aux formes composées :

J'ai lu un livre.

Ces variations d'emploi apparaissent avec netteté quand on observe le *système de construction* d'un même verbe, par exemple le verbe AIDER :

CONSTRUCTION TRANSITIVE (avoir) :

directe : *Il a aidé son fils dans son travail;*

indirecte : *Il a aidé à l'achèvement des travaux.*

CONSTRUCTION PASSIVE OU PRONOMINALE (être) :

Mon fils est aidé dans son travail par un bon camarade;

Nous nous sommes aidés l'un l'autre pour accomplir cette tâche.

3° « ÊTRE » ou « AVOIR »? La langue hésite lorsqu'elle se trouve en présence d'une construction intransitive. Dans ce cas, nul système n'apparaît; l'usage seul règle les emplois.

a) Double possibilité : les exemples suivants fournissent matière à réflexion :

Ce livre a paru le mois dernier. Ce livre est paru le mois dernier.

L'autobus a passé devant chez nous. L'autobus est passé depuis dix minutes.

Il a vieilli. Il est vieilli.

Comment formuler une règle?

Lorsque l'on veut souligner l'ANTÉRIORITÉ d'un fait par rapport au moment où l'on parle, on emploie AVOIR : l'auxiliaire a pour rôle, dans ce cas, de *dater.*

Pour souligner un RÉSULTAT actuel, conséquence d'un fait antérieur, on emploie ÊTRE.

Il en va ainsi pour les verbes : *aborder, changer, débarquer, déborder, déchoir, déménager, descendre, disparaître, diminuer, divorcer, échouer, éclater, émigrer, emménager, grandir, grossir, passer, pourrir, rajeunir, réussir, sonner,* etc.

b) Avec ÊTRE : la majorité des verbes de mouvement et des verbes exprimant un changement d'état, comme : *aller, arriver, décéder, échoir, tomber, venir, parvenir, survenir, mourir, naître, partir, entrer, sortir,* etc.

c) Avec AVOIR : excepté les verbes cités ci-dessus, la majorité des verbes de construction intransitive emploient AVOIR aux formes composées.

467. Les formes grammaticales surcomposées (double auxiliaire + participe passé)

1° DÉFINITION : une forme verbale est surcomposée lorsqu'elle comprend un *participe passé* précédé d'un DOUBLE AUXILIAIRE ;

ainsi les formes *j'ai été aimé, nous avons été déçus...,* qui appartiennent à la conjugaison passive des verbes *aimer* et *décevoir* ;

ainsi également la forme *j'ai eu lu*

Quand j'ai eu lu *mon livre, je suis sorti* ;

ou la forme *il a eu fini*

Quand il a eu fini *de déjeuner, il s'est endormi* ;

qui appartiennent à la conjugaison active des verbes *lire* et *finir* :

a) Ce double auxiliaire n'est rien autre que la forme composée de l'auxiliaire réclamé par la construction du verbe. Par exemple, l'auxiliaire exigé par la construction passive étant le verbe ÊTRE, l'auxiliaire de surcomposition sera l'auxiliaire ÊTRE à la forme composée :

je suis   j'ai été ;

Avec AVOIR qui est à lui-même son propre auxiliaire :

j'ai   j'ai eu.

b) Remarquons que, dans un passé surcomposé comme *j'ai eu fini,* le groupe auxiliaire *j'ai eu* forme un bloc ; *eu* est dans un rapport plus étroit avec *ai* qu'avec *fini.* Le participe s'oppose au groupe auxiliaire. La forme se découpe :

j'ai eu   fini et non pas *j'ai   eu fini.*

On pourrait adopter la définition de TESNIÈRE : « Un temps surcomposé est un temps composé dont l'auxiliaire est lui-même composé. »

2° CONSTRUCTION PASSIVE.

a) Aux formes simples de la conjugaison active correspondent dans la conjugaison passive des formes composées :

PRÉSENT DE L'INDICATIF : *j'aime / je suis aimé* ;
IMPARFAIT DE L'INDICATIF : *j'aimais / j'étais aimé.*

Aux formes composées de la conjugaison active correspondent dans la conjugaison passive des formes surcomposées :

PASSÉ COMPOSÉ DE L'INDICATIF : *j'ai aimé / j'ai été aimé* ;
PLUS-QUE-PARFAIT DE L'INDICATIF : *j'avais aimé / j'avais été aimé.*

b) Dans une forme passive (composée ou surcomposée), le participe passé exprime l'*action épuisée* ; il marque qu'un événement a atteint un degré définitif de son développement, que l'action se situe à un niveau considéré comme acquis.

Dans la même forme passive, l'auxiliaire de composition ou de surcomposition *je suis, j'étais   j'ai été, j'avais été* exprime un ÉTAT (valeur sémantique de *être*) et accentue ainsi l'aspect accompli du participe passé.

c) La forme composée du passif exprime nettement que l'action et l'événement ont atteint un certain niveau où *ils se maintiennent* : par exemple, *je suis aimé* ou *j'étais aimé* marquent un prolongement de l'état, dans le présent ou le passé. Tandis que la forme surcomposée exprime qu'un niveau a été atteint et se trouve *dépassé, abandonné* : *j'ai été aimé, j'avais été aimé.*

d) C'est pourquoi le surcomposé servira de PASSÉ aux formes composées du passif.

3° CONSTRUCTION ACTIVE.

a) Les tableaux de conjugaison ne font que trop rarement place aux formes surcomposées actives, comme *j'ai eu fini, j'ai eu chanté*, etc.

b) Cette forme a pu naître dès le XIIIᵉ siècle. Le développement du passé surcomposé est lié au recul du passé simple devant le passé composé.

Pour marquer l'antériorité par rapport au passé simple, la langue disposait de la forme dite *passé antérieur* :

> *il chanta   il eut chanté,*

mais n'avait aucune ressource pour marquer l'antériorité par rapport au passé composé *il a chanté*; cependant, dans la mesure où *il a eu* s'étendait au détriment de *il eut*, à côté de *il eut aimé* apparut *il a eu aimé.*

c) Au XVIIᵉ siècle, les formes surcomposées sont reçues :

> *Sitôt que* j'ai eu acquis *quelques notions générales touchant la physique* [...], j'ai remarqué *jusqu'où elles peuvent conduire* (DESCARTES, *Discours de la méthode,* cité par FOULET).

d) En français moderne, on dit souvent que ces formes appartiennent à la langue parlée. Pour en fixer la répartition, il faut tenir compte de facteurs géographiques (elles sont plus fréquentes dans le Sud), sociaux (elles sont souvent populaires et ignorées par de larges couches de la bourgeoisie), lexicaux (elle affectent surtout des verbes comme *commencer, achever, finir,* etc.), syntaxiques (elles sont plus fréquentes en subordonnées, temporelles surtout, qu'en principales) :

> *Ah! l'idiote avait eu vite fait de se couler* (MAURIAC).
> *Quand j'ai eu passé mon bachot, pour contenter ma famille, j'aurais parfaitement pu devenir avocat* (ZOLA).

On les utilisera avec précaution. Voici les plus fréquentes :

INDICATIF : *j'ai eu chanté, j'avais eu chanté, j'aurai eu chanté, j'aurais eu chanté.*

SUBJONCTIF : *j'aie eu chanté.*

468. *Les formes périphrastiques (semi-auxiliaire + infinitif ou participe présent).*

Les formes grammaticales ne permettent que l'opposition de l'aspect accompli et de l'aspect non accompli. Pour décrire les autres moments du déroulement de l'action, le parleur utilise des périphrases formées d'un verbe dit SEMI-AUXILIAIRE plus un INFINITIF ou un PARTICIPE PRÉSENT.

1° Avant le déroulement de l'action :

« ALLER » + INFINITIF s'emploient surtout pour traduire le *déroulement prochain de l'action :*

> *Son intention est de prendre maintenant un véhicule neuf :* il va descendre *lui-même jusqu'au port à la première occasion et* rencontrer *les concessionnaires des principales marques* (ROBBE-GRILLET).
> *Il était évident qu'on* allait quitter *la capitale* (ARAGON).

Cette périphrase fait concurrence à la forme simple du futur. Les statistiques établies lors de l'élaboration du « français élémentaire » montrent que, pour l'expression du futur, *une fois sur trois* la périphrase *aller + infinitif* se substitue au futur simple et que, pour l'expression du futur dans le passé, *une fois sur deux* le conditionnel présent est remplacé par la périphrase *(il allait chanter* en place de *il chanterait).*

« DEVOIR » + INFINITIF s'emploient pour une *action prochaine,* avec nuance *d'éventualité :*

> *Sa Majesté* devait passer *en revue les compagnies Rouges et Blanches au Champ-de-Mars* (ARAGON).

2° Au début du déroulement de l'action :

« SE METTRE À » + INFINITIF :

> *Ce n'est pas la peine de* se mettre à dormir *maintenant* (BUTOR).
> *Il s'était mis à faire tout à fait beau* (ARAGON).

3° Pendant le déroulement de l'action :

« ÊTRE EN TRAIN DE » + INFINITIF :

> *Il était en train de finir ou plutôt de chercher à terminer* (CL. SIMON).

« NE PAS ARRÊTER DE » + INFINITIF (ce ton passe pour « familier ») :

> *Je n'arrête pas de regarder un canot de caoutchouc qui fait le toton dans un remous au milieu de la Marne* (H. BAZIN).

« RESTER À » + INFINITIF :

> *Je restais à contempler la masse noire des arbres, les plans clairs de la pelouse* (SOLLERS).

« ALLER » + PARTICIPE PRÉSENT :

> *L'impôt* allait pesant *sur une terre toujours plus pauvre* (MICHELET).

« S'en aller » + participe présent :

Un couplet qu'on s'en va chantant (Musset).

4° Après le déroulement de l'action :

« Venir de » + infinitif :

Il venait de croiser *cette rue d'Argenteuil* (Aragon).
Cécile venait de se réveiller (Butor).

La périphrase *venir de* + *infinitif* est symétrique de la périphrase *aller* + *infinitif.*

469. Formes composées et expression de l'antériorité.

Dans un système *principale* + *subordonnée,* la langue utilise les formes composées pour marquer l'antériorité d'une action par rapport à une autre. En effet, une action *achevée* peut toujours être considérée comme précédant une action qui *commence* :

Quand j'ai mangé, je lis mon journal. Quand il eut mangé, il sortit.

L'action de *manger* précède l'action de *lire* ou de *sortir.* Pour faire apparaître ce rapport d'antériorité, il a suffi de lier dans l'énoncé les deux propositions par la conjonction *quand.*

Il ne faut en aucun cas perdre de vue que l'expression de l'aspect demeure même si un rapport d'antériorité marque l'énoncé.

4 | Valeurs et emplois. Temps, modes, époques

A — Généralités

470. *Temps et valeurs temporelles. Modes et valeurs modales.*

1° Les formes verbales groupées en séries constituent une CONJUGAISON. On dit : « conjugaison du verbe *chanter,* du verbe *sortir,* du verbe *aimer* », en utilisant, par convention, l'infinitif pour nommer le verbe.

2° Les séries ainsi distinguées sont LES MODES du verbe, auxquels la tradition et les textes officiels ont donné les noms suivants : *infinitif, participe, subjonctif, impératif, indicatif*[1].

3° Dans chaque mode, on distingue différents TEMPS, dont les formes varient en quantité.

Le présent de l'indicatif a six formes écrites ; le présent de l'infinitif en a une seule.

Chaque temps porte un nom : *présent, imparfait, futur, passé composé, plus-que-parfait...*

N. B. — Le vocabulaire grammatical prête à confusion. Les mots *temps* et *modes* ne sont que des « étiquettes » de classification. Ces « étiquettes » ne rendent pas compte de la souplesse et de la variété d'emploi des diverses formes verbales.

Un « temps » peut présenter plusieurs *valeurs temporelles.* Par exemple, un « présent de l'indicatif » peut, selon le contexte, situer l'action dans le passé ou dans le futur.

Un « mode », comme l'indicatif, peut offrir des formes qui présentent plusieurs *valeurs modales ;* par exemple, le futur peut souligner la *réalité* de l'action, mais, dans un contexte différent, *atténuer cette réalité* et prendre une valeur d'*hypothèse.*

---

1. Nous ne faisons pas du conditionnel un mode particulier, mais un « temps » de l'indicatif, au même titre que le futur. Ces deux formes issues d'une périphrase (infinitif + *avoir* au présent ou à l'imparfait) engagent l'action dans une perspective d'époque future et la marquent de l'éventualité ou de l'hypothèse dont est chargée toute époque future.

471. Sens des différents modes.

Les différents modes distingués dans la conjugaison aident à la traduction de l'ÉTAT D'ESPRIT DU PARLEUR au moment où il considère l'action exprimée par le verbe.

A l'INFINITIF, le parleur considère l'action comme une *idée* générale et abstraite.

Au SUBJONCTIF, comme un *événement* dont il apprécie la réalisation ou les possibilités de réalisation.

A l'IMPÉRATIF, comme un *fait* réalisable ou dont il veut voir la réalisation.

A l'INDICATIF, comme un *fait* qui se réalise et qui se situe à une époque déterminée.

A mesure que l'action est, au regard du parleur, plus réelle, les formes verbales se multiplient et les époques (présent, passé, futur) sont marquées avec une plus grande précision.

472. Les différentes époques.

Seul l'INDICATIF présente une division achevée du temps en trois époques : *passé, présent, futur.* Et, pour situer l'action dans ces trois époques, il dispose des formes de six « temps » simples et de six « temps » composés.

Le SUBJONCTIF n'a pas de formes particulières pour marquer le futur ; il répartit les formes verbales dans deux époques : le passé et le présent. Le plus souvent, il se contente de situer l'action dans l'époque indiquée par le verbe principal. Il n'a plus que quatre « temps », dont deux ne sont plus utilisés (imparfait et plus-que-parfait) dans la langue parlée.

A l'INFINITIF, les formes diminuent encore en nombre ; la personne n'est plus marquée, le contexte seul précise l'époque où se situe l'action.

B | L'INDICATIF

a — Le présent

473. Situation dans le système verbal.

Il occupe une position centrale qui lui permet de séparer le passé du futur et de s'opposer à tous les temps simples ou composés qui marquent le passé ou le futur :

> *Sylvain, de ses deniers,* a acquis *de la naissance et un autre nom :* IL EST *seigneur de la paroisse où ses aïeuls* payaient *la taille;* il n'aurait pu autrefois entrer *page chez Cléobule et* IL EST *son gendre* (LA BRUYÈRE).

C'est une forme simple, apte à traduire les nuances de l'aspect « non accompli » (voir § **465**).

Le présent est constitué du passé qui vient de s'écouler et du futur qui s'amorce; il a, selon l'expression de G. GUILLAUME, « un pied dans le futur, un pied dans le passé ».

> *Incapable de me reconnaître dans ce que* je fis, je M'APPLIQUE *à donner à mes actes ce cachet définitif d'où toute correction* sera exclue (SOLLERS).

On aperçoit dans cet exemple la position médiane du présent entre un passé et un futur, en même temps que l'aptitude de cette forme simple à souligner la durée que suggère le sens du verbe *s'appliquer à.*

474. Le présent actuel.

1° La fonction primaire du présent est d'indiquer que les événements portent la *date* du moment où l'on parle.

2° C'est le temps que l'on emploie dans le reportage « en direct » à la radio, où le discours est *description* d'un événement que l'on vit ou que l'on voit en même temps que le narrateur.

3° C'est le temps que le romancier utilise pour *présenter* au lecteur un décor ou un objet, comme le ferait un guide dans un musée ou le commentateur d'un film de court métrage :

> *Le plat* contient *une purée jaunâtre, d'où* s'élève *une mince ligne*

de vapeur, qui soudain se courbe, s'étale, s'évanouit, *sans laisser de trace, pour reparaître aussitôt* (Robbe-Grillet).

4° Lorsque le romancier veut, sans employer les marques du dialogue (pronom de conjugaison de 1ʳᵉ personne et guillemets), *faire entendre* les paroles du personnage, il peut recourir au présent :

> *L'agronome* soutient *au contraire que ce n'est pas le sud qui des pauvres* fait *des juristes, mais la pauvreté même. Un pauvre n'a que le présent, son droit pour lui, il y* tient *plus qu'à sa pauvre vie. Un riche* a *tellement de droits qu'il se permet de n'être pas à cheval sur le droit* (Vailland).

La première phrase établit un discours indirect : *L'agronome soutient... que...,* la seconde, un discours indirect libre : *Un pauvre n'a que son droit... il y tient... Un riche a tellement de droits...*

5° Après une série de verbes au passé, une réflexion appartenant soit au narrateur, soit au personnage, peut être faite au présent. Cette rupture place l'élément important au premier plan, celui de l'*actuel :*

> *Théodore virevolta et continua sa route par la rue de la Michodière vers les boulevards. Il pleuvait à nouveau malgré l'arc-en-ciel.* On ne peut plus avoir confiance *en rien* (Aragon).

475. *Le présent permanent.*

1° Grâce au présent, il est possible de soustraire à l'emprise du passé — ou du futur — un fait que le narrateur tient pour vrai dans l'instant où il parle et auquel il accorde une qualité durable :

> *Lorsque je voulais plaire, j'usais d'une certaine manière de persuader ; je cherchais à éblouir, je montrais une passion résolue, qui est la plus sûre des armes* (A. Rais).
> *Il se coiffa avec soin et fixa ses ondulations avec un nouveau cosmétique américain qui ne graisse pas* (Vailland).

2° Le présent devient ainsi une forme verbale que l'on peut employer, indépendamment de tout contexte verbal, pour affirmer le caractère permanent d'un jugement ou d'un fait :

> *Qui* se gratte *longtemps* s'envenime (Cendrars).
> *Qui* aime *bien, c'est connu, n'aime pas vraiment* (H. Bazin).

3° Il est le temps des *aphorismes*, des *définitions*, des *proverbes...* :

> *Il ne faut jurer de rien. Tant va la cruche à l'eau qu'à la fin elle se casse. Tout corps plongé dans l'eau subit une poussée de bas en haut...*
> *Le diable est un grand lièvre rouge* (Prévert).

476. *Le présent historique.*

L'historien use souvent de la possibilité offerte par le présent de faire abstraction du cadre ou du décor décrits au passé. Il rend ainsi le lecteur témoin direct de l'événement :

> *Une foule de cavaliers français... s'étaient tirés de la bataille et rendus aux Anglais. En ce moment on vint dire au roi qu'un corps français pille ses bagages, et d'autre part il voit dans l'arrière-garde des Bretons ou Gascons qui faisaient mine de revenir sur lui. Il eut un moment de crainte* (MICHELET).

Il peut conduire tout un récit historique au présent ; ainsi MICHELET décrivant la fête de la Fédération :

> *Rien de plus beau à voir que le peuple avançant vers la lumière, sans lois, mais se donnant la main. Il avance, c'est assez ; la simple vue de ce mouvement immense* fait tout reculer *devant lui ; tout obstacle* fuit, disparaît : *toute résistance* s'efface.

477. *Le présent traducteur du passé ou du futur.*

Tout présent, comportant une « frange de passé », peut, aidé par le contexte, traduire un passé récent :

> *Je* quitte *à l'instant* mon ami.

Ce sont surtout les verbes marquant une séparation, comme *sortir, partir, s'en aller,* que l'on emploie dans ce cas. Le présent indique que les conséquences de l'action ont un retentissement actuel.

Mais il peut aussi traduire le futur immédiat :

> *Le mariage* a lieu *dans trois jours* (GIDE, cité par IMBS).

L'idée de futur est soulignée par le complément de temps, et le présent peut être utilisé, car l'action future est décidée dès le moment présent.

Dans un projet, annoncé maintenant, le présent peut traduire un futur qui peut être assez éloigné :

> *Je vais passer* mes vacances au bord de la mer Noire, *je traverse l'Italie et la Yougoslavie.*

478. *Le présent dans les expressions figées.*

Dans les locutions interrogatives *est-ce que, qui est-ce qui,* le verbe est toujours au présent.

Il en est de même dans les expressions : *c'est-à-dire, c'est pourquoi, c'est tout juste, c'est à peine si.*

479. *Le présent dans le système conditionnel.*

Après si conditionnel, le présent est de règle dans l'expression du futur :

> *Si tu travailles, tu réussiras.*

b | Le passé composé

480. Situation dans le système verbal.

C'est la forme verbale que le parleur emploie pour exprimer un ÉVÉNEMENT PASSÉ ou ACHEVÉ au moment où il parle.

Forme ambiguë, elle appartient au présent par son auxiliaire, mais peut marquer, grâce à son participe passé, l'ACHÈVEMENT et l'ANTÉRIORITÉ.

Ses emplois et sa valeur se déterminent par rapport au passé simple, à l'imparfait et au présent.

481. Expression de l'accompli.

1° Le passé composé marque l'aspect de l'accompli ; l'événement qu'il traduit est entièrement achevé :

> Sa tâche est seulement de dire : « Ceci est arrivé », lorsqu'il sait que ceci est, en effet, arrivé, que ceci a intéressé la vie de tout un peuple (CAMUS).
>
> Ils ont crié et ils ont hurlé ils ont chanté
> Ils ont dansé
> Ils ont dansé autour des granges où le blé était enfermé (PRÉVERT).

2° Très souvent le passé composé exprime la situation ACTUELLE résultant de cet achèvement :

> Je vous ai, dès la publication, réservé un exemplaire de choix (BAUDELAIRE, lettre à Mme Sabatier).

Cet exemplaire, Baudelaire le possède au moment où il écrit sa lettre.

3° Lorsqu'il indique l'ACCOMPLI, le passé composé peut toujours se construire comme verbe d'une proposition indépendante. Les exemples précédents le montrent.

482. Expression de l'antériorité.

Elle découle de l'expression de l'accompli : un événement achevé est nécessairement antérieur à l'instant où le parleur le rapporte.

Le passé composé est l'antérieur du présent de l'indicatif :

> Aussitôt que les arbres ont développé leurs feuilles, mille ouvriers commencent leurs travaux (MICHELET).

Dans le système hypothétique, au futur simple :

Si tu lis ce livre, je serai content,

l'emploi du présent dans la subordonnée est une exigence grammaticale. Mais lorsque l'on veut insister sur l'antériorité, c'est le passé composé qui remplace le présent dans la subordonnée :

Si demain vous n'avez pas répondu à ma lettre, je reprendrai ma liberté.

483. Expression du passé.

Pour l'expression du passé, le français dispose du PASSÉ SIMPLE ; mais ce temps, réservé à l'usage littéraire, est avant tout un temps du récit historique, propre à exprimer des faits d'un passé lointain, détaché du sujet parlant (v. chap. LE PASSÉ SIMPLE).

Lorsque le passé est présent à la pensée de celui qui l'évoque, dans une conversation par exemple, ou un rapport oral, c'est au passé composé que le parleur a recours. Le passé composé a pris ainsi la place qu'occupait autrefois, dans la langue médiévale, le passé simple :

Le commissaire fit le point de l'enquête. Les indicateurs n'ont rien indiqué... rien à signaler (VAILLAND);

le passé composé retrace les pensées du commissaire ; nous apercevons sa valeur d'actualisation par rapport à la valeur purement narrative du passé simple : *il fit le point...*

Vous avez décidé de déjeuner dehors, mais, comme vous ne vouliez pas donner à Henriette d'inquiétudes inutiles, vous avez téléphoné chez vous... (BUTOR).

L'imparfait *vous ne vouliez pas* situe le récit dans le passé, mais les faits passés, que l'auteur rappelle maintenant à son personnage, sont au passé composé.

484. De quelques effets de sens.

Un présent peut exprimer le futur immédiat ; le passé composé peut exprimer un futur antérieur immédiat :

Dans cinq minutes, j'ai mangé.

Pour souligner la rapidité du processus, on le rejette d'avance dans le passé.

Un banc se présente. Déjà il l'a escaladé, et, des hauteurs de ce perchoir : « Mais arrêtez-la donc! Mais arrêtez-la donc! » Du coup, à l'unisson, la foule : « Qui, à la fin, qui? » hurle-t-elle. Et lui, alors : « Qui? La chute des cheveux » (COURTELINE, cité par DAMOURETTE et PICHON).

Le passé composé permet aussi l'expression de vérités générales (il est, dans ce cas, souvent accompagné d'un terme circonstanciel) :

De tout temps les petits ont pâti des sottises des grands (LA FONTAINE).

485. *Situation dans le système verbal.*

C'est un temps du passé de forme simple : il est apte à traduire l'ACTION NON ACHEVÉE (aspect non accompli).

Il convient parfaitement à l'expression de la DURÉE de l'action, dont il ne marque ni le début ni la fin. C'est pourquoi on peut le qualifier de « *présent en cours dans le passé* ».

Il présente deux valeurs : l'une temporelle, l'autre modale.

486. *Valeur temporelle - Rapports avec les autres temps.*

1° Avec le PASSÉ SIMPLE :

a) Le passé simple marque une ACTION ACHEVÉE dont on envisage les limites ; l'imparfait décrit les CIRCONSTANCES (événements, décor) qui existaient AVANT L'ACTION RAPPORTÉE au passé simple et qui DURENT ENCORE APRÈS SON ACHÈVEMENT (v. chap. LE PASSÉ SIMPLE);

b) A l'intérieur d'une série de verbes au passé simple, l'imparfait s'intercale pour commenter un fait rapporté :

> *Le juge alluma une cigarette. La fièvre donnait au tabac un goût de miel. Il écrasa la cigarette* (VAILLAND).

c) A la suite d'une série de faits exprimés au passé simple, sans considération de durée, un imparfait peut souligner la CONSÉQUENCE (envisagée dans sa continuité) DES FAITS ANTÉRIEURS :

> *Je retournai de temps en temps à la Nationale ; j'empruntai pour mon compte chez Adrienne Monnier ; je m'abonnai à la Bibliothèque anglo-américaine... L'hiver au coin de mon feu, l'été sur mon balcon* [...] *je complétais ma culture* (S. DE BEAUVOIR).

2° Avec le PASSÉ COMPOSÉ :

Dans un récit d'événements rapportés au passé composé, l'imparfait permet l'évocation de la durée :

> *Vous avez décidé de déjeuner dehors, mais, comme vous ne vouliez pas donner à Henriette d'inquiétudes inutiles, vous avez téléphoné chez vous* (BUTOR).

Le romancier pouvait, sans enfreindre les règles du bon usage, écrire : *vous n'avez pas voulu...* Il aurait ainsi exprimé, en le situant au niveau des autres événements, un fait purement « dramatique ». Mais l'emploi de l'imparfait souligne ici la durée de l'état d'esprit du personnage.

3° Avec l'IMPARFAIT :

Lorsque des imparfaits se succèdent en série, telle forme exprimera (comme le ferait un passé simple) un fait important, telle autre les circonstances accompagnatrices :

> *Elle* arrivait. *Il* pleuvait *fort et, de ma fenêtre, je n'*apercevais *que le toit des parapluies* (SOLLERS).

Un premier imparfait : *elle arrivait,* décrit l'événement principal (qui pourrait être présenté au passé simple, si le romancier avait voulu en marquer la limite finale); les autres imparfaits : *il pleuvait, je n'apercevais,* traduisent les circonstances qui accompagnent cet événement principal.

487. L'imparfait de style indirect.

1° En proposition SUBORDONNÉE :

Après un verbe de parole ou de pensée, à un temps du passé, la complétive développe, à l'imparfait, pensées ou paroles :

> *Il lui dit très vite qu'il lui* demandait *pardon* (CAMUS).
> *Je pensai que c'*était *le genre de femmes que beaucoup d'hommes voudraient avoir ou garder* (SAGAN).

Si le verbe de la principale était au présent, on aurait un verbe au présent dans la subordonnée : *Je* pense *que c'est le genre de femmes...* C'est une servitude grammaticale qui oblige à l'emploi de l'imparfait en subordonnée après un verbe principal au passé.

2° En proposition INDÉPENDANTE :

Paroles ou pensées sont souvent rapportées, sans le secours d'un verbe principal introducteur, à la troisième personne, à l'imparfait. C'est le DISCOURS INDIRECT LIBRE :

> *Après le facteur, ce fut le concierge. Il y* avait *une fuite dans l'escalier. M. Leurtillois n'*avait *pas entendu ce petit bruit? Je* venais *voir si ça ne* venait *pas de chez M. Leurtillois. Non, cela ne* venait *pas de chez M. Leurtillois* (ARAGON).

> *Rien ne la* contentait, *rien n'*était *comme il faut. On* se levait *trop tard, on* se couchait *trop tôt* (LA FONTAINE).

Dans les récits s'entremêlent souvent imparfaits descriptifs et imparfaits de discours indirect libre :

> *Il se mit à fredonner la chanson de Ch. Trenet que chantaient tout à l'heure les prisonniers, mais lui, il* comprenait *les paroles; il* était *licencié en droit* (VAILLAND).

Le romancier trouve dans ces imparfaits de discours indirect libre la possibilité d'une introspection et d'une description simultanées des personnages.

488. *Valeur modale.*

L'imparfait appartient à l'indicatif, le mode que le parleur choisit pour situer l'action à une époque réelle. Mais l'imparfait présente l'action, sans en préciser la limite initiale non plus que finale. Cette absence de précision peut expliquer que la langue utilise l'imparfait pour évoquer l'irréalité, c'est-à-dire une hypothèse (cf. GUILLAUME, *Temps et verbe*). Que l'imparfait situe généralement les faits dans le passé ne peut que renforcer cette valeur modale, car la langue use d'une forme verbale détachant les faits du présent, pour exprimer des faits détachés du réel :

> *Elle mit la main sur le loquet... un pas de plus, elle* [Fantine] était *dans la rue.*
> — *Sergent, cria-t-il* [Javert], *ne voyez-vous pas que cette drôlesse s'en va?* (HUGO.)

489. *Le système hypothétique.*

Nous renvoyons, pour le détail, au chapitre de LA PHRASE HYPOTHÉTIQUE.

1° L'imparfait est employé en corrélation avec un conditionnel dans une proposition subordonnée commençant par SI. Il marque un fait éventuel dont la conséquence est traduite dans la principale ; cette éventualité peut être démentie par la réalité présente ou se réaliser dans l'avenir. Exemple :

> *Si mon cœur était assez vil pour aimer sans retour, je le hacherais avec les dents* (BONAPARTE).

2° Dans la principale, on trouve parfois l'imparfait à la place du conditionnel :

> *Si vous le vouliez, vous le faisiez.*

L'imparfait traduit, dans la principale, que l'effet pouvait être immédiat.

La subordonnée peut être supprimée :

> *Sans moi, vous laissiez éteindre le feu !*

3° Toujours avec la même valeur modale, l'imparfait est utilisé pour exprimer un désir :

Ah ! si j'avais une fortune !

L'ellipse de la principale ouvre une large voie à l'imagination.

4° Enfin, employé dans une principale, l'imparfait peut atténuer la réalité :

Je voulais vous demander d'intercéder en ma faveur.
Je venais vous prier d'accepter notre invitation.

Dans ce cas ce n'est pas le verbe principal *(intercéder, accepter)* que l'on met à l'imparfait, mais son auxiliaire introducteur *(venir, vouloir).*

d | Le plus-que-parfait

490. *Situation dans le système verbal.*

Forme composée, le plus-que-parfait convient à l'expression de l'aspect accompli.

Le verbe auxiliaire étant à l'imparfait, on peut considérer le plus-que-parfait comme l'« antérieur de l'imparfait ».

Comme l'imparfait, le plus-que-parfait connaît aussi une valeur modale, singulièrement à l'intérieur d'un système hypothétique.

491. *Expression de l'accompli.*

1° Le plus-que-parfait exprime, au début d'un récit, les actions accomplies qui caractérisent une situation. Sur ce décor temporel viennent se détacher d'autres faits, à l'imparfait ou au passé simple :

Le père de Charles Deslauriers, ancien capitaine de ligne, démissionnaire en 1818, était revenu se marier à Nogent, et, avec l'argent de la dot, avait acheté une charge d'huissier, suffisant à peine pour le faire vivre. Aigri par de longues injustices [...], il dégorgeait sur son entourage les colères qui l'étouffaient. Peu d'enfants furent plus battus que son fils (FLAUBERT).

2° Le plus-que-parfait peut entrer dans des propositions indépendantes, juxta-posées ou coordonnées à des propositions :

a) à l'IMPARFAIT :

> *Elle* avait joué *ce rôle, soit, mais c'était fini, elle* voulait *se régénérer, travailler de ses mains, balayer les rues, peut-être, ou faire des ménages* (S. DE BEAUVOIR).

b) au PRÉSENT :

> *Nous* avions quitté *le monde des conventions rassurantes,* je ne sais *plus sur quel terrain je* m'aventurais (S. DE BEAUVOIR).

3° Il peut se trouver aussi dans une proposition relative alors que la principale est au passé simple :

> *Mon père se* mit *à faire des vers latins, lui qui n'en* avait *jamais* fait (MICHELET).

4° Dans le STYLE INDIRECT LIBRE :

> *Ces regards si différents de ceux de la veille* firent *perdre la tête à Madame de Rénal : elle* avait été *bonne pour lui, et il paraissait fâché* (STENDHAL).

492. *Expression de l'antériorité.*

1° Toute action accomplie est nécessairement antérieure au moment où d'autres actions se produisent. C'est généralement dans un système PRINCIPALE-SUBORDONNÉE que l'antériorité se détermine : temps de la principale et temps de la subordonnée étant de *même niveau temporel,* au plus-que-parfait répond l'imparfait :

> *Les soirs d'été, quand ils* avaient marché *longtemps par les chemins pierreux au bord des vignes ou sur la route en pleine campagne* [...], *une sorte d'étouffement les* prenait (FLAUBERT).

2° Cependant, le plus-que-parfait peut s'employer en liaison avec un passé simple et concurrencer ainsi le passé antérieur (v. § **499**) :

> *A peine* avait-il tourné *les talons que Thérèse, joyeuse de faire un sacrifice par obéissance,* brûla *son manuscrit* (BARRÈS).

Il semble que cette possibilité accordée au plus-que-parfait tienne au fait que le passé antérieur limite son emploi à la langue écrite.

493. *Valeur modale.*

1° Dans le système hypothétique introduit par SI, le plus-que-parfait forme un couple avec le conditionnel passé.

Le plus-que-parfait marque alors l'éventualité, et le conditionnel, la conséquence.

2° Toujours précédé de si, mais en proposition indépendante, il exprime le REGRET :

> Ah ! si j'avais été plus jeune !

ou le BLÂME :

> Si vous m'aviez écouté !

Ces constructions ne trouvent leur valeur que par l'effet de l'intonation.

3° Dans les formules de politesse, on emploie le plus-que-parfait dit *d'atténuation* :

> J'étais venu *vous demander une faveur,*

qu'il faut mettre en parallèle avec l'imparfait employé pour marquer la même nuance de politesse.

e | Le passé simple

494. Situation dans le système verbal.

Cette forme verbale, qui n'existe qu'à l'indicatif, appartient surtout à l'expression écrite.

Elle situe dans le passé des *événements achevés.* C'est dans ses relations avec l'imparfait et le passé composé qu'elle prend le plus souvent sa valeur temporelle.

495. Passé simple et imparfait.

1° Le passé simple est le temps fondamental du récit des événements passés ; c'est le temps des historiens qui nous rapportent des faits d'un passé révolu et lointain :

> Le matin du 25 octobre 1415, jour de Saint-Crépin et Saint-Crépinien, le roi d'Angleterre entendit, *selon sa coutume, trois messes, tout armé, tête nue.* Puis il se fit *mettre en tête un magnifique bassinet* [...], il monta *un petit cheval gris* [...], *puis* il alla *tout le long au pas* (MICHELET).

2° Dans un récit (roman ou chronique historique), le passé simple s'emploie en relation avec l'imparfait. Le passé simple détache les événements essentiels d'une situation que l'imparfait a décrite :

> *Deux candélabres de bronze* tenaient *des globes de porcelaine suspendus à des chaînettes; les soupiraux des calorifères béants* exhalaient *un air lourd; et l'on n'entendait que le tic-tac d'une grande horloge dressée à l'autre bout du vestibule, sous une panoplie.* Un timbre sonna; *un valet* parut (FLAUBERT).

3° Il peut, par effet de style, après un imparfait, souligner la soudaineté d'un événement :

> *Un caisson d'artillerie* sortait *d'un fossé tiré par un attelage à deux et* il eut l'air *de se casser dans un fracas de roues et de jurons,* il sépara *grenadiers et mousquetaires* (ARAGON).

4° Le passé simple peut précéder l'imparfait. Il place au premier plan un fait essentiel dont l'imparfait n'est qu'un commentaire ou qu'une conséquence qui se prolonge :

> *Eliane* occupa *bientôt mon esprit.* Ma solitude prenait *fin* (RAIS).
> *La porte* s'ouvrit et Ph. François Touchard entra, *qui* vint *faire ses dévotions à ses dames.* C'était *encore un bel homme* (ARAGON).

5° Dans les exemples cités, à la *durée,* que traduit l'imparfait, le passé simple oppose la *sécheresse* ou la *netteté de l'événement.* Il semble bien alors que l'expression de l'aspect l'emporte sur la marque du temps.

496. *Passé simple et passé composé.*

1° DANS LA LANGUE CLASSIQUE. Au XVIIe siècle, le passé simple s'emploie pour les événements lointains, détachés du moment où l'on parle, le passé composé, pour les événements d'un passé qui n'est pas entièrement écoulé. Lorsque Phèdre évoque sa première rencontre, déjà lointaine, avec Hippolyte, elle use du passé simple :

> *Je le vis, je rougis, je pâlis à sa vue,*

puis du passé composé pour une rencontre récente dont elle porte la douleur :

> *J'ai revu l'ennemi que j'avais éloigné.*

Cependant, cet usage est loin d'être absolu et le passé composé empiète dès ce moment-là sur le passé simple.

2° L'USAGE MODERNE. Le passé simple est réservé à la langue écrite ; il n'est pas seulement propre aux ouvrages littéraires, il est fréquent dans la langue de la « presse écrite », d'où il s'étend à la « presse parlée » de la Radio et de la Télévision. Le passé simple rapporte les faits éloignés du passé, le passé composé les faits dont les conséquences sont actuelles :

> Les syndicats et surtout l'armée péroniste l'ont empêché de mener à bien ce programme. La C. G. T. péroniste s'opposa à toutes les mesures de dénationalisation [...], les militaires opposèrent leur veto (LES JOURNAUX).

Un événement écoulé depuis quatre ans, mais qui pousse ses conséquences jusqu'au moment présent, sera rapporté au passé composé :

> Mouloud Feraoun a seulement fait paraître en 1960 des traductions de Si Mohand, le poète de sa Kabylie natale (LES JOURNAUX).

f | Le passé antérieur

497. Situation dans le système verbal.

C'est un temps composé, propre à marquer l'ASPECT ACCOMPLI de l'action.

Il est lié au PASSÉ SIMPLE, auquel il emprunte son auxiliaire.

Il est sorti de l'usage comme le passé simple, par rapport auquel il exprime une ACTION ANTÉRIEURE.

En proposition indépendante, alors qu'il n'exprime plus que l'aspect de l'accompli, il peut tenir la PLACE D'UN PASSÉ SIMPLE.

498. Expression de l'accompli.

Dans les indépendantes ou les principales, accompagné presque obligatoirement d'adverbes (bientôt, peu après, en moins de rien, en un moment, en un clin d'œil), il permet l'expression de l'accomplissement rapide de l'action :

> Et le drôle eut lapé le tout en un moment (LA FONTAINE).

> Ils eurent rejoint la chasse en un instant (cité par IMBS).

499. *Expression de l'antériorité.*

Le passé antérieur exprime l'antériorité dans les subordonnées introduites par une conjonction ou une locution conjonctive de temps, *dès que, aussitôt que, après que, quand, lorsque* :

> Quand il eut poussé *une des deux portes cochères, il traversa la cour, gravit le perron et entra dans un vestibule pavé en marbre de couleur* (FLAUBERT).

Dans une principale, avec des expressions comme *à peine... que, ne... pas plutôt... que* :

> A peine eurent-ils mis *le nez dehors que l'orage éclata.*
>
> Il n'eut pas plutôt mangé *qu'il sortit.*

Le passé antérieur, dans ce système, traduit une antériorité immédiate et le passé simple apparaît comme la conséquence de l'action exprimée dans la principale.

g | Le futur simple

500. *Situation dans le système verbal.*

Les temps du passé évoquent des *actions réalisées;* le futur, des *actions à réaliser.*

Par rapport au présent, qui traduit un processus verbal actuel, le futur traduit un processus *postérieur au moment actuel.*

« Le futur est essentiellement du temps qu'on ne tient pas encore, qu'on imagine. Il emporte ainsi avec soi une part d'hypothèse » (GUILLAUME). Mais ce temps appartient au mode indicatif (le mode de la réalité) et il exprimera toujours que les chances de réalisation sont plus grandes que la part d'hypothèse. Si la part d'hypothèse est plus grande, la langue emploiera la forme dite « conditionnel présent » (voir § 509).

501. Le futur temporel.

1° Opposition PRÉSENT-FUTUR :

> *Son éducation, Dieu merci,* est terminée, *et ceux qui la* verront auront *la joie de respirer une glorieuse fleur de sagesse et de dévotion* (MUSSET).

La première proposition marque une date à partir de laquelle s'ouvre la perspective du futur.

Cette date peut être marquée par un *adverbe de temps* :

> Maintenant, *je saurai travailler.*
>
> A présent, *tout ira mieux.*

L'adverbe indique le début de l'intervalle de temps qui nous sépare de l'événement envisagé au futur.

2° Opposition PASSÉ-FUTUR :

Le futur peut s'exprimer par référence à un passé :

> *La langue que* parlait *le cœur de Phidias*
> Sera *toujours vivante et toujours entendue.*
> *Les marbres* l'ont apprise *et ne* l'oublieront pas (MUSSET).

C'est à partir de l'expérience du passé que le poète évoque l'avenir.

Les historiens emploient volontiers ce futur d'anticipation. Prenant comme référence les faits passés, ils décrivent au futur les conséquences qui en découlent :

> *Hélas, il faudra plus de mille huit cents ans pour que le sang qu'il va verser porte ses fruits. En son nom, durant des siècles,* on infligera *des tortures et la mort à des penseurs aussi nobles que lui* (RENAN).

3° Opposition FUTUR-FUTUR :

a) Le système verbal ne comporte que deux temps pour traduire le futur : le FUTUR SIMPLE et le FUTUR ANTÉRIEUR.

Comment traduire un événement ultérieur à un futur ? La langue, ne disposant pas de forme particulière, utilise le futur simple :

> Va faire *ton paquet et* je te mènerai *chez M. de Rénal où* tu seras *précepteur des enfants* (STENDHAL).

Dans cette dernière phrase, la pensée prend appui sur les mots-outils ET, OÙ, pour distinguer les différents moments du futur et classer les événements.

La série peut être beaucoup plus longue :

> *Toutes lampes allumées [...], elle* marchera *de long en large,* hésitera ; ira *vers le téléphone ;* se ravisera ; attendra *le lendemain, puis un ou deux jours ;* oubliera ; *y* repensera *bientôt avec ennui,* attendra *toujours* (Ph. SOLLERS).

b) Un futur construit en série avec un autre futur peut parfois, grâce au contexte, exprimer non plus l'ultériorité, mais la SIMULTANÉITÉ :

> *Au moment précis où dix heures* sonneront, *j'exécuterai ce que, pendant toute la journée, je me suis promis de faire ce soir, ou je* monterai *chez moi me brûler la cervelle* (STENDHAL).

502. Emplois stylistiques.

Le futur est moins un temps de récit ou de description que de vision. Les romans sont riches de passés simples et d'imparfaits, pauvres de futurs.

Cependant, le romancier moderne choisit souvent d'user du futur de façon singulière :

— *en intercalant* dans le récit de longs moments au futur, pendant lesquels il laisse entrevoir l'avenir à son personnage :

> *Dans la gare lumineuse, après être monté dans un wagon de 3ᵉ classe sur lequel il y aura la pancarte « Pisa - Genova - Torino - Modana - Parigi »* [...], *vous* redescendrez *sur le quai retrouver Cécile, qui vous* redira *peut-être : « Alors quand reviendras-tu ? »* — *mais ce* sera *sur un tout autre ton* (BUTOR).

— *en insérant,* dans la trame du récit, des lettres appartenant aux personnages ; alors le futur apparaît plus fréquemment :

> *« Je suis marié ; j'ai des enfants que j'adore. Je pense que* nous irons *dans la lune avec nos vieux sentiments humains, que* nous ne pourrons *pas les laisser au vestiaire humain »* (TRIOLET).

— *en substituant,* dans le discours indirect, le futur à la forme traditionnelle de « conditionnel présent ».

> *Elle calcula qu'elle* s'enfuira *dès que Don Cesare* sera *dans sa chambre et qu'elle* passera *la nuit dans la resserre d'un des jardins d'orangers et de citronniers. Ce ne* sera *pas la première fois* (VAILLAND).

— *en construisant,* selon la même substitution, un passage de discours indirect libre :

> *La conversation est revenue à l'histoire de camion en panne : Franck* n'achètera *plus, à l'avenir, de vieux matériel militaire ; ses dernières acquisitions lui ont causé trop d'ennuis ; quand il* remplacera *un de ses véhicules, ce* sera *par du neuf* (ROBBE-GRILLET).

503. Le futur modal.

1° L'événement évoqué au futur est situé nécessairement à une certaine DISTANCE de celui qui parle. Aussi emploiera-t-on le futur :

— pour ATTÉNUER la fermeté d'une affirmation :
J'avouerai *que l'architecture gothique est pour moi comme le son de l'harmonica* (STENDHAL);

— pour donner à la pensée un TON CONJECTURAL :
Ce sera le bonhomme de frère pris de somnambulisme (MUSSET cité par LE BIDOIS). *Notre ami est absent; il* présidera *quelque réunion.*

2° Le futur peut être employé en concurrence avec l'impératif. Il traduit la CERTITUDE du sujet parlant; il permet d'insister sur la réalisation dans l'avenir de l'ordre que l'on donne : cependant, les nuances de l'intonation aideront à atténuer ou à renforcer l'énoncé.

ORDRE SANS RÉPLIQUE :
Vous attaquerez l'ennemi; vous ne reculerez pas!
Tes père et mère honoreras.

SUGGESTION :
Vous tâcherez d'être adroit.

Il apparaît donc que le FUTUR MODAL a une double valeur :

— dans un cas, lorsque l'on souligne en lui la « part d'hypothèse », il est apte à *estomper la réalité de l'événement;*

— dans l'autre, à *traduire la volonté du sujet* parlant avec assurance.

504. Les périphrases du futur : aller *(plus l'infinitif).*

Si la périphrase « ALLER » + INFINITIF tend à remplacer de plus en plus le futur simple, dans la langue de la conversation, il faut cependant distinguer les deux formes :

Il va descendre *lui-même jusqu'au port* (ROBBE-GRILLET).

La périphrase marque un futur lié à l'instant présent. Si l'auteur avait écrit : *il descendra lui-même jusqu'au port,* le futur exprimerait une action séparée du moment actuel. Une coupure s'établirait entre l'instant où parle le personnage et l'action envisagée. Avec la périphrase, grâce au verbe auxiliaire VA, au présent, l'action future est maintenue dans l' « orbite » du présent, et, selon l'expression de M. IMBS, « un pont est construit entre le présent et l'avenir ».

« DEVOIR » + INFINITIF : voir § 468.

h | Le futur antérieur

505. Situation dans le système verbal.

Comme tous les temps composés, le futur antérieur exprime l'aspect de *l'accompli*. Orienté vers le futur, il exprime l'antériorité par rapport à toute forme verbale marquant le futur.

Comme le futur simple, il connaît des valeurs modales.

506. Valeurs temporelles.

1° En emploi absolu, il exprime qu'une action sera accomplie à un moment déterminé du futur. La forme composée souligne essentiellement l'aspect, la valeur temporelle étant exprimée, dans le contexte, par un adverbe ou une locution adverbiale :

> *Dans quelques années, il* aura appris *à lire.*
> *En 1970, tout* aura changé.
> *Bientôt, il* aura écrit *son premier roman.*

2° En relation avec un autre temps, le futur antérieur souligne qu'une action s'est achevée antérieurement à une autre exprimée par une deuxième forme verbale. L'aspect s'efface, la valeur temporelle d'antériorité s'affirme. On trouve ainsi un futur simple dans la principale, un futur antérieur dans la subordonnée, précédé d'une conjonction précisant le moment où s'achèvera l'action exprimée dans cette subordonnée :

> Quand *j'*aurai reçu *de vos nouvelles, je* serai *tranquille sur tout le reste* (J.-J. Rousseau).

La subordination n'est pas nécessaire pour que l'antériorité paraisse. Il suffit que le futur soit marqué dans une proposition, même indépendante :

> *Vous* serez *à quarante ans procureur général... Remarquez, mon cher enfant, que nous* aurons fait *des accrocs à notre petite conscience, que nous* aurons eu *vingt ans d'ennuis, de misères secrètes et que nos sœurs* auront coiffé *sainte Catherine* (Balzac).

353

507. *Valeurs modales.*

Le futur antérieur permet au parleur d'imaginer, sous l'aspect de l'accompli, des événements qui peuvent appartenir au futur ou au passé.

1° DANS LE FUTUR :

> *Ne* pouvons-nous *pas passer deux mois ensemble d'une manière délicieuse?* [demande Julien Sorel à Mme de Rénal, en imaginant l'avenir] *Deux mois, c'est bien des jours. Jamais je n'*aurai été *aussi heureux* (STENDHAL).

Le futur antérieur permet alors l'expression de l'ÉVENTUALITÉ.

2° DANS LE PASSÉ, l'imagination prend appui sur un fait réel, mais cherche à reconstituer (au futur antérieur) les causes qui ont permis la réalisation de ce fait : La lumière vient de s'éteindre dans le compartiment d'un wagon ; un des personnages du roman s'interroge :

> *Quelqu'un* aura demandé *d'éteindre?* (BUTOR) ;

si l'auteur avait seulement voulu marquer l'*aspect accompli,* il aurait employé le passé composé :

> *Quelqu'un* a demandé *d'éteindre,*

mais il perdait la nuance modale exprimée par le futur antérieur ; il ne la retrouvait qu'en adjoignant l'adverbe *peut-être* à la proposition :

> *Quelqu'un* a peut-être demandé *d'éteindre.*

Autre exemple :

> *Il* aura su, *dit Arnavon, la petite course qu'ils se sont payée à Saint-Quentin* (ARAGON).

Il aura su est l'équivalent de : *il a* peut-être *su.*

Le futur antérieur, dans un contexte de passé, peut donc exprimer la PROBABILITÉ. Il équivaut à un PASSÉ COMPOSÉ + « PEUT-ÊTRE », comme le futur simple, dans ses valeurs modales, est un PRÉSENT + « PEUT-ÊTRE ».

REMARQUE. — Le futur antérieur s'emploie souvent avec une valeur modale *d'indignation :* J'aurai donné *à cette maison les trente plus belles années de ma vie pour en venir à ce résultat de me faire dire : Prenez la porte!* (COURTELINE.)

i | Le conditionnel présent

508. *Situation dans le système verbal.*

Forme en -R (comme le futur simple), elle est située du côté du futur; mais elle l'exprime en s'insérant dans le passé, dont elle porte la marque à la désinence (-AIS, -AIT... sont des désinences d'imparfait).

Comme le futur simple, le conditionnel présent a une double valeur : tantôt temporelle, tantôt modale. Il est, selon l'expression de M. GUILLAUME, un « futur hypothétique ».

509. *Valeur temporelle.*

1° EN CORRÉLATION avec une forme verbale au PASSÉ :

a) Employé dans une proposition complétive d'un verbe à L'IMPARFAIT, il exprime un événement postérieur à cet imparfait :

> *Il* songeait *qu'*il faudrait *la quitter tout à l'heure...* (FLAUBERT.)

Si nous transposons le verbe de la principale au présent, le verbe de la complétive sera nécessairement au FUTUR SIMPLE :

> *Il* songe *qu'*il faudra *la quitter tout à l'heure...*

Le conditionnel présent construit en corrélation avec un verbe au passé ne fait que traduire le futur. Il est un futur dans le passé.

b) Le verbe principal corrélatif peut être aussi bien au PASSÉ COMPOSÉ ou au PASSÉ SIMPLE :

> *Il* a annoncé *(ou* il annonça) *qu'il* arriverait *bientôt.*

c) Au discours indirect, le conditionnel apparaît souvent dans la complétive dépendant d'un verbe de parole *(dire, affirmer),* ce verbe principal étant au passé.

2° SANS CORRÉLATION exprimée :

Le discours indirect libre supprime le verbe de parole et la conjonction introductrice QUE. La corrélation est absente :

> *Je sautai dans un taxi. Il n'*arriverait *jamais* (SOLLERS).

On pourrait compléter : Je pensais qu'*il n'arriverait jamais.*

> *Cette nuit rappelle de plus en plus la guerre.* Il serait *tellement facile d'assommer ces deux-là et de rester seul : pouvoir expliquer les choses à sa façon. Est-ce un scrupule, est-ce manque de caractère, Rynner ne se décide pas* (ARNAUD).

Dans cet exemple, on pourrait aussi compléter : il pensait qu'*il serait tellement facile...;* cependant, le contexte n'est plus au passé; le conditionnel s'insère dans une trame au présent; nous sommes ici dans une zone intermédiaire, où la valeur modale s'esquisse derrière la valeur temporelle. L'absence de corrélation permet cette ambiguïté.

510. *Valeur modale.*

1° SANS CORRÉLATION exprimée :

a) Le conditionnel est le mode de l'IMAGINAIRE :

> *Maintenant Cécile allait venir à Paris et vous* demeureriez *ensemble.*
>
> *Il n'y aurait pas de divorce* [...], *tout se* passerait *fort calmement, la pauvre Henriette se tairait, les enfants, vous iriez les voir une fois par semaine à peu près* (BUTOR) ;

le romancier propose à son personnage un avenir possible.

> *Depuis toujours je forme ce projet d'écrire à qui* serait *situé à des milliers de kilomètres... Je commencerais de lui écrire sans trop me douter de rien. Je compterais sur le temps, la fatigue et l'habitude...* (SOLLERS) ;

ici la référence ne se fait plus à un passé exprimé ou sous-entendu, mais à un présent à partir duquel le personnage *imagine ce qui peut advenir.*

b) Le conditionnel est ainsi le mode de l'ÉVENTUEL, c'est-à-dire qu'il est apte à exprimer ce qui peut ou pourra arriver :

> *Leurs pères aussi* possèdent *des domaines, quoique moins considérables, et* pourraient *à la rigueur vivre du seul produit de leurs terres* (VAILLAND).
>
> *Etrange combat où l'on reçoit tous les coups de peur d'en donner qui* tomberaient *à vide...* (SOLLERS.)

C'est au conditionnel que l'on présente les ÉVÉNEMENTS NON CONFIRMÉS :

> *Une fusée lunaire* prendrait *son départ l'an prochain* (LES JOURNAUX).

C'est le conditionnel que l'on utilise pour ATTÉNUER UN ÉNONCÉ :

> *Vous devriez apprendre l'anglais.*
>
> *Accepteriez-vous notre invitation?*

Ce sont surtout les tours interrogatifs qui utilisent le conditionnel, en qui ils trouvent un auxiliaire propre à souligner le DOUTE ou l'HYPOTHÈSE.

2° EN CORRÉLATION AVEC L'IMPARFAIT dans le système hypothétique : (voir chap. LA PHRASE), le conditionnel exprime l'ÉVENTUEL.

a) Référence au présent :

> *Ah! si j'avais un journal ou une tribune, comme je vous* secouerais *tout cela* (FLAUBERT).

b) Référence à l'avenir :

> *Si un jour tu pouvais te dégager de tout cela* [...], *il* suffirait *que je demande aux da Ponte qu'ils te la louent* [cette maison], *ils* accepteraient *certainement* [...] *et nous serions tous les deux si tranquilles* (BUTOR).

REMARQUE. — Le conditionnel présent trouve comme le futur des équivalences dans les formes périphrastiques, construites avec ALLER + INFINITIF :
Il allait falloir *mettre dans tout cela l'ordre, l'art...* Il allait falloir *donner un sens à tout cela* (ARAGON).
(IL ALLAIT FALLOIR = IL FAUDRAIT.)

j | Le conditionnel passé

511. *Situation dans le système verbal.*

Composé d'une forme de conditionnel simple du verbe auxiliaire et d'un participe passé (*j'aurais chanté, je me serais repenti*), il exprime l'aspect de l'ACTION ACCOMPLIE.

Comme le conditionnel simple, il appartient à la zone du FUTUR INSÉRÉ DANS LE PASSÉ et, comme lui, possède valeur temporelle et valeur modale. C'est un « futur antérieur hypothétique ».

512. *Valeur temporelle.*

Le conditionnel passé souligne qu'une action s'est accomplie *antérieurement à une autre* exprimée au conditionnel simple. Cette valeur apparaît bien dans les phrases de style indirect :

> *Il a ajouté que celui qui* n'aurait pas communié *aurait la tête tranchée* (CAMUS).

Transposons au style direct.

Il a ajouté : « Celui qui n'aura pas communié aura la tête tranchée. »

Cette transposition met en évidence :

— qu'à un « futur simple » *(aura),* de style direct, correspond un « futur dans le passé », de style indirect *(aurait) ;*

— qu'à un « futur antérieur » *(n'aura pas* communié), de style direct, correspond un « futur antérieur dans le passé », de style indirect *(n'aurait pas* communié).

513. Valeur modale.

Tout en exprimant l'aspect de l'accompli, le conditionnel passé permet à la fiction de développer ses hypothèses dans l'avenir, le présent ou le passé.

1° Dans le futur : un personnage esquisse, comme achevés, des événements fictifs (au discours indirect libre) :

> *Fabien pensait à l'aube comme à une plage dorée où l'on* se serait échoué *après cette nuit dure. Sous l'avion menacé* serait né *le visage des plaines. La terre tranquille* aurait porté *ses femmes endormies et ses troupeaux et ses collines. Toutes les épaves qui roulaient dans l'ombre* seraient devenues *inoffensives* (Saint-Exupéry).

2° Dans le passé : un personnage imagine la réalisation d'un passé différent de celui qui fut :

> *A une autre époque, se disait-il, c'est par des actions parlantes en face de l'ennemi que* j'aurais gagné *mon pain* (Stendhal).

C'est à partir de ces emplois que l'on comprend comment le conditionnel passé entre dans un système hypothétique dont le premier terme comporte si + plus-que-parfait ; ce premier terme ouvre sur le passé, où pénètre la fiction exprimée au conditionnel passé :

> Si *tu* avais *beaucoup* voyagé, *tu* aurais *beaucoup* appris.

3° Dans le présent : le parleur annonce avec prudence ou scepticisme une information qu'il apprend :

> *Au moment où je vous parle, on* aurait renversé *le gouvernement ;*
> l'hypothèse formulée touche un fait simultané au moment où s'exprime le parleur.

514. *Expression du mode et du temps.*

1° Le subjonctif est le mode que le parleur utilise pour apprécier la réalisation ou les possibilités de réalisation de l'action.

2° « Aucune forme nette du temps ne se dessine au subjonctif », écrit GUILLAUME, car ce mode est plutôt un mode d'INTERPRÉTATION qu'un mode d'actualisation des faits. C'est pourquoi le subjonctif ne compte que quatre temps en face des douze temps de l'indicatif.

Le cadre temporel à l'intérieur duquel l'action se situe ressortit au VERBE PRINCIPAL, et c'est par rapport à ce verbe que le subjonctif marque l'action comme antérieure, simultanée ou postérieure.

3° Les formes du subjonctif se répartissent ainsi :

PRÉSENT, IMPARFAIT : formes simples ;

PASSÉ, PLUS-QUE-PARFAIT : formes composées.

Seuls, présent et passé sont largement usités. Imparfait et plus-que-parfait appartiennent au langage soutenu ou affecté et n'ont guère d'emplois que littéraires.

515. *Expression de l'aspect.*

Le subjonctif oppose, comme l'infinitif, le participe et l'indicatif, les formes simples aux formes composées.

PRÉSENT et IMPARFAIT *(je chante, je chantasse)* marquent l'aspect non accompli de l'action.

PASSÉ et PLUS-QUE-PARFAIT, l'aspect accompli *(j'aie chanté, j'eusse chanté).*

REMARQUE. — Pour l'étude de chaque temps, nous distinguerons les emplois en *proposition indépendante* des emplois en *subordonnée*, et nous préciserons ce qui appartient à l'*usage commun* et à l'*usage soutenu*.

b | Valeurs temporelles du subjonctif.
1 — Le présent

516. En proposition indépendante.

Le subjonctif exprime un PRÉSENT ACTUEL :

> *Que la source te* pleure *avec sa goutte d'or* (HUGO).

Il peut exprimer un PRÉSENT INDÉTERMINÉ intemporel :

> *Que le meilleur* gagne !

517. En proposition subordonnée.

Il prend tantôt valeur de PRÉSENT, tantôt valeur de FUTUR.

1° VALEUR DE PRÉSENT.

a) Contexte au présent : dans une proposition juxtaposée à la principale (construction dite parataxe) pour souligner une DURÉE INDÉFINIE :

> Vienne *la nuit,* sonne *l'heure*
> *Les jours s'en vont je demeure* (APOLLINAIRE).

Dans une complétive, après un verbe principal au présent :

> *Il faut que jeunesse* se passe.

b) Contexte au passé : quand le verbe de la principale est au passé, la langue parlée ignore les servitudes des règles de concordance des temps. Mais la langue littéraire peut, soit par imitation de la langue parlée, soit à dessein, user du présent du subjonctif, en dépendance d'un verbe principal au passé. Pour souligner que l'action doit avoir lieu AU MOMENT OÙ L'ON PARLE :

> *N'avez-vous pas*
> *Ordonné dès tantôt qu'on* observe *ses pas ?* (RACINE)
> *D'ailleurs, me dit-elle, même s'il était arrivé ce chapeau, il aurait*
> *bien fallu, sans doute, que je* passe *mon dimanche à le refaire* (ALAIN-
> FOURNIER).

2° VALEUR DE FUTUR : le subjonctif présent ne peut de lui-même marquer le futur; il tient cette valeur temporelle du verbe de la principale qui place la subordonnée dans une perspective de futur.

— Après un INDICATIF FUTUR :

Le *médecin ordonnera que vous vous* reposiez;

— après un verbe dont le sens *suggère l'avenir,* comme *désirer, vouloir, imaginer...,* que ce verbe soit à un temps du passé, du présent ou du futur :

Il *voulait que vous* veniez *lui rendre visite;*

— après un IMPÉRATIF :

Faites *qu'il* vienne *vous rendre visite;*

— après un conditionnel, dont les formes expriment un FUTUR HYPO-THÉTIQUE : Il *faudrait qu'il* vienne.

518. Dans les tours figés.

Vive!, *coûte que coûte, n'en déplaise, soit...* sont des présents du subjonctif, mais qui n'ont plus guère de valeur temporelle (voir § 520).

2 | L'imparfait du subjonctif

519. Notions générales.

C'est un temps qui n'appartient plus qu'à l'usage soutenu. La langue litté-raire l'utilise à des fins stylistiques, surtout à la 3ᵉ personne du singulier ou du pluriel.

Diverses raisons expliquent le déclin de l'imparfait du subjonctif :

a) Les règles de la concordance des temps, complexes et mal fixées, ont contri-bué à sa disparition de l'usage parlé.

L'usage soutenu veut que l'on dise :

Il *fallait que vous* apportassiez *votre contribution à la cause commune.*

Mais le sens reste clair, si nous disons :

Il *fallait que vous* apportiez...

L'imparfait *il fallait* suffit pour marquer l'époque et situer l'action, tandis que le présent du subjonctif *apportiez* pose la modalité. Une répartition des fonctions s'effectue : le verbe de la principale marque le TEMPS ; celui de la subordonnée marque le MODE. L'imparfait du subjonctif est dès lors inutile dans la subordonnée.

b) La complexité des formes du subjonctif fait préférer l'infinitif ; il est toujours possible de dire :
> Il *vous fallait* apporter *votre contribution...*

520. En proposition indépendante.

L'imparfait du subjonctif est rarement employé, sinon dans des tournures figées où la valeur temporelle s'est estompée (par exemple *fût-ce*). Il peut s'opposer au présent du subjonctif, par exemple dans la tournure optative : *plût à Dieu! plaise à Dieu! plaise* semble donner au vœu plus de chances de réalisation dans le futur ; *plût*, marqué comme passé, atténue les chances de réalisation. Cette opposition se réalise surtout au niveau de la modalité.

521. En proposition subordonnée.

1° VALEUR DE PASSÉ : il exprime un fait contemporain du fait passé de la principale :
> *Racine ne* croyait *pas que l'on* pût *faire la tragédie autrement* (STENDHAL).
> *Je vous suivais de loin dans la rue, mais je n'ai pas voulu vous aborder, de crainte que l'on ne nous* surprît *ensemble* (GIDE).

Dans ce dernier exemple, l'imparfait a un sens temporel précis ; l'emploi du présent créerait une équivoque en présentant l'action comme actuelle.

2° VALEUR DE FUTUR :

a) Hypothétique : lorsque l'expression de la modalité l'emporte sur les contraintes de la concordance des temps, l'imparfait peut ne plus exprimer le passé, mais un FUTUR :
> *On* craint *que cette intervention* n'entraînât *des discussions* (débats parlementaires, cité par M. COHEN).

l'imparfait traduit l'éventualité, il marque un FUTUR HYPOTHÉTIQUE, comme le ferait un conditionnel simple. Ce qui lui vaut parfois le titre de *subjonctif du conditionnel*.

b) Dans le passé : dans un passage de style indirect libre, il peut remplacer un « futur dans le passé » :
> *Est-ce que tous ces gens-là, ce dimanche soir, avaient perdu de vue que le lendemain était lundi? (et qu'ils devraient être à leur travail). Que le débit ne* fermât *pas, à cause des malles-poste? bon* (ARAGON).

(= le débit ne *fermerait* pas à cause des malles-poste?)

3 | Le subjonctif passé

522. *Divers emplois.*

C'est un passé composé du subjonctif.

I. EN PROPOSITION INDÉPENDANTE : Il tient lieu de futur antérieur de l'impératif :

> *Qu'il* ait appris *ses leçons avant mon retour.*

II. EN PROPOSITION SUBORDONNÉE : Il marquera, en même temps que l'action accomplie, l'antériorité ;
par rapport à un PRÉSENT :

> *Je suis ravi que vous m'en* ayez parlé *si bonnement* [de ce madrigal] ; *c'est moi qui l'ai fait* (Mᵐᵉ DE SÉVIGNÉ) ;

par rapport à un FUTUR :

> *Quoi, Seigneur, croira-t-on*
> *Qu'elle* ait pu *si longtemps se cacher à Néron* (RACINE).

4 | Le plus-que-parfait du subjonctif

Comme l'imparfait du subjonctif, il appartient au langage soutenu. Il n'est pas rare de le trouver sous la plume des meilleurs écrivains, où il remplace le conditionnel passé, dont il traduit les nuances temporelles et modales. Temps composé, il exprime l'aspect de l'ACTION ACCOMPLIE.

523. *En proposition indépendante.*

1° Lorsqu'il permet l'expression du SOUHAIT, il regarde vers le PASSÉ :

> *Me* fussé-je mis *une corde au cou* (BEAUMARCHAIS).

2° Il est marque du PASSÉ, lorsqu'il oppose une éventualité passée à une vision future :

> *Sous Napoléon j'eusse été sergent; parmi ces futurs curés, je serai grand vicaire* (STENDHAL).

3° Le cadre du passé où s'inscrit le plus-que-parfait du subjonctif peut être simplement tracé par un contexte à l'imparfait :

> *Bernis apprenait tout de ce lieutenant, de ce capitaine. Il eût pu redire leur unique défaut, leur unique vertu : l'un jouait, l'autre était trop bon* (SAINT-EXUPÉRY).

524. En proposition subordonnée.

1° Il exprime l'ANTÉRIORITÉ par rapport à un imparfait ou un passé simple :

> *Il faisait encore nuit, bien que la demie de six heures eût sonné.* (J. GREEN cité par IMBS.)

2° Il équivaut à un conditionnel passé dans un système hypothétique avec SI.

a) On le trouve dans la SUBORDONNÉE et la PRINCIPALE :

> *Si elle eût été une pure conception géométrique* [la création des départements], *elle n'eût eu ni la force ni la durée que nous voyons, elle n'eût pas survécu à la ruine de tant d'autres institutions révolutionnaires* (MICHELET);

b) Ou bien l'on a un CONDITIONNEL PASSÉ dans la principale et un PLUS-QUE-PARFAIT DU SUBJONCTIF dans la subordonnée :

> *Si des gens d'un talent incontestable* [...] *eussent osé s'affranchir des règles dont on a reconnu l'absurdité depuis Racine, ils nous auraient donné mieux que « Tibère »* (STENDHAL);

c) Ou encore, un PLUS-QUE-PARFAIT DE L'INDICATIF dans la subordonnée, un PLUS-QUE-PARFAIT DU SUBJONCTIF dans la principale :

> *Si la nature avait eu beaucoup plus d'esprit, elle eût fait l'économie du peu qu'elle nous en donna* (VALÉRY).

c | Valeurs modales : le subjonctif dans la proposition principale

525. Notions générales.

Nous étudierons les valeurs modales du subjonctif en PROPOSITION INDÉPENDANTE OU PRINCIPALE. Bien que le subjonctif soit surtout le mode de la subordination, c'est cependant en proposition indépendante que la modalité apparaît le plus nettement. En proposition subordonnée, la modalité est souvent contrariée par les servitudes de la construction, qui créent ainsi de nombreux cas particuliers. C'est pourquoi nous renvoyons aux chapitres de LA PHRASE et des PROPOSITIONS pour l'emploi du subjonctif en subordonnée (voir chap. **I, 6**).

526. Le subjonctif dans les propositions indépendantes et principales.

Il est le mode d'expression de la VOLONTÉ du sujet *(souhait, ordre, exhortation, indignation...).*

527. Le souhait.

Lorsque le vœu formulé regarde L'AVENIR, on utilise les formes simples.

1° AVEC INVERSION du groupe nominal (ce tour est archaïque) :

Me préserve *le Ciel d'en faire de semblables* (MOLIÈRE).
Vive *la République!* Vive *les Alliés!*

REMARQUE. — *Vive* est le plus souvent considéré comme une *interjection* invariable, mais l'on peut écrire aussi : *Vivent les Alliés!* Lorsqu'on le fait accorder avec le sujet, on cherche à lui donner assez artificiellement sa valeur de verbe.

2° AVEC *que* :

Ils voudraient ravaler l'art à leur niveau, qu'il leur reste *dans la gorge et les étrangle* (APOLLINAIRE).

3° AVEC INVERSION et QUE, dans la locution figée QU'IMPORTE :

Qu'importe *ce que font les ondes!*
Qu'importe *ce qu'en fait le vent* (HUGO).

4° Sans inversion et sans la conjonction que :

> *Jupiter confonde les chats!* (La Fontaine.)

Ce tour n'est plus employé que dans les locutions figées :

> *Plaise à Dieu!* *Plaise au Ciel!*
> *Le Ciel te bénisse!*
> N'en déplaise *à l'Eglise, nous nous paierons des comédiens* (M. Jacob).

Avec l'imparfait du subjonctif, le souhait envisage aussi l'avenir, mais il semble que ce temps marque d'une pointe de scepticisme le souhait formulé :

> *Plût aux dieux que ce fût le dernier de ses crimes!* (Racine.)

Historique. — Lorsque le vœu formulé regardait le passé, on employait le plus-que-parfait du subjonctif, dans la langue classique :

> *Je me jette à corps perdu dans le théâtre : me* fussé-je mis *une pierre au cou!* (Beaumarchais.)

5° A ces constructions il faut ajouter l'emploi du verbe *pouvoir* comme auxiliaire d'optatif. Le pronom sujet est postposé : *puissé-je, puisse-t-il..., etc. :*

> *Puissiez-vous ne plus connaître la guerre!*

Dans la langue parlée, la seule tournure vraiment courante, comportant expression de souhait (mêlé de crainte), est constituée de *que* précédé de *pourvu :*

> Pourvu qu'il fasse *beau lors de notre promenade!*
> Pourvu qu'*une autre grossesse fût encore possible!* (Mauriac.)

528. Expression de l'ordre.

Le subjonctif permet l'expression de l'ordre aux personnes que l'impératif ne possède pas :

1° Soit avec la conjonction *que :*

> *Qu'il entre, dit le prince en criant* (Stendhal).

2° Soit sans l'aide de *que :*

> Sache *que je t'ai toujours aimé, que je n'ai aimé que toi* (Stendhal).

529. L'exhortation et l'indignation.

Expression de l'exhortation :

> *Celui qui ne sait pas parler,* qu'il chante (Claudel).
> *Avant tout,* que je vous rende *votre document : le voici* (Malraux.)

Expression de l'indignation (le parleur repousse avec vigueur une éventualité qu'il formule) :

> Que je *lui* fasse *des excuses, moi, jamais!*

530. La supposition.

On retrouve ici les principales constructions déjà citées :

1° AVEC LA CONJONCTION *que* :

> Qu'il vienne, *et l'on verra qui sera le plus fort.*

Cette phrase est l'équivalent de : S'il vient, *on verra qui sera le plus fort.* De la coordination d'un subjonctif (qui, isolé, n'exprimerait que le souhait) et d'une proposition au futur de l'indicatif naît un système hypothétique.

La conjonction *et,* employée nécessairement, marque à la fois une liaison logique et chronologique entre deux faits ; elle souligne ainsi l'accent de conviction marqué déjà par le subjonctif et l'intonation dont il s'accompagne. Autant de nuances que le système « si + indicatif présent ou indicatif futur » ne permet pas d'exprimer.

2° AVEC L'INVERSION DU SUJET : dans le parler des mathématiques on utilise souvent la 3e personne du verbe *être* :

> Soit *un triangle ABC.* Soient *deux droites parallèles.*

531. L'éventualité.

En proposition principale, l'imparfait et le plus-que-parfait du subjonctif peuvent se substituer, surtout dans le style soutenu, aux conditionnels présent ou passé.

L'imparfait n'apparaît guère que dans des constructions figées : *fût-il, dût-il, ne fût-ce que...* :

> *Pourquoi nos annonceurs n'en vérifient-ils pas la prononciation dans un dictionnaire, fût-ce dans les pages roses du Petit Larousse?* (LE BIDOIS.)

Le plus-que-parfait est encore largement employé dans la prose romanesque :

> *Nous ne savions pas être isolés dans le désert : il nous eût fallu rentrer chez nous pour imaginer notre éloignement* (SAINT-EXUPÉRY).

Je ne sache pas, que je sache sont deux locutions figées que l'on emploie pour exprimer une réserve ou pour atténuer une affirmation :

> *Il n'est venu personne, que je sache.*
> *Comment gagna-t-il la Sicile? Il ne dut guère s'y plaire,* je ne sache pas *qu'on y voie nulle part ses peintures* (ARAGON).

D │ L'IMPÉRATIF

532. *Notions générales.*

Ce mode emprunte ses formes soit à l'indicatif, soit au subjonctif. Il ne comporte que la 2ᵉ personne du singulier, la 1ʳᵉ et la 2ᵉ du pluriel; la 3ᵉ personne est semblable à celle du subjonctif.

Il s'oppose cependant aux autres formes verbales par la suppression (sauf à la 3ᵉ personne) du pronom de conjugaison.

Il connaît, comme les autres modes, des formes simples et des formes composées, qui sont groupées en deux temps : le PRÉSENT et le PASSÉ : *chante, chantons, chantez; aie chanté, ayons chanté, ayez chanté.*

La forme simple indique *l'action à accomplir dans le futur;* la forme composée exprime *l'aspect de l'accompli* et *l'antériorité* par rapport à une action future.

533. *Constructions.*

Il faut distinguer l'emploi de l'impératif en proposition indépendante et son emploi en proposition juxtaposée.

1° EN PROPOSITION INDÉPENDANTE :

a) Il permet d'exprimer un ORDRE ou une DÉFENSE :

> Retirez-vous, *vous dis-je, et* ne répliquez pas!
> *Gardes, qu'on la* retienne! (RACINE.)

(Notons que le passage à la 3ᵉ personne entraîne l'emploi d'une forme de subjonctif.)

b) L'EXHORTATION :

> Travaillez, prenez *de la peine!* (LA FONTAINE.)
> *Nous qui parlons,* parlons *pour tous* (ELUARD).

Celui qui parle peut s'adresser à lui-même :

> *Je me disais :* « Allons! *debout* » et *j'avais peur de faire un mouvement* (MAUPASSANT);

ou bien l'auteur interpelle son lecteur :

> *Il y a d'admirables possibilités dans chaque être. Persuade-toi de ta force et de ta jeunesse.* Sache *te* redire *sans cesse : il ne tient qu'à toi* (GIDE).

2° EN PROPOSITION JUXTAPOSÉE :

Cette construction s'établit sur une corrélation : à un impératif, qui est nécessairement premier, répond un INDICATIF FUTUR ou PRÉSENT, nécessairement second. Le ton est ascendant jusqu'à la coupure marquée par une virgule, descendant ensuite :

> Oignez *vilain, il vous poindra;*
> Poignez *vilain, il vous oindra* (PROVERBE).

> *Ayez des protections, vous* serez *procureur du roi à trente ans, avec mille écus d'appointement, et* vous épouserez *la fille du maître* (BALZAC).

On a justement rapproché cette construction IMPÉRATIF PRÉSENT - INDICATIF FUTUR du système hypothétique SI + INDICATIF PRÉSENT ou INDICATIF FUTUR. L'impératif, en effet, invite à imaginer une situation éventuelle; il oriente la pensée vers le futur, et ainsi peut exprimer la SUPPOSITION. Lorsque la seconde proposition contient une négation, l'impératif peut alors exprimer la CONCESSION :

> Frappez-*moi, je ne parlerai pas.*

Si la seconde proposition est affirmative, l'impératif est le plus souvent soutenu d'expressions marquant la concession :

> *Faites* ce que vous voudrez, *je m'en lave les mains.*

534. La forme composée.

Elle est peu utilisée. Les formes (sans pronom de conjugaison) sont empruntées au passé du subjonctif.

Elle indique l'ANTÉRIORITÉ D'UNE ACTION par rapport à une autre ou par rapport à un moment fixé :

> Soyez partis *avant la nuit, sinon vous ne pourrez prendre la route.*

> Ayez rédigé *votre rapport avant huit jours, et vous serez récompensé.*

E | L'INFINITIF

535. *Caractéristiques.*

1° L'infinitif, qui n'oppose qu'une forme simple *(chanter)* à une forme composée *(avoir chanté)*, est dépourvu des indices grammaticaux qui permettent de signaler la personne, le nombre et le temps.

REMARQUE. — En construction passive, il oppose une forme composée à une forme sur-composée : *être chanté — avoir été chanté.*

2° Il n'exprime du procès que l'idée, et ne marque ni présent, ni futur, ni passé. Le contexte seul lui apporte une « coloration temporelle ».

3° Il n'a pas de valeur modale propre. Il présente le procès dans sa généralité et seul le contexte (formes verbales personnelles, compléments de circonstance, intonation, etc.) indique si les faits qu'il évoque sont réels ou non, ou si leur réalité est prise en considération par le sujet.

4° Employé comme un substantif, il en connaît les principales fonctions; employé comme verbe, il peut être le noyau d'un groupement comprenant sujet et objet.

a | L'infinitif présent

536. *Les valeurs d'aspect.*

Il suffit de rappeler que la forme simple permet d'exprimer l'aspect NON ACCOMPLI du procès. Tandis que la forme composée marque l'ASPECT ACCOMPLI et peut, en relation avec une autre forme verbale, permettre l'expression temporelle de l'antériorité ou de la postériorité.

537. *Les valeurs temporelles.*

1° EN CONSTRUCTION INDÉPENDANTE : peut-on parler de temps, lorsqu'il s'agit de tournures de sens très général, telles qu'on les rencontre :

— dans les recettes de cuisine : *faire revenir à feu doux;*

— dans les modes d'emploi de divers produits : *agiter avant usage;*

— dans les libellés de conseils (*ordre, exhortation, interdiction*) : *ne pas se pencher à l'extérieur; prendre à droite.*

Dans tous ces cas, l'infinitif ne situe l'action ni dans un présent ni dans un futur. Le procès est exprimé dans toute sa généralité, et cette généralité même exclut l'indication d'une époque.

2° En construction dépendante : l'infinitif tient sa valeur temporelle du verbe de la proposition principale ou des circonstances exprimées dans le contexte par des compléments ou des adverbes.

a) Valeur de présent : l'action exprimée par l'infinitif est simultanée à l'action du verbe au présent :

> *Le bruit s'enfle maintenant... Quand le pilote le sent* combler *en lui quelque chose de jusqu'alors inassouvi, il pense « c'est bien »* (Saint-(Exupéry). [= *Quand le pilote sent que le bruit* comble...]

b) Valeur de passé : le verbe de la principale est au passé simple ou à l'imparfait :

> *Sans même* regarder *l'heure, elle alla* fumer *sur son lit la première cigarette* (Colette). [= *Elle ne* regarda *pas l'heure et...*]
> *J'ai vu, spectacle touchant, une de ces filles* pleurer (Stendhal). [= *une de ces filles* qui pleurait.]

c) Valeur de futur : l'action exprimée par l'infinitif est ultérieure à l'action principale, même si celle-ci est marquée par un temps au passé lorsque le verbe principal ouvre, par son sens, une perspective future :

> *Il désirait* partir *pour les Indes et* oublier *la France.*

Un complément circonstanciel peut suffire pour marquer le futur où s'inscrit l'infinitif :

> *Oui,* dans quinze jours *la guillotine ou se tuer d'ici là* (Stendhal).

538. *Les valeurs modales.*

Il est aisé de prévoir que cette forme, à qui l'absence d'indices (*pronoms de conjugaison, désinences variables*) interdit toute autonomie, recevra sa valeur modale du contexte.

539. *En construction indépendante.*

En construction indépendante, on rencontre : l'infinitif de narration, l'infinitif « délibératif », l'infinitif « exclamatif » et l'infinitif « impératif ».

L'infinitif de narration.

Il traduit la réalité de l'action et tient la place d'un verbe à l'indicatif :

> *Il se plaignait de n'avoir personne pour* prendre *sa succession [...] et Chadenat* de se faire *du mauvais sang sur le sort qui attendait ses livres* (Cendrars). [= *et Chadenat* se faisait *du mauvais sang.*]

Elise, un dimanche à midi, revient de la messe à jeun et il ne reste plus de lait. De fulminer *contre la cuisinière* (JOUHANDEAU).

[= *elle* fulmine...]

Dans ces exemples, l'infinitif de narration pose l'action qui se produit comme la CONSÉQUENCE d'une série d'actions ou d'événements antérieurs; l'emploi de la conjonction ET, de tradition dans ce tour, souligne une liaison logique entre les faits.

HISTORIQUE. — Cette construction, qui, dans la prose contemporaine, est un effet de style, a commencé à se développer au xve siècle. Au xviie siècle, elle est considérée comme *familière;* elle appartient aux genres mineurs de la lettre ou de la fable (Mme DE SÉVIGNÉ, LA FONTAINE). Au xviiie siècle, elle est signe d'un « style plaisant ».

REMARQUE. — La force stylistique du tour (d'emploi rare, il faut le dire) vient de l'apparition brutale dans la phrase d'une forme qui, comme tout verbe, décrit, mais plus sèchement, plus rapidement, car elle est dépouillée de toute détermination de personne et de nombre.

Une tradition grammaticale fait de l'infinitif de narration un temps du passé (imparfait ou passé simple). Il paraît plus juste de dire que la valeur temporelle relève du contexte (cf. les exemples cités).

L'infinitif « délibératif ».

Lorsque l'intonation et la tournure (ici interrogative) voilent d'un DOUTE la réalité ou la réalisation du procès, celui-ci peut s'exprimer à l'infinitif.

Mais comment croire à notre paix? Les vents alizés glissaient sans repos vers le sud. Ils essuyaient la plage avec un bruit de soie (SAINT-EXUPÉRY).

L'infinitif « exclamatif ».

Lorsque d'un fait, action ou événement, on ne retient que les sentiments de joie, de douleur, d'admiration ou de dépit qu'il inspire, on peut utiliser l'infinitif. Le fait n'apparaît plus qu'au travers du sentiment exprimé :

Ah! refaire à mes yeux une vision neuve, les laver de la salissure des livres, les rendre plus pareils à l'azur qu'ils regardent (GIDE).

REMARQUE. — Les valeurs modales de l'infinitif sont proches de celles du subjonctif. L'infinitif n'est peut-être qu'une variante impersonnelle du subjonctif.

L'infinitif « impératif ».

Lorsque le conseil, l'ordre, l'exhortation ne s'adressent pas à un protagoniste précis, l'infinitif convient parfaitement. De là, son emploi (cf. *supra*) dans tout libellé destiné à une audience très large :

Faire revenir à feu doux...

540. En construction dépendante.

L'infinitif peut entrer dans de nombreuses constructions équivalentes à des propositions subordonnées (complétives, relatives, circonstancielles). Les valeurs modales dont il sera affecté dépendront de chaque contexte particulier. C'est pourquoi nous renvoyons pour cette étude aux analyses faites dans les chapitres antérieurs.

b | L'infinitif composé

541. Valeurs modales et temporelles.

L'infinitif composé (précédé de *après*) permet l'expression de l'ANTÉRIORITÉ.

Dans le FUTUR :

> *Vous m'écrirez, après en* avoir reçu *l'ordre.*
> (= *quand vous en* aurez reçu *l'ordre.*)

Il est l'équivalent d'un futur antérieur.

Dans le PASSÉ :

> *Je crois qu'après m'*avoir défendu *de parler elle s'irritait à présent de mon silence* (GIDE).
> *Après* avoir gagné *dans les mines de la Colombie une assez grosse fortune, l'ingénieur Van der Visen s'embarqua pour Paris* (APOLLINAIRE).

Il est l'équivalent d'un plus-que-parfait.

Précédé de *pour,* il marque l'accomplissement d'une action antérieurement à une autre, dans un contexte de futur ou de passé, avec une *nuance causale;* par exemple, dans le passé :

> *Pour* n'avoir pas fait *cette remarque, on perdit beaucoup de temps* (CHATEAUBRIAND).

L'infinitif composé permet l'expression de la postériorité dans le futur ou le passé, quand il est précédé de *avant de* :

> *Ne vendez pas la peau de l'ours* avant de l'avoir tué.
> *Il ne nous a pas quittés* avant d'avoir lu *son poème.*

542. L'infinitif substantivé.

Il en sera parlé plus loin (les formes substantivées).

F | LES PARTICIPES

543. *Participe présent et gérondif.*

Il faut distinguer nettement le participe présent *(chantant)* du gérondif *(en chantant).*

1° OPPOSITIONS FORMELLES.

a) Le gérondif, dans l'usage contemporain, est toujours précédé de EN, qui a perdu tout effet de préposition et n'est plus qu'un indice formel (comme l'est un préfixe).

Le participe en -ANT n'est jamais précédé de EN.

HISTORIQUE. — C'est à partir du XVIIIᵉ siècle seulement que le gérondif est précédé obligatoirement de EN. C'est ainsi que l'on trouve chez Corneille :
Instruisez-le d'exemple et rendez-le parfait
Expliquant à ses yeux vos leçons par l'effet.

Pour éviter la confusion avec le participe en -ANT, il faut, dans ce cas, se souvenir de la fonction adverbiale du gérondif.

Il peut se faire que l'on trouve, dans la langue littéraire, cet emploi dépourvu de EN :
Et je souffre souvent, le lisant, *de sentir que toujours...* (GIDE).

Quelques expressions figées rappellent l'ancien usage :
Chemin faisant, tambour battant...

b) Le gérondif ne possède pas de forme composée. Le participe en -ANT présente *ayant chanté* en face de *chantant.*

2° OPPOSITIONS FONCTIONNELLES.

a) Le gérondif représente toujours une circonstance accompagnant le verbe sur lequel il s'appuie. Il fonctionne comme *un adverbe* ou *un complément de circonstance* :

> *On s'accoutume à bien parler* en lisant *souvent ceux qui ont bien écrit* (VOLTAIRE).

b) Le participe en -ANT s'appuie (sauf cas d'emploi absolu) sur un substantif ou un pronom qu'il qualifie, à la façon d'une subordonnée relative. Tout en se maintenant dans la catégorie du verbe, il fonctionne comme *un adjectif* :

> *Je le revois* activant *d'un air pensif le soufflet* (DUHAMEL).

544. *Valeurs d'aspect.*

Gérondif et participe en -ANT (forme simple) expriment tous les deux l'action en cours de développement.

545. *Les valeurs temporelles.*

1° LE GÉRONDIF :

a) Il exprime une action simultanée à l'époque du verbe principal; celui-ci peut être au PRÉSENT :

> *C'est* en forgeant *qu'on devient forgeron;*

au PASSÉ :

> *Si Gœthe avait cédé* [à Bettina]... *il n'aurait pas contaminé son peuple* en le persuadant *qu'une injustice est préférable à un désordre* (ELUARD);

au FUTUR : *J'attendrai mon train* en lisant *le journal.*

b) L'époque du gérondif peut être indiquée par le contexte :

> *En travaillant* ce soir, *je pourrai aller demain au spectacle.*

2° LE PARTICIPE EN *-ant* : ses constructions sont plus libres que celles du gérondif.

a) En construction indépendante (ou absolue), le participe peut marquer un temps différent de l'époque du verbe principal. Le sujet du participe est différent du sujet du verbe principal :

> *Et bientôt, Paris disparaissant, il poussa un gros soupir* (FLAUBERT).

b) En construction dépendante, lorsqu'il se rapporte à un nominal (substantif ou pronom) de la proposition principale, il situe son action à l'époque du verbe principal.

Au PASSÉ :

> *Dans la rue de Bourgogne il dépassa ses camarades* regagnant *leurs cantonnements* (ARAGON).
> *Il pérorait* [...] se prenant *pour le nombril du monde,* pontifiant (CENDRARS).

Au PRÉSENT :

> *Un boucher* coupant, tranchant, élaguant, façonnant, ficelant *vaut un danseur, un mime* (COLETTE).

546. Les valeurs modales.

Elles apparaissent surtout en construction dépendante, lorsque le participe en -ANT fait fonction de subordonnée circonstancielle.

1° Il exprime la RÉALITÉ de l'événement (= circonstancielle de temps) :

> Il *dépassa ses camarades* regagnant *leurs cantonnements.*

(= *qui regagnaient...*) Il équivaut à un indicatif.

2° En corrélation avec un conditionnel, il exprime la SUPPOSITION :

> J'observe comme vous cent choses tous les jours
> Qui pourraient mieux aller prenant *un autre cours* (MOLIÈRE).

(= *si elles prenaient...*) Il équivaut à l'imparfait d'éventualité.

547. *Participe en* -ant *et adjectif verbal.*

Dans les exemples cités plus haut, nous avons vu le participe en -ANT qualifier un terme de la proposition, c'est-à-dire avoir fonction adjectivale. Cependant, il gardait de sa nature verbale :

a) La possibilité d'être suivi d'un complément d'objet, d'un adverbe ;

b) La possibilité de situer dans une époque déterminée l'action qu'il exprime ;

c) La possibilité d'avoir un sujet et d'être noyau d'une proposition en construction indépendante :

Lorsque le participe en -ANT perd ces différentes « possibilités », il devient un véritable adjectif, que l'on appelle ADJECTIF VERBAL.

En opposition avec le participe en -ANT (forme simple), qui marque l'aspect de l'inaccompli et dépeint l'action dans sa progression, l'adjectif verbal exprime un ÉTAT durable, une qualité permanente.

Comme tout adjectif, il s'accorde avec le nom qu'il détermine.

Parfois, son orthographe diffère de celle du participe homonyme :

PARTICIPE	ADJECTIF	PARTICIPE	ADJECTIF
convainquant	*convaincant*	intriguant	*intrigant*
extravaguant	*extravagant*	suffoquant	*suffocant*
fatiguant	*fatigant*	adhérant	*adhérent*
différant	*différent*	affluant	*affluent*
divergeant	*divergent*	excellant	*excellent*
équivalant	*équivalent*	négligeant	*négligent*
		précédant	*précédent*

REMARQUE. — C'est en 1679 que l'Académie française décida « qu'on ne déclinerait plus les adjectifs actifs » et que « seuls seraient déclinés les adjectifs verbaux ».
Mais, au XVIIe siècle, l'accord en genre n'est pas rare (*La veuve d'Hector* pleurante *à vos genoux* [RACINE]. *Une jeune fille toute* fondante *en larmes* [MOLIÈRE]), non plus que l'accord en nombre (*Quatre mille écus de rente bien* venants [MOLIÈRE]).
Au XVIIIe siècle et au XIXe siècle, l'accord apparaît encore (*Sa bouche idiote et crispée,* grelottante *de désespoir* [FLAUBERT]).
Dans les langues conservatrices, comme celles du Palais, l'accord est encore respecté dans des expressions figées : *la partie* plaignante, *les* ayants *droit...*

548. Le participe parfait (ou passé). Caractéristiques.

1° Le participe parfait joue un rôle fondamental dans le système du verbe : il permet la formation des formes composées et surcomposées, qui, par opposition aux formes simples, expriment l'aspect accompli.

Nous étudierons dans ce chapitre le fonctionnement du participe parfait, en tant que verbe, à l'intérieur du « système participial », en mettant en évidence les valeurs d'aspect et les valeurs temporelles, à l'exclusion des effets de sens, pour lesquels nous renvoyons à l'étude des propositions et de la phrase.

2° Le participe parfait exprime fondamentalement l'ASPECT ACCOMPLI, c'est-à-dire l'ACHÈVEMENT du procès.

Mais, une fois l'action achevée, il est loisible de considérer l'ÉTAT du sujet qui a supporté l'action, l'ÉTAT RÉSULTANT de l'achèvement de l'action. C'est ce que permet le participe parfait.

3° Nous opposerons les emplois du participe parfait simple aux emplois du participe parfait composé.

549. La forme simple du participe parfait.

1° INDÉPENDANT du sujet de la principale, il souligne l'aspect accompli et établit une relation temporelle d'antériorité :

> Le corps du concierge isolé, il avait téléphoné à Richard pour le questionner sur ces fièvres inguinales (CAMUS).

Le contexte peut, à l'aide d'une préposition ou d'un adverbe (dès, une fois, à peine, sitôt...) placé devant le participe, préciser la relation temporelle. Par exemple, introduit par DÈS, le participe marque l'antériorité immédiate :

> Dès la porte franchie, une sensation de fraîcheur accompagne la demi-obscurité (ROBBE-GRILLET).

2° DÉTERMINANT le sujet de la principale, il souligne l'état atteint par le sujet ou l'objet.

La relation temporelle est de simultanéité, par rapport au verbe principal :

> Ses nageoires collées au dos, il ouvrait et fermait sa bouche (J. RENARD).
> Poil de Carotte [...], les talons plantés, se met à trembler dans la pénombre (J. RENARD).

Adverbes ou prépositions peuvent marquer avec plus d'insistance la relation temporelle. Par exemple, l'antériorité immédiate :

> Sitôt rentré de l'école, je me mets au piano.
> Une fois fatigué, je m'endors.

3° EN FONCTION ADJECTIVALE, lorsque le participe n'exprime plus que l'état, en dehors de tout indice temporel, il se confond avec un véritable adjectif :

> *Des rideaux de perse fleurie, montés sur flèche à l'ancienne mode, abritaient les deux lits, largement séparés, de mes parents* (COLETTE).

550. Les formes composées du participe parfait.

La présence d'un auxiliaire de composition interdit au participe parfait de glisser dans la catégorie de l'adjectif et lui donne son plein emploi de verbe.

Des différents verbes, certains construisent leurs formes composées avec AVOIR, d'autres avec ÊTRE (voir § **466**). Cette diversité se retrouve au niveau du participe.

1° EN COMPOSITION AVEC « AVOIR ». Type : *ayant chanté.*

Cette forme composée exprime l'ASPECT DE L'ACCOMPLI et une relation temporelle d'ANTÉRIORITÉ par rapport au verbe principal :

> *Ayant roulé vent debout, il tire à lui la manette des gaz... Ayant jugé l'air, d'abord impalpable, puis fluide, devenu maintenant solide, le pilote s'y appuie et monte* (SAINT-EXUPÉRY).

Cette relation d'antériorité, le participe parfait peut la marquer également par rapport à un verbe au futur ou au passé.

2° EN COMPOSITION AVEC « ÊTRE ». Type : *étant, ayant été chanté.*

Il faut ici établir une distinction fondée sur la construction du verbe, et considérer séparément les verbes qui admettent une construction passive et ceux qui ne l'admettent pas.

a) *Verbes qui excluent la construction passive :*

Ils marquent l'ACHÈVEMENT de l'action et l'ANTÉRIORITÉ par rapport au verbe principal :

> *En 1593, le bruit courut que, les dents* étant tombées *à un enfant de Silésie, il lui en était venu une d'or* (FONTENELLE).
>
> *S'étant repenti, le prisonnier fut libéré.*

b) *Verbes qui admettent la construction passive :*

Ils expriment l'ÉTAT atteint, une fois le procès achevé, et l'ANTÉRIORITÉ par rapport au verbe principal :

> *Les formalités* ayant été facilitées *par l'administration du tripot, Van der Vissen pénétra dans la salle de jeu* (APOLLINAIRE).

551. Les formes substantivées.

1° DE L'INFINITIF. Précédé de l'article, il prend le caractère d'un véritable substantif :

> *Le manger, le boire, le dormir, le coucher, le dîner, le savoir-faire, le parler* [d'une région]...

HISTORIQUE. — Ce procédé de dérivation a existé dès la plus ancienne langue (XIᵉ s.).
Au XVIᵉ siècle, il est recommandé par la Pléiade. Mais, dès la fin du XVIᵉ, le -R final
cessant de se faire entendre, il devient difficile de distinguer entre l'infinitif en -ER
et le participe passé en -É ; le procédé de dérivation sort de l'usage. Dans la langue
contemporaine, il survit dans certains vocabulaires, par exemple celui de la philosophie : l'ÊTRE, le NON-ÊTRE, le DEVENIR, le VOULOIR ; encore s'agit-il souvent de
transcriptions du grec ou de l'allemand.

2° DU PARTICIPE PASSÉ. Précédé de l'article, il devient un SUBSTANTIF.

*Un fait, un reçu, une éclaircie, la curée, un rapatrié, un adjoint, un
envoyé, un déshabillé...*

Le procédé est resté très vivant.

REMARQUE. — La langue classique remplaçait volontiers un nom d'action suivi d'un complé-
ment par un participe déterminant ce complément :
*L'*enlèvement *de* Phèdre : nom + complément.
Phèdre *enfin* enlevée *sous de meilleurs auspices* (RACINE).

3° DU PARTICIPE EN «-ANT». Précédé de l'article, il devient un substantif :

Un manifestant, le montant [d'une somme, d'une porte], *le voyant*
[lumineux d'une voiture], *un clignotant* [à côté de *un clignoteur*], *un
perdant, un battant...*

C'est un procédé extrêmement vivant.

5 | L'accord du verbe

Le verbe est le mot qui, dans le discours, connaît les plus nombreuses variations. Sa forme change selon le mode, l'aspect ou le temps que l'on veut exprimer. Sa forme change aussi sous l'influence des mots auxquels sa fonction le rattache. Le sujet et, pour une part réduite, le complément d'objet déterminent la forme verbale. « Le sujet donne la loi au verbe », disait VAUGELAS. La personne, le nombre, quelquefois le genre du sujet, dirigent les variations du verbe.

552. Accord du verbe avec un sujet unique.

1° LE SUJET EST UN SUBSTANTIF, UN PRONOM OU UN ADVERBE.

Au singulier du sujet répond le singulier du verbe, au pluriel du sujet, le pluriel du verbe.

> SUBSTANTIF : Un *enfant* va *à l'école*.   Des *enfants* vont *à l'école*.
> PRONOM : Je *me promè*ne.   Nous nous *promenons*.
> ADVERBE : Beaucoup rêvent *d'une voiture!*

2° LE SUJET EST UN GROUPE DE MOTS.

Le principe d'accord est contrarié par des contradictions entre le sens et la forme des mots constituant le groupe.

a) Groupe SUBSTANTIF PRÉCÉDÉ DE L'ARTICLE + COMPLÉMENT.

Les expressions suivantes : *Une foule de gens, une armée de fantassins, une nuée de moustiques, une infinité de gens, le plus grand nombre des hommes...* évoquent une collectivité ou une collection. Le sens COLLECTIF du substantif est renforcé par le PLURIEL du complément; cependant, l'article maintient le substantif au SINGULIER. Selon que le parleur veut souligner le substantif ou le complément, la forme verbale varie.

> PLURIEL : *La moitié de mes esclaves* méritent *la mort* (MONTESQUIEU).
> SINGULIER : *Une foule de visiteurs* se presse *au Salon de l'automobile*.

REMARQUE. — *La plupart* est suivi du pluriel. On dit que *la plupart*, avec un complément au singulier, est suivi du singulier. Mais cette construction est inusitée.

b) Groupe SUBSTANTIF NON PRÉCÉDÉ DE L'ARTICLE + COMPLÉMENT.

Lorsque le substantif n'est plus précédé de l'article et qu'une locution s'est constituée, c'est le pluriel qui l'emporte. Il en est ainsi avec *force, quantité de, nombre de...* :

> *Force sottises* s'impriment *chaque jour dans la presse.*
> *Quantité de réfugiés* ont passé *la frontière.*

c) Groupe ADVERBE DE QUANTITÉ + COMPLÉMENT AU PLURIEL.

Lorsque le premier terme du groupe sujet est un adverbe, le verbe se met au pluriel :

> ... *Combien de capitaines* [...]
> *Dans ce morne horizon se sont évanouis* (V. HUGO).

REMARQUE. — L'arrêté du 21 février 1901 précise : « Toutes les fois que le collectif est accompagné d'un complément au pluriel, on tolérera l'accord du verbe avec le complément. »
Ex. : *Un peu de connaissances* suffit *ou* suffisent.

d) PLUS D'UN. Le verbe se met généralement au singulier.

On peut trouver aussi le pluriel si le verbe exprime une action réciproque :

> Plus d'un *étudiant* se disputent *les places mises au concours.*

REMARQUE. — L'arrêté du 21 février 1901 tolère que l'on dise : *Plus d'un de ces hommes* était *à* plaindre (ou) étaient *à* plaindre.

e) MOINS DE DEUX. Le pluriel est d'usage :

> *Moins de deux mois* se sont écoulés.

f) UN DES... Ce groupe, suivi d'un complément au pluriel, entraîne le singulier du verbe :

> *Un des prisonniers* s'est évadé.

Ce groupe, suivi d'un complément au pluriel, déterminé par une proposition relative, permet un choix dans l'accord :

1° Si le relatif se rapporte à UN, on dira :

> *L'astronomie est* une *des sciences* qui fait *le plus d'honneur à l'esprit humain;*

2° Si le relatif se rapporte au COMPLÉMENT, on dira :

> *L'astronomie est une* des sciences *qui font le plus d'honneur à l'esprit humain* (ACADÉMIE).

REMARQUE. — L'arrêté de 1901 se contente de déclarer : « C'est une délicatesse de langage qu'on n'essayera pas d'introduire dans les exercices élémentaires ni dans les examens. »

g) SUJET AU PLURIEL EXPRIMANT UN NOMBRE. Le verbe se met au PLURIEL si le parleur comprend l'ensemble nombré comme une pluralité d'unités : *Trente ans* sont *peu de chose pour une vie d'homme.*

Le verbe se met au SINGULIER si le parleur comprend l'ensemble nombré comme un tout : *Trente ans* est *un bel âge.*

h) LE CAS DES TITRES D'OUVRAGES. Si le titre COMMENCE PAR UN ARTICLE, le verbe s'accorde en nombre. On dira ordinairement :

« Les *Châtiments* » sont *une œuvre de Victor Hugo.*
« Le *Rouge et le Noir* » est *un roman de Stendhal.*

Si le titre NE COMMENCE PAS PAR UN ARTICLE, le verbe reste au singulier :

« *Si le grain ne meurt* » est *un récit d'Andé Gide.*
« *Guerre et paix* » est *une véritable épopée.*

3° ACCORD EN PERSONNE.

Le verbe se met à la 3ᵉ personne quand le sujet n'est ni un pronom de conjugaison ni un pronom personnel à la 1ʳᵉ ou 2ᵉ personne :

Nos plaisirs les plus doux ne sont point sans tristesse (CORNEILLE).

Quand le pronom personnel est suivi d'un relatif, c'est la personne du pronom qui domine l'accord :

Vous *qui* partez, pensez *à ceux qui restent.*

553. *Accord du verbe avec plusieurs sujets.*

I. ACCORD EN NOMBRE. Lorsqu'un verbe est lié à une série de sujets, comment l'accord se réalise-t-il ?

a) Sujets JUXTAPOSÉS :

1° Si tous les sujets sont au pluriel, le verbe est au pluriel :

De vagues ruines, des tas de terre noire, des jardins faisaient *des masses plus sombres dans l'obscurité* (FLAUBERT);

2° Si tous les sujets sont au pluriel, mais représentés avant le verbe par un pronom au singulier : TOUT, RIEN, PERSONNE..., le verbe est au singulier :

Ses valets de chambre, ses laquais, ses pages, ses trompettes, tout *était fondu en larmes et faisait fondre les autres* (Mᵐᵉ DE SÉVIGNÉ);

3° Si l'on veut attirer l'attention sur le dernier sujet, c'est avec lui que l'on accordera le verbe :

Ainsi la grâce, la miséricorde, la rémission des péchés, le royaume même est *entre leurs mains* (BOSSUET, cité par GREVISSE).

b) Sujets COORDONNÉS :

1° Si les sujets, ou l'un d'eux seulement, sont au *pluriel,* le verbe est au pluriel :

Les élèves et leur professeur sont partis *pour un voyage d'études.*

2° Si les sujets sont au singulier, il convient de distinguer les différents types de coordination.

— SUJETS COORDONNÉS PAR *et* :

Si l'on est sensible à la PLURALITÉ DES SUJETS, le verbe se met au PLURIEL :

> Paul *et* Virginie étaient *ignorants comme des créoles* (BERNARDIN DE SAINT-PIERRE).
>
> Le soleil *et* la flamme illumineront *ensemble ton visage* (COLETTE).

Si les différents sujets sont l'EXPRESSION D'UNE SEULE IDÉE, le verbe se met au SINGULIER. C'était au XVIIᵉ siècle le sentiment de VAUGELAS :

> Le blanc *et* le rouge *les* rend *affreuses* (LA BRUYÈRE, cité par F. BRUNOT).

(Le verbe est au singulier parce que *le blanc et le rouge* développe l'idée unique de *fard*.)

L'UN ET L'AUTRE. Quand *l'un et l'autre* fait fonction d'adjectif, le verbe se met au SINGULIER :

> L'un et l'autre ami fut *heureux*.

(Cependant, on rencontre l'accord fait au pluriel.)

Quand L'UN ET L'AUTRE fait fonction de pronom, l'accord se fait généralement au PLURIEL :

> L'un et l'autre sont *partis*.

— SUJETS COORDONNÉS PAR *ou* ET *ni* :

Si la conjonction DISJOINT LES SUJETS, on peut accorder le verbe avec un seul sujet et le verbe se met au SINGULIER :

> Ni mon grenier ni mon armoire
> Ne se remplit à babiller (LA FONTAINE).

Mais on trouve aussi l'accord au PLURIEL :

> Ni le mari ni la femme ne regardaient *à l'argent* (BALZAC).
>
> Le temps ou la mort sont *nos remèdes* (ROUSSEAU).

L'UN OU L'AUTRE. Le verbe est au SINGULIER : *L'un ou l'autre l'emportera*.

REMARQUE. — L'arrêté de 1901 tolère le verbe au pluriel après une série de verbes coordonnés par NI :
Ni *la douceur* NI *la force n'y* peuvent *rien* (ou) *n'y* peut *rien*.
L'arrêté ne dit mot des séries coordonnées par *ou*.

— Sujets coordonnés par *avec, comme, ainsi que* :

Avec. — Le verbe est au singulier si le substantif précédé de avec n'appartient pas au groupe sujet, mais fonctionne comme un complément circonstanciel; dans ce cas, il est détaché dans la phrase par une double pause, marquée par des virgules :

> Le père, avec son fils, a construit la maison.

Le verbe est au pluriel, si les deux substantifs appartiennent au groupe sujet :

> *Le Singe* avec *le Léopard*
> Gagnaient *de l'argent à la foire* (La Fontaine).

Comme, ainsi que. — Quand comme et ainsi que lient les deux substantifs en un seul groupe sujet, le verbe se met au pluriel :

> *Le chien* comme *le chat* sont *des mammifères.*

Quand il n'y a qu'une simple idée de comparaison, le verbe se met au singulier.

II. Accord en personne :

1° Lorsque les sujets sont de personnes différentes, la première l'emporte sur la deuxième et la deuxième sur la troisième :

> *Mon frère* (3ᵉ pers.) *et moi* (1ʳᵉ pers.) *irons à Paris.*

Les sujets sont souvent repris devant le verbe par un pronom de conjugaison :

> *Mon frère et moi, nous irons à Paris.*

2° Quand le sujet est le pronom relatif qui (toujours de 3ᵉ personne), l'accord doit-il se faire avec lui ou avec son antécédent?

Le pronom précède le relatif. — A l'époque classique on hésite encore :

> *Monsieur, n'est-ce pas vous qui vous appelez Sganarelle? — Eh! qui?*
> *— Je vous demande si ce n'est pas vous qui se nomme Sganarelle*
> (Molière).

La règle générale, dans l'usage actuel, est de faire l'accord en nombre et en personne avec le pronom.

Le pronom est séparé du relatif par un attribut. — Dans ce cas, qui commande l'accord? Est-ce le pronom personnel ou l'attribut?

> *Vous fûtes les premiers qui élevâtes de grands théâtres* (Voltaire).

Il semble que l'accord se fasse avec l'attribut :

a) Quand il est précédé de l'article défini :

> *Vous êtes les artisans qui ont construit cette maison;*

b) Quand il est précédé d'un adjectif démonstratif :

> *Vous êtes ce Monsieur qui m'a porté secours;*

c) Quand la principale est négative ou interrogative :

> *Êtes-vous un journaliste* qui soit *débrouillard ?*

554. Accord du verbe, des présentatifs c'est, ce sont; c'était, c'étaient; ce fut, ce furent.

Les règles d'accord sont mal établies. Le verbe dépend, pour l'accord, à la fois du pronom CE (toujours au singulier) et des termes de la proposition « présentée » qui sont au singulier ou au pluriel.

1° ON EMPLOIE LE SINGULIER :

a) Dans les expressions figées :

> *Il ne voit personne,* si ce n'est *ses amis.*

On peut remplacer SI CE N'EST par SINON;

b) Dans les expressions EST-CE QUE, QU'EST-CE QUE, EST-CE. (L'emploi de SONT-CE n'a plus qu'une valeur comique ou affectée);

c) Lorsque le verbe est suivi de plusieurs noms au singulier ou dont le premier est au singulier :

> *C'est l'argent et le luxe qui font vivre cette société;*

d) Devant les pronoms de 1re et de 2e personne (c'est *nous,* c'était *vous*); ou devant l'expression de nombres (c'est *100 F*).

2° DANS LES AUTRES CAS, le verbe peut se mettre au singulier ou au pluriel.

HISTORIQUE. — Jusqu'au XVIe siècle, on disait : *ce suis je, ce es tu, ce est il, ce sommes-nous, ce estes-vous, ce sont ils.* Le verbe s'accordait avec le sujet *postposé.* Mais à la 3e personne, à côté de *ce est il,* s'est développé, avec emploi du pronom accentué, *ce est lui = c'est lui;* et, par analogie, *c'est vous, c'est nous...* Dans ces tournures, le verbe semble s'accorder avec CE. On s'achemine vers l'invariabilité du groupe : *c'est.* Cependant, au XVIIe siècle, les grammairiens ont admis que l'on dise CE SONT EUX, à côté de C'EST EUX.

555. Accord des verbes impersonnels.

Ils sont toujours à la 3e personne du singulier, même s'ils sont suivis d'un pluriel :

> *Il fleurit des primevères, et par-ci par-là, sous leur paille de l'an passé, verdissent les bouquets d'orties* (ARAGON).

556. *Accord dans les formes composées.*
L'auxiliaire est le verbe être.

Dans les FORMES COMPOSÉES, l'auxiliaire s'accorde avec le sujet, comme une forme verbale simple. Le participe passé varie, selon des règles complexes. Quand l'auxiliaire est ÊTRE :

1° DANS LES FORMES NON PRONOMINALES :

Le participe s'accorde en genre et en nombre avec le sujet :
> *Les enfants sont partis.*
> *La perdrix est traquée par le chasseur.*

2° DANS LES FORMES PRONOMINALES :

a) Si le verbe n'existe qu'à la forme pronominale (ex. : *s'absenter, se repentir, se soucier...*), le participe s'accorde en genre et en nombre avec le sujet;

b) Si le pronom SE est traité comme une particule inséparable du verbe et si le verbe est suivi d'un complément d'objet indirect, le participe s'accorde en genre et en nombre avec le sujet :
> *Ils se sont prévalus de leur supériorité.*
> *Ils se sont aperçus de leur erreur.*

c) Si le verbe non suivi d'un complément traite SE comme une particule séparable, ou bien le pronom SE est complément d'objet direct et le participe s'accorde *(ils se sont battus),* ou bien le pronom SE est complément d'objet indirect et le participe reste invariable *(les gouvernements* se sont *succédé* [sans s] *rapidement);*

d) Si le verbe est construit transitivement AVEC UN OBJET DIRECT QUI LE SUIT, le participe reste invariable :
> *Ils se sont construit une maison confortable.*

Si l'objet direct PRÉCÈDE le verbe, le participe s'accorde en genre et en nombre avec l'objet :
> *J'ai vu la maison qu'ils se sont construite.*

557. *Accord dans les formes composées.*
L'auxiliaire est le verbe avoir.

La règle d'accord du participe est surtout une règle orthographique.

Elle est fondée sur l'ordre des mots. La place que le complément d'objet direct occupe par rapport au participe passé commande les variations de celui-ci. Si le complément d'objet direct est placé AVANT le verbe, le participe passé s'ACCORDE avec lui en genre et en nombre; s'il est placé APRÈS, le participe reste INVARIABLE :
> *Nous avons aimé les excursions que nous avons* faites *cet été.*

REMARQUE. — La langue parlée se dispense souvent de faire entendre cet accord et l'on prononce : *Nous avons aimé les excursions que nous avons* fait [fɛ] *cet été,* au lieu de : *que nous avons* faites [fɛt].

Le complément d'objet est le pronom neutre le.

Le participe reste invariable :

> La chose était plus sérieuse que nous ne l'avions pensé d'abord (Le Sage).

En effet, le pronom LE ne représente pas LA CHOSE, mais *l'idée de la principale.*

Le complément d'objet est le pronom en.

Le participe reste invariable :

> Que j'ai envie de recevoir de vos lettres; il y a déjà près d'une demi-heure que je n'en ai reçu (Mme DE SÉVIGNÉ).

Participe passé suivi d'un infinitif.

L'arrêté de 1901 a fort opportunément admis qu'il pouvait rester invariable. On distingue parfois :

> Les musiciens que j'ai entendus jouer

de :

> La symphonie que j'ai entendu jouer.

Dans le premier exemple, QUE est complément de J'AI ENTENDU, car ce sont les musiciens qui jouaient.

Dans le second exemple, QUE est complément de JOUER :

> J'ai entendu [les musiciens] jouer une symphonie.

Divers accords du participe passé.

LE PARTICIPE PASSÉ DES VERBES EMPLOYÉS COMME AUXILIAIRES RESTE INVARIABLE :

> Les leçons que j'ai dû *apprendre* étaient très difficiles.
> Les vacances que j'ai laissé *perdre.*

DES VERBES COMME *courir, valoir, peser, coûter* se construisent avec un complément direct :

> Les cent mille francs que ce meuble m'a coûté.

Dans ce cas, le participe reste invariable. Pour les problèmes particuliers posés par COÛTER, voir § **272.**

LE PARTICIPE PASSÉ DES FORMES IMPERSONNELLES RESTE INVARIABLE :

> Les beaux jours qu'il a fait *ne reviendront plus.*

558. *Accord des « formules figées »*.

Les participes passés APPROUVÉ, ATTENDU, COMPRIS, EXCEPTÉ, SUPPOSÉ, VU, quand ils sont placés *devant* un nom, ont la valeur de prépositions et sont invariables : Excepté *ces deux hommes.*

Quand ils sont placés *après* un nom ou lorsqu'ils le précèdent comme inversion, ils s'accordent comme des adjectifs :

> *Déjà comprises au compte précédent, ces sommes n'ont pas dû figurer ici* (LITTRÉ).

> Ces *deux hommes* exceptés.

Ci-annexé, ci-joint, ci-inclus sont variables quand ils sont épithètes ou attributs. Ils sont invariables quand on leur donne le tour adverbial (en particulier, en tête de phrase et devant un substantif non déterminé) :

> *J'ai l'honneur de vous transmettre* ci-jointes *la réclamation de M. le capitaine, ma lettre...* (STENDHAL).

> *J'ai l'honneur de vous transmettre* ci-joint *copie de la réponse* (STENDHAL cité par GREVISSE).

6 | La concordance des temps

Les *principaux problèmes posés par la concordance des temps ont été analysés et illustrés dans les chapitres précédents* (voir LES EMPLOIS DU VERBE). *Nous n'exposons ici que les tendances fondamentales.*

559. Notions générales.

1° A l'intérieur d'un système *groupant une principale et une subordonnée,* l'emploi d'une forme verbale A dans la principale contraint-elle le parleur à l'emploi d'une forme verbale B, à l'exclusion de toute autre forme C ou D ? Ce problème est celui de la « concordance des temps ».

Dans *la Pensée et la langue* (p. 782), F. BRUNOT a déjà répondu : « Ce n'est pas le temps principal qui amène le temps de la subordonnée, c'est le sens. Le chapitre de la concordance des temps se résume en une ligne : il n'y en a pas. » Il est vrai que cette affirmation catégorique est presque aussitôt atténuée par l'indication que l'action subordonnée « tend à se placer dans la portion de la durée » où est la principale.

2° S'il est vrai que le sens et la chronologie guident le parleur dans le choix de la forme verbale appropriée, il est non moins vrai qu'à l'intérieur du système verbal se dessinent des tendances à l'emploi mécanique de tel temps en relation avec tel autre. Ce sont ces tendances qu'il faut faire apparaître.

560. Les niveaux temporels.

Lorsqu'il s'agit d'exprimer une RELATION D'ANTÉRIORITÉ, celle-ci « se détermine toujours et seulement par rapport au temps simple corrélatif » (BENVENISTE). Cette relation s'exprime dans un système PROPOSITION SUBORDONNÉE DE TEMPS + PROPOSITION PRINCIPALE, *où s'opposent forme simple et forme composée.* Mais, dans ce SYSTÈME, on ne peut opposer que des formes de même NIVEAU TEMPOREL :

> *Quand il eut mangé... il sortit.*
> *Quand il avait mangé... il sortait.*
> *Quand il a mangé... il sort.*

Au présent de l'auxiliaire répond dans la principale le présent de l'indicatif ; à l'imparfait de l'auxiliaire, l'imparfait de la principale, etc.

561. Les systèmes conditionnels.

1° Construction juxtaposée et subordination inverse. — Si la proposition faisant fonction de principale comprend une forme en -rais, l'autre proposition présente une forme en -rais :

> Les vacances n'existeraient pas, il faudrait les inventer.
>
> La mort le menacerait, qu'il ne tremblerait pas.

2° Les systèmes en « si » (si introduisant une hypothèse). — La subordonnée exclut l'emploi du futur et du conditionnel (présent ou passé) :

a) Si le verbe de la principale est au futur, le verbe de la subordonnée est au présent (jamais au futur) :

> Si tu lis mon ouvrage, tu m'obligeras ;

b) Si le verbe de la principale est au conditionnel, le verbe de la subordonnée est à l'imparfait ou au plus-que-parfait.

562. Style indirect et style indirect libre.

Examinons la phrase suivante de style direct :

> Si je l'arrête, se dit-il, Giletti sera compromis ; on découvrira facilement qu'il a vendu son passeport ; d'un autre côté, que diront mes chefs si l'on vient à vérifier que moi, ami de Giletti, j'ai visé son passeport porté par un autre ? (Stendhal.)

Supposons que ces paroles soient rapportées au style indirect, en dépendance d'un verbe au passé :

> [Il se disait que], s'il l'arrêtait, Giletti serait compromis ; on découvrirait facilement qu'il avait vendu son passeport ; d'un autre côté, que diraient ses chefs si l'on venait à vérifier que lui, ami de Giletti, avait visé son passeport porté par un autre ?

Aux propos rapportés au présent, en style direct, par le personnage, nous avons substitué des propos rapportés indirectement par le narrateur.

Des changements sont apparus dans les formes verbales :

L'imparfait remplace le présent ;
Le conditionnel présent remplace le futur ;
Le plus-que-parfait remplace le passé antérieur.

Quand on change l'origine des temps, il faut modifier les formes verbales, pour maintenir le rapport temporel nécessaire entre le temps de la principale et ceux de la subordonnée.

563. Concordance des temps au subjonctif.

1° Le parler soutenu, qui emploie les quatre temps du subjonctif, se soumet à la règle de la concordance des temps.

« Un présent ou un futur dans la principale demande le présent ou le passé du subjonctif. Un passé dans la principale demande l'imparfait ou le plus-que-parfait du subjonctif » :

> Est-ce qu'il était *possible que je vous* visse *sans que je vous aimasse?* (CLAUDEL.)
>
> Mil huit cent onze, ô temps où des peuples sans nombre
> Attendaient *prosternés sous un nuage* sombre
> Que le ciel eût dit oui (HUGO).
>
> J'attendrai *qu'il* réponde *à ma lettre.*
> Je regrette *que tu* n'aies pas répondu *à ma lettre.*

2° LE PARLER FAMILIER, qui n'emploie que le présent et le passé du subjonctif, ignore ces contraintes.

Cependant, même le parler soutenu déroge à la règle :

a) Quand il est nécessaire de souligner L'ÉPOQUE de l'action rapportée au subjonctif. Ainsi, le verbe principal peut être au passé et le verbe de la subordonnée au présent du subjonctif :

> ... N'avez-vous pas
> Ordonné *dès tantôt qu'*on observe *ses pas? (*RACINE.)

b) Quand il est nécessaire de souligner LA VALEUR MODALE (subjonctif du conditionnel) :

> On craint *qu'*il n'essuyât *les larmes de sa mère* (RACINE).

REMARQUE. — Avec un verbe principal au conditionnel, on admet les deux tours :
Il faudrait qu'il vînt (ou) qu'il vienne (arrêté de 1901).

564. La non-concordance des temps.

Nous avons vu, ci-dessus, plusieurs exemples de non-concordance ; il suffit, pour que le mécanisme soit rompu, que l'expression du temps ou du mode soit contraignante.

C'est pourquoi, alors que l'on attend un passé dans la subordonnée, appelé par le passé de la principale, un présent peut être employé si la volonté du narrateur l'exige :

> Chaque fois que j'ai lu Shakespeare, il m'a semblé que je déchiquette la cervelle d'un jaguar (LAUTRÉAMONT).
>
> Elle entendait dans un monde endormi et inaccessible un remuement d'oiseaux que la lune éveille (MAURIAC).

C'est pourquoi le futur peut l'emporter exceptionnellement sur le conditionnel présent dans le discours indirect :

> Elle ne se fit pas scrupule du chagrin qu'éprouvera vraisemblablement le juge Alessandro, son mari (VAILLAND).

V. LES MOTS INVARIABLES
1 — Généralités

565. *Introduction.*

On classe dans cette catégorie les mots qui n'existent que sous une forme, et dont l'emploi ne nécessite pas une variante de forme : les ADVERBES, les PRÉPOSITIONS, les CONJONCTIONS, les INTERJECTIONS.

On oppose à cette catégorie celle des mots variables, ou mots à flexion : les VERBES, avec leurs désinences de personne, de temps, de mode; les NOMS, PRONOMS, ARTICLES et ADJECTIFS DÉTERMINANTS, avec leurs désinences de genre, de nombre, parfois de personne et de fonction :

> *Je sais* que *cet enfant va* souvent chez *son camarade.*
>
> *Je sais* que *ces enfants vont* souvent chez *leurs camarades.*

Cette classification n'est pas très satisfaisante : elle ne répond pas absolument au jeu existant entre l'emploi et la forme des mots. Il faut distinguer entre « forme » et « emploi » invariables.

566. *Mots comportant des catégories variables non marquées dans la forme*

1° Il faudrait mentionner les mots qui ont certes une variante dans l'écriture, mais aucune dans la prononciation :

> *Ils mangent — il mange. Mes amis — mes amies.*

A ce compte, la langue parlée comporte beaucoup de formes invariables. La variabilité est la plupart du temps confiée à un INDICATEUR placé à côté du mot (pronom, déterminant) ou à la liaison (on dit : *une voix agile,* mais : *des voix-z-agiles*). Beaucoup d'accords de la grammaire traditionnelle ne correspondent à rien dans la prononciation et se présentent aux écoliers comme une ascèse bien artificielle.

2° Certains mots soumis aux catégories variables n'en portent pas de marques, ni prononcées ni écrites :

> *Nez, croix* ne prennent pas de marques de nombre.
>
> *Professeur* ne porte pas de marque de genre.

Des adjectifs comme *debout* n'ont qu'une forme, ainsi que beaucoup d'adverbes employés comme adjectifs : *des gens pas mal, bien,* et des locutions :

> *des gens comme il faut.*

Les pronoms EN et Y et les pronoms relatifs simples QUI, QUE, OÙ représentent des éléments comportant des variations de genre et de nombre, sans les marquer eux-mêmes explicitement :

Je pense à un jardin — j'y pense.   Je pense à des jardins — j'y pense.

567. Mots de forme variable, fixés dans des emplois où ils sont invariables.

Cette fixation est due, la plupart du temps, à des phénomènes d'accentuation et d'ordre des termes.

1° UN MOT QUI REVIENT RÉGULIÈREMENT EN TÊTE d'un groupe accentuel devient un mot-outil :

Un adjectif, un participe deviennent PRÉPOSITIONS (passé *cette date...* — *cette date* passée)... ou CONJONCTIONS (*vu que, attendu que...*).

Un adjectif ou un participe deviennent ADVERBES (*il, [elle] marche* droit; *elles sont* debout).

Tout est l'exemple même du mot que la langue a hésité à classer dans les mots variables ou invariables.

Une forme verbale devient invariable dans certaines structures :

Voici (à l'origine, *voi ci*); *Soit deux triangles; Vive les vacances!*

2° Certains mots passés d'une catégorie à une autre (substantifs devenus adjectifs, éléments de mots composés) sont tantôt variables, tantôt invariables selon la grammaire traditionnelle, ce qui montre bien le flottement de la classification. Par exemple :

Les adjectifs de couleur : *des robes marron;*

Les noms adjectifs : *des meubles Empire;*

Des mots composés : *des porte-clefs.*

CONCLUSION : la distinction entre mots invariables et mots variables n'est qu'un moyen assez commode de présenter les choses. En réalité, il n'y a pas de rupture entre les catégories. On remarque dans l'évolution de la langue française une nette tendance à débarrasser les mots de leurs parties variables (désinences) et à multiplier les éléments indicateurs de fonction, exprimés séparément (ainsi, la disparition de la déclinaison en français marche de pair avec un développement des prépositions). Tout un matériel de mots-outils s'est ainsi formé en français.

Ces mots-outils forment des catégories qui se chevauchent souvent. Depuis le XVII° siècle, les grammairiens se sont efforcés de séparer soigneusement les adverbes, les prépositions, les conjonctions. Ces séparations sont parfois difficiles à maintenir dans la langue.

2 | LES PRÉPOSITIONS
A — Formes et constructions

568. Définition.

La préposition, mot invariable, a pour fonction de subordonner un terme ou élément de phrase à un autre, et d'indiquer quel rapport on conçoit entre l'un et l'autre. C'est un instrument de relation qui joue dans la phrase le rôle d'un pivot.

> J'ai vu dans la nuit d'été, sur toutes les routes de la terre, courir les roses des parterres vers une rose en liberté (PAUL FORT).

569. Les formes.

C'est une catégorie difficile à délimiter ; on peut estimer que les mots suivants répondent à la définition :
à, après, avant, avec, chez, contre, dans, de, dès, en, entre, hors, malgré, outre, parmi, par, pour, sans, sous, sur, selon, vers.

Mais on rencontre dans la même fonction des adverbes (devant, derrière, depuis), des adjectifs (proche, plein, sauf), des présentatifs (voici, voilà), des participes (excepté, pendant, passé, durant, suivant), des locutions (envers, vis-à-vis).

REMARQUE. — Les grammairiens du XVIIᵉ siècle se sont efforcés de répartir en deux catégories distinctes les adverbes et les prépositions. C'est grâce à eux que l'on distingue nettement : sur et dessus, sous et dessous.
Mais, comme l'a montré A. Sauvageot, cette séparation est assez spécieuse, en sorte que certaines prépositions se rencontrent en emploi adverbial (après, avant et, dans les parlers relâchés : avec, contre, parmi, pour, sans, selon) :
C'est le raisonnement qui après assigne à tout phénomène visuel des causes extérieures (PROUST).
Je ne pourrai pas vivre avec (ROLLAND).
Je vote contre. C'est selon.

Nous commenterons quelques cas remarquables :

1° Certains éléments variables sont devenus invariables parce qu'ils précédaient régulièrement le terme auquel ils se rapportaient ; ils fonctionnent comme des prépositions :

— ADJECTIFS : sauf, plein, proche.

On opposera donc :

> Elle a les mains pleines [adjectif] d'encre ;

et :

>Lui, *des feuilles blanches* plein [préposition] *la main, les avait déchirées en menus morceaux* (BUTOR).

>*La maison est* proche [adjectif] *de la mer;*

et :

>*Sur le pré* proche [préposition] *les vergers aux pruniers fleuris le kolo tournait* (APOLLINAIRE).

— PARTICIPES : *attendu, vu, excepté, y compris, passé, étant donné...* Ce dernier terme, pourtant, présente des cas d'accord, même placé en tête :

>Passé *les heures limites, l'embarquement ne pourra être assuré* (Indicateur Air France);

mais :

>Etant donnée *la modestie de mes exigences, n'étais-je pas sûr...* (BUTOR.)

2° Le français possède de nombreuses LOCUTIONS PRÉPOSITIVES formées par combinaison entre préposition et préposition ou adverbe, entre préposition et groupe substantif, etc. : *d'avec, jusqu'à, de par, grâce à, par rapport à, en dépit de, au-dessus de, vis-à-vis de...*

ON REMARQUERA :

a) Que le groupement *préposition* + *préposition* est critiqué par les puristes depuis le XVIIIᵉ siècle; il n'est pas rare pourtant :

>*Le pilote sépare l'avion* d'avec *les eaux* (SAINT-EXUPÉRY).

>*Je viens* de chez *votre aimable directrice* (MAX JACOB);

b) Que le français parlé *use très librement* de ces locutions, supprimant souvent préposition initiale ou préposition finale, ou les deux à la fois. Certains tours sont parfaitement admis :

>*Côté cour, côté jardin.*

D'autres passent pour très vulgaires :

>*Question conduite, il est difficile.*

>*Malheureusement,* au point de vue armée, *Robert était surtout préoccupé en ce moment de l'affaire Dreyfus* (PROUST);

c) Que le français parlé crée sans cesse de nouvelles locutions prépositives, censurées par les puristes :

>*Il vit bien que c'était* histoire de *dissimuler un trouble* (ARAGON).

570. Les constructions.

LA PRÉPOSITION EST UN PIVOT ENTRE DEUX TERMES (ce que dégage bien mal le terme de préposition).

a) LE TERME COMPLÉTÉ peut être :

Un VERBE :

> *Sa bouche presque sans lèvres blessait d'une large estafilade le visage sans menton, ce qui faisait qu'on eût dit d'un requin* (APOLLINAIRE).

Un SUBSTANTIF :

> *Le silence de tombe* (GRACQ).
> *J'ai un ressort de cassé* (SARTRE).

Un ADJECTIF :

> *Et il s'engagea dans ce passage, heureux de n'avoir plus à franchir les haies et les talus* (ALAIN-FOURNIER).

Un PRONOM :

> *Ses vieux scrupules d'enfant pieux lui reprochaient ce que ses pensées avaient d'irrévérencieux pour sa mère* (LARBAUD).

Un ADVERBE :

> *Le marquis voyait dans ce dessein le complément de toutes ses craintes relativement à l'abandon qu'il redoutait pour ses vieux jours* (STENDHAL).

REMARQUE. — On peut considérer que certaines prépositions introduisent un terme qui est le complément de toute la proposition, telles : *quant à, pour...;* le groupe peut même, en syntaxe affective, devenir indépendant : Quant à *jouer du mouchoir,* quant à *extraire de moi des pleurs, je ne suis plus assez gosse pour cela* (GIDE). — Pour *ce qu'il a fait, lui!* (MALRAUX).

b) LE TERME COMPLÉMENT. — La préposition introduit un NOM, un PRONOM, un PARTICIPE ou un ADVERBE :

> *Pas assez de relief!* (FLAUBERT.) *Y a-t-il rien de plus bête que des cloches à melon?* (FLAUBERT.) *Je viens depuis hier six heures du soir jusqu'à maintenant de recopier soixante-dix-sept pages* (FLAUBERT).

Un INFINITIF ou une FORME VERBALE en -ANT (gérondif) :

> *Le mieux, c'est de n'y plus penser* (FLAUBERT).

Une PROPOSITION RELATIVE :

> *Le meurtre à tes côtés suit l'office divin,*
> *Criant : « Feu sur qui bouge! »* (HUGO.)

Une PROPOSITION introduite par QUE : *après que, pour que.* C'est là l'origine d'un grand nombre de constructions subordonnées dites « circonstancielles ». On remarquera que le français familier fait suivre des prépositions de propositions introduites par *quand, si, comme, comment* :

> *Marque ça pour quand on aura de l'argent* (APOLLINAIRE).
>
> A comme *il avait dit un jeune, on pouvait comprendre que Poulenc n'en était déjà plus un pour lui* (ARAGON).

571. Place de la préposition.

Selon les constructions, la préposition suit obligatoirement le terme qu'elle complète ou jouit d'une grande liberté dans la phrase ; ainsi, dans les phrases suivantes, on relève :

— un ORDRE OBLIGATOIRE du complément introduit par DE :

> *Ce tripot avait ceci de perfide que tout s'y passait entre gens du monde, entre amis* (GIDE).

— un ORDRE LIBRE du complément introduit par DANS :

> *Ni dans l'un ni dans l'autre cas, il n'y a rien eu de ce qu'on appelle d'ordinaire un événement* (SARTRE).

Le complément se place généralement juste après la préposition :

> *Les gens d'en bas. Une femme au joli minois.*

Cependant, le français moderne *intercale* parfois un terme secondaire, un ADVERBE le plus souvent :

> *La Ville de Paris est un tableau en quoi se concentre tout l'effort de la peinture depuis peut-être les grands Italiens* (APOLLINAIRE).

Cette construction est particulièrement fréquente pour AVEC et SANS :

> *Avec naturellement à côté de moi cet admirable exemple* (ARAGON).

572. Répétition ou omission de la préposition.

Devant plusieurs compléments juxtaposés ou coordonnés, DE, À, EN sont généralement répétés :

> *Elle me sauva cette année-là de l'ennui, des regrets, de toutes les mélancolies* (S. DE BEAUVOIR).

Les autres prépositions ne se répètent pas :

> *Je venais d'entrer comme jeune pilote de ligne à la Société Latécoère, qui assura avant l'Aéropostale, puis Air France, la liaison Toulouse-Dakar* (SAINT-EXUPÉRY).

Si la première règle est assez strictement suivie (sauf en cas de groupement très étroit [*un cours d'histoire et géographie*] ou d'adjectifs numéraux liés par OU [*un séjour de dix ou vingt ans*]), la seconde comporte de très nombreuses exceptions : il suffit qu'on veuille souligner le rythme, le parallélisme des compléments..., pour que la préposition soit répétée (cf. exemples de Gide et de Sartre au paragraphe **571**).

Dans le cas d'une locution, on se contente généralement de répéter la préposition terminale :

> *Cependant* à cause de *sa pauvreté, ou* de *son humeur querelleuse, une sourde malveillance l'entourait* (FLAUBERT).

B | Valeurs et emplois des prépositions

573. *Les valeurs.*

Certaines prépositions ont une valeur par elles-mêmes, le plus souvent simple et facile à préciser : on les rencontre principalement dans des emplois circonstanciels. Telles sont : *contre, parmi, chez...*

D'autres, inversement, ont une valeur complexe, qui dépend de la construction dans laquelle elles sont employées. Telles sont : *en, par, pour,* et surtout *à* et *de. De* est un cas limite, une préposition particulièrement polyvalente, dont la valeur dépend des termes qui sont mis en relation.

Il serait long et sans grand intérêt de les énumérer toutes et de préciser leur sens ; nous renvoyons donc aux dictionnaires et nous nous contenterons de remarques sur quelques emplois.

a | Prépositions à valeur simple

574. *Temps et espace.*

Ces deux notions ayant de grandes affinités, on constate des répartitions complémentaires mais aussi de nombreux glissements.

Devant s'applique à l'espace et *avant* au temps. :
> *Mettre la charrue* devant *les bœufs. Je viendrai* avant *vous.*

Au XVIIᵉ siècle, *devant* pouvait s'appliquer au temps :
>   *On le faisait lever devant l'aurore* (LA FONTAINE).

Derrière s'applique à l'espace et *après* au temps.

Sur et *sous* s'appliquent aussi bien à l'espace qu'au temps :
>   Sur *ce, je vous quitte. Nous devons partir* sous *huit jours.*

Depuis et *dès* marquent aussi bien le temps que l'espace, mais *dès* marque seulement le point de départ et *depuis* l'espace ou la distance parcourus.

REMARQUE. — Certains dictionnaires s'acharnent à faire sortir toutes les relations de *relations premières d'espace et de temps.* S'il est exact qu'il y a une parenté entre relations de lieu et relations de dépendance *(nous le jurons* sur *l'évangile ; libérer quelqu'un* sur *parole ; ne pas avancer* sous *peine de mort),* rien n'autorise à dire que la seconde valeur dépend de la première.

575. Cas particuliers.

Envers ne s'emploie qu'avec un complément désignant une personne :
>   *Il a mal agi* envers *vous.*

Parmi est toujours suivi, en français moderne, d'un substantif au pluriel ou collectif. Au XVIIᵉ siècle, on le trouvait avec un substantif individualisant :

>   Parmi *ce grand amour que j'avais pour Sévère* (CORNEILLE).

b | Prépositions à valeur complexe

DE, À, EN, PAR, POUR. La valeur de ces prépositions, des deux premières surtout, dépend de la construction dont elles sont le pivot. Aussi ont-elles été fréquemment citées dans les chapitres de structure de la phrase. On reviendra ici sur plusieurs constructions.

576. Les groupes de mots.

Grâce à une préposition, plusieurs mots peuvent se joindre pour former un groupe. On a cherché à distinguer au § **74** les mots composés et les suites de mots, plus libres : *chemin de fer* a perdu tout contact avec les mots qui le forment et n'admet pas de détermination interne ; *le cheval de Jean* a les caractéristiques inverses. Mais ce sont des cas privilégiés : comment analyser *cheval de course,* par exemple ?

Du moins, le jeu des prépositions permet un certain nombre d'identifications :

LES SÉRIES. Grâce aux prépositions, les groupes de mots peuvent constituer des séries : *Un moulin à vent, à eau, à café...*

Un cheval de frise, d'arçons, de course...

Une robe du soir, d'après-midi, de cocktail...

LES OPPOSITIONS. Dans quelques cas remarquables, la possibilité de substituer une préposition à une autre peut nous éclairer sur la valeur du lien :

De - à. — *De* MARQUE LE CONTENU, *à* MARQUE LA POSSIBILITÉ DU CONTENU : *Une tasse de thé, une tasse à thé; une cuillère de soupe, une cuillère à soupe.*

De - en. — *En* MARQUE LA MATIÈRE, *de* EST UNE SIMPLE DÉTERMINATION : *Un pont de bois, un pont en bois.*

Fabrice arriva à une rivière assez marécageuse traversée par un pont en bois assez étroit. [...] Fabrice restait immobile au bout de son pont de bois (STENDHAL).

On dira donc : *une médaille de bronze en chocolat* (la détermination marque qu'il s'agit d'un emploi figé, comme dans : *un cœur d'or, une tête de bois*).

De - à. — *De* MARQUE UNE SIMPLE DÉTERMINATION, *à* MARQUE QUE LE TERME ENTRE DANS UNE CERTAINE SÉRIE :

Un livre de dix francs, un livre à dix francs.

Mais, quand ces substitutions ne sont pas possibles, le sens des prépositions, et par conséquent de la relation, est difficile à fixer. Nous avons proposé, aux § **127** et suivants, une *méthode de classement et d'identification.* Celle-ci permet non seulement de fixer le sens des prépositions, mais de voir que l'ordre de détermination n'est pas uniquement DÉTERMINÉ-DÉTERMINANT :

La maison de mon père; la maison est à mon père;

mais aussi DÉTERMINANT-DÉTERMINÉ :

La ville de Paris; Paris est une ville.

Un amour d'enfant; cet enfant est un amour.

577. *Les phrases verbales.*

Les prépositions jouent un grand rôle dans la construction des fonctions :

SUJET - COMPLÉMENT D'AGENT. Sauf exception, le sujet *n'est pas* précédé de préposition, tandis que le complément d'agent est précédé de : *par, de* ou *à.* Dans le cas de la proposition infinitive, on a le choix entre les deux solutions.

COMPLÉMENT D'OBJET. Le français oppose des compléments directs sans préposition et des compléments indirects précédés de *de, à,* quelquefois *en.*

REMARQUES. — 1. Le français a constitué un certain nombre de locutions verbales figées, dont il tire des oppositions de sens avec des constructions non figées :

Etre en possession de signifie POSSÉDER.
Etre en la possession de signifie ÊTRE POSSÉDÉ.

2. Beaucoup de verbes français ayant concurremment des constructions transitive et intransitive, on risque de confondre *de* ARTICLE PARTITIF (devant objet direct) et *de* PRÉPOSITION (devant un complément circonstanciel). La forme du verbe sera souvent éclairante : *Elle a sorti* de *la poussière* (auxiliaire *avoir,* construction TRANSITIVE ; *de la* est un article) ; mais : *elle est sortie* de la *poussière* (auxiliaire *être,* construction INTRANSITIVE ; *de* est une préposition). *Elle s'est servi* de *la purée* (pas d'accord, construction TRANSITIVE ; *de la* est article) ; mais : *elle s'est servie* de *la purée* (accord, construction INTRANSITIVE ; *de* est une préposition).

ATTRIBUT. Les prépositions, et surtout *de,* jouent ici un grand rôle, car elles indiquent ou soulignent le *rapport attributif* :

— Elles peuvent être *obligatoires* dans certaines constructions d'attribut d'objet : *Traiter quelqu'un* de *sot.*

— Elles sont *facultatives* et ont pour rôle de souligner le rapport attributif :
1° après le verbe *être : si j'étais* de *vous* (variante : *si j'étais que* de *vous*) ;
2° quand le verbe *être* n'est pas exprimé (attribut d'objet) : *voilà une place* de *libre.*

COMPLÉMENT CIRCONSTANCIEL. Le complément circonstanciel dépend plus ou moins étroitement du verbe de la phrase (voir § **105**) ; c'est cependant le plus indépendant des compléments du verbe. La préposition qui l'introduit généralement a donc, par elle-même, une valeur plus sensible.

Ces faits expliquent que la gamme des prépositions soit étendue et qu'on puisse les organiser en un système assez cohérent. On ne peut cependant les traiter indépendamment de la construction de la phrase, comme on l'a fait pour les prépositions à valeur simple ; il n'est guère possible d'accorder à *de* une valeur sémantique fondamentale, d'origine par exemple, et d'extraire tous les sens de cette « valeur fondamentale ». On tiendra compte de deux critères :

a) Un critère de SUBSTITUTION : quand les contextes sont identiques : *je suis* à *Paris ; je suis* de *Paris ;*

b) Un critère SYNTAXIQUE, en faisant varier les contextes. Le sens de la préposition se définit alors : 1° par rapport à une autre préposition : *il a dormi* de *Paris* à *Auxerre ; il pèse* de *trente* à *quarante kilos ;* 2° par rapport au verbe : *il vient* de *Paris ; il part* pour *Paris.*

578. Localisation dans le temps et l'espace.

Il faut remarquer que le français *distingue* nettement le lieu D'où L'ON VIENT (préposition *de*, éventuellement *depuis, dès*) et *confond* le lieu Où L'ON EST (*je suis à la maison*) et le lieu Où L'ON VA (*je vais à mon travail*).

SITUATION et DIRECTION s'expriment au moyen de : *à, dans, en* (éventuellement *sur, pour*).

579. De.

De marque l'origine; *à* (ou *en*) marque la direction ou l'aboutissement :
> *La fraîcheur s'égouttait lentement des branches* (GRACQ).
> De 1789 à nos jours. De Nantes à Montaigu.
> Tomber de Charybde en Scylla. De fil en aiguille.

Ce rapport entre le POINT DE DÉPART et le POINT D'ABOUTISSEMENT peut évidemment se concevoir en dehors des notions de lieu et de temps. Il peut marquer, par exemple, le départ et l'aboutissement d'une transformation :
> D'*enfant qu'il était, il s'est changé* en *homme;*

— ou l'approximation :
> *Il possède* de *trente à quarante livres.*

REMARQUE. — On ne peut utiliser *de... à...* pour marquer l'approximation que si l'on envisage *une différence fractionnable;* on est tenu de dire : *trois* ou *quatre livres,* et non : de *trois à quatre livres.*

De - depuis. — *Depuis* s'emploie en corrélation avec *jusqu'à : Depuis Paris jusqu'à Lyon.* Il s'emploie seul pour marquer le point de départ dans le temps :
> *La Côte d'Azur a bien changé* depuis *mon enfance.*

Mais il est considéré comme incorrect de substituer *depuis* à *de* dans les autres cas :
> *Je l'ai vu* depuis *le balcon* (du *balcon*).

Cependant, c'est un usage qui s'étend, en particulier dans le langage journalistique :
> *Notre reporter vous parle* depuis *Bordeaux.*

(Il s'agit d'éviter l'ambiguïté du groupe : *parler de.*)

De s'oppose à *depuis* par une nuance de DURÉE, dans des tours comme :
> *Je ne l'ai pas vu* de *cette semaine* (valeur durative) → depuis *deux semaines* (valeur ponctuelle).

580. À.

À marque la situation et la direction soit avec un verbe repère (*il* VA *à la maison,* en *France,* dans *son pays*);
soit dans un système de prépositions (v. *supra*).

Leurs emplois interfèrent, il faut les étudier en opposition.

REMARQUE. — Il faut noter que le langage familier étend parfois l'emploi de *à* dans des expressions que les puristes jugent incorrectes.

À - *pour*. — Suivi d'un nom marquant le TERME du mouvement, le verbe *partir* se construit avec *pour* et non *à : Il part* pour *Paris.*

À - *chez*. — On doit dire : *aller* chez *le coiffeur,* chez *le médecin,* et non *aller au coiffeur, au médecin,* expressions qui appartiennent au parler familier. *À* ne peut s'employer que devant le nom représentant le lieu de la profession : « au » *salon de coiffure.*

À - *dans*. — *À* présente le lieu comme un point : *Je suis à Paris,* un contact : *La réserve et le silence un peu monacal de Marino fondaient à ce bain de jeunesse vive* (GRACQ) ; alors que *dans* présente le lieu conçu comme intérieur : *Je marche* dans *Paris.*

La fameuse formule : *Rome n'est plus* dans *Rome* n'aurait aucun sens avec *à*.

581. En.

La préposition *en* a subi, dans l'histoire du français, une évolution qui en a restreint les emplois.

HISTOIRE. — *En* formait avec les articles *le, les* des formes contractées ; *en + le,* passant par *enl,* était devenu *ou,* puis *au.* A ce moment, le produit de *en + le* se confond avec le produit de *à + le,* tous deux écrits *au.*
On avait autrefois une opposition *en / ou,* qui représentait l'opposition entre un nom sans article et un nom pourvu d'article : *en hiver, en été, en automne* (sans article), mais : « *au* printemps » (*printemps* étant conçu comme substantif = premier temps).
De même : « croire en Dieu » (Dieu, sans article), mais : « croire *au* diable » (en le diable).
Ensuite, *en* et *au* cessent d'être compris comme représentant la même préposition, et l'on se trouve devant une opposition des prépositions *en* et *à,* qui sera exploitée avec des valeurs diverses.
Il faut donc remarquer que des causes historiques ont fait de *en* une préposition qui s'emploie essentiellement sans article défini en français moderne ; une partie des emplois avec article a été reprise par *dans* (préposition florissante depuis le XVIᵉ siècle) une autre partie par *à.*

EN - DANS. — *En* s'emploie devant un nom sans article, non déterminé, alors que *dans* s'emploie dès que le nom est déterminé, par un article ou par un complément déterminatif, un adjectif :

Je voyage en *avion,* dans *l'avion du président.*

C'est ce qui explique l'emploi de *en* dans des expressions figées, à valeur générale, non actualisées dans la phrase :

En *mer,* en *ville,* en *croix,* en *classe* (mais : à *l'école*).

REMARQUE. — *En* se trouve employé avec l'article *la, l'* dans quelques formules : *en la matière, en l'occurrence,* mais très rarement en dehors de ces cas, sauf dans un style affecté ; ex. : *La roue tourne* en *la grange* (GIDE).

EN et DANS s'opposent aussi dans les rapports de temps :

Je ferai ce travail en *trois jours* (DURÉE).

dans *trois jours* (DATE DU DÉBUT DE L'ACTION).

EN - À. — De l'ancienne opposition il reste des formules figées :

En *mon nom et* au *tien* (en *le tien*).

La nouvelle opposition permet de distinguer :

aller à *la mer* (c'est une limite, un contact);

aller en *mer* (le mot *mer* n'est pas individualisé);

aller dans *la mer* (dans = lieu intérieur).

REMARQUE. — Cas particulier des moyens de transport : l'Académie voulait imposer *en* pour les véhicules susceptibles de contenir le passager (en *voiture,* en *bateau*), *à* pour les véhicules qui supportent seulement le passager (*aller* à *cheval*).

Il faudrait donc dire : *aller* à *bicyclette,* à *skis,* à *patins.* Mais l'usage courant semble vouloir faire de *en* la particule propre aux moyens de transport, et l'on dit fréquemment : *aller* en *bicyclette,* en *moto,* en *scooter.*

582. A, en. *Le cas des noms géographiques.*

On trouve une opposition entre ces trois prépositions pour l'emploi des noms géographiques. Cette question a été traitée au chapitre de l'article (voir § **339**). Nous mentionnerons ici quelques faits saillants :

À s'emploie *devant les noms de ville,* qu'ils soient pourvus de l'article ou non : à *Paris,* à *La Havane,* et devant les noms d'îles assimilées à des villes : à *Ouessant;*

À correspond donc bien au lieu conçu comme un point.

On a employé *à* autrefois, jusqu'au XIXᵉ siècle, devant des noms de pays de genre féminin, désignant des contrées lointaines : *aller* à *la Chine,* à *l'Amérique,* alors que, de nos jours, on utilise en ce cas *en* sans article.

Les seuls noms de pays qui se construisent de nos jours avec *à* sont des noms de genre masculin à initiale consonantique : *Je vais* au *Portugal,* au *Pérou,* et des noms pluriels : aux *Etats-Unis.*

Selon M. Guillaume (*le Problème de l'article,* p. 292), cette répartition viendrait du fait que *à* présente le lieu comme lieu extérieur, alors que *en* le présente comme lieu intérieur; or, la plupart des pays lointains (ou conçus comme tels) étaient du masculin : ils reçurent la préposition *à* et l'article; et comme « la France » et la plupart des pays proches étaient du genre féminin, « ils reçurent l'aspect de lieu intérieur. On les fit précéder de *en* sans article ».

REMARQUE. — Jusqu'au XVIIᵉ siècle, on a pu employer *en* devant certains noms de villes. Racine écrit encore : *J'écrivis en Argos,* mais cet usage a été condamné par les grammairiens.

Toutefois, on a dit longtemps, et l'on dit encore : *en Avignon.* Sans doute faut-il voir là une survivance de l'époque où Avignon était un « Etat papal », un comté.

Il est encore loisible d'employer *en* si l'on pense plus à la région d'Avignon qu'à la ville elle-même.

Une certaine mode a entraîné l'usage constant de *en* devant les noms de villes commençant par *a* (est-ce pour éviter l'hiatus des deux *a?*). C'est ainsi que l'on entend couramment dire : *Je vais* en *Arles,* et même récemment, dans les journaux : en *Alger.*

Les noms d'îles assimilés aux noms de pays se construisent avec *en* lorsqu'ils sont féminins : en *Corse,* en *Sardaigne;* avec *à* dans les autres cas : à *Malte,* à *Madagascar.*

A — les conjonctions de coordination

Les conjonctions sont les signes explicites d'une coordination ou d'une subordination grammaticales.

583. *Les conjonctions de coordination.*

On compte traditionnellement SEPT conjonctions de coordination ; ces sept monosyllabes sont limités à un pur rôle de lien :

Et, ni, ou, mais, or, car, donc.

On peut leur substituer, dans certaines conditions, soit l'ancien verbe *soit* qui alterne avec *ou,* soit des ADVERBES qui ajoutent au rôle de lien des rôles de détermination : *puis, cependant, en effet...*

Ces conjonctions, sauf *donc,* dont la place est assez libre, sont toujours placées en tête du ou des termes (ou groupes de mots...) qu'il s'agit de coordonner.

584. *Construction.*

En ancien français, elles unissaient des éléments qui pouvaient être de nature très différente ; depuis la fin du XVIIe siècle, elles doivent unir des éléments de même nature et donc former des constructions symétriques. Depuis une centaine d'années, cette « règle » a subi de nombreuses entorses, que nous avons signalées aux diverses constructions. Nous nous contenterons ici de noter à leur propos que :

a) l'ordre des éléments est très généralement :

TERME (substantif, adjectif...) - GROUPE DE MOTS (infinitif prépositionnel ou non...) - PROPOSITION,

ordre qu'explique l'affection du français pour la « cadence majeure » ;

b) les cas principaux sont :

TERME - INFINITIF (prépositionnel ou non) :

> *Elle aimait les voyages, le bruit du vent dans les bois, et à se promener tête nue sous la pluie* (FLAUBERT).

TERME (généralement un adjectif) - PROPOSITION RELATIVE.

Les exemples sont très nombreux :

> *La casquette, neuve et dont il n'avait pas l'habitude, lui donnait l'air idiot* (MALRAUX).

TERME - PROPOSITION CONJONCTIVE. C'est un cas assez rare dans les fonctions sujet et objet, plus fréquent dans la fonction circonstancielle. Pour les autres cas et les exemples, v. INDEX.

Inversement, quand deux ou plusieurs éléments liés sont non seulement de même nature, mais très proches par le sens et forment un tout — ce que Vaugelas appelle des « synonymes et approchants » —, devant le terme lié on peut économiser :

- — un article ou adjectif déterminatif : *les frères et sœurs;*
- — une préposition : *en mon âme et conscience;*
- — un pronom sujet : *S'il ne perd ni ne gagne...* (GIDE);
- — un auxiliaire : *Il s'est couché et endormi;*
- — une conjonction de subordination.

Pour tous ces cas particuliers, v. INDEX.

585. Et.

Cette conjonction est, de loin, la plus importante de la liste, un « Maître Jacques de la coordination », selon l'expression de G. Antoine.

586. Construction.

Et peut unir des termes, des groupes de mots ou des propositions.

Dans une énumération de plusieurs éléments, on n'introduit *et* que devant le dernier élément :

> *Monsieur, votre chapeau, s'il vous plaît? lui cria d'une voix sèche et grondeuse un petit vieillard blême, accroupi dans l'ombre, protégé par une barricade,* et *qui se leva soudain* (BALZAC).

Toute autre répétition est tenue pour un EFFET :

> *Je sentis tout mon corps* et *transir* et *brûler* (RACINE).

> *Le curé était, disait-on, un homme digne* et *respectable* et *de bon conseil* (HUGO).

REMARQUE. — La construction qui ne coordonne pas immédiatement le dernier terme, mais seulement après coup (coordination différée), est un archaïsme : *Mais elle en a fait des efforts pendant cette campagne,* et *de la tactique de conquérants* (MAUPASSANT).

587. *Valeurs.*

Le ET marque une addition dont les valeurs dépendent beaucoup du contexte.

Et *entre termes.*

Il marque purement et simplement l'ADDITION; cf. ce mot de Lyautey : « Quand vous parlez de moi, ne dites jamais *ou,* dites *et* », mot que Maurois commente :

> *Est-il donc romantique* et *raisonnable? Il est romantique* et *classique.*

L'exemple précédent montre qu'on passe facilement du *et* d'addition au *et* qui équivaut à *et en plus, et en outre.* Cette valeur est souvent aujourd'hui utilisée dans les titres : *Nodier* et *ses rêves, Mérimée* et *son art...,* ou bien dans une reprise :

> — *Comment! il vous faut une journée pour raccommoder cette roue?*
> — *Une journée,* et *une bonne!* (HUGO).

De là, il passe à l'opposition et vaut *mais* :

> *Quoi, je n'aurais été bon qu'à châtier autrui,* et *pas moi!* (HUGO.)

Et *entre groupes de mots et propositions.*

Comme entre termes, il marque une addition et par là une opposition; en ce cas, il est proche de *mais* :

> [J. Valjean]... *n'ayant plus que deux pensées : cacher son nom,* et *sanctifier sa vie; échapper aux hommes,* et *revenir à Dieu* (HUGO).
>
> *Il voudrait boire,* et *ce n'est pas encore permis; il voudrait dormir, mais le sommeil est refusé à ceux qui en ont le plus besoin; il voudrait peut-être mourir* et *nous ne voulons pas* (DUHAMEL).

Inversement, l'addition peut répondre à un lien logique lâche :

> — *Il faut qu'il* [un cheval] *puisse au besoin repartir le lendemain.*
> — *Diable! diable!* et *c'est vingt lieues?* (HUGO.)

Entre propositions, ET marque couramment que deux actions se succèdent dans le temps; il prend par là facilement valeur de conséquence :

> *Un peu d'ampleur au sarrau,* et *voilà un froc* (HUGO).
> *Un seul être vous manque,* et *tout est dépeuplé* (LAMARTINE).

588. *Formes.*

Ces diverses valeurs peuvent être explicitées par des adverbes qui s'ajoutent à ET : *et puis, et alors, et ensuite.* Ces formes sont parfois suspectées par les puristes, mais elles sont fréquentes dans les usages parlé et même écrit :

> *Le petit cheval était courageux* et *tirait comme deux; mais on était au mois de février* [...]. *Et puis, ce n'était plus le tilbury* (HUGO).

589. Effets de sens stylistiques.

De nombreux écrivains ont utilisé le *et* entre propositions pour en tirer des effets remarquables :

— soit en le répétant :

> *La misère disparaît, et avec la misère disparaissent la débauche, la prostitution, le vol, le meurtre, tous les vices, tous les crimes! Et cette pauvre mère élève son enfant! et voilà tout un pays riche et honnête!* (Hugo.)

— soit en l'introduisant à une place surprenante pour un outil de liaison, c'est-à-dire au début, comme dans ce poème d'Apollinaire réduit à un seul vers : *Et l'unique cordeau des trompettes marines.*

— soit en recherchant « un effet de dissonance consistant à unir ce qui demanderait à être opposé ou détaché » (Antoine) :

> *L'odeur de ces fleurs me fait mal, dit-elle... Et c'était une fine, une discrète odeur de miel* (Gide).

Ce *et* qui tend au lyrisme s'oppose fréquemment à l'asyndète, plus dramatique : *L'agent fit un cercle autour de lui avec son regard; et Frédéric, béant, reconnut Sénécal. — Il voyagea. Il connut la mélancolie des paquebots. Il revint* (Flaubert).

590. Opposition : et, ou, ni.

Cette opposition ne pose pas de problèmes de sens : entre *et* et *ni,* il n'y a que la différence du positif au négatif; *ou* marque toutes les nuances de l'alternative, ce qui, en certains emplois, le rapproche de *et.*

C'est un problème de construction.

591. Ou.

Ou s'est peu à peu aligné sur ET et s'introduit devant le dernier terme :

> *Monsieur, interrogea-t-elle gravement, est-ce par vœu, ou par inclination, que vous ne portez pas de vêtements, ou si peu?* (Colette.)

Cependant, la répétition de ou est fréquente quand on veut marquer les deux termes d'une alternative :

> *Il fallait choisir : ou la vertu au-dehors et l'abomination au-dedans, ou la sainteté au-dedans et l'infamie au-dehors* (Hugo).

592. Ni.

Ni a vu ses emplois reculer depuis l'ancien français.

Ni, COORDONNANT DES TERMES. NI doit être répété devant chaque terme depuis le XVIIᵉ siècle; le verbe est précédé de la négation NE :

> Ni *lui* ni *elle* ne *disaient un mot* (HUGO).

Cependant :

a) Le premier *ni* peut être omis (analogie de la syntaxe de *et* et *ou,* ou bien archaïsme) :

> *Mais le rêve* ni *le cauchemar ne dépendent de la vie réelle* (COLETTE).

b) Le premier élément peut être intégré à la proposition, tandis que le second est comme ajouté après coup, après une virgule :

> *Mais elle n'en paraissait pas fâchée,* ni *surprise* (COLETTE).

c) Si le noyau verbal est suffisamment séparé du groupement des *ni,* il peut retrouver une négation pleine :

> *Mais* ni *à vendre* ni *à louer* [un cheval], *vous ne le trouveriez pas !* (HUGO.)

d) Quand les deux éléments sont des synonymes ou équivalents, le *et* reparaît :

> *Il ne pourrait jamais saisir et posséder la si grande surface de cette femme* (MAUPASSANT).

Ni avec SANS.

Dans les expressions toutes faites, on emploie NI sans répéter la préposition : *sans feu* ni *lieu, sans foi* ni *loi...*

Ailleurs, on répète la préposition et on coordonne par ET :

> *La femme,* sans *dents* et sans *cheveux, livide de colère...* (HUGO.)

Certains grammairiens, comme F. BRUNOT, admettent un emploi libre de NI : *sans boire* ni *manger.*

Ni, COORDONNANT DES PROPOSITIONS.

Devant les verbes, on répète *ne* et on lie par *ni* :

> *Il s'imaginait aussi qu'il n'avait bu de sa vie,* ni ne *boirait désormais une orange aussi amère* (COLETTE).

Mais devant propositions ou parties de la phrase (même devant un participe), on jouit de toutes les possibilités décrites pour les termes :

> *Elle n'avait pas fait un mouvement depuis leur entrée dans la pièce obscure,* ni *risqué une parole...* (COLETTE).
> *Il ne semblait pas qu'il fît jour* ni *qu'il fît nuit* (HUGO).

Ou peut être renforcé par *ou bien,* surtout dans le cas d'une alternative.

Ou peut être remplacé par *soit* dans le système *ou ... ou...* La répartition des deux cas : *soit ... soit..., soit ... ou...* n'est pas claire.

593. *Conclusion sur* et, *ou* et *ni.*

Les emplois de ou et surtout de ET sont constants, les constructions étant régulières. Ceux de ni, beaucoup plus délicats, sont plus rares et réservés surtout à l'usage écrit.

594. Mais.

Avec la valeur adversative, l'ancienne langue utilisait une opposition très commode : *ains* après négation ; *mais* dans les autres cas.

Ains ayant disparu, *mais* assume les deux constructions :

> *Sauver, non sa personne,* mais *son âme* (Hugo).
> *Il était parti dès l'aube.* Mais *les chemins étaient impraticables* (Hugo).

Dans l'usage parlé, *mais* peut souligner une exclamation qui n'est pas forcément adversative :

> *Parce qu'il m'aura plu de faire le grand et le généreux, il faudra qu'une pauvre femme crève à l'hôpital. Ah !* mais *c'est abominable* (Hugo).

Il peut être renforcé : mais *au contraire,* mais *bien plutôt...*

595. Car, donc, or.

Car marque la cause et donc la conséquence.

Car peut se remplacer par en effet, dont la place est assez libre et qui souligne plus fortement le raisonnement :

> *Cet élégant fumait,* car *c'était décidément à la mode* (Hugo).
> *Il se déclara que sa vie avait un but* en effet (Hugo).

Donc et or, d'origine temporelle tous les deux, sont devenus l'articulation du syllogisme. En dehors de cet emploi, or a été éliminé, tandis que donc a gardé très vivants plusieurs emplois affectifs :

— dans les interrogations, ordres, souhaits ... : *Venez donc;*

— dans une reprise vive :

> *J'ai pris et démoli la bastille des rimes.*
> *[...] J'ai de la périphrase écrasé les spirales [...]*
> *Donc, j'en conviens, voilà, déduits en style honnête,*
> *Plusieurs de mes forfaits, et j'apporte ma tête* (Hugo).

B | Les conjonctions de subordination

Ces conjonctions sont la marque explicite d'une proposition subordonnée. Nous les avons étudiées en analysant la phrase complexe (voir en particulier § 186). Nous voudrions ici rassembler les traits principaux de la particule qui domine le système : *que.*

596. Que *et les propositions sujet, objet, attribut; dépendance de présentatif.*

Le QUE permet à ces propositions d'assumer ces fonctions subordonnées :
Qu'*il pleuve est curieux. Je vois* qu'*il pleut. Le mieux est* qu'*il parte. Voilà* qu'*il part.*

597. Autres cas.

Entre deux propositions ou deux groupes, une subordination peut s'établir :
— par le jeu des modes verbaux;
— par des adverbes ou des adjectifs;
— par des conjonctions;
— par une intonation particulière.
Le *que* peut renforcer ou remplacer ces éléments de subordination.

QUE ET LE JEU DES MODES.

Contraste INDICATIF - SUBJONCTIF. Surtout dans deux cas :
Viens que *je te parle* (valeur impérative).
Qu'*il vienne et je lui parlerai* (valeur hypothétique).
Le *que* est obligatoire.

REMARQUE. — On voit que le subjonctif, en proposition indépendante, n'est qu'un cas parti-culier de cette construction, comme le montre clairement l'intonation (intonation de phrase incomplète [voir § 25]), de *qu'il vienne!*

Contraste CONDITIONNEL - CONDITIONNEL :
Il viendrait que *je ne lui parlerais pas.*
C'est la subordination dite « inverse »; le *que* est facultatif.

QUE ET LES ADVERBES.

QUE marque une subordination en corrélation avec de nombreux adverbes :
NÉGATIFS, DE COMPARAISON, et avec les adjectifs *tel, quel, même, autre*.

> *Il ne se passe pas de jour* qu'*il ne pleuve.* *Il est plus fort* que *je ne pensais...*

Le *que* est obligatoire, sauf après : *à peine, ne pas plutôt...*

Ainsi se sont formées de nombreuses locutions conjonctives : *maintenant que, aussitôt que, bien que;* ainsi s'en forment de nouvelles, qui ne sont pas encore admises par les puristes : *des fois que, surtout que...*

QUE ET LES CONJONCTIONS.

QUE peut reprendre une autre conjonction : *si, comme, quand* :

> *Quand il pleut et* qu'*il vente, je reste chez moi.*

ou renforcer *si* :

> Que si *ma tendre odeur grise ta tête creuse*
> O *mort, respire enfin cette esclave de roi* (VALÉRY).

Le QUE peut remplacer l'INTONATION particulière signe d'un rapport attributif inversé :

> *Une chance,* que *cette pluie!* *C'est une merveille* que *cette rose!*

598. Que *conjonction* / que *pronom relatif.*

Dans ces diverses fonctions, QUE est entré en alternance ou en concurrence avec d'autres outils de liaison, QUE pronom relatif et DE préposition.

Les interférences sont nombreuses :

La conjonction *que* est passée aux relatifs dans :

> *L'homme* que *je crois* qui *m'est hostile.*

Le pronom relatif est passé aux conjonctions dans *parce que* et *quoique,* qui s'opposent à *par ce que* et *quoi que* :

> Quoique *tu sois content, il pleure* S'OPPOSE À : QUOI QUE *tu fasses, il pleure.*

Mais la situation est beaucoup plus confuse pour : *à ce que, de ce que,* qui tendent à devenir des groupes conjonctifs équivalents de *que.*

Pronom relatif et conjonction alternent dans le même système :

> *C'est lui* que *je pleure* (pronom relatif).
> *C'est maintenant* que *je le pleure* (conjonction).

412

599. Que *conjonction* / de *préposition*.

Ils ont parfois des rôles très proches, en particulier pour marquer un *rapport attributif*. On ne s'étonnera pas de les trouver rassemblés en deux cas :

— Après *être,* devant l'attribut :

Si j'étais vous, ou *de vous,* ou *que de vous;*

— Dans les constructions attributives inversées devant l'infinitif :

C'est étonnant de voir ces gens, ou *que de voir ces gens.*

600. Conclusion : prépositions et conjonctions.

Nous avons essayé de montrer les rapports respectifs et mutuels de ces catégories. Mais un fait doit surtout frapper : la dominance, dans chacune d'entre elles, d'une particule : DE, ET, QUE, dont les emplois multiples et envahissants sont un élément décisif de la souplesse de la langue française.

4 | LES ADVERBES

A — La formation

601. Définition.

L'adverbe est un mot invariable dont le rôle est d'apporter un élément complémentaire à :
— un verbe   : *Il écrit souvent;*
— un adjectif : *Il est remarquablement intelligent;*
— un adverbe : *Il écrit très souvent.*
— un groupe de mots ou une proposition :
    Il vint longtemps avant la nuit.

602. Formation des adverbes.

L'adverbe est une forme qui s'est figée dans un emploi particulier; il peut être composé d'éléments très divers, d'un seul mot, ou de plusieurs (on parlera alors de LOCUTION ADVERBIALE). Il s'agit presque toujours de formations synthétiques, qui agglutinent des éléments dont on ne discerne plus l'autonomie. Il faut distinguer les formations mortes et les formations vivantes.

603. Les adverbes héréditaires.

Ils sont formés à partir d'*éléments latins :*
    ainsi, assez, ensemble, exprès, mal, mieux, pis, tôt, tard, là, loin, hier.

REMARQUE. — Il faut signaler que, parmi ces adverbes, un certain nombre se terminaient étymologiquement par *s : mais (magis), plus (plus), moins (minus), très (trans)...* Cette consonne, prise pour une finale caractéristique de l'adverbe, a été étendue par analogie à d'autres adverbes qui ne la comportaient pas : *tandis (tam diu), volontiers (volontarie + s).*
Certains adverbes l'ont gardée jusqu'au XVIIe siècle, et perdue ensuite : *guères, naguères, encores, mêmes, jusques* (formes tolérées en poésie).
Jusques garde encore s final dans les expressions : *jusques à quand, jusques et y compris.*

604. Un suffixe vivant, -ment.

C'est une formation qui remonte au bas latin. Ce suffixe représente un mot latin féminin : *mens - mentis,* qui signifie : « esprit », « disposition », « façon ». Employé au cas ablatif : *mente,* il s'est accolé à des adjectifs de forme féminine pour former un mot composé : NAÏVE + *ment (e)* = naïvement = d'une façon naïve.

Le second élément -*ment* s'est figé et est devenu un SUFFIXE. La formation en -*ment* est très vivante; on peut fabriquer presque librement des adverbes en -*ment* sur le féminin des adjectifs (ou de certains substantifs), comme BÊTE-*ment*, DIABLE-*ment*, VACHE-*ment*. D'anciennes formations reposent sur des indéfinis : TELLE-*ment*, MÊME-*ment*, et sur des adverbes : COM*ment*, QUASI*ment* (critiqué par les puristes), mais il ne s'en fait plus actuellement.

Des formations fantaisistes, bien qu'étranges, sont immédiatement compréhensibles :

> *Une végétation sous l'eau qui devenait fantastique,* orientalement, mille et une nuit*amment belle quand le soleil y pénétrait* (VERLAINE).

Toutefois, la forme en -*ment* garde de son origine (*mens,* « esprit ») une valeur morale qui subsiste encore. Nous en voyons une preuve dans le fait que les adjectifs de couleur ne forment des adverbes en -*ment* que s'ils peuvent *se prêter à une valeur morale* : on dira *vertement,* mais jamais *rougement, violettement...*

Enfin, quelques adjectifs et de nombreux participes passés ne se prêtent pas à cette formation : *content, vexé, satisfait...*

Dans certaines formes d'adverbes en -*ment,* on ne reconnaît pas le féminin d'un adjectif; ces apparentes anomalies s'expliquent par l'histoire et par l'analogie :
a) Type *prudemment, savamment.* En ancien français, certains adjectifs et participes en -*ent,* -*ant* avaient, de par leur origine latine, une forme unique au féminin et au masculin.

On disait : *un homme* VAILLANT, *une femme* VAILLANT;
d'où l'adverbe : VAILLANT + *ment, vaillamment.*

Cette formation a entraîné même des adjectifs en -*ent* qui avaient une forme féminine en -*ente : dolemment* (pour DOLENTE*men*t), *violemment* (pour VIOLENTE*ment*), *opulemment* (pour OPULENTE*ment*).

Au contraire, certains adverbes de ce type ont été refaits sur une forme féminine en -*e* analogique : *présentement, véhémentement, grandement, fortement* (GRAMMENT, FORTMENT en ancien français).

b) Type *hardiment.* Les adverbes créés sur des adjectifs qui présentent au masculin une finale vocalique : *ai, é, i, u,* formaient l'adverbe en ajoutant le *e* du féminin et la finale -*ment :* VRAI-E-MENT. Mais cet *e* a disparu de la prononciation et, progressivement, de l'orthographe.

Les adverbes en *i* l'ont perdu : *hardiment* (pour hardiE*ment*), *poliment...* Les adverbes en *ai* aussi; cependant on a écrit *gaiement* et *gaîment* jusqu'en 1932, en conservant par un accent circonflexe la trace du *e* perdu; depuis 1932, on écrit : *gaiement.*

Le *e* a disparu des adverbes en *u* : *résolument, éperdument...,* sauf des adverbes suivants qui en gardent trace sous forme d'accent circonflexe : *assidûment, (in)congrûment, continûment, crûment, (in)dûment, goulûment,* etc.

Le *e* a également disparu des adverbes en *é* : *obstinément.*

c) Type *précisément.* Un certain nombre d'adverbes ont une finale en *-ément* au lieu de *-ement* : *commodément, communément, confusément, énormément, expressément, immensément, précisément, uniformément.*

La prononciation est parfois hésitante : *intensément* date du xxe siècle ; on dit aussi *intensement* ; certains disent : *exquisément,* d'autres : *exquisement.*

Ces formes viennent peut-être de l'analogie avec les formes comme *obstinément,* dans lesquelles un *e* avait disparu ; elles ont, dans certains cas, l'avantage de distinguer la forme de l'adverbe : *aveuglément,* et celle du substantif formé par adjonction du suffixe *-ment (mentum)* : *aveuglement.*

d) Type *traîtreusement, brièvement.* Ces adverbes représentent des adjectifs sortis de l'usage : *traîtreuse, brième.*

605. Un suffixe mort : -on, -ons.

Il s'agit d'une formation ancienne qui s'est arrêtée au xixe siècle :

> *à tâtons, à califourchon, à reculons, à croupeton(s).*

606. La formation par composition.

De nombreux adverbes sont nés du rapprochement d'éléments très divers (prépositions, adverbes, noms, éléments de phrase...) :

— ou bien la composition n'est plus sensible et les éléments ne forment qu'un mot graphique : *désormais, bientôt, dorénavant, alentour, toujours, autrefois...,* parfois grâce à un trait d'union, comme dans *peut-être, avant-hier...* ;

— ou bien la composition en est encore sensible (c'est généralement une préposition qui est détachée) : *au-dessus, mot à mot, à présent, d'emblée, à gauche, en bas, à côté...*

On les distingue facilement des groupes syntaxiques en ce qu'on ne peut leur ajouter aucune détermination. On opposera donc : *par cœur* et *par plaisir, par pur plaisir, par un plaisir* d'esthète... (voir § **74**).

Certaines de ces locutions adverbiales forment des séries ouvertes, dans lesquelles un des termes peut donner lieu à des substitutions très libres. Ainsi les locutions de manière : *à la française, à la Jeanne d'Arc, à la chien...*

607. *Utilisation des adjectifs comme adverbes.*

Des adjectifs, généralement monosyllabes, sont employés comme adverbes et restent invariables : COUPER *court,* PARLER *haut* ou *bas,* S'ARRÊTER *net,* CHANTER *faux* ou *juste,* COURIR *droit,* ACHETER *cher...*

Ces adjectifs en·fonction d'adverbes s'emploient presque toujours en opposition avec des adverbes en *-ment* pour marquer une manière d'être soit physique, soit morale, sans pourtant qu'aucune des deux formations soit affectée rigoureusement à l'une de ces catégories :

> PARLER *bas* (physique) — PARLER *bassement* (moral) ;
> PARLER *net* (moral) — PARLER *nettement* (physique) ;
> PARLER *fort* (physique) — PARLER *fortement* (moral).

Mais on trouve d'autres oppositions :

Voir clair et *voir clairement* ont un sens très proche, mais le premier tour est généralement intransitif, le second transitif. On se reportera donc au dictionnaire.

REMARQUES. — 1. Sur ce modèle, le français moderne — et particulièrement la langue de la publicité — forme de très nombreuses locutions : *rouler américain, voter communiste, laver Bendix...*
2. On ne confondra pas ces adverbes, qui forment avec un verbe une locution dont le second élément est toujours invariable, avec les adjectifs marquant la qualité d'un adjectif ou d'un participe, qui gardent de la syntaxe de l'ancien français la possibilité d'être variables ou invariables (voir § **292**) : seuls *court* et *haut* sont toujours invariables *(court vêtu, haut placé),* mais pour *frais, grand, large, nouveau, mort* (invariables dans : *nouveau-né* et *mort-né*) l'usage est très incertain : *Mère de toutes ces bouches* grand *ouvertes* (CLAUDEL cité par Grevisse), mais : *Par les fenêtres grandes ouvertes* (LOTI).

608. *Emprunts.*

La liste est longue et spécialisée dans des domaines techniques : *a posteriori, vice versa, lento, allegro, cash...*

417

B | Les fonctions

609. *Fonctions des adverbes.*

Elles sont très variées :

a) Ils peuvent assumer les fonctions du substantif.

— Les adverbes de quantité : *peu, beaucoup, assez, trop* fonctionnent comme des pronoms indéfinis, nominaux ou représentants :

> *Beaucoup l'admirèrent, peu le comprirent.*
> *Une petite ville où il y a beaucoup de bouches qui parlent et fort peu de têtes qui pensent.*

— *En* et *y* fonctionnent comme des représentants.

— De nombreux adverbes (de lieu, de temps, de manière, interrogatifs...) fonctionnent comme des compléments circonstanciels :

> *Où allez-vous? A Paris.   Comment voyagez-vous? Rapidement.*

b) Ils peuvent assumer les fonctions de l'adjectif.

> *Un homme bien.*
> *On fit donc une fosse et Caïn dit : « C'est bien »* (Hugo).

c) Ils peuvent compléter un seul terme :

> *Ch. Myriel avait, disait-on, beaucoup fait parler de lui. Il était bien fait de sa personne, quoique d'assez petite taille* (Hugo);

ou une phrase entière :

> *Heureusement, la chambre était close.*

À ce dernier titre, l'adverbe peut relier la phrase à une phrase précédente et être très proche d'une conjonction de coordination (voir § **583**) : *puis, alors, en effet, cependant, d'ailleurs.* Au simple lien logique de la coordination il apporte une détermination supplémentaire.

Remarque. — Par leur passage à cette fonction, certains adverbes ont perdu leur sens ancien : *cependant,* qui signifiait *pendant ce temps,* a aujourd'hui valeur adversative ; *en effet,* qui signifiait *en réalité,* a valeur causale.

La forte détermination apportée par certains adverbes en cette place entraîne une inversion du sujet (voir § **91**); tels sont *ainsi, aussi, sans doute...*

d) Ils peuvent constituer une phrase entière :

> *Le beau est aussi utile que l'utile. Il ajouta après un silence : « Plus peut-être »* (Hugo).

C | Valeurs et emplois des adverbes

610. *Valeurs et emplois.*

Nous étudierons les adverbes en les classant par sens. Cependant, valeurs et emplois ne peuvent être dissociés.

Ainsi, un adverbe peut avoir une valeur différente selon qu'il détermine :

— Un TERME ou une PHRASE. On opposera : *Aussi est-il venu* (l'adverbe est proche d'une conjonction ; lien de conséquence) à : *Il est venu aussi* (adverbe après le verbe ; valeur d'addition).

— Un VERBE ou un ADJECTIF. On opposera : *Il a agi follement* (valeur de manière) à : *Il est follement drôle* (devant l'adjectif, l'adverbe prend une valeur d'intensité [voir § **109**]), etc.

Ajoutons que l'adverbe finit par constituer des unités lexicales avec certains mots ; on dira : *grièvement* BLESSÉ, mais *gravement* MALADE.

Les adverbes étant très nombreux, on se contentera de quelques remarques sur les cas difficiles.

611. *Les adverbes de temps.*

Ils accompagnent généralement le verbe, dont ils soulignent les valeurs temporelles *(hier, demain...)* ou aspectuelles *(souvent, longtemps, bientôt, déjà...)*. Mais les glissements d'une catégorie de sens à une autre (lieu, temps) risquent de provoquer des confusions.

AVANT et DEVANT, prépositions et adverbes, avaient, au XVIIᵉ siècle, le double sens local et temporel :

> *Gros Jean comme devant. Les ci-devant* (= *précédemment nobles*).

Devant, adverbe, est exclusivement local, en français moderne.

AUPARAVANT marque l'antériorité, DORÉNAVANT la postériorité.

JADIS et NAGUÈRE (il n'y a guère) s'opposent comme le temps ancien s'oppose au temps récent (cf. *Jadis et Naguère*, de Verlaine).

TÔT (du lat. *tostum*, « grillé ») a conduit de l'idée de chaleur à celle de rapidité (cf. la métaphore *griller une station*).

Inversement, *fraîchement* joint à son sens concret celui de *nouvellement* :

> *Des voyageurs fraîchement débarqués* (= qui viennent de débarquer).

TANTÔT ne s'emploie que répété :

> Tantôt il pleure, tantôt il rit.

Au XVIIᵉ siècle, et encore dans les provinces, employé seul, il marque la proximité : Je viendrai tantôt. A Paris, il signifie cet après-midi.

SITÔT en un seul mot marque l'intensité (= aussi vite) :

> Sitôt créés, sitôt soufflés, les beaux enfants que vous créâtes (VALÉRY).

En deux mots, il s'oppose à si tard :

> Jenny ne l'attendait pas si tôt (MARTIN DU GARD).

AUSSITÔT en un seul mot signifie « dans le moment même »; en deux mots, il marque la comparaison.

PLUTÔT marque la préférence, PLUS TÔT la comparaison.

On oppose tout à coup (soudain) et tout d'un coup (en une fois).

TOUT DE SUITE signifie « immédiatement » et DE SUITE « successivement ». La concierge revient de suite (= immédiatement) passe pour une regrettable défaillance. (Cf. cependant FLAUBERT, Corresp. : Le mieux c'est de passer de suite l'éponge et de n'y plus songer et de nombreux autres exemples.)

JAMAIS oppose des emplois négatifs à des emplois positifs qui sont des survivances. Les voici :

— quand la phrase a valeur négative (Je désespère d'y arriver jamais), dans les interrogations (A-t-il jamais lu?), après « sans » (sans jamais s'arrêter), après si conditionnel (si jamais vous venez), dans une comparaison (plus que jamais), dans des groupements (à jamais, pour jamais...).

612. Les adverbes de lieu.

a) ICI et LÀ. Le français oppose la notation de l'origine (marquée par de) à toutes les autres coordonnées de lieu, dont les nuances sont alors précisées par le contexte et surtout par le verbe :

> Je viens de là-bas, il sort d'ici; mais : Reste ici, viens ici, passe ici ou reste là, viens là, passe là.

REMARQUE. — On peut préciser davantage : Passe par là, viens par ici, mais ce n'est qu'une combinaison supplémentaire.

La répartition de ici (lieu proche) et là (lieu éloigné) n'est rentable que lorsque le contexte n'est pas explicite. On crie à un interlocuteur, homme ou chien : Ici! (= près de moi), Là! (= un lieu éloigné). Quand le contexte est explicite, on emploie de préférence là : Viens là à côté de moi.

REMARQUE. — Ici et là s'emploient en opposition, mais sans faire intervenir la notion de proximité ou d'éloignement : Ici on parle, là on agit.

HISTORIQUE. — On opposait autrefois *ci* et *là*. Il en reste de nombreuses traces dans les PRONOMS : *celui-ci, celui-là...;* dans les ADVERBES : *ci-dessus, là-dessus..., par-ci, par-là...* Ces oppositions (voir de même CECI - CELA, § 375) ont toutes un rendement très faible. Les puristes, qui regardent plus la logique que la langue, le déplorent.

b) EN et Y. Ces deux adverbes suffisent à assurer l'opposition que nous avons signalée au début de ce chapitre : *en* (origine) — *y* (autres cas) :

> *Il adore l'Italie; il* y *séjourne en ce moment, mais il* en *reviendra bientôt.*

Y et *en* ont été aussi étudiés au chapitre des pronoms (voir § 366).

Adverbes ou pronoms, ils remplissent des fonctions de représentation; aussi la répartition dans l'analyse scolaire est parfois difficile, voire angoissante. Ainsi dans :

> *Il soigne sa maison; il* y *fait des réparations*
>
> (*y* = dans la maison, à la maison).

Mais ces phrases sont toujours claires pour l'auditeur et ne lui offrent aucune difficulté.

REMARQUE. — Certains adverbes de lieu permettent au lecteur de s'orienter dans un livre. *Plus haut* (ou, en lat., *supra*) renvoie à un passage précédemment cité; *plus bas* (latin : *infra*), à un passage ultérieur. Ajoutons le latin : *id(em)*, du même endroit, et *passim*, çà et là.

613. *Les adverbes de manière.*

Ils sont très nombreux, grâce surtout à la formation avec le suffixe *-ment* :

> *Un spectacle de naïveté et de paresse dont ils nous transmirent naïvement et paresseusement la tradition* (VALÉRY).

Selon le mot avec lequel ils sont construits, selon leur place dans la proposition, selon l'intonation, ces adverbes peuvent avoir des valeurs très variées.

Bien fournira un exemple :

a) Adverbe de manière, il s'oppose à *mal* :

> *J'ai* bien *travaillé. Tu as* mal *regardé.*

De nombreuses locutions, plus ou moins soudées, se sont ainsi formées :

Avec des verbes (*il se porte* bien, *l'habit lui va* bien, *l'affaire tourne* bien, *les tulipes viennent* bien, *c'est* bien *fait...*);

Avec des participes *(des* bien-*pensants),* des infinitifs *(le* bien-*être),* des adjectifs *(le* bien-*heureux).*

REMARQUE. — Quand le second terme est un infinitif, ces substantifs n'ont pas de pluriel.

L'usage courant utilise *bien* comme un adjectif :

> *Un homme* bien. *Cette robe est très* bien.

Dans ces emplois, *bien* possède un comparatif : *mieux.*

b) Bien sert de particule de renforcement :

On le rencontre après certains verbes : *Je l'aime* bien. La plupart du temps en opposition avec une proposition suivante : *Il travaille* bien, *mais il ne réussit pas* (= Il a beau travailler...).

Mais on le rencontre surtout :

> devant un nom ou pronom : *C'est bien lui. Il est bien jeune;*
> devant un nom de nombre : *Ils étaient bien cent;*
> devant une relative substantivée : *C'est bien ce que je pense.*

c) Bien joue le rôle d'un indéfini et s'oppose à *beaucoup* :

> *Bien des gens* — *beaucoup de gens* (voir § *infra* **615**).

614. Les adverbes de quantité et d'intensité.

Certains ne s'appliquent qu'à un verbe (*beaucoup, tant, autant, davantage*), d'autres à un adjectif (ou adverbe ou participe) : *très, tout, si;* d'autres, enfin, aux uns et aux autres.

615. Beaucoup, très.

BEAUCOUP ne complète qu'un VERBE :

> *J'aime beaucoup les gâteaux.*

Il complète aussi un comparatif (adjectif ou adverbe), sous la forme *beaucoup* quand il est placé devant, *de beaucoup* quand il est placé derrière :

> *C'est beaucoup mieux. Il est plus savant de beaucoup.*

REMARQUE. — *Bien* peut se substituer à *beaucoup* dans ces divers emplois (sauf dans le cas de *de beaucoup*), et il le doit devant *meilleur* et *pire. Beaucoup meilleur*, admis par l'Académie, est peu usité; cf. cependant Gide : *La situation faite aux indigènes n'est pas beaucoup meilleure* (on dit plutôt *guère*).

TRÈS complète un ADJECTIF, un ADVERBE :

> *Il est très content. Il est très tôt;*

ou un équivalent :

> *Ils sont très vieille France. Je suis très en peine de vous, chère Madame. Je suis très à court d'argent.*

Comme *très* est une marque de superlatif, il ne peut s'employer devant un adjectif à valeur superlative : *très excessif, très primordial* sont donc incorrects.

FORT est provincial ou archaïsant :

Ceci est fort *important.*

616. Tant, autant, si, aussi.

Ces adverbes entrent généralement dans des relations de comparaison (voir § **234**), de conséquence (voir § **228**) et d'opposition (voir § **207**), soit par *répétition,* soit par recours à *que :*

Autant il a de vivacité, autant vous avez de nonchalance (Ac.).

Il est si fou qu'on en rit.

Mais ils peuvent s'employer sans corrélation, en particulier dans les phrases exclamatives :

J'étais si fatigué! Il a tant travaillé!

Chercher des monuments. Autant chercher des trésors comme les indigènes! (MALRAUX).

Tant et *autant* ne complètent qu'un VERBE.

Si et *aussi* ne complètent qu'un ADJECTIF et un ADVERBE (ou équivalent) :

Ris autant que moi. Il sourit tant qu'il en est paralysé. Il est aussi niais que toi. Il est si sot qu'on en est touché.

Dans les propositions interrogatives et négatives, *tant* et surtout *si* peuvent s'employer respectivement à la place de *autant* et *aussi* :

Je n'ai plus tant d'ardeur qu'autrefois.

Rien n'est si dangereux qu'un ignorant ami (LA FONTAINE).

Est-il tant à plaindre? (MONTHERLANT.)

REMARQUE. — Quand l'adverbe de comparaison précède immédiatement le *que,* on emploie *autant* et non *aussi.* On opposera donc : *aussi jolie que rieuse* et *jolie autant que rieuse.*

617. Cas particuliers.

TRÈS, SI, AUSSI ne peuvent compléter un participe que s'il a perdu toute valeur verbale :

Le *J'ai très réfléchi* de H. BATAILLE est incorrect.

On dit : *Il est tant aimé par sa mère...* et non *Il est si aimé par...* Dans les locutions verbales du type : *avoir soif, avoir faim, avoir peur, avoir envie,* l'usage de *très, si, aussi* (et *plus, moins*) est condamné par les puristes. Pourtant, dans l'usage courant — et chez de nombreux auteurs —, on rencontre : *J'ai très froid. J'ai si faim.* On dit aussi : *J'ai tellement faim.*

DAVANTAGE ne peut s'appliquer qu'à un verbe. Aux siècles classiques, on le faisait suivre couramment de *de* ou de *que.* Ce dernier tour est interdit depuis le XVIIIe siècle. Il est pourtant très couramment employé : *Rien ne dérange davantage une vie que l'amour* (MAURIAC, cité par GREVISSE).

TOUT, TRÈS. Tandis que *très* et *fort* marquent simplement un degré élevé d'intensité, *tout* marque un degré absolu qu'il n'est pas possible de dépasser (GOUGENHEIM) :

Il est tout *propre. Je suis* tout *simplement enchanté.*

La locution *tout à fait* permet encore de renchérir. Pour l'accord de *tout,* voir § **416.**

Lorsqu'un adjectif est repris par *le,* les adverbes sont de la série qui complète le verbe : *Fou, il l'est autant que toi.*

AUSSI signifiant « pareillement » devient *non plus* dans une proposition négative : *Il vient aussi. Il ne vient pas non plus.*

618. *Adverbes de quantité qui peuvent s'employer indifféremment devant un verbe ou un adjectif.*

Ce sont : *peu, assez, plus, moins, tellement, guère, trop, presque, pas du tout, bien, fort, à peine, à peu près, seulement.*

Peu implique une petite quantité négative, *un peu* une petite quantité positive :

Il aime peu *sa femme, mais il aime* un peu *les haricots.*

PEU forme de nombreuses locutions, surtout temporelles : *avant peu, sous peu, d'ici peu, il y a peu...*

PRESQUE s'emploie avec un verbe (*il a presque fini*), un adjectif (*presque fou*), un indéfini (*dans presque tous les cas*), un groupe :

J'en étais arrivé à ce point de débilité et d'angoisse où presque n'importe qui et n'importe quoi vous devient redoutable (CÉLINE).

En principe, *presque* ne peut précéder un substantif. On doit dire : *Il est presque en colère.* Mais, selon la tendance contemporaine de faire précéder le substantif d'éléments qui marquent l'intensité (voir § **109**), on trouve couramment *presque* devant le substantif, en concurrence avec *quasi : la presque unanimité des suffrages.*

REMARQUE. — Le *e* final ne s'élide que dans le mot : *presqu'île.* Mais l'usage contredit la règle. Ainsi Cocteau écrit : *presqu'aveugle.*

TROP marque l'excès. *De trop* et *en trop* s'emploient lorsqu'un mot, dans la phrase, représente l'excès désigné par *trop :*

Le treizième convive est toujours de trop *dans un repas.*

PLUS entre dans deux systèmes différents :

— Il s'oppose à *davantage,* qu'il peut remplacer partout. En outre, il se construit avec un adjectif, un adverbe... : *Plus fort, plus fortement... Il est plus fort que toi;*

— Il peut être substitué à *pas,* particule négative (voir § **627**). Les poètes ont souvent joué de cette ambiguïté :

        M'accuser — justes dieux!
        De n'aimer plus, quand j'aime plus (E. ROSTAND).

Dans l'usage parlé, le risque d'ambiguïté est d'autant plus fort qu'on supprime presque toujours le *ne;* aussi est-on conduit à observer scrupuleusement une différence de prononciation : *plus* (substituable à *davantage*) est prononcé avec s dur final, *plus* (= *pas*), sans s final, sauf dans les cas de liaison :

        Nous n'irons plus-zo-bois.

REMARQUE. — Pour le tour *des plus insignifiante(s),* voir § **300,** Rem.

619. Adverbes de quantité employés comme indéfinis.

Ces adverbes fonctionnent comme des pronoms et sont employés :
— soit seuls : *peu, beaucoup, assez, tant, autant, trop.* Ils désignent une quantité de choses prises collectivement :

        Je me contente de peu.
        Quiconque a beaucoup vu peut avoir beaucoup retenu.
        Qu'aurais-je besoin de tant, une fois seul? (GIDE.)
        Autant en emporte le vent.
        Trop, c'est trop (titre de B. CENDRARS).

Ils désignent aussi, principalement dans la fonction de sujet, des personnes considérées selon certaines quantités :

        Le sport n'est plus, pour beaucoup, un harmonieux amusement (DUHAMEL).

— soit suivis d'un substantif introduit par *de* : *peu, beaucoup, assez, tant, autant, trop, tellement, plus, moins, guère, combien, que, bien* :

        J'ai un peu, beaucoup, trop de peine.

Voir, au sujet de la préposition *de,* le § **346.**

Ils représentent aussi bien des quantités continues que discontinues. Adverbes et locutions adverbiales EXPRIMANT LA QUANTITÉ sont capables de cet emploi :

        Bon nombre d'hommes. Énormément de peine. Étonnamment de plaisir. Mon jeune ami, c'est triste à dire, mais vous êtes atteint de beaucoup, d'énormément de talent (VILLIERS DE L'ISLE-ADAM).

Le mot *force,* pris comme adverbe de quantité, se construit directement (forme archaïque) :

        J'ai dévoré force *moutons* (LA FONTAINE).

REMARQUES. — 1. Avec cette valeur, l'adverbe *bien* se construit avec une préposition et un nom pourvu d'un article : *Bien des hommes, bien du chagrin,* — à la différence de *beaucoup,* qui se construit avec un nom sans article : *Beaucoup d'hommes, beaucoup de chagrin.*

2. *Assez* se place de nos jours avant le nom qu'il représente (celui-ci étant simplement précédé de *de*). Au XVIIᵉ siècle, *assez* se plaçait fréquemment après le nom accompagné de son article : *Si j'ai de la vie assez*
            Pour chercher une mort (CORNEILLE).

620. *Les adverbes d'interrogation et d'exclamation.*

Ce sont : *comment, comme, combien, quand, où, pourquoi.*

COMME est, en français moderne, de valeur exclamative. Il n'introduit plus, comme au XVIIᵉ siècle, une interrogation directe :

> *Albin, comme est-il mort ?* (CORNEILLE.)

et, rarement, une interrogation indirecte :

> *Montrez-lui* comme *il faut régir une province* (CORNEILLE).

Il est remplacé dans ces emplois par *comment.*

COMBIEN est aussi bien interrogatif qu'exclamatif ; il peut alors porter seulement sur un adjectif :

> *Des raisons d'argent, mais* combien *urgentes et impérieuses* (CÉLINE).

QUE peut être adverbe interrogatif ou exclamatif :

> *Que ne le disiez-vous plus tôt ?   Que vous avez raison !*

621. *Les adverbes d'affirmation.*

Les adverbes d'affirmation s'opposent aux adverbes de négation. Mais ces derniers forment un système très complexe, qui, en français moderne, n'est pas encore stabilisé. Ce système enchevêtré sera étudié à part.

OUI et SI constituent une proposition en réponse respectivement à une question sous la forme positive ou négative :

> *Tu viens ? — Oui.   Tu ne viens pas ? — Si.*

Ils peuvent être renforcés : *mais oui, mais si, oui vraiment, que si.* On peut substituer à *oui* des adverbes qui précisent des nuances : *bien sûr, naturellement, certainement, évidemment, soit* ou *voire,* qui est dubitatif.

426

HISTORIQUE. — A l'origine, *oui* était une formule semblable à celle que connaît l'anglais moderne : *Do you know? — Yes, I do.* En ancien français, *O il* signifiait : *Il fait cela (O).* A la première personne, on répondait *O je*, à la seconde *O tu*, à la troisième *O il* (qui s'opposait à *Nen il*, aujourd'hui l'archaïque *nenni*). Cette forme *Oil*, généralisée dans le nord de la France, tandis que le sud employait *Oc*, a permis d'opposer comme deux drapeaux *langue d'oïl* et *langue d'oc*.

622. Les adverbes de négation.

Il y a deux constructions négatives : l'une avec la négation isolée du verbe (*non - pas*), l'autre avec la négation soudée au verbe (*ne; ne... pas*).

623. Alternance non - pas. Non *est obligatoire.*

Non représente une proposition ou une partie de proposition sur le mode négatif. Il joue le rôle d'une proposition à un terme et alterne avec *oui* et *si*.

Il peut reprendre des propositions affirmative, interrogative et négative, comme le montrent ces répliques de Marivaux :

> *Ma parure ne te plaît pas? — Non, Bourguignon, laissons là l'amour* [...]. *Elle n'a pas prédit que je ne t'aimerai point. — Non, mais elle a dit que tu n'y gagnerais rien.* [...] *Tu reviens à ton chemin par un détour; adieu. — Eh! non, te dis-je, Lisette* (MARIVAUX).

Il peut être employé comme objet ou dépendance de présentatif :

> *Je dis non. C'est non.* [Cf. : *Eh bien, c'est encore oui* (MARIVAUX).]

comme proposition complétive :

> — *Je ne te fatigue pas, Phil? Il fit signe que non* (COLETTE). [Cf. : *Moi, je lui réponds que oui* (MARIVAUX).]

Comme l'a montré la première réplique de Marivaux, *non* peut nier moins la phrase précédente que tout le contexte antécédent. A ce titre, il finit par être employé comme une forme d'insistance devant une proposition négative ou affirmative :

> *Non, ne vous fâchez pas* (GIDE). *Non, mais de quoi vous mêlez-vous?* (MAURIAC.) *Ils sont affreux, non!* (en alternance avec : *n'est-ce pas*).

REMARQUE. — Variante stylistique dans une réponse : *pas du tout, pas le moins du monde* (ou *point*, cf. *infra*). Ce sont des tours très énergiques.

624. Non *alterne avec* pas.

Lorsque *non* présente négativement une partie de proposition, en particulier dans une construction aux termes antithétiques, le français moderne tend à lui substituer *pas* :

> *Une femme qui connaissait la vie, mais pas la mort* (MALRAUX).

Mais aussi :

> *Le vrai mal est celui qui vient de l'homme,* non *celui qui vient de la nature* (QUENEAU). *Ces constructions, un esprit d'auditeur les ajoute ou* non, *est capable ou* non *de les fournir* (VALÉRY).

> *Quelques-uns ont été jusqu'à prononcer,* non *sans apparence de raison, le mot de « gageure »* (PROUST).

PLACE : *non* et *pas* précèdent généralement le terme en antithèse ; cependant, quand ce terme est bref, *pas* et surtout *non* peuvent le suivre :

> *La famille respectait sa solitude ; le démon* pas (GIDE). *Il a fait souffrir tout le monde autour de lui, ses gens, ses chevaux ; ses amis* non, *car il n'en avait pas un seul* (GIDE).

ON DIRA : *Tu l'aimes, moi* non ; ou : *moi* pas ; ou : *pas moi.*

REMARQUES. — 1. On trouve comme variantes archaïques ou provinciales : *point, non pas, non point.*

2. Quand c'est le premier terme antithétique qui est nié, on emploie souvent *non* ou *non pas* : *Il pardonnerait à qui avait repoussé la force par la force,* non pas, *à la vérité, au moment du premier crime, mais lorsque l'on tentait de le commettre de nouveau* (STENDHAL). Non *la contemplation, mais l'acte.*

625. Pas *est obligatoire.*

Il présente négativement une phrase nominale :

> *Et la maison est vide ; j'ai regardé partout :* pas *le moindre croûton de pain* (SARRAUTE).

> Pas *de lettres Mais l'espoir* (APOLLINAIRE).

REMARQUE. — Variante archaïque ou provinciale de *pas : point.*

626. *Cas particuliers.*

a) NON et PAS peuvent être employés comme des préfixes devant un nom. Devant un substantif, *non* est obligatoire (la *non-intervention*), devant un participe ou adjectif, *non* et *pas* alternent ; *non* a tendance à constituer une catégorie, *pas* à être descriptif :

> *Un exposé* non *exhaustif. Une plaisanterie* pas *drôle.*

Mais *non* a toujours tendance à relever d'un style plus soutenu :

> *Une lettre d'amour vieille de dix-sept ans ;* non *signée* (GIDE).

b) NON PLUS marque qu'on reprend une proposition négative :

> *Tu ne l'aimes pas ; moi* non plus.

Quand l'antithèse est soulignée, *pas* alterne avec *non* :

> *Jamais aucun de ses enfants n'aurait été capable d'écrire ainsi,* non plus *(ou :* pas plus) *qu'il n'en aurait été capable lui-même* (GIDE).

c) On disait : *Pourquoi non ?* On dit : *Pourquoi pas ?*

627. *Alternance* ne / ne ... pas. *Cas d'obligation.*

Ces adverbes accompagnent les verbes ou groupes verbaux.

Ne est obligatoirement employé en LIAISON :

— avec *pas* (ou *point*) :

> *Il ne vient pas.*

— avec *ni* répété ou joignant deux négations :

> *Ni M. Sanguinetti ni le receveur ne pouvaient disposer de cinq francs* (M. JACOB). *Il ne boit ni ne mange* (Acad.).

— avec *personne, rien, aucun, nul, guère, jamais, plus* (durée), *que* (au sens de *seulement*) :

> *Ils ne font que répéter la soi-disant sociologie d'Outre-Atlantique* (ETIEMBLE). [Pour *soi-disant*, cf. § **363**.]

Ce sont les tours les plus fréquents de la négation. Le français parlé supprime très fréquemment ce *ne* atone ; le français écrit, sauf dans le tour archaïsant de l'interrogation (*Suis-je pas votre père ?*), fait traditionnellement de cette élimination du *ne* la marque d'un parler vulgaire :

> *Moi, dit Gabriel, je fais pas de politique* (QUENEAU).

Ne est obligatoirement employé SEUL :

— dans les subordonnées comparatives (infériorité ou supériorité) dépendant d'une principale affirmative :

> *Cette affaire risque de vous entraîner beaucoup plus loin que vous ne pensiez tout d'abord* (GIDE).

Le français familier remplace très souvent ce *ne* par un *le* de rappel (voir § **143**) ou l'élimine.

— dans *que ne* (= *avant que, sans que...*) et dans *que ne* interrogatif.

> *Va-t'en que je ne t'assomme.*

On veillera à ne pas confondre deux tours de valeur différente :

> *Que n'a-t-il écrit ?* = Pourquoi n'a-t-il pas écrit ?
> *Que n'a-t-il pas écrit !* = Que de choses il a écrites !

628. *Place de ces adverbes.*

Le *ne* précède immédiatement le verbe, sans le séparer pourtant des pronoms compléments conjoints : *Je ne t'en veux pas.*

Le *pas* (pour *aucun, rien...*, voir § **411**) suit le verbe simple ou l'auxiliaire : *Je ne vais pas partir. Je ne t'ai pas vu.*

Ne pas est ANTÉPOSÉ à l'infinitif. L'encadrement est un effet de recherche, surtout pour l'infinitif présent :

> *Olivier prenait grand soin de ne paraître point le rechercher, il feignait même parfois de ne pas le voir* (GIDE).

629. *Les alternances :* ne; ne ... pas. *Cas facultatif.*

Le système assez simple qui vient d'être décrit a été obscurci pour deux raisons :

— une raison historique : en ancien français, le *ne* suffisait à marquer la négation (*pas, point, goutte, mie...* étaient facultatifs). Il en reste des traces aujourd'hui ;

— une raison qui tient à la structure du français moderne. DAMOURETTE et PICHON ont bien montré que le français moderne semble opposer : un *ne pas* qui apporte une NÉGATION ABSOLUE ; un *ne* seul qui n'implique qu'une IDÉE ATTÉNUÉE DE NÉGATION.

Cette double raison aboutit au système suivant d'alternances facultatives :

1° ALTERNANCE : *ne* - absence de négation.

Pour souligner une certaine discordance entre principale et subordonnée, on peut introduire un *ne* dans des subordonnées complétives de verbes ou expressions signifiant *éviter* ou *empêcher, craindre* (à la forme positive), des verbes : *nier, douter* (à la forme négative ou interrogative) :

> *Sa seule crainte, c'était que sa femme* ne *l'interrompît* (GIDE).
> *Je ne doute pas qu'il* ne *soit parti trop tôt.*

On dira inversement :

> *Bernard doute un instant si son ami dort vraiment* (GIDE).

Ne peut entrer dans des subordonnées introduites par *avant que* ou *à moins que* : *Vite encore un mot avant qu'il* n'*entre* (GIDE), mais : *A moins qu'on change la définition du réalisme* (ARAGON).

Après *sans que* le désordre est très grand, aussi bien chez les grammairiens que chez les écrivains :

> *Je l'ai appris sans qu'il s'en doute* (GIDE).

Mais le tour sans négation semble plus habituel au parler soigné.

2° ALTERNANCE : *ne* - *ne... pas.*

Il faut distinguer ici trois cas :

a) En principale, l'emploi de *ne* au lieu de *ne... pas*, avec *pouvoir, savoir, oser,* etc., est un trait de style recherché :

> *Il voudrait parler, mais il* n'*ose* (GIDE). *Il ne put se résoudre à dire* (GIDE).

b) On peut hésiter entre *ne* et *ne pas* dans les cas suivants :

— après *qui* ou *quel* interrogatif :

> *Quel auteur* n'*hésiterait à réduire le cercle de ses lecteurs ?* (MARTINET.)

— après *si* :

> *Olivier l'aimerait beaucoup s'il* ne *préférait Bernard* (GIDE).

— dans une consécutive ou une relative au subjonctif, après une principale interrogative ou négative :

> *Rien ne passe que je ne saisisse, que je ne fixe pour jamais en moi* (SARTRE).

> *Il n'est prétexte qui ne le détourne d'être* (ARAGON).

— après des expressions de temps introduites par *il y a, voilà,* et après *depuis que* :

> *Voilà bien des jours que je ne t'ai vu* (Mᵐᵉ BALZAC).

— avant AUTRE... QUE :

> *Je n'ai d'autre désir que de vous être utile.*

c) On peut choisir entre *ne* et *ne... pas,* mais les sens sont opposés. Il s'agit essentiellement des propositions complétives décrites *supra* (au 1°).

L'adjonction d'un second élément de négation *(pas, plus...)* impose un sens exactement contraire :

> *Je crains toujours qu'elle* [la royauté] *ne vive au-delà du terme qu'on pourrait lui assigner* (CHATEAUBRIAND).
> *Crains qu'un jour un train ne t'émeuve plus* (APOLLINAIRE).

De même *ne pas... que* a le sens inverse de *ne.. que* (seulement). Ce tour *ne pas... que* est récusé par les puristes :

> *Il n'y a que vous.   Il n'y a pas que vous.*

UN CAS PARTICULIER : le CUMUL DES NÉGATIONS.

L'accumulation des négations peut servir à marquer une AFFIRMATION ATTÉNUÉE (*Il* ne *dit* pas non) ou un RENFORCEMENT :

> *J'ai scruté ce que* nul ne *peut* en rien *imaginer* (APOLLINAIRE).

Mais, d'une façon générale, le français est rebelle à l'accumulation des négations. Des phrases telles que :

> *Il ne sait pas s'il n'a pas raison de partir.*
> *Ils n'étaient rien moins que riches* (STENDHAL).

sont difficilement comprises.

630. Emploi de l'alternance. Conclusion.

Le français dispose donc d'un double système, qui oppose, d'une part, *non* et *pas,* et, d'autre part, *ne* et *ne... pas.* Mais le parleur et l'écrivain moyens, habitués à mettre l'essentiel de la négation dans le terme *pas* (ou équivalent), utilisent avec beaucoup de maladresse le *ne* seul. C'est certainement un des points faibles du système.

D | Place des adverbes

631. Répartition.

La place de l'adverbe dépend de l'élément sur lequel il porte ; il y a des adverbes relativement autonomes, dont la place est assez libre, d'autres dont la place est fixe.

1° ADVERBES DÉTACHÉS, isolés du reste de la proposition dans la diction et la ponctuation.

SONT TOUJOURS DÉTACHÉS les adverbes de JUGEMENT : *oui, si, non,* et tous les adverbes quand ils peuvent FORMER UNE PROPOSITION.

PEUVENT ÊTRE DÉTACHÉS la plupart des adverbes de TEMPS, de LIEU et de MANIÈRE. Ils peuvent se trouver :

— soit en tête, soit en fin de proposition :

> Souvent, *ils se battaient, pour finir,* énormément (CÉLINE).

— soit dans le corps de la proposition :

> *C'est ce moment précis,* naturellement, *que choisit le hasard pour faire passer une Alsacienne en costume* (GIRAUDOUX).

NE PEUVENT JAMAIS ÊTRE DÉTACHÉS les adverbes : *jusque, où, en, y,* et la plupart des adverbes de QUANTITÉ et d'INTENSITÉ : *beaucoup, très...*

2° ADVERBES ACCOLÉS À L'ÉLÉMENT QU'ILS QUALIFIENT.

a) *Avec un verbe de forme simple,* l'adverbe se place *après le verbe* :

> *Il soupira* profondément.
> *Je suivis* longtemps *d'un œil désœuvré les jeux de lumière de la lune sur la mer* (GRACQ).

L'adverbe ne se place avant le verbe simple que dans la langue littéraire, et la tournure est assez peu usitée en prose :

> *Les grands pays muets* longuement *s'étendront* (VIGNY).
> [...] *quand* solennellement *gazouille un violoncelle* (QUENEAU).

Avec un infinitif, la place de l'adverbe est relativement libre ; on le trouve plus fréquemment avant l'infinitif :

> *Toujours* rire de l'étranger qui parle mal le français (FLAUBERT).

b) *Avec un verbe de forme composée* (auxiliaire + infinitif ou participe), les adverbes qui marquent un CARACTÈRE ACCESSOIRE (*temps, lieu,* etc.) se placent après le participe ou l'infinitif. Cependant : *souvent, toujours, autrefois, maintenant, (tout) juste* se placent généralement devant.

Les adverbes de manière se placent plutôt devant (*facilement, vite...*), mais pas les locutions composées :

> *Ils ont marché* côte à côte.

Les adverbes de quantité précèdent le participe ou l'infinitif.

REMARQUES. — 1. Ces différences de construction permettent de distinguer les sens : *Il a juste* (seulement) *visé et puis il est parti. Il a visé juste* (au but).

2. Dans de nombreux cas, il faudra faire intervenir les notions de rythme (voir § **86** et § **314**) : *Il est venu vraiment très souvent.*

c) *Avec un participe passé,* la place de l'adverbe est LIBRE :

> *Chien :* spécialement *créé pour sauver la vie de son maître* (FLAUBERT). [On pourrait avoir : *créé* spécialement.]

La place de l'adverbe joue un rôle discriminatoire pour les participes présents. Lorsque le participe présent est *pris comme adjectif,* l'adverbe qui l'accompagne se place DEVANT : *une fillette* naturellement *obéissante.*

Lorsque le participe présent est *pris comme verbe,* l'adverbe se place DERRIÈRE : *une fillette obéissant* naturellement.

d) *Avec un adjectif ou un adverbe,* l'adverbe déterminant *précède.* L'ordre inverse n'est qu'un effet littéraire :

> *La société des Rosati, légèrement académique et bachique* discrètement (VERLAINE).

REMARQUE. — Nous avons noté au § **111** que les adverbes se disposent éventuellement en suites (*beaucoup plus fortement, bien moins tard*) : *Il donne aussi, je trouve, un peu trop dans l'idée forte* (FLAUBERT).

On peut marquer, grâce à cette possibilité, des degrés de comparaison de l'adverbe : *moins, aussi* et *plus fortement — le plus* et *très fortement.*

5 | L'INTERJECTION

632. Les valeurs.

C'est l'INTONATION et le CONTEXTE qui indiquent la valeur de l'interjection. Dans la langue parlée, l'intonation suffit à nous donner la valeur d'un *ah!* ou d'un *oh!* Dans un texte écrit, elle est le signe d'une expression exclamative qui s'interprète selon le contexte.

Certaines interjections, comme : *ah! oh!* n'ont aucune valeur permanente.

Lorsqu'elles sont isolées, par exemple dans les répliques d'un texte fait pour le théâtre, l'auteur doit souvent préciser entre parenthèses la valeur qu'il faut leur donner et la mimique qu'elles entraînent :

> TOUT LE MONDE (stupéfait) : *Oh!*
> [...] Tous (étonnés) : *Oh!*
> [...] Tous (désappointés) : *Oh!* (FEYDEAU, *la Dame de chez Maxim.*)

La valeur de l'interjection est indiquée par un ou plusieurs mots du contexte ; ainsi, *ah!* peut traduire, entre autres :

— L'approbation : *Ah! parfaitement, La Pérouse, dit le général* (PROUST).

— la réprobation : *Ah! ce qu'il m'agace avec sa sainteté!* (GIDE.)

— La satisfaction :

> *Ah! ah! dit Gabriel avec satisfaction, du consommé!* (QUENEAU.)

— L'interrogation : *Ah? je ne savais pas.*

L'interjection n'a souvent pas d'autre valeur que de signaler que la phrase est exclamative : *Ah! vous arrivez bien tard, dit Mme Verdurin* (PROUST).

> *Eh bien, non! je n'ai pas vu le pape, éclata enfin Julius* (GIDE).

En fait, la *valeur dynamique* de l'interjection est plus importante que son SENS. La preuve en est que certaines interjections sont employées avec des valeurs qui n'ont rien à voir avec leur contenu sémantique. Un athée s'exclame : *Mon Dieu!* On emploie le mot *Peste!* pour s'extasier :

> *Peste, où mon esprit prend toutes ces gentillesses!* (MOLIÈRE.)

Les étrangers sont souvent étonnés de nous entendre employer comme interjection le mot *bon!* pour marquer aussi bien l'approbation que le désappointement ou la résignation.

633. *Les formes.*

Des interjections ont la forme de SIMPLES CRIS, en général très courts : *ah! oh! eh! hi!* On les trouve souvent répétées, deux, trois fois ou plus, ou combinées à d'autres :

> *Oh là là, quelle misère!* (QUENEAU.)
> *Oh! là là! que d'amours splendides j'ai rêvées!* (RIMBAUD.)

Certains de ces cris s'emploient avec des valeurs plus précises : *bah!* (le renoncement), *fi!* (le mépris), *heu...* (l'hésitation), *hue!* (pour exciter un animal), *hum! hem!* (pour marquer le doute), *hein?* (pour interroger, interjection jugée vulgaire), *chut!* (pour marquer le silence), *ouf!* (le soulagement), *hep! ohé!* (pour appeler), *aïe, ouïe! ahi!* (pour marquer la douleur), *zut!* (juron).

Selon les règles, on doit distinguer dans l'orthographe :
HA!, qui marque la surprise ou l'étonnement : *Ha! vous voilà!*, — de *ah!*, qui marque toutes les autres nuances : *Ah! que c'est beau!*
HÉ! qui sert à appeler : *hé! bonjour!*, — de *eh!*, qui marque l'admiration, la douleur, etc.

Notez que l'on écrit toujours : *eh bien!* et non *et bien!*
ô, signe de l'invocation se trouve toujours devant un nom, un pronom ou un adjectif, et n'est jamais immédiatement suivi du point d'exclamation :

> *Ô rage! ô désespoir! ô vieillesse ennemie!* (CORNEILLE.)

HO!, qui sert à appeler : *Ho! tu viens,* ou à marquer l'étonnement : *Ho! pas possible!,* doit être distingué de *oh!* (autres emplois).

Certaines interjections sont des imitations plus ou moins approximatives de BRUITS; elles procèdent de l'ONOMATOPÉE : *brrr!* évoque le frisson ou l'effroi; *crac!,* le craquement; *floc! pouf! boum!,* la chute :

> *Quand la corde se rompt : crac, pouf, il tombe à terre* (LA FONTAINE).

Des interjections sont formées par des MOTS ou GROUPES DE MOTS. On y trouve des *substantifs,* en particulier des noms évoquant des notions sacrées : *dieu* ou *diable,* utilisés comme simples exclamations ou comme jurons :

> *Dieu! dieux! diable! bonne Vierge! Jésus!*

Beaucoup de locutions ont été déformées, afin d'éviter d'invoquer ces notions sacrées dans des jurons :

> *Morbleu* (pour : mort Dieu), *corbleu* (corps Dieu*), parbleu, pardi* (par Dieu), *palsambleu* (par le sang de Dieu), *sacredieu, sacristi, sapristi* (sacré), *diantre* (pour diable).

Sur ces modèles, on trouve une quantité d'interjections qui invoquent toutes sortes de « puissances » (*nom d'un chien!, nom d'une pipe!, tonnerre!,* etc.)

> *Sainte Croix! Jésus, fils de David! aï aï aï!* (DAUDET.)

On trouve également des SUBSTANTIFS dont la valeur est immédiatement compréhensible, et qui, lancés en interjection, ont des emplois de phrase nominale :

> Merci !, pardon !, silence !, au secours !, dommage !, halte !

Des ADJECTIFS : parfait !, bon !

Des ADVERBES : certainement !, pas du tout !, bis !, encore !, çà !, là !, alors !

> Alors, ça vient, mon calvados ? (SARTRE.)

Des VERBES à l'impératif : tiens !, tenez !, allons !, dis !, voyons !, va donc !, allons donc !

REMARQUE. — Ces verbes sont alors détachés de leur usage ordinaire : on emploie l'interjection « tiens ! » tout en disant « vous » à une personne : Tiens ! regardez-la ! (M. AYMÉ).

Des GROUPES DE MOTS dont certains sont figés. Hélas vient de l'adjectif las (féminin lasse), précédé d'une interjection ; en ancien français, l'adjectif s'accordait : Hé lasse ! ce ai je fait ! dist la reine (JOINVILLE).

Bonjour, bonsoir, au revoir, adieu (où l'on sentait autrefois l'ellipse du verbe : je vous recommande à Dieu) :

> Biaus fieus, va, a dieu te commant (COURTOIS D'ARRAS).

REMARQUE. — Adieu implique une séparation définitive, au revoir (jusqu'au prochain revoir), une séparation temporaire, comme en témoigne l'exemple suivant :
Adieu, mon garçon, je n'ose vous dire : au revoir... (GIDE)

Tant mieux !, tant pis !, par exemple !

DES PHRASES FIGÉES : N'est-ce pas ?

> Je suis mignon, n'est-ce pas ? leur dit-il, et c'était bien un peu pour les narguer (AYMÉ).

SIGNES DE PONCTUATION. L'interjection est isolée du reste de la phrase, soit par un point d'exclamation, ou un point d'interrogation, soit par une virgule. Le point d'exclamation peut se placer juste après, ou en fin de phrase.

COMPLÉMENTS. Certaines interjections peuvent se construire avec un complément, presque toujours introduit par une préposition :

> Et zut aux bergères ! (VERLAINE.)

FI ! construit directement son complément : Fi le vilain ! GARE ! peut se construire directement : Gare la prison, ou avec préposition : Gare à la prison ! Avec un pronom, la préposition est obligatoire : Gare à vous !

LA VERSIFICATION

634. *Définition.*

La versification est l'ensemble des techniques utilisées pour écrire un poème. Versification et poésie sont aussi distinctes qu'une technique et un art ; on peut devenir par étude un parfait versificateur, sans être un bon poète ; la versification ne livre que des formes vides.

Poésie et langage commun se différencient justement par la forme : la poésie a toujours été considérée comme un langage à part, souvent comme un langage sacré. Elle se distingue par des procédés, des conventions, dont le rôle essentiel est de donner un rythme au langage commun.

VERSIFICATION ET ÉVOLUTION. A l'origine de la langue française, le poème était lié au chant ; puis il fut déclamé à haute voix, avec emphase ; de nos jours, le poème est surtout lu avec les yeux ; les procédés de versification ont été marqués par cette évolution : autrefois, références constantes à la mélodie ; de nos jours, importance de la présentation typographique.

D'autre part, la versification dépend de la phonétique de la langue. Le poème est naturellement conçu de façon différente en français, en latin ou en anglais, puisque le système des sons et celui des accents, donc les possibilités de rythme, sont différents ; et il est normal que nous n'ayons pas, au XXe siècle, la même versification qu'au XIIe siècle puisque la phonétique française a évolué.

635. *Le rythme.*

Chacun sait qu'un morceau en vers est constitué par des « lignes inégales », comportant un certain nombre de syllabes et terminées par une rime ; si cela suffisait à faire des vers, les deux lignes suivantes en seraient :

> *Voudriez-vous aller me chercher du jambon*
> *et prenez en même temps un peu de cresson.*

Il y a douze syllabes, une finale en *-on*, ce ne sont pas des vers. Comparons avec deux vers de BAUDELAIRE, où l'effet poétique ne naît pas de l'image, qui est banale, ni des mots : *cours, casernes, lanternes, vent, matin* :

> *La diane chantait dans les cours des casernes*
> *Et le vent du matin soufflait dans les lanternes ;*

l'effet naît de la disposition des accents et des sons, en un mot, du rythme.

Le rythme est « l'alternance régulière d'effets sensibles » (MAZALEYRAT).

En étudiant les différents aspects de la versification française, nous essaierons de voir sur quels caractères particuliers au français se fonde le rythme poétique, et ensuite à quoi correspondent les règles du vers traditionnel qui utilise ces caractères ; enfin, comment se définit la poésie moderne par rapport à la poésie traditionnelle.

I. ÉLÉMENTS PHONÉTIQUES DE LA VERSIFICATION FRANÇAISE

636. Le rythme dans la prose française.

L'ACCENT (intensité, hauteur) tombe dans un mot sur la dernière syllabe prononcée, le *e* final étant exclu : *matín, casérnes*. Dans un groupe de mots liés par la syntaxe, le mot perd son accent individuel, il n'y a qu'un accent de groupe, qui tombe sur la dernière syllabe du dernier mot :

> *Voudriez-voús / aller me cherchér / du jambón?*

La MÉLODIE DE LA PHRASE dépend surtout de l'accent de hauteur; dans une phrase, certaines syllabes sont prononcées sur une note plus haute que le reste — au sommet d'une phrase en deux parties, sur les parties interrogatives ou exclamatives (voir § Phonétique); d'autres, sur une note plus basse : au moment où la phrase retombe :

> *Quand j'arrivai dans la* rue (note élevée), *les feuilles des arbres* tombaient (note basse) [DESNOS].

En prose, les accents sont répartis à tel ou tel endroit selon la nature de la phrase : le propre de la versification, c'est de les répartir selon une CADENCE, en des groupes reliés par des proportions, c'est de discipliner ces éléments.

637. Le rythme dans le vers français primitif.

La caractéristique du vers français est qu'il fonde son rythme sur le compte des syllabes : — une série de syllabes ponctuées par des accents d'intensité qui coupent le vers en deux versants;

> — un arrêt : la CÉSURE.

Exemple d'un vers de dix syllabes tiré de *la Chanson de Roland* :

> *Cumpáinz Rollánt, / l'olifán car sunéz*
> *Si l'orrát Cárles / ferat l'óst returnér.*
> (« Compagnon Roland, sonnez donc de l'olifant;
> Charles l'entendra et fera revenir l'armée. »)

Il faut noter :
— que ce rythme était souligné par la musique;
— que ce parti pris de rythme implique une diction particulière qui durera autant que la poésie traditionnelle.

638. La répartition des accents.

La répartition des accents est donc essentielle.

Une suite de monosyllabes accentués est désagréable : il n'y a pas de cadence possible; voici un exemple où J. LAFORGUE a volontairement accumulé trois accents de suite :

> *Un tic-tac froid rit dans nos poches.*

De même, une suite de monosyllabes inaccentués donne une impression de platitude prosaïque :

> *Ah! qu'est-ce que je fais ici dans cette chambre?* (LAFORGUE.)

Mais une suite de monosyllabes peut être harmonieuse si elle est organisée selon des temps forts et faibles bien répartis :

> *Le jour n'est pas plus pur que le fond de mon cœur* (RACINE).
> *Plus haut que tous les saints, plus haut que tous les rois* (PÉGUY).

639. Le rôle rythmique des sonorités.

D'après le schéma indiqué, chaque vers forme une cellule rythmique indépendante; pour mieux marquer la limite de chaque vers, on a eu recours aux sonorités. Dans les anciens poèmes du XIe au XIIIe siècle, on trouve l'ASSONANCE, retour de la même voyelle, soit en fin de vers, procédé systématique de la poésie épique (voir les deux vers de *la Chanson de Roland* cités plus haut), soit à l'intérieur du vers.

Puis, le procédé se perfectionnant, on en vint, à partir du XIIe siècle, à la RIME : les vers se terminant par le même son vocalique et au moins un même son consonantique sont groupés par deux ou plus de deux (v. plus loin, Etude de la rime) :

> *Ce fut au tans qu'arbre florissent,*
> *Fuellent boschage, pré verdissent*
> *Et cil oisel en lor latin*
> *Doucement chantent au matin* (CHR. DE TROYES, *Perceval*).

Ce retour, à la fin du vers, d'une sonorité déjà entendue, agit comme un accord musical qui souligne le rythme.

Les sonorités jouent également un rôle, moins impératif, à l'intérieur du vers. On parle beaucoup de l'expressivité des sons en poésie; les sons, voyelles ou consonnes, sont expressifs surtout quand ils soulignent le rythme, quand ils tombent sur des syllabes accentuées. Par exemple, dans ce vers de VERLAINE, répétition des sons [a] et [ã] liés à des liquides [R] et [l] dans chaque syllabe accentuée (notez que l'adjectif *grands* est accentué ici).

> *... Qui regarde passer les grands barbares blancs.*

Dans un célèbre vers de RACINE, deux [y] très allongés :

> *Ariane ma sœur, de quel amour blessée*
> *Vous mourûtes aux bords où vous fûtes laissée.*

Dans un vers de H. DE RÉGNIER, les sons [ʃ] :

> *Des biches blanches qui broutent l'ache et le cytise.*

Le procédé qui consiste à répéter la même consonne se nomme l'ALLITÉRA-

TION. Il y a HARMONIE IMITATIVE lorsque le son répété évoque le sens ; par exemple, les *l* et les *f* « créant » le vent dans ce vers de HUGO :
Les souffles de la nuit flottaient sur Galgala.

P. Claudel a analysé avec pénétration ce rôle rythmique des sonorités :

Pour un musicien tout consiste somme toute dans la voyelle, la note n'est qu'une voyelle glorifiée. Pour l'écrivain au contraire et surtout pour l'écrivain dramatique, l'élément essentiel de la diction est la consonne. La voyelle est la matière, la consonne est la forme, et aussi l'engin propulseur dont la voyelle avec tout son charme n'est que le projectile (lettre à J. Samson).

640. Le rôle de la durée des sons.

La durée intervient dans l'harmonie, comme un effet de style.

a) Une syllabe accentuée est plus longue qu'une autre ; les appareils de phonétique expérimentale nous montrent que plus une syllabe est proche de l'accent, plus elle est longue ; voici un vers de BAUDELAIRE pour lequel la durée des syllabes (dans l'enregistrement de M. MORENO) est indiquée en centièmes de seconde :

J'ai longtemps habité sous de vastes portiques.
  26 42 46 21 25 41 14 32 64 9   28 38

b) Le *e* final peut avoir un effet allongeant.

Remarquez, dans l'exemple ci-dessus, la grande durée de la syllabe *vas-*tes, suivie d'une finale en *e*. Le *e* allonge la syllabe précédente ; la syllabe *-tes* a une durée infime ; tout se passe comme si sa durée de syllabe normale était rejetée en arrière sur la syllabe précédente, *vas-*, qui est très longue, d'autant plus longue qu'elle est accentuée.

Cet effet d'allongement sur une syllabe accentuée suivie d'une syllabe finale en *e* est un des secrets d'harmonie du vers français :

Et les Muses de moi, comme étranges, s'enfuient (J. DU BELLAY).
Pensive, toujours triste, importune à moi-même... (RACINE).
Elle songe, et sa tête petite s'incline (VALÉRY).

On a beaucoup parlé de cet *e* ; voici ce qu'en dit CLAUDEL : « [...] voyelle féminine qui pallie le défaut du français qui est de venir, d'un mouvement accéléré, se précipiter tête en avant sur la dernière syllabe » ; et VALÉRY : « *e* [...] qui termine ou prolonge tant de mots par une sorte d'ombre que semble jeter après elle une syllabe accentuée ».

641. Le rôle des silences.

Notez, dans les exemples ci-dessus, qu'après chaque accent fort, après chaque articulation grammaticale il y a un arrêt, suivi d'un silence ; la répartition de ces silences est un facteur d'harmonie ; la multiplication des arrêts dans un vers peut donner une impression de lenteur.

II. LES RÈGLES DU VERS TRADITIONNEL

1 | Structure du vers

642. *Le compte des syllabes.*

Le compte des syllabes pose quelques problèmes :

a) DIÉRÈSE ET SYNÉRÈSE. Lorsque, dans un mot, deux voyelles sont en contact et que la première est un [i], un [y], un [u] ou un [o] susceptible de se transformer en [j], [w], [ɥ], l'usage ordinaire a fixé une prononciation :
— en DIÉRÈSE : les deux voyelles forment deux syllabes ; *li-on, jou-et* (la diérèse est possible quand les deux voyelles représentent deux syllabes latines) ;
— en SYNÉRÈSE : les deux voyelles forment une seule syllabe lorsqu'elles ne représentent qu'une seule syllabe latine : *pied, ciel.*

Certains mots ont changé de prononciation ; c'est ainsi que CORNEILLE compte *poè-te* pour deux syllabes ; les mots *ouvrier, sanglier, meurtrier* se prononçaient, au XVIIᵉ siècle, en synérèse.

D'autres mots peuvent, par licence poétique, différer de l'usage courant :
Délicieux linceuls, mon désordre ti-ède (VALÉRY).

Ces diérèses inhabituelles donnent au mot un aspect un peu archaïque, et parfois une résonance nouvelle.

b) L'HIATUS. Il était sévèrement banni de la poésie classique :
Gardez qu'une voyelle à courir trop hâtée
Ne soit d'une voyelle en son chemin heurtée (BOILEAU).

C'est la rencontre entre deux voyelles dont l'une termine un mot et dont l'autre commence le mot suivant. En fait, on n'a jamais supprimé l'hiatus complètement ; il n'est particulièrement gênant qu'avec deux voyelles identiques : *je vais à Arles ; un bateau ôté.*

Il était permis au XVIIᵉ siècle si un élément, même non prononcé, s'intercalait entre les deux voyelles, un *h* : *sa haine*, un *e* : *Troie expira sous vous* (RACINE) ; une ponctuation forte : *oui, oui.* LA FONTAINE en fait un jeu :
Un jour qu'au haut et au loin... HUGO se croit encore obligé d'intercaler un *s* parfaitement inutile, afin d'éviter un hiatus :
Ce vieillard possédait des champs de blés et d'orge.

La poésie moderne se soucie peu d'éviter l'hiatus, lorsqu'il n'est pas agressif :
> *Il y a aussi un vieux buffet*
> *Qui sent le cidre, la confiture* (F. JAMMES).

c) LE e MUET.

Le fait important, c'est que cet *e* n'était pas du tout muet en français jusqu'au XVIᵉ siècle : il se prononçait comme une voyelle pleine et formait syllabe ; par la suite, sa prononciation a évolué, et la versification, conservant la prononciation archaïque, a dû codifier l'usage de ce phonème mouvant et instable. Cr, le langage poétique utilise beaucoup le *e* muet, en raison de ses possibilités harmoniques ; selon les statistiques de M. GUIRAUD, il y en aurait un pourcentage de 28 p. 100 en prose et de 31 p. 100 en poésie. A l'intérieur du vers, la règle peut paraître simple : le *e* final d'un mot s'élide si le mot suivant commence par une voyelle ou un *h* non aspiré.
> *Tenant la mort et la vie en sa main* (J. DU BELLAY).

Entre deux consonnes, le *e* se prononce toujours, bien que, depuis le XVIIᵉ siècle, on ne le prononce plus dans la conversation (voir § **14**) :
> *Mais telle qu'à sa mort pour la dernière fois*
> *Un beau cygne soupire et de sa douce voix...* (CHÉNIER).

La présence de cet *e* donne à la diction des vers une allure hiératique ; elle permet des effets d'allongement :
> *Immenses mots dits doucement* (ELUARD).

d) LE e APRÈS VOYELLE.

Dans le corps d'un mot, comme *jouerai,* il se prononçait jusqu'au XVIᵉ siècle et comptait pour une syllabe :
> *Embler aloit hardiement* (G. DE COINCY).

Ronsard le compte pour une syllabe, ou le supprime complètement dans l'orthographe, selon les besoins du vers : *devou'ment.*

Au XVIIᵉ siècle, il ne compte plus :
> *Je me devouerai donc s'il le faut, mais je pense...* (LA FONTAINE).

A la fin d'un mot, cet *e* compte, en ancien français :
> *Rivière, fontaine et ruisseaux*
> *Portent en livré-e jolie...* (CH. D'ORLÉANS).
> *Plein de pensé-es vagabondes* (RONSARD).

Au XVIIᵉ siècle, Malherbe proscrit cet *e* : on ne peut plus le prononcer pleinement, car cela déforme trop le mot ; on ne peut pas l'élider s'il est suivi d'une consonne, et l'on n'ose pas le supprimer radicalement ; c'est ainsi que la versification du XVIIᵉ siècle interdit absolument d'employer dans le corps du vers des pluriels comme : *les rues, ils voient ;* des groupes comme : *tu pries Dieu,* etc., ce qui représente une lourde servitude.

En français moderne, certains poètes suivent les règles du xviie siècle ; d'autres ressuscitent l'usage du xvie siècle, avec un *e* archaïque :

> *Né-e du charme de l'automne émerveillé* (Vielé-Griffin).
> *Nulle des nymphes, nulle ami-e ne m'attire* (Valéry).

D'autres adoptent l'usage du langage moderne et font l'apocope du *e,* comme dans l'usage parlé :

> *Comme au vent qui les chass(e) les vapeurs se mélangent* (P. Fort).

A la fin du vers, le *e* final a toujours été en dehors du compte des syllabes ; il se perd dans le prolongement de la dernière consonne, dans le silence à la chute du vers :

> *Où sont nos amoureuses*
> *Elles sont au tombeau* (Nerval).

Cet *e* de fin de vers se prête ainsi à l'opposition des finales consonantiques (*amoureuses*) et des finales vocaliques (*tombeau*).

Ces raisons mélodiques sont sans doute à l'origine de l'alternance des rimes féminines (en *e*) et des rimes masculines (sans *e*). E. Deschamps, l'auteur du premier *Art de dictier* français (1392), est le premier aussi à recommander, sans la prescrire encore, cette alternance.

2 | La rime et la césure

Nous avons vu que la rime est un élément sonore du rythme qui ponctue la fin de chaque vers et forme des échos entre deux ou plusieurs vers. L'alternance des rimes masculines et féminines a été réclamée au xvie siècle ; Ronsard ne la respecte pas toujours :

> *L'an se rajeunissait en sa verte jouvence,*
> *Quand je m'épris de vous, ma Sinope cruelle :*
> *Seize ans était la fleur de votre âge nouvelle,*
> *Et votre teint sentait encor son enfance.*

Il y a ici une suite de deux rimes féminines : *-elle* et *-ance.*

Dans la poésie moderne, comme il n'y a aucune différence, à l'audition, entre deux mots comme *ami* et *amie,* certains poètes ont remplacé la notion de rimes féminines et masculines par celle de rimes vocaliques [la finale est un son vocalique : *jeudi* et *incendie* (son *i*)] et de rimes consonantiques [la finale est un son consonantique : *ignore* et *Nord*] :

> *C'est le chien de Jean de Nivelle*
> *Qui mord sous l'œil même du guet*
> *Le chat de la mère Michel;*
> *François-les-bas-bleus s'en égaie* (VERLAINE).

643. Les qualités de la rime.

Plus il y a de sons concordants, plus la rime est riche; depuis l'époque du romantisme, on considère qu'une rime est :

— SUFFISANTE, quand l'identité des sons repose sur une consonne suivie d'une voyelle : *trahison, raison;* ou d'une voyelle suivie d'une consonne : *mère, j'espère;* elle est donc suffisante quand elle repose sur l'homophonie de deux éléments;

— PAUVRE, quand elle repose sur l'identité d'une seule voyelle.

> *Tout vit, tout luit, tout remue*
> *C'est l'aurore dans la nue*
> *C'est la terre qui salue* (LAMARTINE).

— RICHE, si elle repose sur l'identité de trois éléments : *mélodie, parodie.*

La rime est MAUVAISE si les voyelles ne sont pas rigoureusement homophones, si elle utilise des mots de même formation grammaticale (*fait, défait,* etc.).

La RIME et l'ORTHOGRAPHE devaient être en accord selon les règles du XVIIe siècle, c'est-à-dire que l'on ne pouvait faire rimer ensemble *floraison* et *saisons,* un singulier et un pluriel.

Il y a des rimes dites « d'époque », qui correspondent à une prononciation désuète; ainsi, au XVIIe siècle, les rimes sur le son [ɛ] écrit *oi* ou *ai* (*François, plais*), entre le mot *fils* (prononcé [fi]) et une finale en *i* :

> *Ce sont, dit-il, leurs lois qui m'ont de ce logis*
> *Rendu maître et seigneur, et qui, de père en fils,*
> *L'ont de Pierre à Simon, puis à moi, Jean, transmis.*

La rime « normande » est celle qui fait rimer un infinitif en *-er* avec un mot en *-er* : *cher, aimer; donner, mer.*

644. Les acrobaties de la rime.

La rime est devenue pour certains virtuoses (surtout au XVe siècle) un véritable jeu; en voici quelques exemples :

La rime LÉONINE, très riche, présente au moins deux syllabes semblables : *sultan, insultant; afin qu'elle se parât, en habits d'apparat; rime ailleurs, rimailleurs.*

Les rimes ÉQUIVOQUÉES utilisent le jeu de mots :

> Et c'est à peine si l'allumette amorphe ose
> Même en rêve éclairer cette métamorphose (GLATIGNY).

> Nous ne comprenons rien à ce que nos fils aiment
> Aux fleurs que la jeunesse ainsi qu'un défi sème
> Les roses de jadis vont à nos emphysèmes (ARAGON).

Les vers HOLORIMES ; les vers entiers ont la même sonorité :

> Eprise, hélas, Eve nue
> Offrit son bec à Satan
> Et prise, et lasse, et venue
> Au frisson, bécasse, attend (MARC MONNIER).

Rimes ENCHAÎNÉES ou FRATRISÉES ou, mieux, ÉQUIVOQUES et RÉTRO-GRADES : le son-rime est repris au début du vers suivant :

> Dieu gard' ma maîtresse régente
> Gente de corps et de façon
> Son cœur tient le mien dans sa tente
> Tant et plus d'un ardent frisson (MAROT).

Les rimes COURONNÉES ou DOUBLES :

> Ma blanche colombelle, belle
> Souvent je vais priant, criant
> Mais dessous la cordelle d'elle
> Me jette un cœur friant, riant (MAROT).

645. Les difficultés de la rime.

Sans aller jusqu'à ces jeux de virtuose, trouver de bonnes rimes est déjà une difficulté. Il existe des dictionnaires de rimes ; mais, ce qui est difficile, c'est de trouver des rimes originales, et la statistique prouve qu'elles sont en nombre fort réduit ; certes, les romantiques, en utilisant les noms propres les plus divers, ont tourné la difficulté : *crypte, Egypte ; salubre, Insubre*. Les parnassiens ont aimé les rimes inattendues, BANVILLE surtout, qui fait rimer *rire* et *frire*, *distiques* et *moustiques*. Mais un certain nombre de mots n'ont jamais trouvé de rimes : *algue, amorphe, poivre, tertre*, etc.

646. Les essais de renouvellement.

ARAGON a pratiqué une nouvelle rime enjambante, qui joue sur le découpage des groupes de mots :

> Je crierai, je crierai Ta lèvre est le verre où
> J'ai bu le long amour ainsi que du vin rouge.

Mais on est ici à la limite de ce qu'il est convenu d'appeler « rime ». D'autres poètes, très nombreux, ont renoncé à cette recherche et remplacé la rime par une suite d'allitérations ou d'assonances, comme en ancien français. Voici un exemple de Rimbaud, avec une allitération en *l* et une assonance en *eu* :

> *Ame sentinelle*
> *murmurons l'aveu*
> *de la nuit si nulle*
> *et du jour en feu.*

647. La valeur poétique de la rime.

Elle est liée à la structure du vers ; elle permet, outre son rôle rythmique, de créer, par le simple rapprochement sonore de deux mots, une association éloquente. Corneille, dans ses tragédies, se sert souvent de la rime pour appuyer un contraste :

> *C'est peu de me quitter, tu veux donc me séduire ?*
> *C'est peu d'aller au ciel, je vous y veux conduire (Polyeucte).*

Parfois, les mots-rimes, accentués par position, sont en même temps les mots clefs d'un passage. Voici quelques mots-rimes de la scène v de l'acte IV d'*Andromaque* : *infidélités, bontés — injures, parjures — rendu, dû — fidèle, cruelle — abandonne, Hermione.*

Un mot aussi banal et usé que le mot *choses* se charge, dans un poème de P. J. Toulet, de tout le parfum du mot *roses,* auquel il est associé par la rime :

> *Dans Arles où sont les Aliscans*
> *Quand l'ombre est rouge sous les roses*
>   *et clair le temps*
> *Prends garde à la douceur des choses*
> *Lorsque tu sens battre sans cause*
>   *ton cœur trop lourd.*

648. L'abandon de la rime.

Après les excès de recherches des parnassiens, on a beaucoup attaqué la rime. *Oh! qui dira les torts de la rime!* écrit Verlaine (dans un passage parfaitement rimé, d'ailleurs). La rime est liée à la structure du vers. Lorsque la poésie moderne a renoncé au compte des syllabes, elle a aussi renoncé à la rime (voir § III). Il est certain que les mêmes effets rythmiques peuvent être obtenus par d'autres dispositions sonores que la rime ; il est certain que les allitérations et les assonances peuvent créer des effets au moins aussi remarquables — souvent plus difficiles ; si la poésie moderne a renoncé à la rime, ce n'est pas parce qu'elle est difficile, mais, au contraire, parce qu'elle est une facilité, un moule tout prêt, une recette de rythme déjà trop utilisée.

649. La disposition des rimes.

Elle peut être très variée ; on peut les grouper par deux, trois, ou davantage ; on a donné des noms aux trois principales combinaisons de rimes deux à deux :

— RIMES PLATES ; elles se suivent selon le schéma *aa, bb, cc,* etc. :

> *N'espérons plus mon âme, aux promesses du monde ;*
> *Sa lumière est un verre, et sa faveur une onde...* (MALHERBE) ;

— RIMES EMBRASSÉES ; selon le schéma *a-b-b-a* :

> *Elle dormait, la tête appuyée à son bras.*
> *Ne la réveillez pas avant qu'elle le veuille ;*
> *Par les fleurs, par le daim qui tremble sous la feuille,*
> *Par les astres du ciel, ne la réveillez pas* (HUGO) ;

— RIMES CROISÉES ; selon le schéma *a-b-a-b* :

> *J'aime de vos longs yeux la lumière verdâtre,*
> *Douce beauté, mais tout aujourd'hui m'est amer,*
> *Et rien, ni votre amour, ni le boudoir, ni l'âtre*
> *Ne me vaut le soleil rayonnant sur la mer* (BAUDELAIRE).

650. La césure et les coupes.

Nous avons vu que le schéma du vers primitif comporte deux versants séparés par une pause. Dans les grands vers (plus de neuf syllabes), cet arrêt se produit à une place déterminée : c'est la césure ; après la quatrième syllabe le plus souvent, dans un vers de 10 syllabes ; après la sixième, dans un vers de 12 syllabes. La césure définit une mesure à l'intérieur de la cellule rythmique du vers. (Les vers courts n'ont pas de césure, pas de découpage intérieur ; ils peuvent se dire d'une seule traite.)

Dans la poésie antérieure au XVe siècle, la césure est comprise comme un arrêt qui divise les syllabes en deux blocs, appelés « hémistiches ». L'arrêt est si fort que chacun des hémistiches est autonome ; on y trouve parfois un *e* final en dehors du compte des syllabes, qui s'élide dans le silence de la césure comme il s'élide à la pause de la rime ; c'est la césure épique :

> *L'anme del cun(te) — portent en pareïs* (la Chanson de Roland).

La césure peut obliger à prononcer un *e* final qui entre, ici, dans le compte des syllabes ; c'est la césure lyrique :

> *Douce dame, quar m'otroiez pour Dé* (COLIN MUSET).

La poésie évoluant, ce n'est pas l'arrêt de la voix, mais l'accent qui prédomine dans la césure. La syllabe placée avant la césure est dotée d'un accent fort, comme celle de la rime :

> *Honteux attachement de la chair et du monde* (CORNEILLE).

Avec ces deux accents forts de la césure et de la rime, le vers français

a ce profil en « accent circonflexe » que les acteurs de la Comédie-Française
ont respecté dans leur diction jusqu'au début du xxᵉ siècle.

<small>LA CÉSURE PEUT ÊTRE AFFAIBLIE PAR :</small>
1° <small>L'IMPORTANCE DONNÉE AUX COUPES ET AUX ACCENTS SECONDAIRES.</small>

Le poète reste libre de placer, à côté de ces accents fixes, des accents secondaires mobiles :

> *Je suis seul, je suis seul, et sur moi le soir tombe* (HUGO).

Ici, le rythme fondamental est respecté : deux accents forts qui définissent
la structure du vers, deux accents secondaires ; en tout, 4 mesures : c'est
l'alexandrin tétramètre. La répartition donne 4 mesures à 3 temps, le vers
est parfaitement symétrique.

Des coupes plus irrégulières détruisent la symétrie :

> *Dans un mois, dans un an, | comment souffrirons-nous,*
> *Seigneur, || que tant de mers | me séparent de vous?* (RACINE.)

Dans ce deuxième vers, l'accent est si fort sur *seigneur,* et la coupe si
importante, que la césure sur *mers* s'en trouve affaiblie, effacée ;

2° <small>LE REJET À L'HÉMISTICHE.</small>

L'accent fort de la césure peut être légèrement décalé : on l'attend à la
place prévue, il survient une ou deux syllabes plus tôt (contre-rejet) ou plus
tard (rejet). Il y a discordance entre le moule du vers et l'accentuation. Cette
discordance est utilisée par les classiques, comme une syncope musicale, pour
mettre en relief un élément :

> *Madame, dites-lui seulement que je viens*
> *De la part de monsieur | Tartuffe || pour son bien* (MOLIÈRE).
> (Notez ici *Tartuffe,* en syncope.)
> *Ah si mon cœur osait | encor || se renflammer* (LA FONTAINE).

Ces effets ne sont possibles que si l'on maintient la possibilité d'accentuer
la syllabe de la césure :

> *Et l'on sent bien | qu'on est | emporté | dans l'azur.*

Les romantiques, malgré leurs désirs de révolutions poétiques, n'ont jamais
osé faire tomber la césure ou sur un *e* muet, ou sur un mot vraiment atone,
sur un *ne* négatif, par exemple au milieu d'un mot, comme le fait VERLAINE :

> *Et la tigresse épouvantable d'Hyrcanie.*

Sans pause, sans accent pour la marquer, la césure est morte ; le schéma
du vers primitif est détruit ; le rythme n'est plus donné à l'avance, il est
à créer dans chaque vers : nous sommes dans la poésie moderne.

D'après le schéma du vers primitif, la fin du vers coïncide avec un arrêt dans la syntaxe, de sorte que l'on s'arrête naturellement à la fin du vers, à cause du sens :

> *La femme est une mer aux naufrages fatale;*
> *Rien ne peut aplanir son humeur inégale* (MALHERBE).

651. Le rejet, le contre-rejet et l'enjambement.

Ce sont les différentes sortes d'infractions à cette loi; utilisés à quelques occasions, ils provoquent des effets de mises en relief; multipliés, ils détruisent le schéma du vers. Le REJET consiste à rejeter dans le vers suivant un ou deux mots qui font partie, par le sens et par le rythme, du vers précédent :

> *Mais j'aperçois venir Madame la Comtesse*
> *De Pimbêche...* (RACINE).
> *Serait-ce déjà lui? C'est bien à l'escalier*
> *Dérobé...* (HUGO).

Le rejet peut constituer à lui tout seul un petit vers qui rime avec le vers précédent :

> *C'est promettre beaucoup, mais qu'en sort-il souvent?*
> *— Du vent* (LA FONTAINE).

VERLAINE l'utilise, dans le poème *Colombine,* pour suggérer un mouvement de danse :

> *Arlequin aussi*
> *Cet aigrefin si*
>   *Fantasque*
> *Aux costumes fous*
> *Ses yeux luisants sous*
>   *Son masque.*

Le CONTRE-REJET consiste à commencer au vers précédent, par un ou deux mots, une proposition qui s'achève dans le second vers :

> *Elle porta chez lui ses pénates — un jour*
> *Qu'il était allé faire à l'aurore sa cour* (LA FONTAINE).

L'ENJAMBEMENT consiste à continuer le premier vers sur tout le premier hémistiche ou sur toute la longueur du vers suivant, ce qui donne une continuité à l'ensemble :

> [...] *s'enivrait savamment du parfum de tristesse*
> *Que même sans regret et sans déboire laisse*
> *La cueillaison d'un rêve au cœur qui l'a cueilli* (MALLARMÉ).

REMARQUE. — Alors que le rejet provoque une mise en relief de l'élément « rejeté », l'enjambement a surtout pour effet d'atténuer le rythme régulier, et de donner souvent au vers un aspect prosaïque.

La DISLOCATION DU VERS résulte des rejets et enjambements multipliés :

> [...] *de qui la main imperceptible sait*   — contre-rejet
> *Parfois donner un soufflet | qu'on échange*
> *Contre un baiser | sur l'extrême phalange*   — rejet
> *Du petit doigt, | et comme la chose est*   — enjambement
> *Immensément excessive et farouche,*
> *On est puni par un regard très sec* (VERLAINE).

652. La versification et l'ordre grammatical des mots : l'inversion.

Comme le rythme du vers tyrannise parfois la syntaxe, celle-ci subit quelques distorsions ; presque toutes les inversions de termes que l'on remarque dans la poésie traditionnelle s'expliquent par des raisons de rythme.

Par exemple, l'adjectif est souvent placé avant le nom, parce que le nom a, dans cette position, un accent tonique qu'il n'a pas autrement :

> *Aux précaires tiédeurs de la trompeuse automne,*
> *Dans l'oblique rayon, le moucheron foisonne* (LAMARTINE).

Si Lamartine avait écrit : *le rayon oblique,* l'accent porterait seulement sur *oblique;* de même pour *précaires tiédeurs* et *trompeuse automne.*

Cette série d'adjectifs déplacés n'est pas une garantie de bon goût : ils donnent ici à la phrase une allure contournée qui a pu passer pour une allure poétique. Mais il arrive que ces inversions, nées d'une nécessité de rythme, créent un effet poétique harmonieux :

> *Désormais que ma muse aussi bien que mes jours*
> *Touche de son déclin l'inévitable cours*
> *Et que de ma raison le flambeau va s'éteindre...* (LA FONTAINE)

(inversion pour : *l'inévitable cours de son déclin — le flambeau... de ma raison).* Et surtout dans ce vers de HUGO, où le participe passé *perdues,* rejeté en fin de phrase, sous l'accent, prend un relief étonnant :

> *Les retraites d'amour au fond des bois perdues...*

La poésie moderne, au contraire, a tendance à laisser la phrase poétique se dérouler librement et créer elle-même son rythme ; l'inversion y a très peu de place ; elle est parfois utilisée subtilement :

> *Et d'un lyrique pas s'avançaient ceux que j'aime* (APOLLINAIRE).

III. LES DIFFÉRENTES SORTES DE VERS

653. *Le vers de huit syllabes ou octosyllabe.*

C'est le plus ancien vers français. On le trouve à la fin du xᵉ siècle dans la *Vie de saint Léger.* Il a servi pour tous les genres, peu dans la poésie épique (*Gormont et Isembart*), surtout dans les romans d'aventure, dans la poésie didactique et dramatique, les fabliaux, *le Roman de la Rose,* les farces, les mystères. Il a parfois une « pause accentuelle » (P. VERRIER) après la quatrième syllabe, mais, comme il est court, il se dit souvent d'une seule émission de voix :

> *Amie Ysolt treiz fez a dit*
> *A la quarte rend l'espirit (Tristan et Yseult).*
> *Adieu la court, adieu les dames,*
> *Adieu les filles et les femmes,*
> *Adieu vous dy pour quelque temps* (MAROT).

C'est un vers qui convient aux passages lyriques. CORNEILLE l'a employé, après une série d'alexandrins, pour donner un ton plus intime :

> *Toute votre félicité*
> *Sujette à l'instabilité*
> *En moins de rien tombe par terre.*

LA FONTAINE l'emploie souvent, soit seul, soit mêlé à des vers plus longs. Il est encore employé par la poésie moderne ; VERLAINE le combine avec un vers de quatre syllabes, qui lui fait comme un écho :

> *Le ciel est, par-dessus le toit,*
> > *Si bleu, si calme !*
> *Un arbre, par-dessus le toit,*
> > *Berce sa palme.*

APOLLINAIRE écrit en octosyllabes *la Chanson du Mal-Aimé :*

> *Mon beau navire ô ma mémoire*
> *Avons-nous assez navigué*
> *Dans une onde mauvaise à boire*
> *Avons-nous assez divagué*
> *De la belle aube au triste soir.*

654. Le vers de dix syllabes ou décasyllabe.

Il est employé pour la première fois dans une petite chanson de geste en langue d'oc, *Boèce* (fin du Xᵉ s. - début du XIᵉ s.); il fut le mètre de la poésie épique pendant deux siècles, puis il devint un vers narratif, didactique et lyrique; il passe de mode avec la Pléiade; aux XIXᵉ et XXᵉ siècles, il a été de nouveau très employé. Il comporte une césure après la quatrième syllabe, et ce rythme 4/6, avec une seconde partie plus longue que la première, lui donne une légère irrégularité; les coupes 6/4 ou 5/5 sont très rares :

> *Cumpainz Rollant* | *sunez vostre olifan (la Chanson de Roland).*

> *En la forêt* | *d'ennuyeuse tristesse,*
> *Un jour m'avint* | *qu'à part moy cheminoye*
> *Si rencontrai* | *l'amoureuse déesse...* (Ch. d'Orléans).

Voici une coupe 5/5 chez Musset :

> *J'ai dit à mon cœur,* | *à mon faible cœur :*
> *« N'est-ce point assez* | *de tant de tristesse? »*

Chez Valéry, dans « le Cimetière marin », une coupe 4/6 suivie d'une coupe 6/4 :

> *Ce toit tranquille* | *où marchent des colombes*
> *Entre les pins palpite* | *entre les tombes.*

Valéry a cherché à donner à ce vers une dignité semblable à celle de l'alexandrin.

655. L'alexandrin, vers de douze syllabes.

Il naquit au XIIᵉ siècle, et prit le nom d'alexandrin au XVᵉ, parce qu'il avait été employé dans *le Roman d'Alexandre*. A partir du XVIᵉ siècle, c'est le grand vers français. Il a une césure à la sixième syllabe, et peut avoir des coupes secondaires. Sous sa forme tout à fait symétrique (quatre mesures à trois temps), ou tétramètre, il se prête particulièrement aux oppositions, aux parallèles, aux effets de symétrie, et on le trouve à toutes les époques :

> *... Je vous aime*
> *Beaucoup moins que mon Dieu* || *mais bien plus que moi-même*
> (Corneille).
> *La Récolte et la Paix* || *aux yeux purs et sereins* (Chénier).
> *Comme une on|de qui bout* || *dans une ur|ne trop pleine* (Hugo).
> *Et pour la damnation* || *des saints* | *et des prophètes*
> *Ses cheveux* | *de Champagne* || *ont l'odeur* | *du pressoir* (Aragon).

Il est assez long pour permettre, à côté de la césure, des coupes importantes qui varient le rythme :

> *Songe,* | *songe,* | *Céphi*||*se à cette nuit* | *cruelle*
> *Qui fut* | *pour tout un peu*||*ple une nuit* | *éternelle* (Racine).

Dès le XVIIᵉ siècle, sous le rythme binaire imposé par la césure, on voit apparaître en filigrane un rythme ternaire :

Toujours aimer, | *toujours* || *souffrir,* | *toujours mourir* (ici : rejet à l'hémistiche).

Ce rythme ternaire éclate chez les romantiques :
La blanche vision des nymphes fait sortir
Sylvain des bois, | *Triton* || *des eaux,* | *Vulcain des forges* (HUGO).

C'est le TRIMÈTRE romantique, composé de trois mesures au lieu des deux ou quatre mesures de l'alexandrin classique (tétramètre). Ces trois mesures peuvent être rigoureusement parallèles (trois mesures à quatre temps, dans l'exemple de HUGO), ou dissymétriques. Le fait nouveau, c'est cette organisation à trois temps.

VERLAINE va multiplier les coupes ternaires en négligeant tout à fait la césure :
Seul un ennui | *d'on ne sait quoi* | *qui vous afflige;*
et en disloquant tout à fait l'alexandrin, comme dans ce passage :
Ah! | *Seigneur,* | *qu'ai-je? Hélas* | *me voici tout en larmes*
D'une joie extraordinaire. | *Votre voix*
Me fait comme du bien | *et du mal à la fois.*

L'octosyllabe, le décasyllabe et l'alexandrin sont les mètres majeurs de la poésie traditionnelle, en sorte que tout vers de douze syllabes apparaît aujourd'hui comme une recherche et un effet.

Les vers impairs et les petits vers ont été employés dans des genres plus restreints.

656. Les vers impairs.

Voici comment VERLAINE les recommande :
De la musique avant toute chose,
Et pour cela préfère l'impair,
Plus vague et plus soluble dans l'air,
Sans rien en lui qui pèse ou qui pose.

Le passage est en vers de neuf syllabes, qui donnent souvent l'impression de manquer de peu le décasyllabe ; c'est précisément dans ce léger déséquilibre que réside le charme des vers impairs : ils boitent joliment. Ils ont été employés au XVI⁰ siècle, au XVII⁰ dans les genres légers, puis remis à l'honneur par les symbolistes :

(7 syllabes)
Qui prestera la parolle
A la douleur qui m'affolle?
Qui donnera les accens
A la plainte qui me guide,
Et qui laschera la bride
A la fureur que je sens? (J. DU BELLAY.)

(7 syllabes)
> *Marquise, si mon visage*
> *A quelques traits un peu vieux,*
> *Souvenez-vous qu'à mon âge*
> *Vous ne vaudrez gueres mieux* (CORNEILLE).

(5 syllabes)
(7 syllabes)
> *Mon enfant, ma sœur,*
> *Songe à la douceur*
> *D'aller là-bas vivre ensemble...* (BAUDELAIRE).

(5 syllabes)
> *Oisive jeunesse*
> *A tout asservie,*
> *Par délicatesse*
> *J'ai perdu ma vie* (RIMBAUD).

657. Les petits vers.

Au-dessous de cinq syllabes, ils sont rarement employés seuls, le retour très rapide de la rime donne beaucoup d'importance aux sonorités :

> *Un vaste et tendre*
> *Apaisement*
> *Semble descendre*
> *Du firmament*
> *Que l'astre irise* (VERLAINE).

Vers de quatre et de trois syllabes mêlés :

> *Les sanglots longs*
> *Des vi-olons*
> *De l'automne*
> *Blessent mon cœur*
> *D'une langueur*
> *Monotone.*

Les vers de deux ou d'une syllabes sont surtout utilisés comme rejets-vers :

> *On voit des commis*
> > *Mis*
> *Comme des princes*
> *Et qui sont venus*
> > *Nus*
> *De leur province* (HUGO).

IV. LES GROUPES DE VERS

Un vers est rarement isolé; il s'intègre à un groupe qui forme unité, soit de rythme, soit de sens; entre les vers ainsi groupés s'établissent des harmonies de nombre, de sonorités et de rythme. Depuis les agencements les plus simples jusqu'aux plus complexes, de multiples formes ont été essayées; nous allons en voir quelques-unes.

Les chansons de geste du XIe et du XIIe siècle étaient composées en LAISSES ASSONANCÉES : une laisse est un groupe de vers, de longueur très variable, construit sur une même assonance.

a | Les strophes

Les VERS RIMÉS peuvent se grouper par deux, trois, quatre, autant que l'on veut, et former des strophes; on parlera de strophes isométriques lorsque les vers groupés sont de la même mesure, et de strophes hétérométriques lorsque les vers groupés sont de mesures différentes.

658. Le distique.

C'est un groupe de deux vers qui offrent un sens complet :

Saisir, saisir le soir, la pomme et la statue,
Saisir l'ombre et le mur et le bout de la rue.

Saisir le pied, le cou de la femme couchée
Et puis ouvrir les mains. Combien d'oiseaux lâchés [...]
                                        (SUPERVIELLE).

659. Le tercet.

Formé de trois vers, il a connu une fortune particulière sous l'aspect de la *terza rima*, modèle emprunté à l'Italie, le schéma des rimes est *a-b-a b-c-b*. La *Fileuse* de VALÉRY est construit en tercets à rimes féminines :

Assise, la fileuse au bleu de la croisée
Où le jardin mélodi-eux se dodeline;
Le rou-et ancien qui ronfle l'a grisée.

Lasse, ayant bu l'azur, de filer la câline
Chevelure, à ses doigts si faibles évasive,
Elle songe, et sa tête petite s'incline...

660. Le quatrain.

C'est une strophe très utilisée, qui permet de multiples combinaisons de rimes, qui se prête aussi bien à l'alexandrin qu'aux vers très courts. Voici un quatrain de MUSSET (trois vers de six syllabes, et un vers de quatre qui forme écho) :

> Dans Venise la rouge
> Pas un bateau ne bouge,
> Pas un pêcheur dans l'eau,
>   Pas un falot.

Les groupes de 5, 6, 7, 8, 9, 10, 11, 12 et 14 vers peuvent former strophes.

b | Les poèmes à formes fixes

Les poètes provençaux du Moyen Age avaient mis au point un véritable trésor de formes strophiques, de combinaisons de rimes et de rythmes ; ces formes ont été sans cesse renouvelées, redécouvertes.

Il faut noter que le mélange des vers peut se faire de façon régulière ou de façon irrégulière ; dans ses *Fables*, LA FONTAINE a utilisé avec virtuosité, selon l'effet qu'il voulait produire, les vers les plus différents ; dans une seule fable, on peut trouver des échantillons de tous les vers français ; voici un exemple de mise en valeur de deux vers courts :

> Ami, reprit le coq, je ne pouvais jamais
> Apprendre une plus douce et meilleure nouvelle
>   Que celle
>   De cette paix.

Les noms donnés à certaines formes de poèmes, comme ÉGLOGUE, ODE, ÉLÉGIE, HYMNE, empruntés au grec et au latin, s'appliquent à l'esprit du poème et non à sa forme.

Des formes fixes ont été définies : le nombre des strophes, la disposition des rimes y suivent un ordre rigoureux. Les plus importantes sont le SONNET et la BALLADE.

661. Le sonnet.

Le sonnet a été importé en France par les Italiens. C'est une forme qui n'a cessé d'être utilisée, depuis la Renaissance jusqu'à nos jours. Il est formé de 14 vers groupés en deux quatrains et deux tercets. Les deux quatrains ont des rimes embrassées *a b - b a;* les deux tercets sont construits sur le modèle *c c d - e d e,* rimes plates, puis rimes croisées. Ceci est la forme du sonnet régulier. Une autre forme, moins classique, fait rimer ensemble les deux derniers vers de chaque tercet : *c c d - e e d.* En général, les deux quatrains développent une idée et les deux tercets forment un contraste ou un parallèle; le dernier vers du sonnet, appelé *vers de chute,* est particulièrement dense et clôt le poème. On pourrait citer les sonnets de RONSARD, de MAROT, de MALHERBE, ceux de MUSSET, tous ceux des parnassiens; BAUDELAIRE, VERLAINE, RIMBAUD, VALÉRY en ont écrit. En voici un de MALLARMÉ, de forme régulière :

> *Tel qu'en Lui-même enfin l'éternité le change,*
> *Le Poète suscite avec un glaive nu*
> *Son siècle épouvanté de n'avoir pas connu*
> *Que la mort triomphait dans cette voix étrange !*
>
> *Eux, comme un vil sursaut d'hydre oyant jadis l'ange*
> *Donner un sens plus pur aux mots de la tribu,*
> *Proclamèrent très haut le sortilège bu*
> *Dans le flot sans honneur de quelque noir mélange.*
>
> *Du sol et de la nue hostiles, ô grief !*
> *Si notre idée avec ne sculpte un bas-relief*
> *Dont la tombe de Poe éblouïssante s'orne,*
>
> *Calme bloc ici-bas chu d'un désastre obscur,*
> *Que ce granit du moins montre à jamais sa borne*
> *Aux noirs vols du Blasphème épars dans le futur !*

662. La ballade.

Elle est bâtie sur trois strophes ayant les mêmes rimes disposées de la même manière, strophes de huit vers avec huit syllabes, de dix vers avec dix syllabes, de douze vers avec douze syllabes, plus une demi-strophe, l'envoi, qui n'était pas obligatoire à l'origine. Il commence souvent par les mots *Prince* (tantôt Prince réel, le plus souvent Prince du Puy, académie littéraire), *Princesse,* etc. Chaque strophe se termine par le même vers-refrain.

La ballade, qui est apparue au XIVe siècle, a connu un immense succès pendant deux siècles, puis, après une période d'oubli, elle a été reprise par les parnassiens. Voici la première strophe et l'envoi d'une des plus célèbres ballades françaises, la *Ballade des dames du temps jadis* de VILLON :

> *Dictes moy ou, n'en quel pays,*
> *Est Flora la belle Rommaine,*
> *Archipiades, ne Thaïs,*
> *Qui fut sa cousine germaine,*

Echo parlant quand bruyt on maine
Dessus rivière ou sus estan,
Qui beaulté ot trop plus qu'humaine.
Mais ou sont les neiges d'antan?
. . . .
Prince, n'enquerez de sepmaine
Ou elles sont, ne de cest an,
Qu'a ce reffrain ne vous remaine :
Mais ou sont les neiges d'antan?

663. Le rondel, le rondeau.

La distinction des manuels entre les deux est artificielle et remonte à l'usage figé de cette forme telle que l'ont comprise les parnassiens. Les deux mots n'en font qu'un. Les xive et xve siècles ont pratiqué une multitude de formes du rondeau. Le rondeau archaïque d'E. Deschamps, que pratique encore Ch. d'Orléans, est composé de 3 strophes sur 2 rimes, la première strophe ayant de 2 à 5 vers, la deuxième de 1 à 3 vers, plus le premier ou les deux premiers vers de la première strophe en refrain partiel; la troisième strophe comporte autant de vers que la première, plus la reprise de toute la première strophe en refrain complet.

Ch. d'Orléans ayant usé le plus souvent du rondeau « double » de 3 strophes de 4, 4 et 5 vers, cette forme fut conventionnellement appelée *rondel* par les parnassiens :

Et commant l'entendez vous,
Annuy et Merencolie,
Voulez vous toute ma vie
Me tourmenter en courrous?

Le plus mal eureux de tous
Doy je estre? je le vous nye.
Et commant (l'entendez vous,
Annuy et Merencolie?)

De tous poins accordons nous,
Ou, par la Vierge Marie,
Se Raison n'y remedie,
Tout va s'en dessus dessous,
Et commant (l'entendez vous?)

Et c'est la forme suivante que les parnassiens dénommèrent *rondeau*. Les manuscrits ne reproduisaient que les premiers mots du refrain, en sorte que les parnassiens crurent qu'en cela seulement consistait la reprise :

C'est par vous [que tant fort soupire].
Toujours m'enpire;
A vostre avis, faites vous bien
Que tant plus je vous vieulx de bien
Et, sus ma foy, vous m'estes pire!

Ha, ma Damme, si grief martire,
Amme ne tire
Que moy, dont ne puis maiz en rien
C'est par vous [que tant fort soupire].

Vostre beauté vint, de grant tire,
A mon œil dire
Que feist mon cueur devenir sien.
Il le voulut. S'il meurt, et bien,
Je ne luy puis ayder ou nuyre!
C'est par vous [que tant fort soupire].

(Meschinot.)

664. Le virelai.

Il se rencontre avec une très grande variété de rythmes; c'est, comme le rondeau, un dérivé de chants de danse du même nom. Il consiste, en général, en 3 strophes sur 2 rimes.

665. Le lai.

Il n'a rien à voir avec les nouvelles en octosyllabes à rimes plates, sans strophes, de Marie de France. C'est, en théorie, un poème de 24 strophes pareilles 2 à 2, chaque couple de strophes étant bâti sur 2 rimes et sur le même rythme de vers.

666. La villanelle.

C'est un poème presque toujours en vers impairs, formé de tercets et d'un quatrain final, avec un entrelacs de vers formant refrain. Voici deux strophes d'une villanelle de Jean Passerat :

J'ai perdu ma tourterelle :
Est-ce point celle que j'oy ?
Je veux aller après elle.
Tu regrettes ta femelle,
Hélas! aussi fay-je moy :
J'ai perdu ma tourterelle...

Toutes ces formes fixes donnent au poème un moule rigide; le retour des vers-refrains, l'entrelacement savant de tous les éléments du rythme demandent une habileté d'orfèvre; le poème y gagne en cadence; remarquez que toutes les chansons populaires utilisent des formes fixes. Ces formes conviennent, en effet, à la poésie chantée, qui utilise le même schéma mélodique pour chaque strophe.

V. LA VERSIFICATION DANS
LA POÉSIE MODERNE

On continue de nos jours à écrire des vers réguliers qui peuvent être fort beaux; mais cette poésie n'est pas significative de son temps. Par poésie moderne, nous entendrons ici celle qui, à la fin du XIXᵉ et au XXᵉ siècle, s'est écartée de la poésie traditionnelle. Elle présente des aspects très différents, avec quelques caractéristiques importantes en commun.

667. Le vers traditionnel.

Le vers traditionnel continue d'être utilisé par des poètes qui l'ont assoupli en s'affranchissant des règles de prononciation ancienne : liberté d'usage de l'hiatus, de l'*e* muet; rimes féminines et masculines converties en consonantiques et vocaliques, abandon de la césure. VALÉRY écrit des sonnets, ARAGON ressuscite des formes très anciennes, reprises à la poésie des troubadours ou des grands rhétoriqueurs; PÉGUY écrit des quatrains classiques de forme, dans lesquels les répétitions, les insistances donnent un accent nouveau :

> *Etoile du matin, inaccessible reine,*
> *Voici que nous marchons vers votre illustre cour*
> *Et voici le plateau de notre pauvre amour,*
> *Et voici l'océan de notre immense peine.*

Dans le sillage de MALLARMÉ s'est développée une poésie en vers réguliers, d'aspect difficile, précieux; dans une direction opposée, et rejoignant ainsi la tradition ancienne du chant poétique, s'est développée une forme de poésie populaire, accessible, qui a été mise en chansons :

> *Mon bel amour mon cher amour ma déchirure*
> *Je te porte dans moi comme un oiseau blessé*
> *Et ceux-là sans savoir nous regardent passer*
> *Répétant après nous ces mots que j'ai tressés*
> *Et qui pour tes grands yeux tout aussitôt moururent :*
> *Il n'y a pas d'amour heureux* (ARAGON).

668. Le vers libre.

L'expression a été lancée par G. KAHN, qui est le véritable législateur du vers libre; mais elle demande à être précisée : le vers libre est le jeu de plusieurs constantes (rythmiques, prosodiques, syntaxiques, rhétoriques) dont aucune n'est plus élément d'obligation.

On le fait parfois remonter à LA FONTAINE, qui mêlait des vers différents, sans schéma fixe, et combinait les rimes de façon très libre :

Sire, répond l'agneau, que votre Majesté   12

Ne se mette pas en colère;   8

Mais plutôt qu'elle considère   8

Que je me vas désaltérant   8

Dans le courant   4

Plus de vingt pas au-dessous d'Elle   8

Et que par conséquent, en aucune façon,   12

Je ne puis troubler sa boisson.   8

La succession est libre, mais le vers reste régulier. On est donc très loin du vers libre moderne.

669. Le vers libre = assonance et allitération.

Il combine les effets d'écho de l'assonance et de l'allitération :

Un petit roseau m'a suffi   (i)

Pour faire frémir l'herbe haute   (o)

Et tout le pré   (é)

Et les doux saules   (o)

Et le ruisseau qui chante aussi   (i)

(H. DE RÉGNIER).

Ce procédé, de nombreux poètes l'emploient, par exemple P. J. JOUVE qui groupe en distiques des alexandrins assonancés :

Galopez dans les pommiers blancs du vert pays
Bêtes d'amour, bêtes de feu, bêtes de fer.

Ruez-vous dans les pommiers nus du pays vert
Bêtes de sang, bêtes d'esprit, bêtes d'honneur

(*Tapisseries des pommiers.*)

Ce sont presque des vers réguliers; ils sont libres en ce qui concerne la césure et la rime.

670. Le vers libre = nombre syllabique.

Le vers — qu'on hésite alors à appeler ainsi — peut être très court, ou très long : vers courts et irréguliers d'APOLLINAIRE :

Adieu Adieu
Soleil cou coupé

ou d'ELUARD :

Mais l'homme,
l'homme aux lentes barbaries
l'homme à l'instinct brouillé
à la chair en exil
l'homme aux clartés de serre...

Vers agrandis jusqu'au verset, véritables petits paragraphes séparés par des blancs, chez CLAUDEL, chez PAUL FORT, chez PÉGUY. Voici un exemple pris à SAINT-JOHN PERSE :

> *Sœurs des guerriers d'Assur furent les hautes Pluies*
> *en marche sur la terre :*
> *Casquées de plume et haut-troussées, éperonnées d'argent*
> *et de cristal,*
> *Comme Didon foulant l'ivoire aux portes de Carthage.*

La poésie moderne a son chiffre intérieur. Il s'agit d'un nouveau langage poétique.

671. Relation entre le rythme et la phrase poétique.

La poésie classique offrait un déroulement continu et stable, où se coulait la phrase ; la poésie moderne cherche un déroulement progressif et dynamique : une sorte de course vers les accents importants, avec des temps morts et des pointes vives qui ressortent. Il n'y a plus de moule préétabli : chaque pensée doit trouver le contour rythmique qui lui est propre ; d'où ces lignes inégales : la disposition typographique impose un certain débit, et ce n'est pas celui du langage courant, mais celui du rythme poétique. Ainsi, dans les vers d'ELUARD cités plus haut, le mot *homme,* isolé sur une ligne, est la première unité de rythme, aussi importante que celles, plus étoffées, qui suivent. Les trois grandes lignes de SAINT-JOHN PERSE sont vraiment trois souffles, que l'on ne pourrait morceler ni grouper autrement.

Le rôle de la disposition typographique est évidemment important. Ainsi, dans ces vers d'ELUARD :

> *boire*
> *un grand bol de sommeil noir*
> *jusqu'à la dernière goutte*

le mot *boire,* suspendu seul sur une ligne, impose à la lecture une sorte d'attente, puis de saut jusqu'au vers suivant, et l'on a un rythme : 1-7-7. « Tout ce qui est italiques, gros caractères, blancs..., dont usent les poètes, et qui scinde la phrase, permettant ainsi aux paroles écrites de surgir — corps chimiques plus actifs et plus durs d'être à l'état naissant — de l'invisibilité de la page » (P. LEYRIS).

La ponctuation n'a plus de raison d'être à ce moment, elle serait même gênante, car c'est un élément du discours normal qui pourrait contrecarrer le rythme voulu par le poète ; c'est pourquoi, depuis APOLLINAIRE, tant de poèmes en sont dépourvus.

672. L'importance des accents.

Les accents ne sont plus dictés par la forme des vers, puisqu'il n'y a plus de forme prévue; c'est précisément la grande difficulté du vers libre.

Nous avons vu que la mise à la ligne est déjà une façon d'accentuer un mot ou un groupe de mots; les répétitions, les reprises de groupes rythmiques y contribuent aussi; on remarque, dans beaucoup de poèmes modernes, un procédé qui consiste à lancer un mot, puis à l'étoffer, à le relancer :

> *Ils sont appuyés*
> *Ils sont appuyés contre le ciel*
> *Ils sont une centaine appuyés contre le ciel*
> *avec toute la vie derrière eux* (R.-G. Cadou).

> *Dressez, dressez, à bout de caps, les catafalques des Habsbourg, les hauts bûchers de l'homme de guerre, les hauts ruchers de l'imposture.*
> *Vannez, vannez, à bout de caps, les grands ossuaires de l'autre guerre, les grands ossuaires de l'homme blanc sur qui l'enfance fut fondée* (Saint-John Perse).

Noter ici les subtils glissements : *les hauts bûchers — les hauts ruchers*, qui font un instant piétiner le rythme.

Dans l'exemple suivant, un adjectif, isolé sur une ligne, porte tout le poids de l'accent, puis il est complété par une courte phrase de six syllabes, et ce schéma plusieurs fois répété, dans *Je ne suis pas seul*, donne un rythme de danse :

> *Chargée*
> *de fruits légers aux lèvres*
> *parée*
> *de mille fleurs variées*
> *glorieuse*
> *dans les bras du soleil*
> *heureuse*
> *d'un oiseau familier*
> *ravie*
> *d'une goutte de pluie*
> *plus belle*
> *que le ciel du matin*
> *fidèle*
> *je parle d'un jardin*
> *je rêve*
> *mais j'aime justement* (Eluard).

673. Les sonorités.

Si elles ne sont plus utilisées pour marquer la fin rythmique du vers, elles ont une importance considérable dans le rythme intérieur : on a retrouvé le goût ancien pour les alliances sonores, qui passent souvent avant les alliances de sens :

> Toi ma patiente ma patience ma parente
> Gorge haut suspendue orgue de la nuit lente (ELUARD).

(Ici, sonorités groupées, éléments d'un rythme progressant lentement.)

Dans l'exemple suivant, il y a des îlots constitués par des sonorités voisines qui forment comme un seul grand mot :

> Au frais commerce de l'embrun, là où le ciel mûrit
>   son goût d'arum et de névé
> Vous fréquentiez l'éclair salace, et dans l'aubier des
>   grandes aubes lacérées
> au pur vélin rayé d'une amorce divine, vous nous direz, ô
>   Pluies quelle langue nouvelle sollicitait pour vous
>   la grande onciale de feu vert (SAINT-JOHN PERSE).

674. La valeur des mots.

La poésie se fait, dit ARAGON, « en donnant à chaque mot une importance exagérée ». L'unité du vers traditionnelle détruite, c'est le mot qui devient une unité ; il se charge d'une sorte de valeur magique, faite à la fois de sonorité, de puissance d'évocation ; les mots, à la différence du langage courant, sont projetés les uns contre les autres, pour qu'un effet en jaillisse : « les mots s'allument de reflets réciproques », écrit MALLARMÉ. On en est venu à cultiver le goût pour le choc entre les mots, jusqu'à l'insolite absolu, dont cette phrase de RENÉ CHAR peut donner un exemple :

> Parole, glace et sang finiront par former un givre commun

Dans le Blason des fleurs et des fruits, ELUARD énumère une suite de mots précieux, où il ne faut pas chercher un lien discursif, mais un lien sonore et imagé, ce « stupéfiant image » dont parle Aragon :

> Pomme pleine de frondaisons
> perle morte au temps du désir
>
> capucine rideau de sable
>
> bergamote berceau de miel
>
> seringa masque de l'aveugle
> écorce de la nuit d'été...

Les mots grammaticaux, les liaisons sont alors soit supprimés, soit isolés tout seuls, écartés, dissociés du reste :

> Ni
> le marin ni
> le poisson qu'un autre poisson à manger
> entraîne, mais la chose même et tout le tonneau et la veine vive
> (CLAUDEL).

675. *Prose poétique et poème en prose.*

Un mouvement de défiance envers la poésie a mené le XVIIIe s. à poétiser la prose, créant la prose poétique des *Rêveries* et de CHATEAUBRIAND, recherche savante d'accords et de clausules (*Les sons que rendent les passions dans le vide d'un cœur solitaire ressemblent au murmure que les vents et les eaux font entendre dans le silence d'un désert : on en jouit, mais on ne peut les peindre.* CHATEAUBRIAND), jeu de cadences allant jusqu'à inclure des vers (*dans le linceul de pourpre où dorment les dieux morts,* RENAN ; *mais les rougeurs du soir ramenaient Jézabel,* BARRÈS). Prose rythmée — avec laquelle la prose rimée, pastiche des fabliaux, dont s'amuse R. ROLLAND dans *Colas Breugnon* n'a rien de commun —, le style y est *point de départ* (COCTEAU) dans une course après la poésie et les *procédés qui aident à l'entrée en extase* (BARRÈS).

Il ne faut pas confondre avec cette prose poétique le poème en prose, né au XIXe s. d'une méfiance du vers et non plus de la poésie, et qui est une déversification de la poésie. Les traductions des romantiques anglais et allemands ont révélé que *le vers n'est pas toute la poésie* (ARAGON). D'où, d'A. BERTRAND à BAUDELAIRE, MALLARMÉ, MAX JACOB, ELUARD, l'évolution d'un genre qui se définit par le refus des contraintes formelles (*une expression libre et vivante,* MAX JACOB), par sa concentration (*Petits Poèmes en prose* de BAUDELAIRE, par opposition au « long » poème tels *les Martyrs* de CHATEAUBRIAND), par l'unité de ton et d'émotion autour d'une image (*Fantaisies à la manière de Rembrandt et de Callot* de BERTRAND),

> *Et les lavandières, troussées comme des piqueurs d'ablettes, enjambèrent le gué jonché de cailloux, d'écume, d'herbes et de glaïeuls* (A. BERTRAND),

autour d'un mot (*le Démon de l'analogie* de MALLARMÉ) ou d'une anecdote (*des échantillons du malheur humain mis en regard des bonheurs de la rêverie,* BAUDELAIRE, Note sur Asselineau) :

> *Le voyageur blessé mourut dans la ferme et fut enterré sous les arbres de l'avenue. Un jour, de son tombeau un rat sortit ; un cheval qui passait se cabra. Or, le rat dans sa course abandonnait une photographie à demi rongée. Le voyageur avait demandé qu'on l'enterrât avec cette image d'une dame décolletée. Le cavalier qui la vit s'éprit du modèle sur la foi de l'image.* (M. JACOB, « Ce qui vient par la flûte ».)

Ici le style est le « point d'arrivée », la poésie est présente dès le départ, *état mixte, d'une nature très complexe... elle tient à la fois de la peinture, de la musique, de la statuaire, de l'art arabesque, de la philosophie railleuse, de l'esprit analytique, et, si heureusement agencée qu'elle soit, elle se présente avec les signes visibles d'une subtilité empruntée à divers arts* (BAUDELAIRE,

Notice sur Th. de Banville, 1862). Le poème en prose se caractérise plus par une syntaxe poétique et des reprises de thèmes que par un vocabulaire :

> *C'est le mystère de l'air pur, celui du blé. C'est le mystère de l'orage, celui du pauvre. Dans les pauvres maisons, on aime le silence. On aime aussi le silence. Mais les enfants crient, les femmes pleurent, les hommes crient, la musique est horrible. On voudrait faire la moisson et l'on fait honte aux étoiles. Quel désordre noir, quelle pourriture, quel désastre! Jetons ces langes au ruisseau, jetons nos femmes à la rue, jetons notre pain aux ordures, jetons-nous au feu, jetons-nous au feu!* (ELUARD, « Pauvre ».)

Le poème en prose, poésie à l'état multiple, est pure obéissance aux seules contraintes internes, d'où les difficultés à le définir pour une critique inadaptée aux formes nouvelles.

676. L'importance du surréalisme.

Le surréalisme, qui voulait apporter une véritable révolution dans le langage, a influencé, de près ou de loin, la plupart des poètes du xxe siècle et la versification française en général. Ses deux principes fondamentaux étaient :

— lâcher la bride au déroulement inconscient de la pensée, donc au flot verbal; s'éloigner de tout ce qui ressemble à l'arrangement en poème. D'où un certain goût pour les éléments du langage familier, mots ou phrases, qui s'introduisent dans l'œuvre;

— laisser au hasard le soin d'arranger les mots : plus l'écart entre eux est grand plus la puissance de choc et de suggestion ainsi obtenue est intéressante; il peut être facile de se moquer de ce goût effréné pour l'insolite, mais ce principe a permis de redécouvrir un trésor d'images nouvelles, dont beaucoup nous sont devenues familières.

ANDRÉ BRETON parle du nouvel espace de la poésie : (« Sur la route de San Romano », dans *Oubliés*, 1948) :

> *Elle a l'espace qu'il lui faut*
> *Pas celui-ci mais l'autre que conditionnent*
>> *L'œil du milan*
>> *La rosée sur une prèle*
>> *Le souvenir d'une bouteille de Traminer embuée*
>>> *sur un plateau d'argent*
>> *Une haute verge de tourmaline sur la mer*
>> *Et la route de l'aventure mentale*
>> *Qui monte à pic*
>> *Une halte elle s'embroussaille aussitôt*
> *Cela ne se crie pas sur les toits.*

Les poètes modernes emploient souvent le terme d' « aventure » en parlant de leur art. Voici ce qu'écrivait APOLLINAIRE, comparant l'Ordre (la poésie traditionnelle) à l'Aventure (la poésie moderne) :

> *Je juge cette longue querelle de la tradition et de l'invention*
> *De l'Ordre et de l'Aventure*
> . . . .
> *Soyez indulgents quand vous nous comparez*
> *A ceux qui furent la perfection de l'ordre*
> *Nous qui quêtons partout l'aventure*
> *Nous ne sommes pas vos ennemis*
> *Nous voulons vous donner de vastes et d'étranges domaines*
> *Où le mystère en fleurs s'offre à qui veut le cueillir*
> *Il y a là des feux nouveaux des couleurs jamais vues*
> *Mille phantasmes impondérables*
> *Auxquels il faut donner de la réalité. (La Jolie Rousse.)*

Cette aventure, d'autres formes d'art l'ont connue au xxᵉ siècle : la musique, la peinture... (Peintres, musiciens et poètes ont du reste collaboré à des œuvres communes.)

Les nouvelles formes de la poésie moderne doivent, pour être comprises, être situées dans le mouvement de la « renaissance » esthétique du xxᵉ siècle.

Bibliographie

Les ouvrages et articles parus sur la langue française depuis plusieurs décennies sont beaucoup trop nombreux pour pouvoir être cités ici. Nous nous contenterons de renvoyer d'abord à quatre recueils bibliographiques aisément accessibles, puis de citer les auteurs qui ont le plus directement informé ce livre.

Manuels bibliographiques

DAUZAT (A.), *Où en sont les études de français?* Manuel général de linguistique française moderne, publié sous la direction de —. Paris, 1935.
Supplément, avec le concours de Ch. Bruneau (1935-1948).

MAZALEYRAT (J.), *Pour une étude rythmique du vers français moderne.* Notes bibliographiques, Paris 1963.

WAGNER (R.-L.), *Introduction à la linguistique française,* Genève, 1955; — *Supplément bibliographique* à l'Introduction (1947-1953), Genève, 1955.

Ouvrages et articles

ANTOINE (G.), *la Coordination en français* (tomes I et II), Paris, 1959-1962.

BALLY (Ch.), *Linguistique générale et linguistique française,* Berne, 1950.

BENVENISTE (E.), *Problèmes de linguistique générale,* Paris, 1966.

DE BOER (C.), *Syntaxe du français moderne,* Leyde, 1954.

BONNARD (H.), *Grammaire française des lycées et collèges,* Paris, 1950; — *Notions de style, de versification et d'histoire de la langue française,* Paris, 1953.

BRUNOT (F.), *la Pensée et la langue,* Paris, 1936.

BRUNOT (F.), BRUNEAU (Ch.), *Précis de grammaire historique de la langue française,* Paris, 1956.

BURNEY (P.), *l'Orthographe,* Paris, 1953.

CHOMSKY (N.), *Syntactic structures,* La Haye, 1962.

COHEN (M.), *le Subjonctif en français contemporain,* Paris, 1960.

CORNU (M.), *les Formes surcomposées en français,* Berne, 1953.

COUSTENOBLE (H.) et ARMSTRONG (L. E.), *Studies in French Intonation,* Londres, 1934.

DAMOURETTE (J.) et PICHON (Ed.), *Des mots à la pensée,* Paris, 1911-1940.

DAUZAT (A.), *Grammaire raisonnée de la langue française,* Paris et Lyon, 1955.

DELATTRE (P.), *Un triangle acoustique des voyelles orales du français,* dans *French Review,* XXI, 1948.

DUBOIS (J.), *Grammaire structurale du français,* tome I (Nom et pronom), Paris, 1965, tome II (Le verbe), Paris, 1967.

DUBOIS (J.), GUILBERT (J.), MITTERAND (H.), PIGNON (J.), *le Mouvement général du vocabulaire français de 1949 à 1960 d'après un dictionnaire d'usage,* dans *le Français moderne,* XXVIII, nos 2 et 3.

ELWERT (W. T.), *Traité de versification française,* Paris, 1965.

FOUCHÉ (P.), *Phonétique historique du français,* Introduction, Paris, 1952.

FOULET (L.), *Comment ont évolué les formes de l'interrogation,* dans *Romania,* 1921, XLVII.

GOUGENHEIM (G.), *Système grammatical de la langue française,* Paris, 1962.

GOUGENHEIM, MICHEA (R.), RIVENC (P.), SAUVAGEOT (A.), *l'Elaboration du français élémentaire,* Paris, 1956.

GREIMAS (A. J.), *Comment définir les indéfinis,* dans *Etudes de Ling. appliquée,* n° 2, 1963. — *Sémantique structurale,* Paris, 1966.

GREVISSE (M.), *le Bon Usage,* Gembloux, 1964.

GUILLAUME (G.), *le Problème de l'article et sa solution dans la langue française,* Paris, 1919; — *Temps et verbe. Théorie des aspects, des modes et des temps,* Paris, 1929; — *De la double action séparative du présent dans la représentation française du temps,* Mélanges Dauzat, Paris, 1951.

GUIRAUD (P.), *la Grammaire,* Paris, 1958; — *la Syntaxe du français,* Paris, 1962; *la Sémantique,* Paris, 1955.

HANSE (J.), *Dictionnaire des difficultés grammaticales et lexicologiques,* Bruxelles, 1949.

HARRIS (Z. S.), *Methods in Structural Linguistics,* Chicago, 1951.

IMBS (P.), *le Subjonctif en français moderne,* Strasbourg, 1953; — *l'Emploi des temps verbaux en français moderne,* Paris, 1960.

KLUM (A.), *Verbe et adverbe,* Uppsala, 1961.

LE BIDOIS (G. et R.), *Syntaxe du français moderne,* 2 vol., Paris, 1935-1938.

LÉON (P.-R.), *Laboratoire de langues et correction phonétique,* Paris, 1962.

MALMBERG (B.), *la Phonétique,* Paris, 1958.

MARTINET (A.), *De l'économie des formes du verbe en français parlé,* Berne, 1958; — *Eléments de linguistique générale,* Paris, 1960.

MITTERAND (H.), *les Mots français,* Paris, 1963.

MORIER (H.), *Dictionnaire de poétique et de rhétorique,* Paris, 1961.

POTTIER (B.), *Introduction à l'étude des structures grammaticales fondamentales,* Nancy, 1962.

PREMINGER (A.), *Encyclopedia of Poetry and Poetics* (ed. by), Princeton, 1965.

RUWET (N.), *Introduction à la Grammaire générative,* Paris, 1967.

SANDFELD (Kr.), *Syntaxe du français contemporain,* 3 vol., Paris, 1928, 1936, 1943.

SAUSSURE (F. DE), *Cours de linguistique générale,* Paris, 1962.

SAUVAGEOT (A.), *les Procédés expressifs du français contemporain,* Paris, 1957.

SPIRE (A.), *Plaisir poétique et plaisir musculaire,* Paris, 1949.

STEN (H.), *les Temps du verbe fini - — indicatif — en français moderne,* Copenhague, 1952; — *Manuel de phonétique française,* Copenhague, 1956.

STRAKA (G.), *Sur la définition du phonème,* Bulletin de la Faculté des lettres de Strasbourg, 1942; — *Respiration et phonation,* id., 1957.

TESNIÈRE (L.), *Théorie structurale des temps composés,* Mélanges Bally, Genève, 1939; — *Eléments de syntaxe structurale,* Paris, 1959.

THOMAS (A. V.), *Dictionnaire des difficultés de la langue française,* Paris, 1956.

TOGEBY (K.), *Structure immanente de la langue française,* Copenhague, 1951.

ULLMANN (S.), *Précis de sémantique française,* Berne, 1959.

VALDMAN (A.), BELASCO (S.), *Applied Linguistics : french,* Boston, 1961.

VARNEY-PLEASANTS (J.), *Etudes sur l' « e » muet,* Paris, 1956.

VOSSLER (Ch.), *Langue et culture de la France,* Paris, 1953.

WAGNER (R.-L.), PINCHON (J.), *Grammaire du français classique et moderne,* Paris, 1962.

WARNANT (L.), *Dictionnaire de la prononciation française,* Gembloux, 1962.

WARTBURG (W. VON), ZUMTHOR (P.), *Précis de syntaxe du français contemporain,* Berne, 1958.

Index

Les chiffres renvoient aux paragraphes.

Les chiffres renvoient aux paragraphes.

475

Les chiffres renvoient aux paragraphes.

Les chiffres renvoient aux paragraphes.

Les chiffres renvoient aux paragraphes.

Les chiffres renvoient aux paragraphes.

Les chiffres renvoient aux paragraphes.

488

Table des matières

Troisième partie : la versification

— édition 1969 —

Imprimerie LAROUSSE, 1 à 9, rue d'Arcueil, Montrouge (Hauts-de-Seine).
Novembre 1964. — Dépôt légal 1964-4e. — No 4375. — No de série Editeur 4582.
IMPRIMÉ EN FRANCE (*Printed in France*). — 70.031 D-5-69.